40 TAGE
IM KLOSTER DES
DALAI LAMA

Stephan Kulle

40 TAGE IM KLOSTER DES DALAI LAMA

Scherz

Für
meine Freunde
und Weggefährten
aus
McLeodganj

www.fischerverlage.de

Zweite Auflage 2009
Erschienen bei Scherz, ein Verlag
der S. Fischer Verlag GmbH, Frankfurt am Main

Satz: Dörlemann Satz, Lemförde
Druck und Bindung: GGP Media GmbH, Pößneck
Printed in Germany

ISBN: 978-3-502-15098-5

Inhalt

PROLOG

Die Leichtigkeit des Seins kann sich manchmal wie von selbst einstellen. Besonders stilvoll ergibt sie sich beim Genuss eines guten kühlen Weißweins, idealerweise begleitet von köstlichen Pralinen und dem einmaligen Blick auf die berühmten Hügel Roms in der untergehenden Abendsonne. Ich saß im Wohnzimmer eines Monsignore aus dem Vatikan und genoss seine Gastfreundschaft, unser Gespräch und auch die Fröhlichkeit, die anscheinend nicht nur mich den ganzen Tag lang erfüllt hatte. Der tiefe Sessel, der gut und gerne zwei Menschen meines Umfangs hätte aufnehmen können, war so platziert, dass mein Blick durch einen der Fensterflügel hinaus über die Ewige Stadt schweifen konnte. Hinweg über die höchsten Dächer und Kuppeln, über die Wipfel der Pinien und über die schlanken Spitzen der Zypressen, die den vielbesungenen Hügeln der Stadt eine bizarre Krone aufzusetzen scheinen. Auf dem kleinen Tischchen, das zwischen uns stand, türmten sich bereits diverse Pralinenschachteln, denn der Monsignore brachte unermüdlich mehr von diesem Süßzeug herbei. Er wusste, dass er in mir einen dankbaren Abnehmer dafür hatte. Die leinene Tischdecke, die vermutlich eine Ordensschwester kunstvoll mit einem Leitersaum verziert hatte, war jetzt nur noch dort zu sehen, wo die Gläser für Wein und Wasser ihren Platz hatten. Auch wenn es nach einem vergnüglichen Abend aussah, beschränkte sich der Genuss lediglich darauf, dass wir es uns gutgehen ließen, während wir einige Dinge zu bearbeiten und zu besprechen hatten. In Rom fällt mir die Arbeit immer besonders leicht, weil diese Stadt etwas an sich hat, das mich diese unbeschwerte Leichtigkeit des Seins spüren lässt.

Nun trug der Mann in der schwarzen Soutane schon wieder etwas herbei. Zwei kleine Schüsselchen, deren Inhalt mir noch verborgen blieb, denn der Tisch war zu voll, um sie noch irgendwo abstellen zu können, und außerdem klingelte jetzt das Telefon. Während er telefonierte, versuchte ich notdürftig, etwas Ordnung zu schaffen. Die Schüsseln parkten derweil auf dem dunklen mächtigen Sekretär, der unter einem der beiden Fenster stand. Wenn die Schwestern – oder wer auch immer – uns jetzt noch ein cremiges Dessert zugedacht haben, werde ich wohl passen müssen, um nicht noch zu platzen, dachte ich im Stillen. Während des Telefonats löste der Geistliche die breite Schärpe, die wie ein Gürtel über der Hüfte den Oberkörper umschlingt. Das war das übliche Signal dafür, dass er die Dienstzeit als abgeschlossen betrachtete. Für das Private genügte die schlichte schwarze Soutane.

Wie zwei kleine Helikopter ließ der hochgewachsene Monsignore nach dem Telefonat die Schüsselchen auf den beiden freigeräumten Plätzen landen. »Gut hast du das gemacht«, kommentierte er meine Aufräumkünste und grinste verschmitzt. In den Schüsseln befand sich frisches Obst, in mundgerechte Stücke geschnitten. Ein Glück. Das konnte ich gerade noch vertragen, bei einem Tiramisu wäre mein Magen überfordert gewesen. »So, dann genieß nochmal das *dolce vita*, bevor du dort nichts Gescheites mehr bekommst«, frotzelte er. Er spielte auf mein Vorhaben an, für vierzig Tage nach Nordindien zu reisen, ich hatte ihm vor einiger Zeit davon erzählt. »Gibt's da auch was Gutes zu essen, oder wirst du darben müssen?« Ich lachte und entgegnete ihm: »Na ja, solche Pralinen und so einen guten Wein wie bei dir werde ich wohl nicht da unten bekommen. Aber indisches Essen ist doch auch lecker. Vielleicht etwas scharf. Aber ich denke mal, ich werde nicht gerade darben müssen.« »Du scheinst dich ja ziemlich darauf zu freuen«, unterbrach er meine Betrachtung über die zu erwartende Versorgungslage. »Du wirkst jedenfalls freudig gespannt, fast schon aufgeregt.« »Ja, jetzt wo die Vorbereitungen endlich alle abgeschlossen sind, freue ich mich richtig darauf. Ich will unbedingt wissen, wie es dort ist. Aufgeregt … ja, mag sein, dass ich das bin, aber nicht im negativen Sinne. Sorgen mache ich mir im Moment gar keine. Das wird schon alles gut laufen. Ich bin sogar gespannt darauf, wie ich das Essen da vertrage.«

Nun guckte der Geistliche fast ein wenig besorgt. Wenn er ein solches Gesicht macht, wirkt er deutlich älter als er eigentlich ist, denn Sorgen machen Falten, und für ihn gilt das besonders unmittelbar. »Ich pass schon auf, dass ich nichts Falsches esse. Und ich weiß, kein unabgekochtes Wasser trinken. Aber ich fahre ja nicht in die Wildnis! Und ich gehe davon aus, dass sich die Mönche auch ein bisschen um mich kümmern werden. Und die Leute vom Dalai Lama wissen ja schließlich auch, dass ich komme.« Ich versuchte mir vorzustellen, was mich wohl in Nordindien erwarten würde, doch es wollten sich keine Bilder vor meinem inneren Auge zusammenfügen. Dennoch machte ich mir keine Sorgen, und so sagte ich dem Monsignore, der immer noch skeptisch schaute, noch einmal, dass ich ein echt gutes Gefühl hätte und mich sehr darüber freuen würde, dass es nach der langen Zeit der Vorbereitung nun endlich in ein paar Tagen losgehen soll. »Hast du dich gut eingelesen?«, wollte er von mir wissen. Auf meinem Schreibtisch lag ein ganzer Stapel Bücher über den Buddhismus und den Dalai Lama, auch einige Aufsätze und Reden des obersten Repräsentanten des tibetischen Buddhismus selbst, mit denen ich mich noch einmal auf den neuesten Informationsstand gebracht habe. Gänzlich ahnungslos wollte ich nicht nach Dharamsala fahren. Natürlich wusste ich aus meinem Theologiestudium noch einiges über den Buddhismus, denn im Fach Fundamentaltheologie beschäftigt man sich nicht nur mit der Binnensicht, sondern auch mit den Weltreligionen. Ich war auch über die aktuelle politische Situation Seiner Heiligkeit und des tibetischen Volkes, sowohl was China als auch was das Exil in Nordindien betraf, so gut informiert, wie es ein Nachrichtenmann eben sein sollte.

Aber ich wollte nicht mit einem vorgefertigten Bild dorthin fahren und vor Ort nur noch überprüfen, ob die Realität auch schön korrekt war. Ich wollte nicht das Buch lesen und danach den Film dazu sehen. Dieses Vorgehen liegt mir nicht. Ich stelle lieber Fragen und vertrau auf meine eigenen Sinne. Ich wollte Dharamsala sehen, hören, riechen und schmecken. Ich wollte die Welt des Dalai Lama und seiner Mönche erkunden, bei ihnen leben, ihren Alltag teilen und mit ihnen sprechen.

Ich hatte das Schüsselchen aus dünnem weißen Porzellan mit Goldrand noch nicht ganz geleert, da legte der Monsignore seine Stirn abermals besorgt in Falten, zog die Augenbrauen nach oben und sagte: »Aber nicht, dass du dort bleibst oder als Buddhist zurückkommst!« »Dass ich was?« Ich war derart überrascht von dieser Ermahnung, dass ich mich fast an einem Stück Ananas verschluckt hätte. Hustend versicherte ich ihm, dass ich dergleichen nicht vorhabe. »Aber man kann ja nie wissen«, sagte ich, als würde ich es mir genau in diesem Moment anders überlegen, und grinste ihn provozierend an. »Nein, du kommst wieder zurück!«, widersprach er in beinahe herrischem Ton. »Schau dir das alles an, schreib ruhig ein Buch darüber, aber komm wieder. Wir wollen dann hier auch wissen, was du dort erlebt hast und wie du die Welt des Dalai Lama einschätzt.«

»Keine Sorge!«, lenkte ich ein, obwohl ich mir im Grunde nicht vorstellen konnte, dass er mir tatsächlich zutraute, dass ich für immer dort bleiben und womöglich noch dazu die Religion wechseln würde. »Ich werde dort als ich selber hinfahren, als katholischer Christ und Theologe, als Journalist, mit meinen Augen, meinen Ohren, meinen Erfahrungen und meinem Kopf, und ich werde mich von dem überraschen lassen, was ich dort erlebe und was mir dort begegnet. Und ich werde als ich selber wieder zurückkehren.«

Diese Antwort schien ihn zufriedenzustellen. Er lächelte wieder, hielt mir eine Schachtel mit Pralinen vor die Nase und forderte mich auf, noch einmal kräftig zuzulangen. Trüffelpralinen und kühler Wein, der traumhafte Blick über die angestrahlten Kuppeln zum violett-blauen Abendhimmel über der Ewigen Stadt und der jetzt am Schluss beinahe väterlich wohlwollende Gesichtsausdruck des Monsignore, das waren die Impressionen dieses Abends, die ich in meinen Gedanken speichern wollte. Dieses Gefühl der Leichtigkeit des Seins wollte ich in mir aufbewahren und es mitnehmen nach Indien, dorthin, wo der andere große religiöse Führer dieser Welt, der 14. Dalai Lama, lebt.

Sollte ich die Reise als einen Brückenschlag ansehen – hier von der Stadt des Papstes hin zur Stadt des Dalai Lama?

»Wir beten hier für dich, dass du eine gute Zeit dort haben wirst und gesund zurückkommst«, sagte der Monsignore später zum Abschied und zeichnete mir mit dem Daumen ein kleines Kreuz auf die Stirn. »Das ist dein Reisesegen!«

»Willst du zur Quelle gelangen,
musst du bergauf gehen.«
Johannes Paul II.

Harte Landung in einer anderen Welt

Durch ein Tor mit einem schmalen gelben Blechdach betrat ich den Tempelhof des TseChokLing-Klosters. Er war nur halb so groß wie ein Tennisplatz. Rechts und links war er umgeben von flachen Wohngebäuden. Vor einem kreisrunden Rosenbeet lagen zwei Schäferhunde und ließen sich die Sonne auf den Pelz scheinen. Das überraschte mich. Ich hatte hier Mönche in weinroten Roben erwartet, aber keine Hunde. Das hier war schließlich ein Tempel. Zwei dicke rote Pfeiler, die nach oben hin bunt gesäumt waren, stützten den Vorbau des Tempels und trugen ein gelbes spitzes Dach im typisch geschwungenen asiatischen Pagodenstil. Dahinter erhob sich das dreistöckige, in Terrassen angelegte Tempelgebäude, von dessen Dach zwei Tibet-Fahnen an langen Stangen hoch hinauf in den blauen Himmel ragten.

Bei Tageslicht wollte ich zunächst einmal das Kloster erkunden, in dem ich seit vierzehn Stunden zu Gast war. Ich zählte bereits die Stunden, denn es ging mir nicht gut. Verzweifelt war ich. Seit ich am vorigen Abend hier angekommen war, wollte ich am liebsten wieder weg von hier. So etwas kannte ich überhaupt nicht von mir. Ich kam mir vor wie ein kleiner Junge im Ferienlager, der Heimweh hat. Aber es war kein Heimweh. Ich hatte überhaupt noch nie Heimweh gehabt. Der Grund für meine Niedergeschlagenheit lag direkt vor mir – oder besser gesagt: Er umgab mich. Alles hier war auf mich eingestürzt. Schon bei der Fahrt durch Dharamsala war es so, als würden mich die heruntergekommenen und verwitterten Wände der Häuser anspringen und als würde mich der allgegenwärtige Schmutz wegekeln wollen. Ich fühlte mich auch im Kloster, als sei ich im Chaos gelandet.

Alles war anders, als ich gedacht oder wohl eher gehofft hatte. Zum Beispiel der junge Mönch, der mich hier in Empfang genommen hatte. Er entsprach so gar nicht meiner Vorstellung von einem buddhistischen Geistlichen. Ich dachte, die seien alle grenzenlos freundlich. Sanft. Von einer Aura milder Wohltätigkeit umgeben. So dachte ich. Das Gesicht dieses Mönches wirkte aber auf mich eher unfreundlich, sogar richtiggehend böse. Aus keineswegs sanften Gesichtszügen hatten mich finstere Augen angesehen. Seine Miene wies keine Spur von milder Wohltätigkeit auf. Mit knappen und für meine Ohren wenig freundlich klingenden Worten hatte er mir meine Kammer zugewiesen, die Gemeinschaftsdusche und das Gemeinschaftsklo gezeigt. Das war gleich der nächste Schock für mich. Allein das hallende Krachen der großen Riegel an den Türen hatte mich schaudern lassen. Mit der Zuvorkommenheit eines Gefängniswärters zeigte mir der Mönch die Räumlichkeiten. Der Anblick und der Zustand der sanitären Anlagen mitsamt der gefliesten Waschrinne ließen mich intensiv über eine Umbuchung des Rückflugs nachdenken. Die Toilette, die ja gar keine Toilette war, jedenfalls keine, wie ich sie kannte, sondern ein Porzellanloch im Boden, machte den Gedanken verlockend, den Aufenthalt hier mit einer Fastenkur zu verbinden. Dieses Etwas soll ich benutzen? Ich wusste nicht einmal wie! Das Warmwasser der Dusche würde bestenfalls einmal am Tag für zwei Leute reichen, schnarrte der Mönch. Man müsste sich dann mit den anderen fünf Gästen absprechen. Die anderen fünf nutzen ganz offensichtlich auch die für deutsche Augen reichlich unakkurat geflieste Waschrinne, die gleich links von der Toilette und der Duschkammer im offenen Vorbau lag.

Das alles wirkte auf mich unangenehm und abstoßend, fast schon feindlich. Ein klarer Fall von Kulturschock.

Die erste Nacht war hart gewesen. Alles roch streng und scharf nach Schimmel, nach ewig feuchtem Bettzeug, das seit langem nicht mehr trocken geworden war. Dazu kam noch der wenig berauschende Duft von Mottenpulver, das anscheinend schon jahrzehntelang in die Zimmer gestreut wurde. Ohne nennenswertes Ergebnis, im Übrigen.

Das hier ist nicht meine Welt, dachte ich wieder und fühlte, wie ich noch weiter in meiner Traurigkeit versank. Was war nur los mit mir? Ich war doch nicht mehr acht Jahre alt. Ich war doch verdammt nochmal kein kleines Kind mehr. Ich hatte mir das doch alles selbst so ausgesucht und entschieden, dass ich vierzig Tage an diesem Ort bleiben wollte.

Vierzig Tage! Die bekanntesten Beispiele für eine solche Zeitspanne sind die vierzig Tage Jesu Christi in der Wüste, die Fastenzeit zwischen Aschermittwoch und Ostern und auch die Exerzitien von Ignatius von Loyola. Diese Beispiele stehen allesamt für harte und asketische Zeiten. Jedoch hatte ich in diesem Zusammenhang kaum an eine mögliche Zumutung gedacht, als an die Anzahl an sich. Vierzig Tage fand ich reizvoll, weil diese Zeitspanne für die Besinnung auf sein eigenes Leben und für die allmähliche Öffnung zu neuen Erkenntnissen und spirituellen Erlebnissen hilfreich sein kann, jedenfalls traditionell.

Doch schon nach nicht einmal vierundzwanzig Stunden war ich mir sicher, dass ich das hier nicht schaffen werde. Ich wollte die Welt des Dalai Lama kennenlernen, sein Kloster, seine Stadt. Ich wollte ein Gefühl dafür bekommen, was den Reiz des Ortes ausmacht, den manche in ihren Berichten als heilig beschrieben hatten. Angeblich könne man spüren, wie das Charisma des 14. Dalai Lama von hier aus in alle Welt ausstrahlt. Das war ja der Grund, weswegen ich hierher nach Nordindien an den Fuß des Himalaya gekommen war. Hierher ins Exil des Dalai Lama. Es war nicht meine Abenteuerlust oder der Drang, einfach für eine Zeit auszusteigen, mal etwas ganz anderes erleben zu wollen, oder vielleicht der Wunsch, meine Grenzen zu testen.

Anscheinend war ich aber dennoch bereits nach einer Nacht an meine Grenzen gestoßen. Dabei bin ich einiges in meinem Leben gewöhnt. Ich habe die Kindheit und Jugend in der DDR überstanden, habe einen schweren Verkehrsunfall und eine Querschnittlähmung überlebt und bin auch schon in manch andere missliche Lagen geraten. Gerade deshalb war ich nicht darauf vorbereitet gewesen, so davon getroffen zu werden, dass die Unterkünfte und hygienischen Standards Indiens nun mal nicht denjenigen Westeuropas entsprechen. Das wusste ich natürlich auch schon vorher. Aber gerade in den ersten Tagen musste ich feststellen, dass von einer Sache wissen und die Sache erleben tatsächlich zwei Paar Schuhe sind. Auch das wusste ich schon vorher. Aber in der jeweiligen Situation haut einen diese Erkenntnis doch immer noch zunächst einmal aus den Schuhen.

Am obersten Treppenabsatz beim Tempeleingang ließ ich mich auf den rosafarbenen Marmorfliesen nieder, um die Sonne zu genießen. Die Wärme konnte mir in diesem Moment nur gut tun. Ich schloss die Augen und gab mich meinem Selbstmitleid hin. Als ich nach einer ganzen Weile meine Augen wieder öffnete, sah ich ein Gesicht vor mir. »Deine Augen sind traurig«, sprach es mich unvermittelt an. »Warum?«, setzte es nach, bevor ich antworten konnte. Ein Mönch, vielleicht siebzehn bis zwanzig Jahre alt, hatte sich ganz dicht vor mir auf die vorletzte Stufe der Treppe gehockt und sah mich mit seinen großen klaren Augen unverwandt an. Ich war leicht erschrocken, weil ich sein Kommen nicht bemerkt hatte. Und außerdem, was war das für eine Frage? Warum meine Augen traurig sind? Darauf konnte ich gar nichts antworten. Also stammelte ich irgendwas Ausweichendes wie: »Ja, äh, ja, kann sein … Äh, vielleicht …«

»Du musst das ändern!«, sagte er dann ernst, aber mit einem sehr mitfühlenden Gesichtsausdruck. Ich muss was? »Das ändern«? Was will dieser Mönch von mir? Ich war überfordert und sah kurz auf meine gekreuzten Beine, dann wieder in sein Gesicht. Seine Augen fixierten mich, als versuchte er meine Gedanken zu lesen. Es war mir wahrscheinlich auf den ersten Blick anzusehen, wie es mir ging – da brauchte man kein großer Experte im Gedankenlesen zu sein. Aber er sah mich weiterhin mit diesem eigenartig forschenden Blick an. Ein Blick, dem ich mich seltsam ausgeliefert fühlte. Dieser junge Mönch hatte nicht so ein strenges Gesicht wie der Mönch von gestern Abend, ganz im Gegenteil. Er wirkte freundlich und charismatisch. Er hatte feine Gesichtszüge mit stark ausgeprägten Wangenknochen. Seine schwarzen Haare waren kurzgeschnitten, und die dunkelroten Tücher seines Mönchsgewands waren sorgsam auf die traditionelle Art um Schulter und Hals geschlungen.

Aber was bitte sollte ich ihm bloß antworten? »Du musst das ändern!«, hatte er gesagt. Das sagt sich leicht. Ich fühlte mich außer Stande, etwas zu ändern. Meinte er meine Traurigkeit oder gar mein Leben? Und wieder stammelte ich etwas vor mich hin. Ich wusste einfach nicht, wie ich angemessen auf diese merkwürdige Aufforderung reagieren sollte. Ich sah immer wieder unschlüssig zu Boden und wieder herauf zu ihm. Seine Augen waren wirklich unglaublich. Sie strahlten gleichzeitig Tiefgründigkeit und Fröhlichkeit aus und ließen bei all dem auch gelegentlich ein freches Aufblitzen erkennen. Sie waren von einer ungewöhnlichen, hellbraunen Farbe. Fast wie Honig. Er sah mich noch immer mit dem gleichen schwer deutbaren Ausdruck an. Ich schämte mich dafür, dass ich nicht in der Lage war, ihm mit derselben Freundlichkeit und Offenheit zu begegnen wie er mir. Während ich tief durchatmete, schloss ich meine Augen kurz, denn ich fühlte mich überfordert.

»Was willst du jetzt machen?«, fragte er dann. Ich sah ihn wieder an, den jungen Mönch, dessen Blick mich immer noch fest fixierte. »Ich weiß im Moment nicht …, also … ich weiß es nicht«, war alles, was mir dazu einfiel, wohl wissend, dass das keine Antwort war. Verzweifelt seufzte ich und hob meine Arme leicht an, um meine Ratlosigkeit auch gestisch zu unterstreichen. Der Grund, weshalb mich diese Begegnung so verstörte, war, dass er mir genau die Frage stellte, die mich momentan umtrieb und bedrückte: Was will ich jetzt machen? Ich hatte bereits erwogen, den Rückflug vorzuziehen oder nach einem bequemen Hotel zu suchen.

Ich schloss erneut meine Augen. Ich wusste nicht, warum. Eigentlich ist es unhöflich, sich auf diese Weise aus einer Unterhaltung auszuklinken. Dennoch konnte ich mich innerlich nicht gegen einen ungewollten Drang wehren, meine Augen zu schließen. Vielleicht für fünf, vielleicht für zehn Sekunden. Ich atmete tief durch, schüttelte unmerklich den Kopf und öffnete meine Augen wieder. Er war weg. Da saß kein Mönch mehr vor mir. Seltsam. Gerade war er noch da und stellte mir Fragen, wie ich sie mir insgeheim selber gerade stellte, und dann verschwand er einfach ohne einen Gruß.

Ich schaute etwas verunsichert über den kleinen Tempelvorhof und konnte niemanden entdecken. Von dem Mönch fehlte jede Spur.

Ich wusste nicht, warum, aber ich begann, tief ein- und auszuatmen. Es war, als wäre die Luft ganz unverbraucht und frisch, wie neu. Mit jedem Atemzug fühlte ich Kraft in mir aufsteigen. Ich stellte fest, dass ich richtiggehend aufgeregt war. Ich spürte sogar meinen Puls im Hals. Diese Begegnung eben war so bewegend und ungewöhnlich, weil alles, was er gesprochen hatte, ungewöhnlich war und mich bis ins Mark getroffen hatte.

Mit einem Hüpfer landete urplötzlich ein kleiner Mönch auf der Schwelle des Portals zum Klosterhof. Ich erschrak schon wieder. Er blieb stehen und sah mich aus schmalen Augen an. Eine Hand stemmte er in die Hüfte, mit der anderen stützte er sich am Torpfosten ab. Er mochte etwa zehn Jahre alt sein. Nach wenigen Augenblicken war sein Auftritt auch schon beendet. Er drehte sich um und hüpfte wieder von dannen. Zumindest diesen Mönch habe ich kommen und gehen sehen, dachte ich bei mir und wunderte mich.

Ich wunderte mich vor allem über mich selbst, denn irgendwas fühlte sich jetzt anders an, anders in mir. Ich konnte nur noch nicht so recht den Finger darauf legen, was es war.

Das Dorf des Dalai Lama

Am frühen Nachmittag des zweiten Tages begegnete ich auf der Gästeterrasse des Mönchsklosters einem Mann. Nachdem ich für ein paar Minuten den Ausblick ins Tal genossen hatte, gesellte ich mich zu ihm. Er saß auf einer der metallenen Bänke, von denen der dunkelgrüne Lack abblätterte, und rauchte eine selbstgedrehte Zigarette. Nach einer Weile lenkte er seinen starren, in eine unbestimmte Ferne gerichteten Blick auf mich. Ich sah zu ihm herüber und grüßte ihn. Er habe seit Wochen fast nicht gesprochen, sagte er mir unaufgefordert, aber er fände es jetzt auch ganz gut, mal wieder eine deutsche Stimme zu hören. Ich hatte »Hallo« gesagt und nicht das englische »Hello«. Wahrscheinlich hatte ihm das meine ungefähre Herkunft verraten. Beim Frühstück im Esszimmer der Gäste hatte ich diesen Mann nicht gesehen, aber nun war ich ganz froh, ihn hier zu treffen und ließ erst einmal einen ganzen Fragenkatalog auf ihn los. Er hieß Quirin und kam aus der Schweiz. Er war schon seit etwa einem Monat hier, um nachzudenken, wie er sagte. Er wolle sich diese Zeit nehmen, um für sich eine Entscheidung zu finden, wie es mit seiner Ehe weitergehen soll, präzisierte er. »Muss man dafür nach Nordindien gehen?«, fragte ich ihn. Bei all dem, was gerade auf mich einstürmte und in mir tobte, konnte ich mir nicht im Entferntesten vorstellen, hier auch nur einen einzigen konstruktiven Gedanken zu haben, und schon gar keinen, der dann auch noch Gültigkeit für das Leben zu Hause besitzen könnte. Er aber meinte, man könne hier sehr gut nachdenken und man käme auf andere Ideen, als anderswo. Zu Hause schon gar nicht. Die harte Schale, die sonst seine Seele umgibt, würde hier aufgeweicht und durchlässiger für andere Gedanken und Empfindungen. Seine menschlichen Bekenntnisse zu hören, überraschte mich. Zum einen, weil ich ihn gerade eben erst kennengelernt hatte, und zum anderen, weil diese so sensible wie offene Selbstanalyse nicht so recht zu seinem eher kernigen Äußeren zu passen schien. Ich schätzte ihn auf etwa fünfzig Jahre, die recht ausgeprägten Linien in seinem Gesicht deuteten darauf hin und seine dunklen Locken waren von grauen Strähnen durchzogen. Er sieht ein bisschen aus wie George W. Bush, dachte ich bei mir, nur ist sein Haar etwas voller. Vom Waldarbeiter bis zum

Geschäftsführer einer Handelsfirma habe er in vielen Berufen gearbeitet. Dementsprechend robust wirkte er auch.

»Hier vergeht die Zeit sehr langsam. Ein Monat ist wie ein Jahr«, sagte er. Ich wollte das gar nicht hören. Wenn meine geplanten vierzig Tage sich wie ein Jahr und drei Monate anfühlten, dann würde ich das nicht aushalten. Ich war ja nach nicht einmal vierundzwanzig Stunden hier mental schon an meine Grenzen gekommen. Allerdings stellte ich fest, dass ich im Moment nicht mehr dieses massive, fast panikartige Unbehagen spürte, das mich seit gestern Abend begleitet hatte. Ich war ruhiger geworden, und die innere Traurigkeit hatte sich ein wenig gelegt. Wahrscheinlich trug auch dieses Gespräch in meiner Muttersprache nicht wenig dazu bei, dass ich mich noch etwas besser fühlte. Ich fragte ihn nach diesem Ort, nach Dharamsala, und nach dem Ortsteil McLeodganj, in dem wir uns befanden. »Es ist ein besonderer Ort«, bekam ich zu hören. Was soll hier schon besonders sein, fragte ich mich. Ein fernes Land, eine andere Welt, eine fremde Kultur, eine andere Religion. Dies zu entdecken, ist immer aufregend. Und das Fremde ist meistens besonders. Ich würde hier Dinge erleben, die ich nirgendwo erleben würde, schob er nach und setzte ein bedeutungsvolles Grinsen auf. Das klang zwar grundsätzlich nicht schlecht, aber mein konkretes Interesse an diesem Ort musste sich erst wieder einstellen.

Wohl um mich auf andere Gedanken zu bringen, bot mir der Schweizer an, mir den Ort zu zeigen, der etwa zweihundert Meter weiter den Hügel hinauf lag. Dankbar nahm ich die Einladung an, und wir zogen los. Konkret bedeutete das, wir stiegen unzählige Stufen hinauf, bis wir am oberen Tor des Klosters angekommen waren. Dahinter ging das mit den Treppen so weiter. Quirin legte kurz hinter dem Tor erst mal eine ausgiebige Pause ein. Er schnaufte und keuchte. Mir ging es nicht viel anders, aber ich wollte mir nicht anmerken lassen, dass mir diese steilen Stufen zu schaffen machten. Nach einigen Pausen – und sichtlich verschwitzt – waren wir endlich in einer Gasse angekommen, die schon wieder aus einer Art Treppe bestand. Alles wirkte heruntergekommen, und es stank bestialisch. Ich sah einige Kuhfladen, doch sie konnten unmöglich die einzige Ursache des Gestanks sein. Als wir die nächsten Meter hinter uns gebracht hatten und über allerlei Löcher, Steine, Wasserleitungen, Müll und Reste von Treppenstufen gestiegen waren, kam ich der eigentlichen Gestankquelle schon etwas näher. Mit jedem Schritt schien der Geruch intensiver zu werden. Es roch nach allem, was schlecht riechen kann. Die Exkremente, nach denen es ganz besonders deutlich roch, stammten nicht ausschließlich von den unübersehbaren Kuhfladen. »Jo, das ist die rückwärtige Seite von McLeodganj«, spottete Quirin lachend in seinem breiten Schweizer Dialekt. Rückseite bedeutete in diesem Fall, dass alles, von Essensresten bis hin zu den Ausscheidungen aller hier anwesenden Lebewesen einfach auf die Straße gekippt wird, um sich dann in einer Art Rinne zu sammeln und weiter ins Tal hinabzufließen. Als wir atemlos auf einen Platz einbogen, bot sich mir ein Bild von überwältigendem Chaos. Und ich musste feststellen, dass sich die Geruchssituation nicht wirklich verbessert hatte. Die Luft war nun im Gegenteil noch dazu durchmischt von Abgasen der Autos und Motorräder, die sich laut hupend durch ein Gewimmel von Menschen drängelten. Der Schweizer erklärte mir, dass dies der Hauptplatz von McLeodganj sei. Hier sei der Bus-Stopp, hier würde sich alles treffen und hier wäre auch immer am meisten los. Letzteres konnte ich unschwer erkennen, denn dieser Platz quoll, eingerahmt von abenteuerlich aufgestockten Gebäuden, deren Geschosse sich über der Freifläche auftürmten, über vor Menschen und Fahrzeugen. Immer wieder fielen mir die bordeauxroten Gewänder tibetischer Mönche und Nonnen ins Auge, die mit kahl geschorenen Köpfen ihrer Wege gingen. Ich sah ernste und heitere Gesichter. »Lass uns die Temple Road hinuntergehen. Da zeig ich dir ein Café mit dem besten Cappuccino hier«, schlug er vor. Man hatte sich ganz offensichtlich hier auf die seit Jahren wachsende Zahl an westlichen Sinnsuchern eingestellt. Eigentlich ist es nicht Sinn der Sache, ein fremdes Land zu besuchen, nur um dort dann dasselbe zu tun wie zu Hause, nämlich erst mal einen schönen Cappuccino zu trinken. Aber ich fand seinen Vorschlag trotzdem sehr gut, denn ich war schon wieder von all den Eindrücken überfordert.

Die Temple Road ist gesäumt von kleinen, meist eingeschossigen Häuschen, die kleine Läden beherbergen. Keines der Häuser ist in einem guten Zustand. Die Läden sind winzig und bersten fast vor hochaufgetürmten Waren. An den meisten kleben vorne zur Straße hin noch ein oder zwei Straßenhändlerstände. Alles sah unglaublich heruntergekommen aus. Und hier lebt der Dalai Lama? Ich konnte es irgendwie kaum glauben. Das alles hier passte so gar nicht zu meinen Vorstellungen von Repräsentanz. Zumindest erkannte ich in den Mönchen ein deutliches Zeichen für die Präsenz des tibetischen Buddhismus. Die Fahrer der Autos und Motorräder schienen auf diese heiligen Männer keine besondere Rücksicht zu nehmen, denn sie mussten, wie alle anderen auch, häufig beiseitespringen, um nicht unter die Räder der Autos zu geraten. Die Fahrzeuge drängelten sich völlig rücksichtslos durch das Menschengewimmel der engen einspurigen Straße. Die Rückspiegel waren entweder eingeklappt oder überhaupt nicht vorhanden, wahrscheinlich um jeden Zentimeter Platz nutzen zu können. Gehwege gab es nicht. Rechts und links der Straße verliefen teilweise recht tiefe, ausgemauerte Gossen. Ab und zu überbrückten ein paar zusammengeschweißte Eisenstangen den Eingang zu einem Geschäft. Nach etwa zweihundert Metern war die Bebauung nur noch an einer Straßenseite vorhanden. Auf der anderen Seite fiel der Abhang steil nach unten.

Wir waren beim Café angelangt. Auf der Terrasse genossen wir einen Cappuccino, der tatsächlich fast so gut schmeckte wie in Italien. Ich machte meinem Entsetzen etwas Luft und erzählte dem Schweizer von dem Schock, den die ersten Eindrücke bei mir ausgelöst hatten. Quirin lachte und meinte, ich würde mindestens eine Woche brauchen, um mich an all das hier zu gewöhnen. Diesen Satz hatte ich schon mehrfach gehört. Aber so ganz konnte oder wollte ich nicht daran glauben.

Der berühmte Mönch

Etwas später am selben Tag begegneten wir auf einem stark ansteigenden Straßenstück weiter oben im Dorfzentrum zufällig jemandem, den ich kannte. Es war ein Mönch namens Zilkar. Er war der erste tibetische Mönch, den ich überhaupt persönlich kennengelernt habe. Er kam schnellen Schrittes die Straße, die zu seinem Hotel hinaufführt, heruntergeeilt. Sofort kehrten die Erinnerungen an meine Anreise zurück. Gestern Abend war ich nämlich zusammen mit diesem Mönch hier angekommen. Er war der einzige Mönch, den ich in der Wartehalle des recht kleinen und übersichtlichen Inlandsflughafens der indischen Hauptstadt Delhi finden konnte. Am Check-In-Schalter hatte ich ihn bereits gesehen, jetzt saß er schräg vor mir auf einem der Stühle. Die Maschine nach Dharamsala würde mit mindestens einer Stunde Verspätung starten, verkündete die Anzeigetafel. Also nutzte ich die Zeit und sprach ihn an, ob er sich in Dharamsala auskennen würde und mir helfen könnte, den Weg zu meinem Kloster zu finden. Er bot mir gleich den Platz neben sich an. Wir unterhielten uns, bis irgendwann unser Flug aufgerufen wurde. Er stammte nicht aus Dharamsala. Er lebe in Taiwan, sagte er mir, und sei nur anlässlich eines Teaching des Dalai Lama für ein paar Tage in der Stadt. Aber den Weg zum Kloster würde er mir schon noch zeigen können. Im Flugzeug, einer kleinen zweimotorigen Kiste, saßen wir zufällig nebeneinander. So konnten wir unser Gespräch fortsetzen. Er holte seinen Laptop aus der Tasche und zeigte mir Fotos aus seinem Leben. Er sei sogar schon in Frankfurt gewesen und lieferte umgehend den Fotobeweis. Tatsächlich. Als ich ihm erzählte, was ich vorhabe, sah er mich etwas erstaunt an. Dann sagte er, er habe das Gefühl, dass ich viele große Dinge erleben werde. Da sei er sicher. Was genau er damit meinte, konnte ich nicht so ganz verstehen. Sein Englisch reichte nicht dafür aus, mir seine Gedanken präziser zu beschreiben. Er entschuldigte sich ständig für seine schlechten Englischkenntnisse.

Am Flugplatz von Dharamsala wurde er von zwei Frauen in einem Jeep abgeholt. Ich sollte einfach mitfahren, es sei ja schließlich noch genügend Platz für mich und mein Gepäck. Dankbar nahm ich sein freundliches Angebot an. Das war sicher die beste Gelegenheit für mich, vom Flughafen in den höhergelegenen Ortsteil McLeodganj zu gelangen. Zu den hiesigen Taxifahrern hatte ich kein sehr großes Vertrauen, denn ich hatte das Gefühl, in Delhi auf dem Weg vom internationalen zum nationalen Flughafen ziemlich ausgenommen worden zu sein. Mit dem Mönch fühlte ich mich sicher. Und so erreichten wir nach einer fast einstündigen schaukligen Fahrt den Bergort, in dem der Dalai Lama lebt, das Ziel meiner Reise. Als Erstes fuhren wir zu seinem Hotel. Dort war eine ziemlich große Menschenmenge vor dem Eingang versammelt. Zilkar lachte. Irgendwann verstand ich auch, warum er lachte: Das da draußen war sein Empfangskomitee. Einige der Männer und Frauen warfen sich vor ihm auf den Boden, andere schüttelten ihm kniend oder gebeugt die Hand. Lange, weiße Seidenschals wurden ihm aus der Menge gereicht, und er legte sie den Menschen, die vor ihm standen, um den Hals. Um Himmels willen, dachte ich, wer ist dieser Mönch? Ist er ein hoher Würdenträger? Woran hätte ich das erkennen sollen? Die Mönche sehen irgendwie alle gleich aus. Das ist nicht abwertend gemeint, sondern es ist tatsächlich von außen nicht zu erkennen, welchen »Rang« ein Geistlicher hat. So auch bei Zilkar: Sein Gewand war nicht außergewöhnlich gestaltet. Es gibt im Buddhismus auch keine Rangabzeichen an der Brust oder auf der Schulter, wie beim Militär. Auch einen Farbunterschied, wie bei den Würdenträgern in der katholischen Kirche, kennt man bei den buddhistischen Mönchen nicht. Er sah für mich aus wie der Dalai Lama und wie all die anderen buddhistischen Mönche, die ich bisher gesehen hatte. Trotz dieses Begrüßungstrubels hatte er mich aber nicht vergessen. Unauffällig instruierte er jemanden, einen ortsansässigen Freund, wie ich später erfuhr, mich zu meinem TseChokLing-Kloster zu bringen.

Und nun traf ich ihn wieder, diesen offenbar berühmten Mönch. Er freute sich, mich zu sehen, und umarmte mich sogar bei der Begrüßung. Er fragte mich gleich, wie es mir ginge. Ich erzählte ihm daraufhin kurz, wie es mir am ersten Abend im Kloster ergangen war. Ich beschrieb das Zimmer, die Toilette und alles, was mich schockiert hatte. Ich versuchte mich zu beherrschen, damit ich nicht zu negativ klang. Er sah mich etwas bestürzt und mitleidig an, aber er kommentierte meine Schilderungen nicht. Dann drückte er mich seitlich an sich und hielt mir seine Gebetskette an die Stirn. Er verabschiedete sich recht bald, denn er musste zum Dalai Lama, wie er sagte. »Ich bin sicher, wir sehen uns bald wieder.« Mit diesen Worten entschwand er winkend.

Der Berg beginnt im Tal

Beim Abendessen im TseChokLing-Kloster saßen wieder alle die beieinander, die ich gestern nach meiner Ankunft schon kennengelernt hatte. Der Raum, in dem die Mahlzeiten eingenommen wurden, war nicht gerade einladend. Die schweren dunklen Möbel und die dunkle Holzverschalung an den Wänden erzeugten eine düstere Atmosphäre, die einem selbst bei heiterster Grundstimmung aufs Gemüt schlagen könnte. Dennoch entdeckte ich einen Unterschied zu gestern: Mir ging es tatsächlich besser. Ich fühlte nicht mehr die drängende Verzweiflung. Vielleicht fing ich langsam an, mich einzugewöhnen.

Als ich saß, wandten sich mir viele verständnisvoll, fast gütig dreinblickende Augenpaare zu. Aber in allen Blicken konnte ich auch Fragen erkennen. »Entschuldigung, dass ich gestern so schlecht drauf war«, trat ich die Flucht nach vorn an. Mein Unbehagen war mir gestern deutlich anzumerken gewesen, und ich hatte mich weiß Gott nicht von meiner besten Seite gezeigt. Ich hatte kaum reden können und kämpfte schon fast mit den Tränen. Das war mir immer noch peinlich. »Ich weiß auch nicht warum, aber ich komme mit dem Ganzen hier noch nicht so richtig zurecht. Das hat mich alles geschockt. Es ist so eine andere Welt. Ich weiß nicht, wie ich es beschreiben soll?« »Du musst es nicht beschreiben«, sagte Melanie. »Wir verstehen alle sehr gut, wie es dir geht. Die meisten, die zum ersten Mal hierherkommen, fühlen sich so wie du. Die Welt hier ist so anders als die Welt, aus der wir kommen. Mach dir keine Sorgen. Ich hatte auch meine Probleme.« Das zu hören, tröstete mich. Melanie sah mich besorgt und fast schon mütterlich an. Ich wusste von ihr, dass sie seit einiger Zeit hier in Indien lebte. Sie wirkte so gelassen und aufgeräumt. Kaum vorstellbar, dass sie die gleichen Probleme wie ich hatte, als sie hier ankam. »Ich glaube, du solltest erst einmal mit dem weitermachen, was du dir vorgenommen hast. Konzentriere dich darauf, und du wirst sehen, dass sich dein schlechtes Gefühl legen wird.« Genau das hatte ich mir auch überlegt, aber wenn man vor dem Berg steht, glaubt man nicht, dass er überwindbar ist. Muss ich denn partout über den Berg? Gibt es nicht auch einen Weg, der mich im Tal um den Berg herum führt? Der nicht ganz so beschwerlich ist? Vielleicht ist das die Lösung: Ich müsste nach Umwegen und milderen Varianten suchen, die meinem Vorhaben nicht abträglich sind, mir aber dennoch genügend Erlebnisse bieten. Aber ich denke, das würde nicht funktionieren. Wie soll ich vom Berg berichten, wenn ich nicht selber oben war, wenn ich die Pässe, die Steigungen, die Klippen und Schluchten nicht mit eigenen Augen gesehen habe? Vielleicht ist das Bild von der Besteigung eines Berges nicht schlecht. Niemand zwingt mich hinauf, ich will es selber. Dort oben ist etwas, von dem ich mir etwas verspreche. Nennen wir es Erkenntnis, der Einfachheit halber. Will ich nun, da ich die erste anstrengende Steigung hinter mir habe, immer noch nach oben, oder suche ich schon nach Umwegen, Abkürzungen? Mir ist klar, dass mein Weg dann ein anderer wäre, und er würde auch zu einem anderen Ziel führen. Zu einem Ziel, das hinter dem Berg liegt, nicht oben auf dem Gipfel. Also was will ich nun? Ja, was will ich wirklich tun? Das hatte mich dieser Mönch auch gefragt. Wie ein Bergsteiger möchte ich wissen, wie es sich anfühlt, obenzustehen und auf die Momente während des Aufstiegs zurückzublicken. Ich könnte ja auch alles in Büchern nachlesen, um mir ein Bild von McLeodganj und vom tibetischen Buddhismus zu machen. Jedoch geht – wie immer im Leben – nichts über ein persönliches Erleben.

Vielleicht sollte ich mit dem Naheliegenden beginnen. Ich sollte, wie alle anderen hier auch, zu Abend essen. Und mich auf das konzentrieren, was ich direkt vor mir hatte: Reis, Gemüse, Tee. Mit nichts anderem sollte ich mich befassen. Vielleicht musste ich einfach klein anfangen.

Neues Zimmer, neues Leben

Nach dem Abendessen lernte ich Sonam kennen. Der Mönch kam die Stufen herunter und lächelte mich an. »Du bist Stephan?«, fragt er mich. Allerdings sprach er meinen Namen so kurios aus, dass ich nur zögerlich bestätigte. Es hatte sich angehört wie »Stiwin«, aber das war immer noch ähnlich genug, dass ich mit einiger Sicherheit annehmen konnte, er hatte mich gemeint. Ich hatte mir meinerseits gemerkt, dass Sonam zwar mit einem »o« geschrieben, aber mit einem »ö« ausgesprochen wird. Er schüttelte mir die Hand und ließ sie nicht mehr los. »Herzlich willkommen! Ich bin erst eben gerade aus Delhi zurückgekommen, deshalb kann ich dich erst jetzt begrüßen«, entschuldigte er sich sofort. Das also war Sonam, mit dem ich schon vor meiner Reise von Deutschland aus telefoniert hatte. Einige E-Mails hatten wir auch ausgetauscht, um meinen Besuch hier vorzubereiten. Eine Freundin von mir hatte mir Fotos von ihm gezeigt, so dass ich ihn auch sofort erkannte. Sie war schon einige Male hier im TseChokLing-Kloster zu Gast und kennt deshalb auch Sonam gut. Sie hatte mir von ihm erzählt. Was sag ich, erzählt – regelrecht geschwärmt hatte sie von ihm. Er war der oberste Mönch des Klosters, in dem ich nun Gast war. So viel wusste ich.

Ich sollte meine erste Zeit am besten in einem Kloster verbringen, das nicht unmittelbar beim Dalai Lama angesiedelt ist, um mich langsam der Thematik und der Welt hier zu nähern. Diesen Rat hatte mir der Sonderbotschafter Seiner Heiligkeit gegeben. In der Tat liegt »mein« Kloster nicht direkt am Sitz des Dalai Lama, sondern befindet sich etwa zweihundert Meter unterhalb des Klosterberges, auf dem der oberste Repräsentant des tibetischen Buddhismus sein Hauptkloster unterhält, wo er im Übrigen auch wohnt. Das TseChokLing-Kloster war also meine erste Station hier und ich würde bald näher an Seine Heiligkeit heranrücken, doch zunächst musste ich erst einmal mit dieser ersten Station klarkommen. Sonam ahnte noch nichts von meinem schlechten Grundgefühl. Er lächelte, als gäbe es nichts anderes, was man sinnvoller Weise tun könnte.

»Stiwin, willst du ein anderes Zimmer?« Ich dachte, ich höre nicht richtig. Wie kommt er denn jetzt darauf? Dann schob er noch nach: »Mit eigener Toilette und Dusche … und …« Er schien nach einem bestimmten Wort zu suchen. Waschbecken, dachte ich, das wäre es doch. »Ja«, antwortete ich sofort und ohne großartig nachzudenken. »Gut! Ich habe noch so ein Zimmer. Es war anders geplant, aber nun ist es frei. Da ist in der Zimmer-Planung wohl etwas schiefgelaufen. Es ist frei für dich, wenn du willst.« Dieser Mann in der dunkelroten Mönchsrobe bot mir tatsächlich ein Zimmer mit einem eigenen Bad an. »Ich bringe dir gleich den Schlüssel«, sagte er nun und er schien es damit ernst zu meinen. Ich bekam also wirklich ein neues und mit Sicherheit komfortableres Zimmer! Ich hätte nie gedacht, dass mein Wohlbefinden derart abhängig ist von solchen Dingen. Doch so ist es wohl. Meine Laune jedenfalls stieg zusehends mit der Aussicht, bald ein bisschen mehr Bequemlichkeit und Privatsphäre zu haben.

Nach einem Treffen mit Quirin, dem ich natürlich sofort von meinem baldigen Upgrade berichtete, brachte mir ein Mönch, den ich gerade noch in der Gästeküche gesehen hatte, einen Schlüssel. Er trug ein ärmelloses gelbes Shirt und wirkte ehrlich gesagt eher wie jemand, der auf dem Weg ins Fitnessstudio war, als wie ein buddhistischer Mönch. Einzig sein Untergewand würde vermutlich zwischen Laufband, Hantelbank und Beinpresse für Aufsehen sorgen, denn es sah aus wie ein langer Frauenrock. Ich könne das neue Zimmer sofort beziehen, teilte er mir trocken mit. Es sei die Tür direkt gegenüber meinem bisherigen Zimmer. Ob er wohl verstand, warum ich ihm jetzt überschwänglich dankte? Sicher nicht, denn er konnte ja nicht ahnen, was dieser Wechsel für mich bedeutete. Also verlor ich keine Zeit, sondern bezog umgehend meine neue Residenz. Ein schönes Zimmer! Zwei Betten, ein Tisch, ein eigenes Badezimmer. Wunderbar! Meine erste Amtshandlung war, meine Sachen herüberzuholen und sie gleichmäßig auf Betten, Schrank und Schreibtisch zu verteilen. Schon eine Viertelstunde später saß ich glücklich auf meinem frisch bezogenen Bett. In diesem Zimmer roch es zwar auch muffig und nach ewiger Feuchtigkeit, aber das störte mich nicht.

Kurz bevor ich vor lauter Erschöpfung einschlief, dachte ich noch einmal über die Begegnung am Eingang des Tempels nach. Ich sah wieder das Gesicht des Mönches mit diesen honigfarbenen Augen vor mir. Seine aufmerksame Freundlichkeit, die mir in meinem aufgewühlten Zustand gutgetan hatte, wirkte noch in mir nach. Jedoch gingen mir seine Fragen und die Ungewöhnlichkeit der Begegnung lange nicht mehr aus dem Kopf.

Der Weckruf des Klosters

Die Nacht war zu Ende. Jedenfalls für mich, denn ich wurde von lautem Hundegebell geweckt. Dem Gekläffe und Gejammer setzte aufgeregtes Vogelgezwitscher einen quälenden Kontrapunkt. Irgendwann kam noch lautes Gebrumm dazu. Das müssen die Mönche sein, dachte ich, denn solch litaneiartiges Sprechen konnte nur von ihnen kommen. Ich lag hellwach im Bett. Draußen dämmerte es langsam, aber der Tag war noch längst nicht in Gang gekommen. Ein Blick auf die Uhr verriet mir, dass es gerade mal halb sechs war. Eigentlich war es viel zu früh, schon wach zu sein, schon allein wegen der Zeitverschiebung von Deutschland, die mir immer noch in den Knochen steckte, müsste ich jetzt noch tief und fest schlafen. Zu Hause war es um diese Zeit noch tiefste Nacht. Aber ich schlief nicht, sondern dachte wieder einmal über den Unterschied zwischen meinen Vorstellungen von dieser Reise und der Realität nach. Ich hatte mir vorgestellt, ich würde ganz früh mit den Mönchen aufstehen, um an ihrem Morgengebet teilzunehmen. Aber mir war noch nicht nach Morgengebeten. Mir war auch gestern nicht nach einem Gebet am Mittag oder am Abend. Ich hatte erst einmal mit mir zu tun.

Jetzt waren draußen Krähen zu hören. Ich empfand es fast als ein bisschen unverschämt, wie laut sie krächzten. Aber was konnte ich schon dagegen tun? Wie es aussah, nichts. Wahrscheinlich konnte ich froh sein, dass die Kühe, deren Stall sich nur wenige Meter entfernt schräg unter meinem Fenster befand, noch nicht Laut gegeben hatten. Insgeheim rechnete ich noch mit einem geltungssüchtigen Hahn, um das Konzert zu vervollständigen. Doch auch ohne ihn hatte mich die Geräuschkulisse aus Tierlauten und Mönchsgebrumm am Ende etwa zwei Stunden wach gehalten. Und von Minute zu Minute kam mir mein Nachtlager ungemütlicher vor. Kalt, feucht, kratzig, hart. Es gab keine Position, in der ich mich entspannen konnte. Vielleicht war es das Ungewohnte, das Neue, nicht der Lärm und die feuchte Kälte, was mich wach hielt, obwohl ich noch hundemüde war. Es gibt solche Momente, in denen ist man noch nicht in der Lage, sich in einer Situation zurechtzufinden, dann liegt man nur da und beobachtet alles um sich herum und zudem auch sich selbst. Dann kreisen die Gedanken, arbeiten die Gefühle, dann sucht sich die Gewöhnung den Weg zur Seele. Irgendwann bin ich dann aber doch wieder eingeschlafen. Vielleicht aus Erschöpfung.

Ausschlafen bis halb zwölf ist an sich ein Frevel, vor allem wenn man sich vorgenommen hat, viel zu erleben. Dieser Tag hatte nun fast schon seinen Zenit erreicht und ich stieg jetzt erst aus meinem Bett. Das Ganze hatte einen entscheidenden Vorteil: Es war im Zimmer etwas wärmer geworden. Ich mag es nämlich gar nicht, vor Kälte zitternd vor dem Bett zu stehen und noch halb verschlafen herumzuirren. Allerdings hatte ich das Frühstück verpasst. In Italien verpasse ich meistens das Frühstück, aber dort gibt es an jeder Ecke eine kleine Cafeteria oder eine Bar. Und dort verwöhnen einen die Barista für ein paar Euro mit dem schönsten Cappuccino und einem Hörnchen mit süßer Creme. Am liebsten genieße ich dann eines mit Schokoladenfüllung. Aber daran wollte ich lieber gar nicht erst denken, denn ich war ja in Dharamsala.

Der Kindermönch

Ein kleiner Mönch erschien auf den Treppen. Am Wasserhahn vor der Gästeküche füllte er eine silbern glänzende Schale mit Wasser und setzte sich auf eine der niedrigen Mauern beim Tempel. Ich beobachtete ihn von der Gästeterrasse aus. So richtig deutlich konnte ich ihn nicht erkennen, aber ich vermutete, es war der Kleine, der gestern Vormittag kurz in der Tempelpforte vor mir aufgetaucht war. Er trank seine Schale aus und legte sich rückwärts auf die Mauer. Vielleicht wollte er sich von der Sonne ein wenig durchwärmen lassen und wusste die gespeicherte Wärme der Steine zu nutzen. Dann richtete er sich wieder auf, setzte sich rittlings auf die Mauer und sah zu mir herunter. Ich winkte ihm zu. Er winkte mir zurück, als hätte er längst darauf gewartet. Das Spiel wiederholte sich einige Male, und ich konnte den Schemen seiner Gesichtszüge ansehen, dass er seinen Spaß dabei hatte.

Ich sprang von der Bank auf und ging schnell in mein Zimmer. Er beobachtete mich, wie ich im luftigen Vorbau des Gästehauses verschwand. In dem kleinen Schränkchen, das brusthoch in die Wand meines Zimmers eingelassen war, hatte ich meinen Vorrat an Süßigkeiten und einigen kleinen Geschenken untergebracht. Ich griff nach einem kleinen Schokoladentäfelchen und einem Match-Box-Auto.

Ich ging schnell die Stufen zum Tempel nach oben in der Hoffnung, der Kleine würde dort auf mich warten. Das tat er auch. Als er mich kommen sah, richtete er sich sofort auf und sah mich erwartungsfroh an. Er riskierte ein paar kurze Blicke auf meine rechte Hand, um zu erspähen, was sich dort verbarg. Dann lächelte er. Langsam, fast schüchtern und etwas ehrfurchtsvoll setzte ich mich zu ihm. Wahrscheinlich hatte ich vor diesem kleinen Mann Respekt, weil er in Mönchskluft vor mir saß. Ich legte die Hand auf meine Brust und sagte langsam meinen Namen: »Stephan.« Dann setzte ich ein fragendes Gesicht auf und zeigte auf ihn. Er verstand, was ich wollte, und sagte so etwas wie »Sanji«. Nun blinzelte er mich an. Ich fragte ihn, ob er Englisch sprechen könnte. Der kleine Mönch blinzelte mich noch immer an, jedoch ohne mir zu antworten. Dann legte ich einfach nacheinander die Schokolade und das Auto auf sein ausgebreitetes dunkelrotes Gewand. Nun strahlte er mich an, sagte etwas, das ich nicht verstand, und griff mit seinen kleinen Händen nach meinen Mitbringseln. Ein niedliches Kerlchen mit einem etwas rundlichen Gesicht, Stupsnase, schmalen Augen und kurzem dichten schwarzen Haar. Seine Haut war so braun, als würde er ständig in der Sonne herumlungern. Das war der Junge, den ich am Tag zuvor im Tor zum Tempelhof gesehen hatte. Da war ich mir nun ziemlich sicher. Jetzt saß er neben mir auf dem Mäuerchen. Der Kleine betrachtete sein neues Auto und spielte mit seinen nackten Füßen, als wäre er schüchtern. Seine blassroten Gummipantoffeln hatte er ausgezogen und unter sich stehen lassen.

Ich stand auf und bedeutete ihm mit einem Winken, dass ich gehen wollte. Er sah mich nur an und lächelte wieder. Dann hob er eine Hand winkte mit genau derselben Geste zurück, wie ich es tat – so als würden wir Fenster putzen.

Das war also einer dieser Kindermönche, von denen man mir erzählt hatte. Ich solle ihnen Süßigkeiten und Spielzeug mitbringen, hatten mir diejenigen gesagt, die sich mit der Versorgungssituation in den Klöstern hier auskannten. Aber auch mit Stiften und allem, was man für die Schule gebrauchen kann. Deshalb hatte ich vor meiner Abreise noch speziell dafür ein paar Läden durchstreift, um kleine Autos, Schokoladen, Federmäppchen und dergleichen zu besorgen. Genaugenommen war ein Drittel meines Gepäcks damit belegt. Jedoch war mir bisher nur ein kleiner Mönch hier begegnet. Ebenjener, der nun im Laufschritt mit dem Miniaturauto über die bemooste Mauer am Weg um den Tempel bretterte.

Antrittsbesuch beim Klosterdirektor

Quirin hatte mich gesucht. Nun kam er angeschossen und sagte, Thubten sei hier gerade unterwegs gewesen und habe Sträucher im Klostergarten beschnitten. Also sei er im Kloster und ich sollte ihn am besten gleich mal kennenlernen, meinte der Schweizer. Das hielt ich auch für eine gute Idee, schließlich ist Thubten der Direktor des Klosters, und ich bin sozusagen sein Gast. Ich hatte im Garten allerdings keinen Mönch arbeiten sehen. Quirin schlug vor, wir sollten einfach zu seiner Wohnung gehen und schauen, ob er dort zu finden sei. Zwischen Gästeküche und Mönchsküche verläuft eine Art Unterführung durch das Gebäude. Links davon klebt eine kleine Treppe an der Wand, die in den ersten Stock führt. Oben trennt eine Gittertür die Treppe von einem offenen Flur. Die Tür war nicht verschlossen, sie quietschte, als Quirin sie zaghaft aufschob. Also gingen wir weiter. Am Ende des kurzen Flures fand sich inmitten von weiteren Gittertüren und Hausmauern noch eine hölzerne Tür, die sich vor uns öffnete, noch bevor wir irgendetwas machen konnten. Ein kleiner Mann mit Halbglatze, rundlichem Gesicht, feinen Gesichtszügen und großen hellen Augen stand vor uns. Das ist also anscheinend der Direktor, dachte ich, oder vielleicht auch nicht? Denn er war nicht in rotes Mönchstuch gehüllt, sondern trug ein gebügeltes hellblaues Oberhemd und eine graue Hose aus gutem Stoff. Er wirkte leicht hektisch und bat uns sofort herein, noch ohne einem von uns die Hand gegeben zu haben oder zu fragen, was unsere Absicht sei. Genauso hektisch bot er uns in dem Zimmer, das sein Wohn- und Arbeitszimmer zu sein schien, einen Platz auf einer Couch an. Es war ein sehr gemütliches Zimmer. Auf dem Boden lagen über dem Teppichboden mehrere kleine Teppiche. Die Wände waren tapeziert und mit allerlei gerahmten Bildern übersät. Die Möbel schienen noch aus einer anderen Zeit zu stammen, aber sie waren fein gearbeitet und von dunklem edlen Holz. »Warum trägt er kein Mönchsgewand?«, fragte ich Quirin. Der Schweizer erzählte im Telegrammstil, dass Thubten früher Mönch gewesen sei, dann aber den Mönchsstand verlassen und eine Französin geheiratet habe. Dennoch sei er nach dem Tod des Lamas Leiter des Klosters geblieben. Schließlich hatte er dieses Kloster auch zusammen mit dem Lama gegründet. Im Buddhismus schien es kein Problem zu sein, wenn jemand als Laie weiterleben möchte. Wäre er Priester der katholischen Kirche gewesen, er würde heute kein Kloster mehr leiten.

Endlich setzte er sich zu uns und gab uns die Hand. Ich sagte meinen Namen, und er fragte zu meinem Erstaunen sofort, ob ich der Junge sei, den eine deutsche Frau geschickt hätte, weil er mit dem Leben nicht zurechtkommt. Ich glaube, ich muss ihn daraufhin sehr konsterniert angesehen haben. Quirin lachte sich neben mir schlapp, übernahm es dann aber, mich richtig vorzustellen. Ich war natürlich nicht jener »Junge«, für den mich der Direktor gehalten hatte. Das merkte dieser nun auch und entschuldigte sich unter Lachsalven. Als er sich beruhigt hatte, rutschte er auf seiner Couch nach vorn und strahlte mich an. Er erklärte mir, dass er jetzt natürlich sehr genau wüsste, wer ich sei, aber er hatte sich einen älter aussehenden Herrn vorgestellt, der vielleicht etwas griesgrämig dreinschaut, keinen sportlichen jungen Mann mit blonden Locken. Direktor Thubten lachte wieder, und zwar so, als hätte er gerade den schärfsten Witz der Woche gerissen. Als er sich wieder beruhigt hatte, erzählte ich ihm, was mein Plan für die nächsten Wochen sei. Ich sprach so enthusiastisch, als müsste ich seine Unterstützung für eine ganz große Sache gewinnen. Ich hatte im Vorfeld einige Male mit dem Sonderbotschafter seiner Heiligkeit und mit seinem Assistenten gesprochen. Sie hatten mich nicht nur ein wenig auf die Gegebenheiten hier vor Ort vorbereitet. Sie hatten mir auch jegliche Unterstützung für die Zeit hier zugesagt. Als der Sonderbotschafter vor ein paar Wochen selbst nach Dharamsala gereist war, hatte er hier mit den Mönchen darüber gesprochen, dass ich kommen werde und man mir helfen möge. Doch ich habe immer wieder in meinem Journalistenleben die Erfahrung gemacht, dass man die Dinge vor Ort selbst in die Hand nehmen muss, sonst ist unter Umständen nicht einmal die Hälfte dessen realisierbar, was möglich wäre. Letztlich ist man immer selbst für sich verantwortlich. Hilfe kann Eigeninitiative nicht ersetzen.

Der Direktor hatte mir sehr aufmerksam zugehört. Ich schien ihn für das Vorhaben begeistert zu haben, später den Menschen in Deutschland davon erzählen zu wollen, was ich hier erlebt hatte. Ihnen davon zu erzählen, wie die Mönche leben, wie die Administration des Dalai Lama und der Exilregierung arbeitet, kurz, wie sich das alles hier anfühlt, wie es riecht, schmeckt und aussieht. Und natürlich hoffte ich auch, durch meinen Aufenthalt hier herauszufinden, worin das Geheimnis des tibetischen Buddhismus besteht, warum er nicht zuletzt auf die Menschen aus dem Westen so anziehend wirkt.

Am Ende unseres Gesprächs bat er mich, meine Fragen genau aufzuschreiben, er würde dann Personen finden, die sie mir am besten beantworten könnten. Egal welche Hilfe ich benötigte, ich sollte es ihm sagen, er wollte auf jeden Fall alles tun, was in seiner Macht stand, um mich zu unterstützen. Dann fragte er, ob ich mich schon für die Teachings des Dalai Lama angemeldet hätte. Teachings sind so etwas wie Vorträge oder lange Predigten zu einem bestimmten Thema. Ich hatte zwar schon gehört, dass der Dalai Lama in diesen Tagen diese öffentlichen Veranstaltungen abhalten wird, aber ich hatte mich bisher noch nicht dafür angemeldet. Nun wandte sich Direktor Thubten an Quirin, der die ganze Zeit still neben mir gesessen hatte. »Du musst ihn in das Security-Office bringen. Du weißt, wo das ist. Da soll er sich registrieren lassen!«, befahl er ihm in sehr freundlichem, aber erstaunlich bestimmtem Ton. Und damit entließ er uns schon, denn er musste sich für einen auswärtigen Termin vorbereiten. »Sagst du mir Bescheid, ob es geklappt hat?«, schickte er noch hinterher, als wir die verschiedenen Gittertüren abwärts durchschritten.

Café Indienblick

Etwas später am Vormittag ging ich mit Quirin nach oben ins »Dorf«. So richtig erfasste ich die Struktur dieses Ortes noch nicht. Dharamsala ist eine Stadt, sie ist die Hauptstadt des indischen Bundesstaates Himachal Pradesh. Unten im Tal liegt der größere Ortsteil »Lower Dharamsala«, er ist das Handels- und Geschäftszentrum, und hier befinden sich auch viele Wohngebiete. Ein paar hundert Höhenmeter weiter oben schmiegt sich das Viertel McLeodganj an den bewaldeten Bergrücken des Vorgebirges zum Himalaya. Diesen kleinen Stadtteil nennen sie hier »Upper Dharamsala«, der Schweizer hatte aber bisher ständig von »Dorf« gesprochen, wenn er McLeodganj meinte. Ich vermutete, er bezog sich damit auf die Größe der Ortschaft, vielleicht aber auch auf das dörfliche Gepräge.

Der Weg dorthin führte in jedem Fall über die Treppe, die ich schon am Vortag kennengelernt hatte. Um mich von der Anstrengung des Aufstiegs abzulenken, zählte ich spaßeshalber die Stufen und kam auf die schweißtreibende Zahl von 360 Stück. Oben angekommen führte Quirin mich zu einer Straße, die ich noch nicht kannte. Sie schien in Richtung der Berge zu verlaufen, die hinter McLeodganj steil aufsteigen. Wenn man ihr folgte, käme man zum Bagsu, einem Bergsattel mit einem malerischen Wasserfall, erklärte mir der Schweizer. Interessant war, dass die beiden Seiten der Straße völlig unterschiedlich wirkten. Rechter Hand sahen die Häuser in etwa so aus, wie die auf der Temple Road. Also nicht unbedingt ansehnlich, aber interessant. Links präsentierte sich wiederum der pure Verfall. Hinter den provisorischen Ständen von Straßenhändlern, die sich zwischen Hauswände und Straße quetschten, ragten steile, bröckelnde Fassaden und Treppen auf. Armselig und trostlos sah es hier aus. Auf der löchrigen Bagsu Road quälten sich ständig Autos aneinander vorbei. Und weil die Straße eigentlich nicht breit genug war für zwei Autos, trieben deren Fahrer die Fußgänger mit ständigem und nervtötendem Hupen vor sich her. Ich musste echt aufpassen, nicht angefahren zu werden, denn die Fahrer achteten anscheinend nur auf entgegenkommende Stoßstangen und Kotflügel, nicht aber auf Menschen. Wir waren an einigen Geschäften, typischen Tante-Emma-Läden, klein und bis unters Dach vollgestopft mit den unterschiedlichsten Waren, vorbeigekommen und standen jetzt vor einem kleinen sandfarbenen Häuschen. »Hier ist es«, sagte er und zeigte auf ein Schild, das das unscheinbare Gebäude tatsächlich als das Departement der Zentraltibetischen Administration für Sicherheit auswies. Es sah nicht so aus, wie man sich eine Behörde vorstellt, aber das bringt das Provisorium des Exils wohl so mit sich. Drei gedrungene und zimmerbreite Etagen beherbergen die Sicherheitsbehörde der tibetischen Exilregierung. Am Haus gab es einige Fenster, aber wir fanden keine Tür. Also suchten wir im Hinterhof und wurden fündig. Am Eingang hing ein Zettel mit Stempel unter einem handgeschriebenen kurzen Text, der darüber informierte, dass dieses Büro am Nachmittag nicht mehr geöffnet habe. Der Grund für die Verkürzung der üblichen Öffnungszeiten, die auf einem anderen Schild angegeben waren, wurde gleich mitgeliefert: »Das Teaching Seiner Heiligkeit des 14. Dalai Lama ist überfüllt.« Heute war der erste Tag, an dem diese Unterweisungen stattfanden. Insgesamt waren fünf Tage geplant mit jeweils einem eineinhalbstündigen Teaching am frühen Vormittag und am Nachmittag. Ich hatte bereits mitbekommen, dass sehr viele Menschen in der Stadt waren, aber dass die Veranstaltungen überfüllt und damit für mich nicht mehr zugänglich sein sollten, damit hatte ich weder gerechnet, noch wollte ich mich einfach so damit abfinden. In der mittleren Etage sah ich eine offene Tür. Also nahm ich die schmale Stiege hinauf und schaute in einen Raum, der kaum Tageslicht hatte. Er sah aus, als wäre er Wohnzimmer, Schlafzimmer und Büro in einem. Plötzlich stand ein junger Mann vor mir und fragte mich, wie er mir helfen könne. Ich nahm an, dass er ein Repräsentant der tibetischen Exilregierung war, und schilderte ihm mein Anliegen. Ich wolle am Teaching des Dalai Lama teilnehmen, erklärte ich ihm. Er nickte verständnisvoll, denn ich war wohl nicht der Einzige, der das in diesen Tagen wollte. Dann nahm sein Gesicht aber einen eher mitleidigen Ausdruck an, und im Tonfall des Bedauerns wiederholte er, was ich auf dem Zettel eine Etage weiter unten schon gelesen hatte. Dann spielte ich die Journalisten-Karte. Und siehe da, das war der Joker. Als Journalist könne ich selbstverständlich zum Teaching gehen. Ich müsse dann nur zum Department für Information und Pressebeziehungen. Dort könne ich eine Presse-Akkreditierung beantragen. Das hörte sich nach Bürokratie an, aber die war ich aus Deutschland ja schon zur Genüge gewohnt. Der Mann machte mir Mut, als er sagte, meine Chancen stünden nicht schlecht. Es seien nämlich nicht sehr viele Journalisten gemeldet.

Ich hatte zwar effektiv nichts erreicht, aber ich wusste nun schlussendlich, wohin ich mich wenden musste. Quirin schlug nun vor, weiter die Straße herunterzugehen, denn gleich am Ortsrand sei ein kleines Teehäuschen, das mir sicher gefallen würde. Je weiter wir uns von der Ortsmitte entfernten, desto ruhiger wurde es auch. Nur noch vereinzelt lagerten Händler für Schmuck und buddhistische Devotionalien am Straßenrand. Ansonsten wechselten sich die kleinen Häuschen mit hohen Bäumen ab. Wir passierten eine abschüssige Fläche mit einigen Gemüseständen, die teilweise mit Wellblech oder auch mit Planen überdacht waren. Das sei der Obst- und Gemüsemarkt von McLeodganj, erklärte mir Quirin. Mich irritierte, dass sich viele der Lebensmittel in einem schlechten Zustand befanden und zum Großteil im Straßenstaub lagerten. Direkt am Abhang, der von der Straße steil talabwärts fällt, stand das Teehaus, das unser Ziel war. Über einen kleinen Steg gelangten wir ins Innere. Rechts und links vom Eingang quetschten sich Tresen, Kasse, Warenregale und eine winzige Küche in die kleine Bretterbude. Geradeaus eröffnete sich ein etwa vier Quadratmeter kleiner Raum, der durch ein großes Fenster einen phantastischen Blick ins Tal bot. Zwei Tische standen sich vor umlaufenden Wandbänken gegenüber. Mehr gab es hier nicht. Schwarzen Tee mit Milch und Zucker hatten wir direkt beim Hereinkommen bestellt. Tee mit Milch tranken anscheinend auch bereits zwei Nonnen, die den linken Tisch besetzten. Wir ließen uns am rechten Tisch nieder. Die beiden Nonnen hatten nicht nur Gläser mit Tee, sondern auch eine große Tüte Chips vor sich liegen. Chips mögen sie hier, dachte ich, denn ich hatte schon einige Mönche mit Chipstüten in den Händen gesehen.

Unser Tee kam. Am Boden der Gläser lagerte jede Menge Zucker, das konnte ich schon auf den ersten Blick erkennen. Und sie waren viel zu heiß, um sie anzufassen. Also mussten wir abwarten, bis sich das Getränk abgekühlt hatte. Währenddessen genoss ich fasziniert den Blick hinunter ins Tal. Das Gelände fiel so stark ab, dass ich fast spüren konnte, wie hinter mir das riesige Himalaya-Gebirge anstieg. Weiter rechts zum Dorf hin haben die Tibeter ihre Häuser an die Hänge gebaut. Von weitem machen die Siedlungen einen fast schon romantischen Eindruck. Aber aus der Nähe sieht man dann, in was für einem schlechten Zustand die Behausungen sind. Unter uns im Tal erstreckt sich Indien. Es liegt uns sozusagen zu Füßen, denn dieses riesige Land reicht von hier aus viele hundert Kilometer weit in den Süden. Im Norden sind es nur noch vierzig oder fünfzig Kilometer bis zur chinesischen Grenze. Man könnte dieses kleine Häuschen, in dem wir gerade saßen, »Café Indienblick« nennen. Neben dem Fenster hing eine Landkarte von Indien. Das verstärkte natürlich noch den Effekt, dass man glaubte, von hier oben über das ganze Land zu blicken. Etwas mehr als eine Milliarde Menschen leben dort unten. So sagen es die neuesten Zahlen. McLeodganj könne man nicht mit dem Rest von Indien vergleichen, hatte Quirin behauptet. Zwar gäbe es hier auch ein paar Inder, aber die meisten, die hier leben, seien Tibeter. »Little Lhasa« wird Dharamsala, und vor allem der Stadtteil McLeodganj, genannt. So als wäre hier die offizielle »ständige Vertretung« der tibetischen Hauptstadt. Der Blick hinunter fesselte mich so, dass ich nichts sprechen mochte. Ich blickte einfach ganz still in die Weite, die sich vor mir auftat, ohne einen bestimmten Punkt zu fixieren.

Die beiden Nonnen waren fast genauso gekleidet wie die Mönche. Sie waren auch ganz in Dunkelrot gehüllt. Ihre Gesichter zeigten natürlich feinere Züge als die der Männer. Die nackte Härte ihrer rasierten Köpfe bildete aber einen krassen Gegensatz zu ihren sanften Gesichtern. Vielleicht stieß ich mich deshalb an dem optischen Widerspruch, weil ich den Anblick von kahlrasierten Frauenschädeln einfach nicht gewöhnt war. Die Nonnen unterhielten sich ganz ruhig und sahen sich dabei fast unaufhörlich an. Die eine redete beinahe ununterbrochen, die andere hörte die meiste Zeit nur zu. Ganz selten sprach auch sie. Die ungewöhnliche Intensität ihres Austauschs faszinierte mich, außerdem blieb mein Blick immer wieder an ihrer für mich ungewohnten Erscheinung hängen, aber vielleicht sollte ich die beiden Frauen nicht allzu offensichtlich beobachten, sondern mich lieber auf meine Begleitung und meinen Tee konzentrieren. Der hatte nun eine trinkbare Temperatur erreicht und schmeckte erstaunlich gut. Mit dem vielen Zucker hatte ich auch Frieden geschlossen, denn dieser Tee brauchte die Süße, musste ich feststellen. Der alte Mann, der Koch und Bedienung zugleich ist, scheint hier das rechte Maß gut zu kennen.

Ich schaute mich ein wenig um und wunderte mich über eine hellblaue, fast durchsichtige Plastiktüte, die an der Wand über mir an einem Nagel hing. Sie war mit wenig sorgsam gefalteten Papieren vollgestopft. Ich konnte Schriftzüge vom Government, der indischen Regierung, und einige farbige Stempel auf den Zetteln erkennen. Quirin meinte, das könnten die Buchhaltung und sämtliche Genehmigungen für den Betrieb des kleinen Teehauses sein. Gut möglich. Warum sollte die Buchhaltung nicht eine wilde Ansammlung von Zetteln sein können? Zu Hause nutze ich ja im Grunde auch nichts anderes, um alle

Papiere zu sammeln, bis ich sie dann an meine Steuerberaterin weitergebe. Gut, die Plastiktüte ist bei mir eher eine Aktenschublade, aber vom Prinzip her ist es dasselbe. Die Tüte sah lediglich noch etwas verwegener aus. An der Wand gegenüber hing ein Brett mit einer abenteuerlich wirkenden Konstruktion aus Kabeln und elektrischen Bauteilen. Ich vermutete, dass es sich dabei um die Elektroversorgung des Häuschens handelte. Davon musste ich ein Foto machen, um es zu Hause meinem Bruder zeigen zu können. Der ist nämlich Elektriker und würde seine helle Freude daran haben, einmal zu sehen, wie man in Indien den Strom ins Haus bringt.

Als die beiden Nonnen gingen, blieb die schweigsamere der beiden vor mir stehen und lächelte mich an. Sie fragte nach meinem Namen und woher ich komme. Das erstaunte mich, denn wir hatten bisher weder miteinander geredet, noch hatten wir einen direkten Blickkontakt. Dann drückte sie mir unvermittelt, ganz sanft, ihre Gebetskette an meine Stirn, lächelte kurz und verließ das Teehaus. Quirin war beeindruckt. Ich auch. »Was hat das zu bedeuten?«, fragte ich ihn. »Zilkar hatte das gestern auch getan.« Er sagte, es sei ein Segen, den sie mir gegeben hätten. Ein Segen kann nie schaden, dachte ich mir, aber ich fragte mich, welchen Grund diese Nonne hatte, mich zu segnen. Ich werde es wohl nicht mehr erfahren …

Riesige weiße Wolken wälzten sich nun bergauf. Wir konnten zusehen, wie sie Sekunde für Sekunde und Meter für Meter näherkamen. Gerade hatte noch die Sonne geschienen. Nach dem Monsun im Herbst hing sicher noch so viel Feuchtigkeit im Tal, dass sich diese Wolken so ungestüm bilden können. Es passierte alles so ungewöhnlich schnell, dass es nicht lang dauerte, bis da eine weiße Wand vor uns stand. Wie Scherenschnittbilder zeichneten sich nun ein paar schlanke Bäume vor dieser Wand ab. Und nur wenige Augenblicke später griffen weiße Wolkenhände nach den Bäumen vor unserem Teehaus. Die Szenerie wirkte fast ein wenig gespenstisch. Denn nun war alles verhängt. Der Schweizer sagte nüchtern, das sei typisch für McLeodganj. Das Wetter sei hier eine echte Katastrophe. Deshalb hatte man dem Dalai Lama und seinem Gefolge damals dieses unwirtliche Gebiet auch ohne weiteres überlassen. Kein Inder wollte hier siedeln, weil es immer kalt und nass ist. Über den Bergrücken toben sich ständig Unwetter und Stürme aus.

Hier sei das Schlachtfeld zwischen der warmen Luft vom indischen Subkontinent und der kalten vom Himalaya, sagte er.

Aber das sei noch nicht alles. Dharamsala liege auch genau auf einer geotektonischen Nahtstelle von zwei kontinentalen Platten. Das heißt, hier ist ständig höchste Erdbebengefahr. Aber seitdem der Dalai Lama hier lebt und auch überall Stupas gebaut worden sind, habe es kein einziges Erdbeben mehr gegeben, behauptete Quirin. »Das muss nichts heißen«, kommentierte ich diese fromme Theorie. »Ja, das kann schon sein. Wir werden sehen. Es gibt zwar immer wieder kleinere Beben, aber keine starken. Du wirst sie manchmal sehr deutlich spüren«, prophezeite der Schweizer. »Was sind Stupas?«, fragte ich, denn »Stupa« gehörte zu den wohl noch zahlreichen Fachbegriffen, die ich nicht kannte. Das ist wohl so, wenn man in das Gebiet eines stark religiös geprägten Kulturkreises kommt. Er lachte und überlegte, wie er mir das erklären soll, denn zeigen konnte er sie gerade nicht. Da hatte uns die Wolkenwand einen Strich durch die Rechnung gemacht und die Stupas unseren Blicken entzogen. Mit beiden Händen fuhr er nun eine imaginäre Form ab, als wollte er sie auf einer Töpferscheibe in Ton entstehen lassen. »Unten ist ein Stupa glockenförmig und läuft dann nach oben ganz spitz zu. Sie sind aus Stein und Mörtel und meistens sind sie weiß gestrichen.« Quirin zeichnete noch immer die Form eines kleinen Stupas in die Luft. »Und jeder ist unterschiedlich gestaltet. Da hat es Blumen, Tiere, so Girlandenzeugs …« Nun musste er über sich selber lachen, weil er auch diese Applikationen mit den Fingern an dem imaginären Stupa anbrachte. Ich hatte natürlich schon ein solches Monument gesehen, aber den zugehörigen Begriff kannte ich bisher noch nicht. »Aber«, und das schien ihm jetzt wichtig zu sein, denn er ließ den Stupa los und hob den Zeigefinger, »in den meisten liegt die Asche eines Lamas oder eines anderen hohen Mönches.« »Grabmäler also«, warf ich ein. »Riiichtiiig, Stephan!« Schweizer können das so schön sagen, dass es mich sogar noch mehr freute, dass ich es verstanden hatte. »Stupas sind eigentlich kleine Tempel. Aber es gibt auch ganz riesige davon. An sich steht auf fast jedem Berg einer. Du kannst sie auch hier überall sehen. Nur jetzt nicht.« Er lachte und zeigte auf die Wolkenwand. »Aber es ist hier mittlerweile echt schlimm geworden. Wenn du dich hier mal umschaust, dann gibt es auf einem Hügel nicht nur einen Stupa, sondern gleich daneben noch eine Mobilfunkantenne.« Der Schweizer schüttelte seinen dunkelgrauen Lockenkopf und sagte leicht entrüstet: »In Deutschland wäre das undenkbar. Da gäbe es Proteste.«

Auf dem Rückweg vom Teehäuschen musste ich feststellen, dass offenbar ganz McLeodganj in einer Wolke feststeckte. Ein bisschen beunruhigte mich Quirins Aussage, dass er nicht hoffe, der Monsun könne noch nicht zu Ende sein. Das würde nämlich bedeuten, dass es in den nächsten Tagen regnen würde. Und Monsun bedeutet nicht nur einfach Regen, sondern Dauerregen mit fetten Tropfen. Genau das wollte ich nicht hoffen. Regen mochte ich schon als Kind nicht. Unglücklicherweise komme ich aus einem der regenreichsten Gebiete Deutschlands.

Es war verrückt, aber fast an der gleichen Stelle wie gestern stand plötzlich wieder Zilkar vor mir. Bei ihm war noch ein anderer Mönch. Zilkar lächelte und fragte: »Na, wie ist dein neues Zimmer?« Ich antwortete sofort begeistert: »Sehr gut! Es ist schön, und ich habe sogar ein eigenes Badezimmer!« Der Mönch strahlte mich an. Moment mal, dachte ich. Wie kommt er darauf? Das kann er doch noch gar nicht wissen. Ich hatte ihm gestern lediglich mein Leid geklagt. Woher weiß er das mit dem Zimmer? Nun sah ich ihn etwas fragend an und wollte wissen, ob er etwas damit zu tun hätte, ob er vielleicht im Kloster angerufen habe, um für mich ein komfortableres Zimmer zu erbitten. »Nein!«, sagte er prompt und klar. »Ich habe niemanden deshalb angerufen oder gesprochen. Aber ich hatte das Gefühl, du wirst ein neues und besseres Zimmer bekommen.« Er wechselte blitzschnell das Thema und sprach kurz über das Teaching des Dalai Lama, dem er schon erwartungsfroh entgegenblickte. Zilkar Rinpoche, der Mönch, der etwas Besonderes zu sein schien, verabschiedete sich bald sehr herzlich, wandte sich wieder seinem Begleiter zu und ging weiter. Und ich fragte mich noch eine ganze Weile, woher er das mit dem Zimmer wirklich gewusst hatte.

Erst die anderen, dann ich

Die beiden Finninnen Lenno und Elina, zwei weitere Gäste des Klosters, die ich bisher nur von den wenigen Mahlzeiten kannte, sprachen mich am Tag darauf nach dem Frühstück an, und fragten mich, ob ich nicht mit ihnen mitkommen wolle, um jemanden kennenzulernen. Der Name der Person sagte mir nichts, aber die beiden erklärten mir, dass es sich bei ihr angeblich um die Zukunft des Buddhismus handelte. Das hörte sich interessant an. Sie erzählten mit leuchtenden Augen von diesem Mann, der ganz hier in der Nähe leben und zweiundzwanzig oder dreiundzwanzig Jahre alt sein soll. Er sei vom Dalai Lama anerkannt und als sehr hohe Wiedergeburt eingestuft. Karmapa sei sogar von China akzeptiert. Karmapa, so hieß dieser Mann also. Lenno und Elina sagten seinen Namen ohne jeglichen Artikel. Nicht »der Karmapa«, wie »der Dalai Lama«, sondern einfach nur Karmapa, oder auch »His Holiness«. Also noch eine Heiligkeit. Ich dachte bislang, der Dalai Lama sei die einzige Heiligkeit hier in Dharamsala.

Es gäbe allerdings noch jemanden, der behauptet, der Karmapa zu sein, und der lebe in Frankreich, sagte Lenno, die ältere der beiden weißblonden finnischen Damen. Sie erklärte mir die Sache, obwohl ich keine Ahnung hatte, über wen sie da sprach. Anscheinend gab es zwei Kandidaten für die Wiedergeburt des Karmapa, einen tibetischen und dann den, der in Frankreich lebt. Eine Kommission sollte entscheiden, wer der echte ist, und darüber sei es zum Streit gekommen, erklärte sie weiter. Dieser Streit wurde in den Kagyü-Orden hineingetragen, also in den des Karmapa. Ich schrieb mir die ganzen Begriffe sofort auf, denn das war für mich alles Neuland. Dafür hatte ich immer ein kleines Ringbuch in meiner Hosentasche. Die Tibeter, so Lenno weiter, akzeptierten aber den westlichen Karmapa nicht, und auch die Kommission neige mittlerweile zum tibetischen Karmapa. Aber allein die Tatsache, dass der Dalai Lama ihn akzeptiert, sei ausschlaggebend.

Sie erzählte mit mitreißender Begeisterung vom Karmapa und ließ mir damit eigentlich keine andere Wahl, als mich ihnen anzuschließen, denn schließlich wollte ich auch die obersten Repräsentanten des tibetischen Buddhismus kennenlernen. Sie würden um elf Uhr am Kloster des Dalai Lama jemanden treffen, der sie zum Karmapa mitnähme, außerdem wollten sie vorher noch kurz in einer tibetischen Schule in Dharamsala vorbeischauen, um den Kindern Lernmaterial zu bringen. Ich könne einfach mitkommen. Ziemlich neugierig geworden sagte ich meine Teilnahme an ihrem kleinen Ausflug zu.

Um Viertel vor elf ging ich die Temple Road hinunter. Etwa zweihundert Meter vor dem Tor zum Kloster des Dalai Lama hörte ich meinen Namen. Der Ruf kam aus einem der Cafés linker Hand. Da waren sie, die beiden Finninnen. Lenno und Elina saßen an einem von zwei Tischen auf einer winzigen Terrasse und winkten mich heran. Ich setzte mich zu ihnen und bestellte mir noch schnell einen Cappuccino, denn bis elf Uhr waren es noch ein paar Minuten. Sie erzählten mir derweil vom Panchen Lama. Dessen Name war mir bereits ein Begriff. Der Panchen Lama wird als der Zweithöchste nach dem Dalai Lama angesehen. Wenn der Dalai gestorben ist und seine Wiedergeburt noch nicht gefunden beziehungsweise der neue Dalai Lama noch nicht im regierungsfähigen Alter ist, tritt der Panchen Lama an seine Stelle. Doch beim gegenwärtigen Panchen Lama gab es anscheinend ein Problem. Er sei noch ein Junge und würde in Peking leben oder irgendwo in China, sagten die Finninnen. Keiner wisse wohl ganz genau, was mit ihm passiert sei und wo er sich aufhalte. Die Chinesen halten die Hand drauf und sagen, der, den sie in ihrer Obhut halten, sei die Wiedergeburt des Panchen Lama. Man solle das den Chinesen glauben, ohne es genauer zu prüfen. Aber die Tibeter glauben nicht, dass die Chinesen die Wahrheit sagen. Die Wiedergeburt des Panchen Lama wird deshalb von ihnen als vermisst betrachtet, egal, wen die Chinesen zu haben vorgeben. Vielleicht haben die Chinesen den echten Panchen Lama gefangengenommen und an seiner statt einen anderen chinesischen Jungen dafür ausgewählt. Es könnte sich aber auch um den wahren Panchen Lama handeln, nur wollen die Chinesen ihn unter ihrer eigenen Kontrolle behalten und ihn auf das kommunistische System hin schulen, mutmaßte die Jüngere.

Dann erzählten sie wieder vom Karmapa. 1991 habe die chinesische Regierung den Karmapa akzeptiert und ihn im Tsurphu-Kloster in Südwest-Tibet inthronisiert.

Wichtig sei, betonten sie, dass dieser Karmapa von der chinesischen Regierung *und* vom Dalai Lama akzeptiert werde. Das sei für die Zukunft des Karmapa eine gute Ausgangsposition. Elina, die Jüngere der beiden, gab aber zu bedenken, dass es von Nachteil sein könnte, dass der Karmapa aus China geflüchtet sei. »Wo ist er denn nun?«, fragte ich, denn langsam stieg ich nicht mehr ganz durch. »Er ist hier in Dharamsala, also dort unten. So zehn bis fünfzehn Kilometer von hier.« Lenno zeigte mit einer wedelnden Handbewegung ins Tal hinunter und deutete in etwa den Ort an, wo sich der Sitz des Karmapa befinden müsste. Nun redeten die beiden über Richard Gere, den amerikanischen Schauspieler, der seit vielen Jahren Buddhist und zudem eng mit dem Dalai Lama befreundet ist. Sie erzählten mir, dass er die Straße vom Bus-Stopp am Hauptplatz bis hinunter zum Tempel gesponsert habe. Als ich daraufhin genauer hinsah, fiel mir auch tatsächlich der einigermaßen geschlossene Straßenbelag auf, wie ich ihn bisher noch nirgends gesehen hatte. Da hatte er anscheinend ein richtig gutes Werk getan, der gute Richard Gere. Die Leute von McLlo waren ihm dafür sicher sehr dankbar. Kaum vorzustellen, wie diese Straße vorher ausgesehen haben mochte. Zwischen Terrasse und Straße hatten sie sogar eine halbrunde Betonrinne eingelassen, in der jetzt die Abwässer der Stadt entlangflossen. Allerdings hatten die Dankbarkeit und die Verehrung wohl nicht so weit gereicht, dass sie die Temple Road direkt nach diesem amerikanischen Schauspieler und Frauenschwarm benannt haben. Zum englisch klingenden Ortsnamen hätte es jedenfalls ganz gut gepasst, dachte ich.

Ich hatte gerade den zweiten Schluck meines Cappuccino getrunken, da sprachen die beiden plötzlich mit einer Frau, die sich aus dem Beifahrerfenster eines Jeeps herauslehnte. Er hatte direkt neben unserem Tisch auf der Straße gehalten, aber ich hatte das in dem Straßenlärm gar nicht bemerkt. Wir müssten los, sagten die Finninnen und machten Anstalten aufzustehen. Die Frau im Jeep war eine hübsche tibetische Frau um die vierzig. Sie war die Kontaktperson, die uns zu Seiner Heiligkeit bringen würde. Schnell noch ein paar hektische Schlucke Cappuccino, die Rechnung bezahlt, und schon saß ich mit den beiden finnischen Ladies samt ihren großen Taschen auf dem Rücksitz des Jeeps. Dann ging es los.

Nach einer dreiviertelstündigen langsamen Fahrt, die bei den Straßenzuständen mehr an eine Off-Road-Bergtour erinnerte als an irgendetwas anderes, kamen wir an einem Tor an. Jemand öffnete es von innen, und der Fahrer unseres Jeeps fuhr auf einen weitläufigen Innenhof, der von langgestreckten Gebäudefluchten umgeben war. Wir stiegen aus dem Wagen, und nun stellte sich auch die Frau vor, die auf dem Beifahrersitz gesessen hatte. Sie hieß Kalsang und kam, wie sie sagte, vom Tibetischen Frauenverband. Meine beiden Begleiterinnen stellten mich als deutschen Journalisten vor. Das schien sie weder zu stören noch zu beunruhigen. Nun redeten die drei Frauen miteinander. Es ging um Themen, zu denen ich nicht viel beizutragen hatte, Frauenthemen, hätte ich fast gesagt, und so sah ich mich in der Zwischenzeit ein bisschen auf dem Hof um. Mir fiel sofort ein gemaltes Schild ins Auge, auf dem geschrieben stand: »Gib niemals auf, was auch immer passieren mag.« Dieser Spruch stammte vom Dalai Lama. So stand es jedenfalls drunter. Und es fanden sich noch weitere solcher Spruchtafeln, die an diversen Gebäudeteilen und Masten angebracht waren. Auf dem nächsten las ich: »Das Geschehen von morgen hängt von deinem heutigen Tun ab.« Ein sehr viel größeres Schild prangte an einer der grauen Hauswände. »Du lernst nicht für dich, nicht für deine Eltern, nicht für die Nation. Du lernst für unser aller Wohlergehen.« Das klang schon fast ein wenig sozialistisch. Aber ich wollte diese Weisheit des Oberhauptes der tibetischen Buddhisten nicht gleich in diesem Lichte sehen, auch wenn sie mich, genau wie die Schilder mit den Parolen selber, irgendwie an die alten Zeiten in der DDR erinnerten.

Wir waren ein Stück weitergegangen, und ich erfuhr, dass wir uns auf einem riesigen Schulhof befanden. Nach einer Schule sah dieser Hof nicht wirklich aus, eher erinnerten die langen Gebäudefluchten an eine Kaserne. Das hier sei die TCV-Schule, erklärte mir die Frau vom Tibetischen Frauenverband. TCV steht für Tibetan Children's Village, Tibetisches Kinderdorf. Das sagte mir etwas, denn davon hatte ich in der Heimat bereits gehört. Etwa achthundert Kinder besuchen diese Schule, fuhr sie fort. Aber ich sah keinen einzigen Schüler. Wahrscheinlich sitzen gerade alle im Unterricht, dachte ich mir. Wir gingen langsam bis zum Ende des Hofes auf den Querriegel zu. Bevor wir eine Art Unterführung passierten, fiel mein Blick noch auf die großen weißen Buchstaben eines weiteren Spruches, der auf einen der Betonträger gemalt worden war: »OTHERS BEFORE SELF.« Erst die anderen, dann du! Ist das ein Appell zur Höflichkeit oder ein Ausdruck der Nächstenliebe?

Ich denke, es ist beides gemeint. Solche Gedanken und Sätze sind mir auch im christlichen Umfeld nicht fremd. Nur sind bei uns zu Hause solche Tafeln oder Spruchbänder eher verpönt. Das hat wohl auch mit der deutschen Vergangenheit zu tun. Im Dritten Reich und in der DDR wurden auch mit diesen Mitteln die jeweiligen Propagandabotschaften unters Volk gebracht. Dass seither aufmunternde oder appellierende Aussagen, die, ohne Teil einer Werbekampagne zu sein, einfach so plakatiert sind, auf ein gewisses Misstrauen und sogar Unbehagen stoßen, ist verständlich. Aber es kommt wohl noch etwas anderes hinzu: Wir Deutschen haben ja schon Probleme mit Kruzifixen in den Schulen, weil nicht nur Kinder aus christlich geprägten Familien dort lernen. Ich fragte mich, was passieren würde, wenn man Zitate aus dem Neuen Testament aufhängen würde, oder eines vom Heiligen Bonifatius oder von der Heiligen Theresa von Avila. So manche Weisheit zu befolgen, würde uns ganz guttun. Gegen ein »Ora et Labora« vom Heiligen Benedikt könnte man an sich auch nichts einwenden. Aber wer weiß, sicher würde auch dieser oft zitierte Spruch der deutschen Säkularisierungswut zum Opfer fallen.

Die beiden Finninnen hatten ihre großen Taschen entleert. Stifte, kleine Bücher und Taschenrechner hatten sie der freundlichen Schuldirektorin übergeben. Gerade als die Schulstunde beendet war und die Kinder langsam aus den Klassenzimmern heraus auf den Hof kamen, stiegen wir wieder ins Auto. Doch bevor wir weiterfahren konnten, winkten uns dutzende Kinderhände.

Audienz beim Karmapa

Die Fahrt zum Kloster des Karmapa gestaltete sich als eine mühselige Angelegenheit. Die Straßen waren teilweise so löchrig und von Erdrutschen zerstört, dass wir kaum schneller als dreißig Stundenkilometer fahren konnten. Wir überquerten einige Male ein bezauberndes Flusstal mit einem Meer von großen und kleinen rundgewaschenen Steinen. Die Schmelzwasser des Himalaya, die heute nur kaum sichtbar in dünnen

Rinnsalen flossen, stürzten sonst sicher mit gewaltiger Kraft von den Bergen hinab und haben über die Zeit solch bizarre Flusstäler entstehen lassen. Entlang den Serpentinen schlängelten sich einige alte Männer in bunten Anzügen mit Trompeten und Trommeln, sie sahen aus wie der verloren gegangene Trupp eines Kirmeszuges. In zumeist rötlichen Gewändern folgte der ausgelassen spielenden Blaskapelle ein ganzer Hochzeitszug im Gänsemarsch. Sie waren fein herausgeputzt, die Männer in Anzügen, die Frauen in wehenden Kleidern und mit viel Schmuck behängt. Fast am Ende des Zugs liefen die Braut und der Bräutigam als Einzige nebeneinander. Ein paar Kurven weiter sah ich eine weiße Rauchsäule aufsteigen. »Da verbrennen sie jemanden!«, rief die ältere Finnin. Im gleichen Augenblick fiel mir ein, dass die Hindus und auch die Buddhisten ihre Toten verbrennen. Auch wenn es sich dabei um eine landesübliche Praxis handelte, empfand ich es als unpassend, eine Verbrennung so nah an der Straße stattfinden zu lassen, weil man die Leiche in den Flammen sehr deutlich sehen konnte.

Unser Jeep bog nach links von der Hauptstraße in eine schmale Gasse, die nach knapp hundert Metern an einem Tor endete. Bis hierher hatte uns die freundliche tibetische Frau mit ihrem Fahrer bringen wollen. Nun verabschiedete sie sich aufwendig von uns. Wir bogen um eine Hausecke, und es eröffnete sich der Blick auf einen großen, in Stufen ansteigenden Platz, der gesäumt war von gelb gestrichenen Gebäuden mit unzähligen Balkonen. Blumenrabatten zierten den Weg hinauf zu einem Tempel, der das Zentrum der Anlage und gleichzeitig auch den höchsten Punkt markierte. Dahinter erhob sich die Landschaft, die über steil ansteigende bewaldete Berge bis hinauf zum Himalaya reichte. Die Sonne war gerade herausgekommen und die Bewölkung war aufgerissen, so dass ich zum ersten Mal die schneebedeckten Gipfel des Daches der Welt sehen konnte. Es war ein majestätisches Bild. Wie eine mächtige Krone ragte der Himalaya hinter dem Tempel des Karmapa in den Himmel. In diesem Moment bedauerte ich es sehr, dass ich nicht einmal einen Fotoapparat dabeihatte, um diese Traumkulisse im Bild festhalten zu können. Wer weiß, wie oft ich den Himalaya noch so klar sehen würde. Denn bisher hatten sich die Achttausender immer in den Wolken verborgen gehalten.

Meine beiden Begleiterinnen wollten nun eine Khata kaufen. So wird dieses lange, weiße Seidentuch genannt, das sich die Tibeter von hohen Geistlichkeiten um den Hals legen lassen. Es ist ein Segensschal, der auch bei offiziellen Empfängen zum Einsatz kommt. Wenn die Bilder von Begegnungen mit dem Dalai Lama im Sender einliefen, habe ich häufig beobachtet, dass sich einige der Politiker dieses Schals zu schämen schienen, oder dass es ihnen zumindest unangenehm war, ihn umgelegt zu bekommen. Jedenfalls nahmen sie ihn oft gleich wieder von ihren Schultern. In einem der unteren Gebäude des Klosters gab es einen Laden, der von kleinen Buddha-Statuen bis zu Orangensaft alles Mögliche in seinen Regalen präsentierte. Ein Mönch kam hinter einem Holzverschlag hervor, wo er an einer Kasse gesessen hatte, und führte uns routiniert drei verschiedene weiße Rollen vor. Dann sah er uns erwartungsvoll an. Er wollte wissen, welche der Rollen uns denn nun zusagte. Ich ließ die Damen entscheiden, denn die wollten schließlich einen Schal kaufen. Ihre Wahl fiel auf einen leicht glänzenden Stoff. In Windeseile rollte der Mönch einige Meter davon ab und fuhr an den dünner gewebten Stellen mit einer großen Schere hinein. Plötzlich hing einer der Schals auch über meinem Unterarm. Bevor ich reagieren konnte, sagte Elina, dass ich den gleich brauchen würde. Und es sei im Übrigen hier immer ganz gut, eine Khata dabeizuhaben, denn man wisse ja schließlich nie, wen man alles treffen und von wem man den Segen empfangen könne. Ich hatte den Schal wohl etwas unbeholfen in der Hand gehalten, denn der Mönch nahm ihn wieder an sich und zeigte mir, wie man dieses etwa zwei Meter lange und vierzig Zentimeter breite Stück Seide gekonnt faltete. Erst im Zickzack übereinander, dann wird der Rest aufgerollt. Nun war ich also für den Karmapa gerüstet.

Rechts im Erdgeschoss des Tempels befand sich die Anmeldung. Und genau dort warteten bereits Hunderte von Menschen vor den Türen. Was machten die denn alle hier? War das ein Wallfahrtsort? Meine Laune verschlechterte sich augenblicklich. Und sie wurde auch nicht besser, als wir ein wenig später in einem großen Foyer auf spiegelndem Marmorboden am provisorischen Registrierungsschalter anstanden. Eine Viertelstunde später hatten wir den Tisch fast erreicht. Drei mürrische indische Männer waren gerade damit beschäftigt, die Pässe von drei Israelis zu kontrollieren, die noch vor uns an der Reihe waren. Einer blätterte energisch in den Pässen hin und her. Was er suchte war von außen nicht erkennbar. Ich schätzte, er wusste es selbst nicht, denn er hatte jede Seite der Pässe mindestens schon fünf Mal gesehen. Kontrolle ist eben Kontrolle – egal wie sinnvoll. Irgendwann gab er dann einen Pass nach dem anderen dem zweiten Kontrolleur, der neben ihm an dem langen Tisch saß. Der schrieb die Namen der Passinhaber samt Passnummer in ein großes Buch. Der Dritte hatte anscheinend nichts Besonderes zu tun. Er saß nur dabei und musterte die Besucher. Vielleicht war er der Chef der beiden anderen. Nun war ich an der Reihe, aber ich hatte keinen Reisepass dabei, sondern nur meinen Personalausweis. Der genügte den drei Männern aber nicht, sie verlangten mein Visum zu sehen. Ich wollte am liebsten direkt wieder gehen. Diese endlose Kontrolle und der Pulk von Leuten machten mich nervös, ich fühlte mich unbehaglich. Und das Unbekannte jenseits der sterilen Empfangshalle erschien mir nicht reizvoll genug, um mich alldem hier länger als unbedingt nötig auszusetzen. Wenn nicht, dann nicht. Aber da hatte ich die Rechnung ohne meine finnischen Ladies gemacht, denn die hatten nun die Verhandlungen übernommen. Das bedeutete, Lenno redete auf die drei Herren hinter dem Registrierungstisch ein, während Elina mich in die Mangel nahm. Ich müsse den Karmapa unbedingt treffen, beschwor sie mich. Ich müsse ihn sehen. Der habe so unglaubliche Augen, einen so tiefen Blick. Die Leute würden vor Ehrfurcht erstarren, wenn er sie anschaute, versicherte sie mir. Da fiel mir auf, dass ich gar keine Vorstellung davon hatte, was mich überhaupt jenseits dieser Kontrollstation erwarten würde. Ein Gottesdienst, ein Gebet, eine Audienz oder vielleicht auch nur ein flüchtiger Blick auf einen Mönch, der auf einem prächtig geschmückten Thron sitzt? Wie es Lenno geschafft hatte, weiß ich nicht, aber das indische Pass- und Meldewesen war am Ende zufriedengestellt, und so gab auch ich mich dann den Dingen hin, die da kommen mochten.

Auf ein unmerkliches Zeichen hin kam Bewegung in die Menge. In Windeseile wurden die Männer von den Frauen getrennt und mit einem Metalldetektor abgetastet. Mein Handy wurde von einem der Herren in hellgrüner Uniform beanstandet. Ein zweiter stand neben ihm, Barett auf dem Kopf und Maschinengewehr im Anschlag. Das beunruhigte mich etwas. Ich sollte mein Handy abgeben, forderte er unmissverständlich. Abgeben hieß in dem Fall, es auf einen chaotischen

Haufen von Taschen und Jacken zu werfen, der sich an einer Wand des Foyers auftürmte. Unter keinen Umständen würde ich das tun. So weit reichte mein Vertrauen nicht, dass ich mein Handy mit allen privaten und dienstlichen Kontakten mal eben so auf einen Haufen legen würde. Ich diskutierte so lange mit den Sicherheitsleuten, bis sie mir anboten, das Gerät bei den drei Passkontrolleuren abzugeben. Damit konnte ich leben. In der Zwischenzeit waren alle kontrolliert worden und hatten sich bereits in einer mehrfach gewundenen Schlange eingereiht. Anscheinend hatte das, was jetzt folgen sollte, bereits begonnen, denn wieder andere Männer in Uniform und in Zivil winkten nun unaufhörlich die Menschen in einen langen, dunklen Gang hinein.

Es dauerte keine zehn Minuten, da war ich auch schon am Ende des Korridors angekommen. Dafür, dass so viele Menschen hindurchgeschleust werden mussten, ging das beachtlich schnell. Also schloss ich messerscharf auf eine äußerst kurz bemessene Begegnung mit dem Karmapa. Gleich rechts hinter einer Tür schien sich dann das zu ereignen, weswegen alle hierhergekommen waren. Ich konnte nicht sehen, was da genau vor sich ging, weil ich zu weit seitlich stand, aber es schienen nur Sekunden zu sein, die die Leute an der geöffneten Tür verbrachten, um dann mit einem weißen Schal um die Schultern in die andere Richtung zu entschwinden. Es war totenstill am Ende dieses Flures. Kein Wort, kein Geräusch. Ganz still. Dann sah ich eine Frau, die sich auf den Boden warf und kniend ihre Khata nach oben hielt. Zwei Hände erschienen, nahmen den Schal, verschwanden, kamen wieder zum Vorschein und legten ihr den Seidenschal um. Dann bewegte sie sich, noch immer tief gebeugt, rückwärtsgehend davon. Das Personal fungierte als eine Art bewegliche Leitplanke und wies ihr den Weg, indem es die Frau behutsam in die richtige Richtung dirigierte. Nun holte auch ich meinen Seidenschal aus der Cargo-Tasche meiner Hose. Sollte ich ihn schon einmal auseinanderfalten? Doch noch während ich überlegte, griff ein Mönch danach, entrollte ihn mit einem geübten Wurf und gab ihn weiter. Dann schob er mich vor die Tür. Ein Mönch in einfacher roter Robe stand einen Schritt hinter dem Türrahmen. Sein Blick war auf den Schal in seinen Händen gerichtet. Langsam hob er seinen Kopf. Das also war der Karmapa. Seine Heiligkeit. Sofort hatte er mich mit seinem Blick fixiert. Ich sah konzentriert in seine Augen. Sonst achtete ich auf nichts. Sie waren dunkel, fast schwarz und irgendwie tief. Wie ein langer Tunnel, in den man hineinlaufen könnte. Ich fragte mich, ob ich etwas zu ihm sagen sollte. Aber keiner der Menschen vor mir hatte gesprochen oder irgendeinen Gruß in den Raum gesandt, in dem der Karmapa stand. Ich sagte nichts, ich betrachtete nur weiter diese Augen, von denen die Finninnen behauptet hatten, sie würden so unglaublich und so fesselnd sein. Ja, sie hatten recht. Diese Augen waren schon sehr besonders. Ich war so sehr davon in Anspruch genommen, dass ich kaum den Schal um meinen Hals registrierte. Der Karmapa hatte ihn mir nämlich bereits umgelegt. Er sah mich noch immer an. Dann spürte ich eine Hand auf meiner linken Schulter, die mich sanft in Richtung des Ausgangs schob. Zum Abschied lächelte ich dem Mann in der roten Mönchsrobe einmal kurz zu und hob grüßend meine Augenbrauen. Erst jetzt bemerkte ich, dass er meine Hände umfasst hielt. Dann drehte ich mich um und verließ das Untergeschoss ins Freie. Das ist also der Karmapa. Eine kurze, aber beeindruckende Begegnung.

Draußen warteten Elina und Lenno. Elina hielt mein Handy bereits in der ausgestreckten Hand. Daran hätte ich jetzt gar nicht mehr gedacht.

»Und, wie fandest du ihn?«, fragte mich Lenno. Sie hatte Tränen in den Augen. »Wie ist der Karmapa?«

»Ich weiß nicht. Er hat unglaubliche Augen« war alles, was ich sagen konnte, und ich erzählte von meinem Vergleich, sie seien wie ein langer tiefer, nicht endender Tunnel. Daraufhin rollten aus Lennos Augen noch ein paar dicke Tränen. Nach einer schnellen Nudelsuppe in einem kleinen Restaurant neben dem Klosterladen machten wir uns wieder auf den Rückweg nach McLeodganj.

Mit Trommeln und Hörnern

Am Abend war um 19 Uhr im Tempel meines Klosters eine Puja angesetzt. Was ist eine Puja? Schon wieder ein neues Wort. Quirin erklärte es mir: »Das ist ein Gebet der Mönche. Das ist wirklich spektakulär, du musst es dir ansehen!«, sagte er in breitestem Schweizer Dialekt. »Du kannst auch mitbeten, wenn du es willst, oder meditieren. Auf alle Fälle ist da richtig was los im Tempel.« Das Wort »meditieren« klingt bei einem Schweizer irgendwie besonders meditativ, denn er betont es auf der ersten Silbe: »*mee*-ditieren«. Ich bat ihn, mit mir dorthin zu gehen, denn irgendwie scheute ich mich noch etwas davor, einfach so während eines Mönchsgebets in den Tempel zu platzen. Also gingen wir gemeinsam hin. Während wir unsere Schuhe vor dem Eingang auszogen, vernahm ich von drinnen Gemurmel. Hinter einer Holzwand, die das Tempelinnere vor den Blicken von außen schützte, eröffnete sich der hohe Tempelraum. Die Mönche saßen in grellem Neonlicht auf langen roten Sitzkissen und sprachen leise vor sich hin. Quirin und ich fanden noch Kissen an der Stirnseite, gegenüber der großen Buddha-Statue. Dort ließen wir uns im Schneidersitz nieder. Von hier aus hatten wir den ganzen Tempel im Blick: Die Mönche, die in vier Reihen hintereinander saßen, den Thron des Dalai Lama und den dahinterliegenden Altar. Ich brauchte eine Weile, bis ich das ganze Bild erfasst hatte, denn es war schließlich das erste buddhistische Tempelgebet meines Lebens. Nun sah ich auch zum ersten Mal alle Mönche dieses Klosters versammelt. Es waren etwa vierzig Männer unterschiedlichen Alters, alle gekleidet in rote Gewändern. Ein festliches und zugleich besinnliches Bild boten sie. Ich saß etwas weiter rechts, so dass ich besonders gut in die rechten Reihen vor mir sehen konnte. Jeder Mönch hatte längliche Zettel quer vor sich liegen. Ein niedriger Stapel und davor ein höherer. Vom höheren nahmen sie ab und an ein Blatt und legten es auf den niedrigeren. Ich vermutete, dass auf den Blättern Gebete standen und die Zeremonie noch so lange dauern würde, bis sie den gesamten Stapel zu Ende gebetet hatten. Daher schätze ich, dass es sich mindestens noch eine Stunde hinziehen würde. Die Kleinen in der Reihe direkt vor mir wirkten schon recht müde. Manche von ihnen unterhielten sich auch ab und zu ganz kurz miteinander. Wieder andere musterten Quirin und mich.

Jetzt nahmen die Mönche kleine Glöckchen in die Hand sowie noch irgendeinen anderen goldenen Gegenstand, und das Gebet wurde auch zum Klangerlebnis. Zwanzig, dreißig hell tönende Glöckchen erfüllten den Tempel mit einem aufregend schönen Klang.

Nach einer kurzen Pause und weiteren gemurmelten Gebeten schien die Puja erst richtig in Gang zu kommen, denn nun kamen auch Hörner zum Einsatz. Ihr Klang war eine Mischung aus Klarinette und Oboe, aber irgendwie »orientalisch« im Ton, wie ich es von Straßenmusikanten im Orient oder im Nahen Osten kannte. Und dann dröhnte eine riesige Trommel, sie stand direkt vor mir. Sie bestand aus einem breiten Ring, auf den zu beiden Seiten gewaltige grüne Trommelfelle gespannt waren. Größer noch als bei Orchesterpauken. Ein junger Mönch entlockte ihr mit unterschiedlich rhythmischen Schlägen einen beruhigenden Bass, der eher dem Ton eines Herzschlages gleichkam als dem einer Trommel. Ich konnte den Ton gut spüren, in meinem Inneren, auf meiner Haut. Ein atemberaubendes Klangerlebnis. Die Glöckchen, die Hörner und die riesige wummernde Trommel.

Dann war es still. Die Puja war zu Ende.

Ich hatte das Gefühl, dass ich eigentlich den ganzen nächsten Tag bräuchte, um mich zu erholen und um alles zu verarbeiten. Aber ich ahnte schon, dass er nicht ruhig werden würde. Denn schon allein Sonams Ankündigung, mich morgen an die Hand nehmen zu wollen, um gemeinsam zum Dalai Lama zu gehen, versprach so viel, dass ich am besten gar nicht darüber nachdachte, was mich da erwartet. Ich wollte den Tag einfach herankommen und anklopfen lassen.

Ganz ruhig blickte ich auf die vielen kleinen und großen Sterne am tiefschwarzen Nachthimmel, der sich über dieses indische Land wölbte, das unter mir im Tal schlummert. Ich genoss einfach die Ruhe und den unendlich weiten Blick in die Nacht. Doch just in diesem Augenblick hörte ich Lärm. Er kam von rechts unter mir. Es war laut. Fauchen und Knurren. Es hörte sich bedrohlich an. So schnarcht kein Mensch. Das musste ein Tier sein. Ich glaubte, eine Raubkatze zu erkennen. Das Tier knurrte so laut, dass mir etwas mulmig wurde. Das musste eine Raubkatze sein! Eine Kuh hört sich anders an. Ein Hund auch. Ich war mir nicht sicher, ob dieses Tier nicht auch einfach hier nach oben zu mir auf die Terrasse kommen könnte. Ist dort unterhalb ein Tor, ein schützender Zaun zum Wald hin? Also, über so was mache ich mir ja in Frankfurt auf meiner Terrasse so gar keine Gedanken. Da höre ich allenfalls ab und zu die kleinen Tanzmäuse rascheln, die ich auch manchmal tagsüber zwischen meinen Blumen und Buchsbaumsträuchern herumflitzen sehen kann. Das allein mag manche schon beunruhigen, aber nicht mich. Aber das hier musste etwas Größeres sein. Mir erschien das Ganze geradezu unheimlich und ich fühlte mich unsicher. Also ging ich besser in mein Zimmer, so schnell ich konnte. Hinter verriegelter Tür und geschlossenen, vergitterten Fenstern konnte ich zwar dieses Tier noch entfernt hören, aber zumindest konnte es mir jetzt nichts mehr tun. Und so genoss ich einigermaßen beruhigt noch schnell den Luxus der eigenen Dusche. Staub und Dreck sind zwar keine Raubtiere, aber sie schienen mich angefallen zu haben und an mir zu kleben.

Bürokratie auf Tibetisch

Der nächste Tag begann mit einem Frühstück um Punkt acht Uhr. Das ist zwar eigentlich nicht so ganz meine Zeit, aber hier war ich erstaunlicherweise um einiges früher wach als zu Hause. Außerdem war es für ein Frühstück auch schon höchste Eisenbahn, denn um neun Uhr wollte Sonam mich zum Informationsministerium mitnehmen. Ich sollte dort möglichst früh erscheinen, hatte mir Direktor Thubten geraten, dann würde vielleicht die Chance bestehen, noch heute alle notwendigen Formalitäten für die Akkreditierung zum Teaching des Dalai Lama zu erledigen. Also genoss ich ein schnelles Brötchen und ein paar Tassen Kaffee. Die Brötchen hier haben nur eine entfernte Ähnlichkeit mit dem, was es in Deutschland zum Frühstück gibt, denn hierbei handelt es sich eher um eine Art dickeres Fladenbrot, das zu beiden Seiten angebraten wird. Ungewohnt, aber nicht schlecht. Um kurz vor neun stand Sonam in der Tür zum Esszimmer. »Oh, guten Morgen, du bist noch nicht fertig, guten Morgen, guten Morgen, ich weiß nicht, ob ich zu früh bin, aber ich war schon oben in McLeod, und vielleicht kannst du ja jetzt schon, dann bringe ich dich ins Presse-Department, wenn du willst.« »Guten Morgen, Sonam«, erwiderte ich beschwingt. »Natürlich können wir sofort fahren, wenn es auch dir recht ist. Ich bin fertig.« Sonam hob nun die Hände, als wollte er das aufschäumende Meer beruhigen, und sagte: »Nimm dir Zeit. Nimm dir Zeit. Wir haben Zeit. Willst du etwas frühstücken?« »Nein, Sonam, ich habe schon gefrühstückt. Ich bin wirklich fertig damit. Wir können sofort starten.« Um meinen Tatendrang zu unterstreichen, sprang ich nun vom Tisch auf. Das war ihm aber anscheinend gar nicht recht, denn nun begann er sich wortreich dafür zu entschuldigen, dass er mich beim Frühstück gestört hätte. Noch immer stand er im Türrahmen, ohne die zwei flachen Stufen heruntergekommen zu sein. Es ging noch eine ganze Weile auf hohem diplomatischem Niveau hin und her, bis jedem von uns klar war, dass keiner gestört wurde, sich niemand gehetzt oder behindert fühlte und wir alle »happy« waren. »Gut, dann fahren wir«, schloss er die Verhandlungen.

Ein schmaler Steg aus Beton mit einem speichendünnen Geländer führt über einen steil abfallenden Abgrund zur Eingangstür des Departments für Presse und Information der tibetischen Exilregierung. Ein breiter Empfangstresen dominierte ein ziemlich dunkles und abgelebtes Foyer. Grün, Braun und Grau waren die vorherrschenden Farben. Ich sah allerdings keinen einzigen Menschen hier. Also begab ich mich auf die Suche nach einem Mitarbeiter des Ministeriums. In einem Korridor, der rechts vom Foyer abging, konnte ich keinen ausfindig machen, weil alle Türen geschlossen waren. Dann probierte ich es an der Tür hinter dem Empfangstresen. Sie führte in einen zweigeteilten Saal in L-Form, in dem sich eine unübersichtliche Ansammlung von Bretterverschlägen befand. Auf den ersten Blick konnte ich auch hier keine Menschenseele sehen. Aber ich hörte Stimmen. Und auf den zweiten Blick erwiesen sich die Bretterverschläge als Stellwände, die man fast allesamt miteinander verbunden hatte. Wie ein hölzerner Irrgarten kam mir das Gebilde vor. Nun musste ich mich nur noch in diesen Irrgarten hineinbegeben, um jemanden zu fragen, ob er oder sie mir helfen könne, denjenigen Mitarbeiter zu finden, der für mich und mein Anliegen zuständig war.

Urplötzlich stand eine junge Dame im mausgrauen Kostüm vor mir und erschrak heftig. Ich erschrak auch und sah sie mit weit aufgerissenen Augen an, als hätte man mich bei etwas Verbotenem erwischt. Vielleicht war es ja auch verboten, sich einfach ins Innere des Ministeriums zu schleichen, aber ich hatte ja keine andere Wahl gehabt. Sie sagte nichts, sondern starrte mich weiter an. Also fragte ich nach dem Verantwortlichen, der mir eine Presse-Akkreditierung für das Teaching des

Dalai Lama ausstellen konnte. Da kam Bewegung in sie. Mit einer eleganten Handbewegung zeigte sie über die Trennwand zu meiner Linken hinweg. Dahinter sollte sich anscheinend der oder die Gesuchte befinden. Die Dame huschte nun um mich herum, um hinter einer der Wände, die etwa so hoch waren, wie ich groß bin, mit jemandem zu sprechen. Sie tauchte hinter dem Verschlag wieder auf. Diesmal in Begleitung eines jungen Mannes. Sie überließ mich ihm wortlos. Ich gab ihm die Hand, woraufhin er mich ins Innere seines Verschlags bat und mir einen Stuhl anbot. Er selbst nahm auf einem alten schmächtigen Bürodrehstuhl Platz, faltete die Hände über den Oberschenkeln zusammen, sah mich mit sanftem Blick an und fragte, womit er mir helfen könne. Ich kam mir vor wie in einer ärztlichen Sprechstunde. Nur trug der Ministeriumsmitarbeiter keinen weißen Kittel, sondern einen schnittigen anthrazitfarbenen Anzug über blütenweißem Hemd mit dunkelroter Krawatte. Ich schilderte ihm mein Anliegen und reichte ihm die Unterlagen herüber, von denen ich angenommen hatte, dass er sie benötigen würde. Zusammen mit meinem Pass und meinem Presseausweis gab ich ihm auch ein Empfehlungsschreiben aus Deutschland. Nun studierte er still meine Dokumente. Währenddessen sah ich mich unauffällig um. Alles wirkte ärmlich und improvisiert. Ich fühlte mich ein bisschen zurückversetzt in die Zeit, als die DDR noch existierte. Damals hatte man in Amtsstuben auch immer jede Menge Spanplatten mit Holzdekor verbaut. Sämtliches Mobiliar, das ich hier ausmachen konnte, erinnerte vom Zustand und vom Design her ebenfalls an DDR-Modelle. Langsam bekam ich auch eine Vorstellung davon, welche Funktion diese Bretterverschläge haben sollten. Jede Koje war anscheinend eine Abteilung des Ministeriums. Ich hatte jetzt nämlich kleine Schildchen an den Oberseiten der Verschalungen entdeckt. »Press-Accreditation« stand auf diesem hier. Der graue Teppich vom Foyer war auch hier verlegt worden. Jedoch musste das auch schon einige Jahre her sein, denn er war schon ziemlich abgetreten. Über dem Teppich waren fein säuberlich dünne Rohre von Abteilung zu Abteilung verlegt. Erst als ich den Verlauf der Rohre weit genug verfolgt hatte, erkannte ich ihre Bestimmung. Sie schützten Computerkabel, die über dem Fußboden durch den gesamten Raum verlegt sind. Wie clever, dachte ich. Aber fiese Stolperfallen.

Der für mich zuständige Mitarbeiter stand nun auf und ging mit meinen Papieren in der Hand woanders hin. Nach ein paar Minuten tauchte er wieder auf und gab mir meine Unterlagen zurück, er hatte sich offenbar Kopien gezogen. Mit einem roten Stift schrieb er etwas auf die Blätter. Dann legte er die Papiere zur Seite und bat mich, am nächsten Tag um halb elf wiederzukommen. Ich solle nicht vergessen, zwei Passbilder mitzubringen.

Ich war mir nicht sicher, ob nun tatsächlich alles in die Wege geleitet war, denn erstens hatten wir kaum miteinander gesprochen, und zweitens konnte ich nicht so richtig einschätzen, wie funktionstüchtig tibetische Bürokratie mit indischem Einschlag ist. Darum fragte ich noch einmal genau nach, ob ich damit rechnen könnte, morgen den beantragten Ausweis zu erhalten. Da sah er mich gütig an und sagte ganz leise: »Yes!« Ich flüsterte auch fast, als ich mich für seine Mühen bedankte und mein Kommen für den nächsten Tag noch einmal bestätigte. »Yes, thank you«, sagte er nun freundlich lächelnd und wies mir mit einer galanten Handbewegung den Weg ins Foyer.

Ich machte mich zu Fuß auf den Weg, um meinen Kreislauf und meine Lebensgeister wieder in Schwung zu bringen, denn die stille Geschäftigkeit im Presseamt hatte mich fast in Trance versetzt. Ein paar hundert Meter weiter nahm ich mir ein Taxi, denn die Serpentinenstraße zurück ins Dorf war nicht nur eine sehr löchrige Angelegenheit, sondern zudem auch noch sehr steil.

Kleine Mönche, großes Kind

Meine Bekannte in Deutschland hatte mir erzählt, dass die kleinen Mönche sehr dankbar dafür wären, wenn man mit ihnen spielte. Ich hatte nichts dagegen. Es würde mir sogar Freude bereiten. Ich war auch gut ausgerüstet. Autos, so war meine Überlegung, kommen bei Jungs immer gut an. Also hatte ich einen richtigen kleinen Fuhrpark und noch ein paar andere Kleinigkeiten besorgt. Gespielt hatte ich hier jedoch noch mit keinem. Ich hatte auch niemanden spielen sehen. Ich gebe zu, ich bin eher der Typ, der am Strand mit oder notfalls auch ohne Kinder Sandburgen baut. Da ich sonst eher im etwas seriösen und ernsteren Fach des Lebens unterwegs bin, erlaube ich mir von Zeit zu Zeit eine kleine menschliche Einlage dieser Art. Manchmal darf man das.

Und wie es der Zufall wollte, stand just in dem Moment der kleine Mönch, dem ich vor zwei Tagen ein Auto geschenkt hatte, auf dem Platz beim Tempel. Sein Name war Sangay. Er sah zu mir herunter. Ich winkte zu ihm hoch. Er winkte zurück. Dann stieg er langsam ein paar Treppenstufen nach unten. Ich winkte wieder, und er antwortete. So ging das noch einige Male hin und her, als wäre das schon ein Spiel. Das war die Gelegenheit. Welcher kleine Junge spielt nicht gerne mit Autos? Also flitzte ich in mein Zimmer und holte zwei kleine Autos. Sangay stand nun auf dem Weg zum Gästehaus. Neugierig schaute er, wo ich abgeblieben war. Als er mich entdeckte, hielt er sich wieder seine Hand vor den Mund, als wollte er sein Lachen verbergen.

Ich suchte nach einem dieser Steine, die wie Kreide funktionieren, um damit Straßen auf den Beton zu malen, fand aber nur ein Stück Ziegelstein. Das müsste auch gehen. Ich begann durchaus ehrgeizig, ein recht komplexes Straßensystem aufzuzeichnen. Wenn schon, denn schon, dachte ich. Sangay saß auf dem verwitterten Betonboden und sah mir regungslos zu. Ich wollte gar nicht zu viel drüber nachdenken, was er jetzt vielleicht darüber dachte, dass da so ein erwachsener Mann mit einem Stein Straßenkonturen auf den Beton kratzte. Er quittierte meine Anstrengungen mit einem gespannten Lächeln.

Auf der Terrasse beim Tempel hatten sich drei weitere kleine Mönche eingefunden und versuchten, von dort oben herauszufinden, was hier unten vor sich ging. Ich winkte sie kurzerhand zu uns herunter. Sie kamen ohne Scheu näher und begutachteten das Straßensystem, das noch nicht ganz fertig war. Aber noch viel mehr schien sie der kleine rote Flitzer zu interessieren, den Sangay noch immer ruhig in der Parkposition hielt. Ich sprang auf, lief abermals in mein Zimmer und holte für jeden der Buben ein Auto und noch eine große Tafel Alpenmilchschokolade für alle. Ich drückte einem jeden der drei Neuen ein Auto in die Hand und musste nicht lange warten, da saßen sie schon auf der Betonpiste und begannen das neue Spielzeug zu testen. Nun waren meine straßenbauarchitektonischen Künste wieder gefragt, denn für vier Mönche hatte ich noch zu wenig gemalt. Ich holte ein paar markante Steine aus dem Steingarten und setzte sie mit den englischen Bezeichnungen für Tempel, Schule, Shop, Garage und dergleichen auf die freien Blocks zwischen den Kreuzungen. Aus dem vergitterten Müllkorb angelte ich ein paar Stückchen Wellpappe und baute eine Brücke, eine richtige Garage und einen Tunnel. Nach wenigen Minuten war eine kleine Stadt mit einem aufwendigen Straßensystem entstanden. Zufrieden und stolz betrachtete ich mein Werk. Die vier Kleinen haben jeden Fortgang der Markierungsarbeiten sofort genutzt, um ihre Autos über die frischen Straßen brettern zu lassen, und am Ende waren wir alle fünf völlig in unser Autorennen versunken, vier kleine und ein großer Junge. Das muss von außen ein sehr kurioses Bild ergeben haben. Aber man kann ja nicht immer seriös sein.

Das Glockenläuten beendete unser Spiel fürs Erste. Die Jungs standen auf, klopften sich den Staub aus den roten Gewändern und sahen mich an, als wollten sie Danke sagen. Sangay schob sich vor seine drei Kameraden und flüsterte: »Thank you!« Er sagte es sehr leise, aber gerade noch so laut, dass die anderen etwas hören konnten. Vielleicht hatte er Sorge, die Worte auf Englisch nicht korrekt auszusprechen, so dass es die anderen merken könnten. Ich lächelte und scheuchte sie die Stufen nach oben, denn dort wartete das Mittagessen.

Warten auf Sonam

Ich stand an einer recht chaotischen Straßenkreuzung am Haupttor zum Tempel und zum Kloster des Dalai Lama. Hier sollte ich mich um zwei Uhr mit Sonam treffen, er meinte, mit ihm zusammen käme ich auch ohne speziellen Ausweis hinein. Er könne mich auch zum Dalai Lama bringen, hatte er gesagt. Eigens dafür habe ich eine Khata, also den weißen Seidenschal, bei einem Straßenhändler auf der Temple Road erworben. Denn falls alles so klappte, wie Sonam es angekündigt hatte, wäre es gut, wenn ich eine Khata dabeihätte.

Ich war zum ersten Mal hier auf dieser Kreuzung vor dem Tor, das den Zugang zum Hügel des Dalai Lama markierte. Auf dem steil ansteigenden Gelände, das ich von meinem tiefer gelegenen Kloster aus gut sehen konnte, stellte das Hauptkloster des Dalai Lama den größten Teil der Bauten. Daran schloss sich der Tempelbereich an. Weiter dahinter lagen noch ein paar kleinere Gebäude, die Seiner Heiligkeit als Residenz und seiner Administration als Büros dienten, aber so weit war ich noch nicht vorgedrungen. Die Tempelstraße ist lang, und weiter als bis zum Café war ich zu Fuß noch nicht gekommen. Nun stand ich hier und auf dieser Kreuzung und es war, gelinde gesagt, die Hölle los. Nicht allein die Kühe und Autos, die wild durcheinanderkreuzten und rangierten, gestalteten das Bild so chaotisch, sondern auch die vielen hundert Menschen, die nun in großen Scharen zum Tempel strömten, um gleich der Unterweisung des Dalai Lama beizuwohnen. Das Tor zum Tempel bestand lediglich aus zwei grauen Pfeilern, großen, industrieblauen Maschendrahttoren und einem gelben Dach auf dem Querbalken. Einige bunte Tücher, die im Wind flatterten, waren die einzigen Anzeichen dafür, dass dieses Tor den Zugang zu etwas Besonderem markierte. Ansonsten war hier alles recht schmucklos und ziemlich verwittert. Den Haupteingang zum Tempelberg Seiner Heiligkeit hatte ich mir etwas anders vorgestellt, etwas üppiger, vielleicht auch prunkvoller. Auch die Gebäude, die sich gleich dahinter steil in den Himmel erhoben, wirkten nicht gerade repräsentativ. Es war ein Sammelsurium aus Beton, weißen und hellgelben Wänden, schlichten Säulen und Terrassen. Interessanterweise ragten überall aus dem bestimmt zehnstöckigen burgartigen Gebäudekomplex tiefgrüne Baumkronen hervor. Weiter oben auf den umlaufenden Terrassen konnte ich viele rote Mönche erkennen, die gerade in einer Art Prozession unterwegs zu sein schienen. Dort oben musste dann auch irgendwo der Tempel sein.

Unzählige tibetische Mönche waren in den letzten Minuten an mir vorbeigeströmt. Doch Sonam war nicht dabei. Es war bereits zwanzig Minuten über der Zeit, und noch immer war weit und breit nichts von ihm zu sehen. In zehn Minuten sollte die Veranstaltung beginnen. Schräg gegenüber hielt im Tiefparterre eines Eckhauses ein Händler allerlei Waren feil. Darunter auch Schokoladenriegel und Chips-Tüten. Ich hatte Hunger, aber ich traute mich nicht, meinen Platz zu verlassen, weil sicher ausgerechnet dann Sonam kommen würde. Bis auf das Frühstück und ein paar Stückchen Schokolade hatte ich heute noch nichts gegessen. Direkt vor mir auf der anderen Straßenseite stand eine Frau mit ein paar Töpfen auf einem Gestell und verkaufte dampfende Teigbällchen mit leuchtend roter Soße. Sie hatte sich mit ihrem Stand genau an der linken Säule des Haupttores aufgestellt. Die paar Schritte zu ihr könnte ich sicher riskieren, ohne den Mönch zu verpassen, aber ich traute mich noch nicht, mir einfach so etwas auf der Straße zu kaufen. Schließlich hatte ich keine Ahnung, worum es sich bei den Bällchen genau handelte und ob ich die fremde Speise vertragen würde.

Vom Kloster drang jetzt Beifall bis nach unten auf die Straße. Es geht offenbar pünktlich los dort oben, dachte ich, aber ich bin noch hier unten. Wie ärgerlich. Sonam hatte mich für zwei Uhr zum »Gate« bestellt. Gate heißt Tor – und hier ist das Tor. Einige provisorische Schilder wiesen sogar noch extra darauf hin, dass Mönche Gate 1 nehmen sollen, Tibeter Gate Nummer 2 und Ausländer und Presse Gate 3 ansteuern sollten. Meine Uhr zeigte mittlerweile halb drei an. Das Chaos auf der Straßenkreuzung kam allmählich zum Erliegen. Nur noch ein paar Nachzügler huschten durch das Tor. Jeder von ihnen hatte einen kleinen Ausweis an einem gelben Bändchen vor der Brust hängen. Das war anscheinend die Eintrittskarte zum Tempelberg. Jene, die ich nicht mehr bekommen habe. Langsam wuchs meine Enttäuschung, weil ich nun schon mehr als eine halbe Stunde auf Sonam gewartet hatte und sich meine Hoffnung, doch noch zum Teaching und zum Dalai Lama zu kommen, zusehends in Luft auflöste. Ich überlegte kurz, ob ich es auf eigene Faust versuchen sollte, aber ich kannte mich in dem verwinkelten Areal überhaupt nicht aus. Und ich wusste, wenn ich mir ohne jede Legitimation Zugang verschaffen wollte, müsste ich das mit einer Selbstverständlichkeit tun, als hätte ich das angeborene Recht dazu. Wenn einem das gelingt, kommt man oft genug einfach so durch Kontrollen und Tore. Im Vatikan muss man diese Technik gelegentlich anwenden, sonst wird man da schnell bis zum Verlust der Selbstkontrolle kontrolliert.

Aber angesichts der schwerbewaffneten Militärs oder Polizisten, die hier überall in ihren hellgrünen Uniformen zu sehen sind, war mir nicht so sehr danach, einen Alleingang zu riskieren. Wer weiß, wie hoch die Security des Dalai Lama gerade die Sicherheitsstufe gesetzt hat. Ich vermutete, dass auch hier immer wieder Menschen auftauchten, die behaupteten, unbedingt seine Heiligkeit treffen zu müssen, und bereit waren, sich notfalls auch mit Gewalt zu ihm durchzukämpfen. Im Vatikan ist das auch nicht anders. Da behaupten auch manche, sie müssten dringend mit dem Papst sprechen, und lassen sich kaum von dieser Idee abbringen. Aus Gesprächen mit Schweizergardisten, die den Papst bewachen, weiß ich, dass man dort immer auf Geisteskranke und besonders dreiste Leute vorbereitet ist. In diesen Tagen wäre es hier in McLeodganj nicht weiter verwunderlich, wenn unter den paar tausend Pilgern nicht auch eine Handvoll Problemfälle zu finden wäre. Und ich wollte keineswegs riskieren, von den Wachen für einen solchen Problemfall gehalten und entsprechend behandelt zu werden. Daher verzichtete ich lieber darauf, mich irgendwie hineinzuschummeln.

Um Viertel vor drei hatte ich vom Warten die Nase voll und ging etwas enttäuscht und vor allem unverrichteter Dinge die Tempelstraße hinauf in das Zentrum von McLeodganj. In und vor den Läden und an den Ständen der Straßenhändler hielten die Menschen ehrfürchtig kleine Radiogeräte nach oben. Aus ihnen dröhnte die Stimme des Dalai Lama. Offenbar nutzte man hier die Übertragungstechnik eines Senders, um die Ansprache live ins Dorf zu übertragen. So konnte ich zumindest den Worten und dem Lachen Seiner Heiligkeit lauschen.

Ausweis und Aufgaben

Am nächsten Tag durchschritt ich um Punkt halb zehn die Tür des Presseamtes der tibetischen Exilregierung. Heute ging ich einfach am unbesetzten Empfang vorbei und suchte den jungen Mann vom Vortag. Ich fand ihn an seinem Platz. Er gab mir die Hand und fragte sogleich nach den beiden Passbildern, die ich mitbringen sollte. Ich hatte sie natürlich dabei und übergab sie ihm. Er klebte eines der Fotos auf den Presseausweis und das andere auf ein Formblatt in das dafür vorgedruckte Kästchen. Dann sprang er auf und verschwand mit dem Ausweis im Labyrinth der Bretterwände. So schnell, wie er verschwunden war, kam er auch wieder zurück. Ich vermutete, er hatte den Ausweis noch von seinem Vorgesetzten stempeln lassen. Nun überreichte er mir den nagelneuen Presseausweis. »Sie können damit schon heute Nachmittag zum Teaching gehen, aber Sie dürfen noch nicht fotografieren. Morgen dürfen Sie fotografieren«, sagte er und deutete mit seinem Zeigefinger auf das Datum, das unten in der letzen Zeile stand. Ich wusste, dass das der letzte Tag der Unterweisungen war. »Gilt dieser Ausweis dann für den ganzen Tag?«, wollte ich noch wissen. »Morgen wird nur am Vormittag ein Teaching sein«, unterrichtete er mich. »Im Anschluss an seine Ansprache wird er mit den Mönchen noch eine Puja halten und verschiedene Gegenstände segnen. Davon dürfen Sie Tonaufnahmen machen und auch Bilder. Sie müssen sich nur selbst um einen guten Platz kümmern.«

Ich war etwas erstaunt, dass am nächsten Tag nur noch eine Veranstaltung auf dem Plan stand, aber ich war damit zufrieden, dass ich schon an diesem Nachmittag an einem Teaching teilnehmen konnte. Der Mitarbeiter des Ministeriums sprach mit mir noch ein wenig über meine Arbeit und zeigte sich verwundert, dass ich nicht mit einer Fernsehkamera und Kameraleuten gekommen sei. Anscheinend war das in seiner Vorstellung zwingend erforderlich für die Berufsausübung eines Journalisten. Ich erklärte ihm, dass für mein aktuelles Vorhaben ein Filmteam nicht notwendig war. So richtig überzeugt sah der junge Mann nicht aus, fragte aber auch nicht weiter nach. Er verabschiedete mich überaus freundlich, wünschte mir ein gutes Gelingen bei meiner Arbeit und sicherte mir jederzeit weitere Hilfe zu, sofern ich sie benötigte. Freudig nahm ich meinen Ausweis und zog von dannen.

Motiviert von diesem Erfolgserlebnis im Ministerium, war ich zurück ins Kloster gegangen und hatte meinen ewigen Kampf gegen den Moder in meinem Zimmer wiederaufgenommen. Ich hatte meine Decke und das Kissen auf zwei Bänken auf der Gästeterrasse drapiert, so dass sie in der prallen Sonne schön durchtrocknen konnten. Ich erhoffte mir davon, dass das dem scharfen Geruch nach Schimmel den Garaus machen würde. Ich selbst hatte es mir auch mit einer Decke auf einer der harten Bänke in der Sonne bequem gemacht. Ich wollte mich noch ein wenig ausruhen, bevor ich zum Teaching des Dalai Lama aufbrechen musste. »Stiwin«, ertönte es plötzlich von hinten. Sonam hatte von mir unbemerkt die Terrasse betreten. »Stiwin, wo warst du gestern? Ich habe auf dich gewartet.« Ich erklärte Sonam, dass ich ebenfalls auf ihn gewartet hatte. Sonam ließ sich von mir beschreiben, wo ich gewartet hatte, und wir stellten fest, dass wir uns schlicht verpasst hatten. Ich hatte zwar an einem Tor gestanden, aber er hatte nicht das Eingangstor, sondern ein anderes Tor gemeint, nämlich dasjenige, an dem sich der Metalldetektor befand. Den hatte ich nicht gesehen. Um dort hinzugelangen, hätte ich in das Kloster hineingehen müssen. Aber das hatte ich ja nicht getan, weil ich dachte, ich dürfe es ohne Presseausweis oder Begleitung nicht. Aber jetzt hatten wir das Missverständnis ja geklärt, und ich fragte Sonam, ob wir es heute noch einmal versuchen könnten. Das könnten wir gerne tun, sagte Sonam, allerdings müsse er mich noch um etwas bitten. Und zwar wollte er mich darum bitten, ein Interview mit einer alten Tibeterin zu führen. In Deutschland bräuchte man das dringend. Ich sei ja Journalist und da wäre das bestimmt kein Problem für mich, habe er sich gedacht. Der Mönch nannte mir kurz die wichtigsten Eckdaten einer Frau, die dreißig Jahre in einem chinesischen Gefängnis gesessen habe. Sie hieß Ama Adhi, und sie wollte von dieser Zeit erzählen. Wie könnte ich ihm diese Bitte abschlagen? Selbstverständlich sagte ich ihm meine Hilfe zu. Die Fragen würden gleich geschickt werden, sagte Sonam. »Wann soll das Interview denn stattfinden?«, fragte ich den Mönch. Er lächelte verlegen und sah auf seine Armbanduhr. »Um halb eins.« »Wann? Heute?«, fragte ich erstaunt zurück. Er nickte und sagte, dass er um halb eins mit der alten tibetischen Frau verabredet sei. Ob das für mich ein Problem sei, wollte er von mir wissen. Natürlich war das kein Problem. Wir hatten ja erst halb zwölf. Sonam hatte sich das alles anscheinend schon genauestens überlegt und unterbreitete nun seinen Plan. Er würde gleich mit mir nach oben zum Tempel des Dalai Lama fahren. Dort würden wir etwas essen und seinen Neffen besuchen, der als Mönch im angeschlossenen Namgyal-Kloster lebt. Um halb eins könnten wir dann das Interview aufnehmen. Er müsse bis dahin nur noch eine Kamera besorgen, aber dabei würde ihm sein Neffe helfen. Um halb zwei beginne dann das Teaching seiner Heiligkeit, bis dahin wären wir längst fertig. So weit, so gut. Was ich jedoch noch nicht so ganz verstanden hatte, war, in welcher Sprache ich das Interview führen sollte. Er erklärte mir, dass ich einfach auf Englisch fragen sollte, eine Dolmetscherin würde die Frage dann ins Tibetische übersetzen und die Antworten der Frau wiederum ins Englische. Ich war einverstanden, bat ihn aber, mir die Fragen möglichst bald zu geben, denn sie sollten ja offenbar aus Deutschland kommen und dann müsste ich sie noch übersetzen und dabei eventuell das eine oder andere Wort im Wörterbuch nachschlagen.

Wo ist der Tempel des Dalai Lama?

Wir standen in der Schlange vor der Sicherheitskontrolle für Journalisten und Ausländer. Es waren noch gute dreißig Meter und geschätzte fünfzig Personen vor uns, bis wir an der Reihe waren. Ich versuchte, mir schon mal einen Überblick über meine Umgebung zu verschaffen, doch das war schwierig, weil überall hellgelb getünchte Häuser aneinander- und übereinandergebaut waren. Die Fassaden aus den 60er oder 70er Jahren bestanden im Grunde nur aus schmalen Loggiengängen, unzähligen runden Betonsäulen, die Wände zeigten weniger Mauerwerk als Fenster und Türen. Alle zitronengelb gestrichenen Fenster und Türen waren mit ozeanblauem Fliegengitter verkleidet. Überall auf den Außenkorridoren waren die Stangen der Geländer mit Wäsche behängt, damit die roten Mönchsröcke, Tücher, Decken, Handtücher und Strümpfe in der Sonne trocknen konnten. Wie überall im Ort kämpften die Leute auch hier gegen die allgegenwärtige Feuchtigkeit an. Ich sah in einen Gang hinein und konnte nicht viel erkennen, weil es drinnen stockfinster war. Nur schemenhaft zeichneten sich Wände, Korridore und Treppen ab. Weiter ins Innere kam kein Tageslicht mehr. Das Bild eines Termitenhügels drängte sich mir auf, auch wenn sich derartige Assoziationen angesichts einer Tempelanlage eigentlich verbieten. Aber es war alles so verwinkelt und düster hier, noch dazu kam es mir so verwittert und abgewirtschaftet vor. Das hier war immerhin das Hauptkloster Seiner Heiligkeit. Ich konnte es nicht verstehen. Andererseits: Was hatte ich denn erwartet? Ich hatte mir irgendwie vorgestellt, dass das Oberhaupt des tibetischen Buddhismus sozusagen in der Idealversion eines dieser typisch buddhistischen Klöster, wie ich sie von Bildern kannte, residierte. Ich hatte wohl mehr Weitläufigkeit erwartet, außerdem reich verziertes Maßwerk und geschwungene Dächer, Friese von Mosaiken und Wandmalereien. Aber die Realität weigerte sich wieder einmal, meinen Idealvorstellungen zu entsprechen.

Die Sicherheitskontrolle war recht gründlich. Vorsichtshalber hatte ich nur den kleinen Schreibblock, einen Stift, ein paar Geldscheine und meinen Presseausweis eingesteckt. Mein Mobiltelefon hatte Sonam mir schon zuvor in weiser Voraussicht abgenommen und es in den Tiefen seines Gewandes verschwinden lassen. In einer Pappkiste auf dem Kontrolltisch sah ich eine stattliche Ansammlung von Handys. Das Chaos bei der Abholung konnte ich nur erahnen.

Unser Weg führte uns auf einer steil ansteigenden Straße um den vierstöckigen Klosterblock herum. Wir erreichten einen Platz, der von Menschen überfüllt war. Sie saßen überall; auf Decken, Kissen und Plastikfolien. »Hier ist die Residenz«, sagte Sonam und zeigte nach links auf ein unscheinbares Tor. Rechts und links davon gingen die Mauern in kleine Häuser aus Naturstein über. Das Tor war mit einem schmalen Dach aus zitronengelbem Wellblech überbaut. Entlang des Dachsimses hing eine kurze Girlande in schmalen Falten herab. Die blauen, weißen und roten Längsstreifen des Stoffes waren wettergebleicht und von Stockflecken übersät. Plötzlich erkannte ich das Tor mit dem hellgrauen Gitter wieder. Es wird immer dann gezeigt, wenn vom Dalai Lama berichtet wird oder wenn ihn ein ausländischer Gast in seiner Residenz besucht. Hinter dem kleinen Hof erhob sich in ganzer Breite ein gelber, schmuckloser Funktionsbau, in dem vermutlich die Büros und vielleicht auch die Wohnung Seiner Heiligkeit untergebracht waren. Ich kannte das Bild zwar aus den Nachrichten, aber wenn man das Objekt dann im Original sieht, ist das immer nochmal etwas anderes. In der Regel ist es nüchterner.

»Dort ist der Tempel«, unterbrach Sonam nun meine Gedanken. Er zeigte über die Köpfe vieler hundert Menschen in die dem Tor entgegengesetzte Richtung. Ich folgte seinem ausgestreckten Finger und suchte den Tempel. Alles was ich sah, war eine große Halle aus blassgelb gestrichenem Beton. Lange schlanke Betonsäulen stützten eine erste Etage in etwa sechs Metern Höhe. Eine weitere, aber niedrigere Etage folgte. Vom flachen Dach ragten drei riesige viereckige Markisen aus gelbem Tuch mit grüner, kantig verschnörkelter Bordüre über die gesamte Breite des Gebäudes auf den Platz hinaus. Ich sah viele rotgekleidete Menschen, die sich dort hinter den Metallgeländern im Erdgeschoss, auf den Treppenanlagen und im ersten Stock drängten. Aber ich sah keinen Tempel. Wir gingen die kurze Straße aus spiegelglattem Beton entlang. Ich hatte keinen Blick für die Menschen, die links von uns hinter einer Absperrung dichtgedrängt am Boden kauerten. Rechts von der Straße war eine übermannshohe grüne Wand aus Gestängen und herabhängenden Plastikplanen aufgebaut. Ich hatte keine Vorstellung, was sich hinter dieser Wand befinden könnte. Wo war der Tempel? Das, worauf wir zuliefen, sah aus wie eine halboffene Fabrikhalle aus den 60ern oder wie eine zweistöckige Tankstelle mit einem Überbau oder wie eine Ölbohrinsel. Das Gebäude war vielleicht vierzig Meter breit und zwölf Meter hoch, aber es sah nicht aus wie ein buddhistischer Tempel. Nicht so wie der Potala-Palast in Lhasa, nicht so wie der Tempel des Karmapa und auch nicht wie der in meinem Kloster.

Bereits an der ersten Stufe musste ich meinen Presseausweis zeigen. Zu meinem Erstaunen durfte ich sofort passieren. Rechts und links der Treppe lagerten Hunderte Mönche in dunkelroten Roben. Zwischen ihnen entdeckte ich auch ein paar Zivilisten. Männer, Frauen, Kinder, Alte und Junge. Auf der Treppe selbst waren nur ein paar Herren in langärmligen Oberhemden, die vermutlich zum Sicherheitspersonal gehörten. Wir hatten noch nicht die oberste der vielleicht dreißig Stufen erreicht, da wurde ich erneut kontrolliert. Diesmal sah sich der Mann meinen Ausweis sehr genau an. Sonam fragte ihn, ob es ein Problem gab. Ein anderer Sicherheitsbeamter wurde hinzugerufen, und der gab mir schließlich den Weg in die obere Etage frei. Ich dürfe heute allerdings nicht fotografieren, filmen oder Tonaufnahmen machen, erst morgen, ließ er mich wissen. Das wusste ich ja schon, weil mir das der freundliche Herr vom Ministerium bereits erklärt hatte. Wir gingen weiter. Ich ließ meinen Blick schweifen und stellte fest, dass hier fast alles gelb war. Einzig der Boden war grau. Betongrau eben.

»Wo ist denn nun der Tempel?«, wollte ich von Sonam wissen. Mit ausladenden Handbewegungen und einem nicht näher bestimmbaren Lächeln bedeutete er, dass das alles hier der Tempel sei. »Unter uns ist ein kleiner, und hier ist der Tempel des Dalai Lama«, er zeigte auf einen

Raum mit vielen gelben Fenstern, »und da drüben ist noch ein anderer wichtiger Tempel.« Ein paar Meter weiter befand sich noch ein weiterer abgeteilter Raum. Sonam zog mich nun durch die Menge einige Schritte weiter vor durch eine große offenstehende Tür zum ersten der inneren Räume, der offenbar der Haupttempel ist. Über ein Meer von kahlgeschorenen Köpfen hinweg zeigte er nach vorn. »Dort ist der Thron des Dalai Lama, und darüber ist der Buddha des Mitgefühls. Das ist der Buddha des Dalai Lama.« Ich sah ihn erstaunt an. »Dalai Lama ist die Manifestation des Buddhas des Mitgefühls«, fügte er hinzu. Mein Erstaunen galt allerdings nicht dieser Tatsache, sondern eher dem Interieur des Raumes. Überall im etwa neunzig Quadratmeter großen Raum hingen bunte gemusterte Wandbehänge und Fähnchen. Der Thron war prächtig mit weißem, rotem und gelbem Brokat verkleidet. Rechts und links befanden sich Einbauten, die vom Boden bis hinauf zur Decke reichten. Sie sahen fast ein wenig aus wie große dottergelbe Schrankwände mit Glastüren, die voll von bunten Päckchen sind. Darin waren die Gebetbücher verpackt, wie ich später erfuhr. Und zwischen den Schrankwänden erhob sich der farbenprächtig verzierte Buddha in der zweifachen Größe eines Menschen.

Die Tatsache, jetzt *im* oder *vor* dem Tempel des Dalai Lama zu stehen, bewegte mich, aber die Ernüchterung war schon sehr groß. Ich konnte es einfach immer noch nicht so recht fassen, dass dieses Bauwerk und im Speziellen dieser Raum im ersten Stock sozusagen die Kirche des Oberhauptes der Tibeter und des obersten Repräsentanten des Buddhismus sein sollte.

Mein Unverständnis lag nicht nur daran, dass ich mich vielleicht nicht von gewissen Vorstellungen freimachen konnte, wie ein Gotteshaus auszusehen hat. Das spielte bestimmt auch eine Rolle, aber es gab noch einen Grund: Die Liturgie des Raumes ist bei den Religionen genauso wichtig wie die Liturgie des Wortes und der heiligen Handlungen. Auch die Liturgie der Musik gehört zu Gottesdiensten. Alles zusammen soll den Menschen umhüllen und erheben, es soll ihn an die Hand nehmen und ihn ein wenig weiter wegführen, auf dass er das Weltliche, das Belastende hinter sich lassen kann. Er soll sich befreit fühlen und über sich hinauswachsen können. Transzendenz heißt das in der Fachsprache. Und Transzendenz ist etwas, was nicht nur die Religionen beim Menschen zu erzeugen suchen, sondern auch jeder Kinofilm und jede Fernsehshow. Selbst manche Einkaufs»tempel« lassen beim Besucher solche Gefühle aufkommen. Die Gestaltungsmerkmale eines sakralen Raumes zeigen weltweit und durch alle Epochen der Kunstgeschichte hindurch die vielfältigsten Formen. Jedoch folgen sie alle einem Ziel: der Verehrung des Göttlichen und der Transzendenz des Menschen. Nun fragte ich mich aber ernsthaft, wie man das bei diesem Tempel gemeint hat. Ist es der Gedanke demonstrativer Armut und Bescheidenheit? Oder doch das Konstrukt eines Provisoriums?

Sonam führte mich über einen außenliegenden Gang um den kleineren Nebentempel herum. Wir bahnten uns einen Weg durch Hunderte von Schuhen, die in kleinen Haufen auf dem Korridor lagen. An der Rückseite des Tempels durchquerten wir eine weitere größere Freifläche, auf der momentan allerdings Hunderte von Mönchen jeden Quadratzentimeter des Betonbodens besetzten. Alle Blicke waren auf einen großen Flachbildschirm gerichtet. Dort würden sie später ihren geistlichen Führer sehen. Sämtliche überdachten Freiluftterrassen und Wandelgänge waren voll mit Mönchen. Wenn ich schätzen müsste, würde ich sagen, dass allein im ersten Stock des Tempels etwa tausend Menschen waren. Das Erdgeschoss konnte ich auf den ersten Blick nicht erfassen. Auf dem Platz zwischen der Residenz und diesem Tempelgebäude befanden sich sicher noch einmal zweitausend Leute. Wie ein riesiges Heerlager wirkte es, wenn man es von hier oben betrachtete. Sonam wollte mir etwas zu essen in die Hand drücken. Irgendwoher hatte er vier Fladenbrote und zwei grüne Bananen organisiert, ich hatte gar nicht mitbekommen, wann er das gemacht hatte. Verwirrt nahm ich ihm die Lebensmittel ab. Er wollte direkt wieder losstürzen und mehr davon holen, es gelang mir aber gerade noch, ihn zurückzuhalten, indem ich ihm erklärte, dass ich sowieso höchstens ein kleines Brot und eine Banane essen würde. »Keinen Reis?«, wollte er nun von mir wissen. »Nein, keinen Reis, bitte. Ich bin nicht sehr hungrig.« Sonam lachte und meinte, ich sei doch ein großer Kerl und der müsste doch auch viel essen. Beim besten Willen hätte ich keine vier Fladenbrote, zwei Bananen und obendrauf noch Reis essen können, groß hin oder her.

»Aber Tee«, sagte er energisch. »Tee musst du trinken!«, und er hielt einen jungen Mönch an, der gerade mit einer übergroßen Kanne aus

Aluminium an uns vorbeiging. Er schenkte uns zwei Plastikbecher ein. Mit Tee, Broten und Bananen versorgt, suchten wir uns an der Längsseite des Haupttempels ein freies Plätzchen auf dem Boden. Nachdem wir unseren Imbiss verzehrt hatten, gingen wir wieder ins Innere des Gebäudes und stiegen einige Treppen nach unten. Sonam bog in einen langen, stockfinsteren Gang ein. Man konnte gerade so rechts und links die Türen erahnen, aber er schien bestens darin geübt zu sein, sich hier im Dunkeln zurechtzufinden, und steuerte sicheren Schrittes auf eine bestimmte Tür zu. Er klopfte. Die Tür öffnete sich, und im Halbdunkel erschien ein junger Mönch, der erst Sonam umarmte und mir dann schüchtern die Hand gab. »Das ist mein Neffe«, stellte mir Sonam den jungen Mann vor. Seinen Namen hatte ich nicht richtig verstanden, aber ich wollte auch nicht nachfragen, weil der junge Mann gerade mit der Aussprache meines Namens beschäftigt war. Sonam hatte mich »Stiwin« genannt, und ich hatte ihm »Stephan« gesagt. Wahrscheinlich war das etwas verwirrend. Wir verloren nicht viel Zeit, sondern begannen gleich mit dem Interview, für das wir uns verabredet hatten.

30 Jahre im chinesischen Frauenknast

»Sie haben mich immer und immer wieder geschlagen und gequält«, erzählte die alte Frau, deren Name Ama Adhi war. Über zweiundachtzig Jahre sei sie jetzt alt, hatte sie mir erzählt. Dreißig Jahre ihres Lebens habe sie in einem chinesischen Gefängnis gesessen. Sie ist eine von vielen Tibetern, die von den Chinesen eingesperrt und gefoltert wurden. »Manchmal haben sie mir die Hände auf dem Rücken zusammengebunden und sie an einem Seil nach oben gezogen, so dass mein Gesicht auf den Boden gedrückt wurde. Und sie haben Chilipulver auf den Boden gestreut, das ich dann eingeatmet habe … es hat ganz fürchterlich gebrannt.« Sie stockte. Ich kniete neben Ama Adhi, mir gegenüber eine junge Tibeterin, die der alten Frau meine Worte übersetzte. Sonams Neffe filmte das Interview mit der Videofunktion eines digitalen Fotoapparates. Sonam selbst stand etwas abseits. Ama Adhi war eine erstaunlich großgewachsene alte Frau. Sie hatte lange, dunkle Haare, die zu Zöpfen geflochten waren. In ihrem noch immer mädchenhaften Gesicht leuchteten graublaue, gütige Augen. Ihrem Gesicht waren die dreißig Jahre Gefängnis und Folter nicht anzusehen. Ich konnte keine Spur Verbitterung oder Gebrochenheit erkennen. Sie wirkte äußerlich nicht wie eine Frau, die jahrelang physisch und psychisch gequält worden ist. Aber was sie zu berichten hatte, klang dramatisch. Sie sagte, die Chinesen hätten ihr unter dem Fingernagel einen Nagel aus Metall eingeschlagen. Sie zeigte mir, wo der Nagel von vorn in den Finger eingeschlagen worden war, unter dem Fingernagel entlang, immer tiefer. Dabei verzog sie das Gesicht, als würde sie allein bei der Erinnerung daran den Schmerz erneut spüren.

Sie erzählte noch mehr. Sie zeigte, wohin man sie jeden Tag geschlagen hatte, aber sie zeigte mir auch, wie sie jeden Tag mit gefalteten Händen gebetet hatte. Dreißig Jahre lang. Sie forderte mich auch auf, die Stelle an ihrem linken Oberarm zu berühren, die seit vielen Jahren abgestorben war. Ich ertastete eine kleine Kuhle, und dort stießen meine Finger auf kaltes Gewebe, das sich anfühlte, als wäre es kein Fleisch, sondern Holz. »Tot, tot, tot …«, rief sie und führte meine Hand immer wieder über die misshandelte Stelle. Ich lenkte das Gespräch noch einmal auf ihre Gebete, denn ich vermutete, dass dies die Antwort auf die Frage nach der Kraft zum Durchhalten sein könnte. Sofort faltete sie wieder die Hände, führte die Fingerspitzen zur Stirn und zum Mund und erzählte, dass sie im Grunde die ganze Zeit gebetet habe. Das hätte ihr die Kraft gegeben, die Zeit zu überstehen, die Qualen zu ertragen, den Hunger und die Krankheiten zu überleben. Sie zeigte mir, wie sie gebetet hatte. Ein rhythmischer Gesang, den sie dort in China sicher nicht laut hatte singen dürfen, aber dafür jetzt und hier im Exil.

Die Speicherkarte des Fotoapparats war nach knapp fünf Minuten voll. Sonams Neffe nahm den Apparat herunter, aber Ama Adhi erzählte weiter. Sie sprach davon, wie sehr sie den Dalai Lama verehrt und im Frauengefängnis immer wieder zu ihm und für ihn gebetet hat. Sie wollte diesen heiligen Mönch unbedingt wiedersehen. Er war der König der Tibeter. Der Statthalter des Buddhas des Mitgefühls. Auch dieser eiserne Wille, eines Tages Seine Heiligkeit, den 14. Dalai Lama, wiederzusehen, habe ihr Kraft gegeben.

Wie viel solcher Willenskraft und Stärke braucht ein Mensch, um nicht zu zerbrechen, um nicht kaputtzugehen, um nicht zu sterben? Wie viele Jahre kann ein Mensch das aushalten? Was muss man verbrochen haben, um so behandelt zu werden? Nach der Besetzung Tibets durch die Chinesen musste man dafür im Grunde nur ein aktiver Buddhist sein, den Dalai Lama verehren und einen kritischen Geist besitzen. Manchmal genügte es auch schon, zur falschen Zeit am falschen Ort zu sein, um verhaftet und eingesperrt zu werden. Ganz so schlimm war es in der DDR nicht, geht mir durch den Kopf. Aber ich fühlte mich dennoch stark an die Machenschaften der Führung des Arbeiter- und Bauernstaates und seines Staatssicherheitsdienstes erinnert. Ich war von der Stasi nur verhört worden. Ich war nie in einem Gefängnis. Aber ich kenne ein paar Menschen, die in Stasi-Knästen saßen. Eine gute Freundin war etwa zwei Jahre im Frauengefängnis Hoheneck in Sachsen inhaftiert gewesen, bis sie von der Bonner Regierung freigekauft wurde. Das Gebrochensein kann man noch heute an ihr spüren.

Ama Adhi wirkte auf mich weder verbittert noch gebrochen. Das halte ich für sehr erstaunlich. Man merkte ihr ihre Schmerzen nicht an.

Die Prozession zum Tempel

Während Sonam Ama Adhi wieder zurück zu ihrem Platz unter den Pilgern brachte, wartete ich mit Sonams Neffen auf der Außenterrasse. Von hier aus hatte man einen phantastischen Blick ins Tal und einen unverbauten Blick hinauf in die Berge. Sonams Neffe nutzte die Zeit, um mir jetzt die Gebäude, die sich hinter uns und unter uns befanden, zu erklären. »Hinter uns ist der Tempel. Unter uns ist das Kloster. Und das alles ist ineinandergebaut und miteinander verbunden.« Nach rechts hin grenzte er mit scharf abgeknickten Fingern den Klosterbereich ab. »Dort ist die Residenz Seiner Heiligkeit.« Er zeigte auf drei Gebäude, die zwischen dem dunklen Grün vieler Bäume schemenhaft zu erkennen waren. Rechts seien Büros, im mittleren Haus ein Audienzsaal, das Büro Seiner Heiligkeit und die Arbeitszimmer seiner engsten

Mitarbeiter. Links davon sei das Wohnhaus des Dalai Lama. Nun hatte ich eine gewisse Orientierung und eine bessere Vorstellung davon, was sich hier wo befindet. Der Tempel bildet den höchsten Punkt im Gelände. Erst von hier oben konnte ich sehen, dass sich das Kloster keinesfalls fast um den ganzen Berg herum erstreckt, wie ich angenommen hatte, sondern nur an einer Flanke des Kegelberges.

Der junge Mönch signalisierte mir, dass er mich jetzt verlassen müsse. Gleich würde der Dalai Lama kommen, und während des Teaching habe er einen Dienst zu versehen. Er fragte, ob ich mich im Gelände zurechtfinden würde. Ich versicherte ihm, dass ich schon klarkäme. Er lächelte mich beruhigt an und verabschiedete sich. Als er gegangen war, ärgerte ich mich, dass ich versäumt hatte, ihn nochmal nach seinem Namen zu fragen.

Das Tor zur Residenz des Dalai Lama war noch geschlossen. Auf dem kleinen runden Platz davor patrouillierten ein paar schwer bewaffnete Polizisten in hellgrünen Uniformen. Die betonierte Straße zum Tempel war bis auf vier Sicherheitsbeamte völlig menschenleer. Ab und zu kreuzten Pilger die Route, die Seine Heiligkeit anscheinend in wenigen Minuten zurücklegen würde, aber der Korridor wird immer wieder freigehalten. Es war Viertel nach eins, als fast lautlos die beiden Flügel des Tores geöffnet wurden und ein goldbronzener Jeep herausfuhr. Wenn ich richtig informiert war, sollte das der Jeep des Dalai Lama sein. Das Fahrzeug bog aber nach rechts ab und verließ das Areal zu einer anderen, weiter unten gelegenen Ausfahrt hin. Hat das etwas zu bedeuten? War das ein Ablenkungsmanöver?

Ich hatte mir mit meinem Ausweis den Zugang zu dem kleinen Vorplatz am Tor sichern können. Hier befanden sich nur Sicherheitsleute, Polizisten und zwei Fotografen. Direkt neben mir war der Eingang zum Security-Office.

Die Menschen auf dem Tempelplatz waren mittlerweile sehr still geworden, das allgemeine Gemurmel war fast verstummt. Bis auf ein paar Sicherheitsleute bewegte sich momentan keiner. Auch hinter dem Tor rührte sich nichts.

Plötzlich waren auf dem Hof rote Roben zu sehen. Einige ältere Mönche liefen hin und her. Männer in schwarzen Anzügen kamen dazu. Und schon öffnete sich das Tor. Zwei Uniformierte mit Maschinengewehren traten als Erste heraus, zwei Bodyguards folgten und gaben ein Zeichen nach weiter vorn. Jetzt begannen die älteren Mönche, zügig loszulaufen. Das war wohl zu schnell, denn der Haupttrupp blieb nun im Tor stehen, und alle drehten die Köpfe nach hinten. Der Dalai Lama fehlte noch. Da bog eine weiße Wolke von links um das Gebäude, und inmitten des Weihrauchs konnte ich Seine Heiligkeit erkennen. Er war in ein leuchtend gelbes Tuch gehüllt. Nur am Untergewand blitzte etwas Rot hervor. Vor und neben ihm liefen vier ältere Mönche, und weiter hinter ihm folgten noch zwei jüngere. Einer der Alten lief ein bisschen wackelig voran und hielt etwas in seiner Rechten, was – bei allem gebotenen Respekt – ein bisschen wie eine brennende goldene Bratpfanne aussah. Dabei handelte es sich höchstwahrscheinlich um das buddhistische Pendant zum christlichen Weihrauchfass. An seinem linken Unterarm baumelte ein bunter Beutel mit langen regenbogenfarbenen Fransen. Was für eine Prozession! Der alte Kahlköpfige mit den eigenartigen Utensilien machte einen etwas desorientierten Eindruck. Irgendwie schien überhaupt keiner der Mönche so ganz in geordneter Formation zu laufen. Der Dalai Lama selbst schaute mal nach rechts und mal nach links, wobei er jedes Mal den gesamten Oberkörper mitdrehte, lächelte, winkte und – war auf einmal verschwunden. Er war einfach von der Prozessionsstrecke abgebogen und hatte sich einem Mann im Rollstuhl zugewandt, der etwas abseits der Straße stand. Mit einigen Sekunden Verzögerung registrierten auch die Leibwächter, dass der Chef nicht mehr mit dem Pulk marschierte, sondern ausgeschert war. Ein Teil der Prozession stoppte abrupt. Auch der Mönch mit der rauchenden Pfanne kam zurück. Zwei der Mönche waren aber immer weitergezogen, sie schienen ihren Auftritt vor den Menschenmassen zu genießen. Erst zwanzig Meter weiter merkten sie, dass die Prozession ins Stocken gekommen war. Sie erinnerten mich ein bisschen an die alten Kardinäle, die schon jenseits der achtzig sind und bei fast jedem Papstgottesdienst im Petersdom auflaufen. Da gibt es auch schon mal diesen oder jenen, der nicht mehr so ganz den Überblick behält und sich dann ein wenig verirrt.

Ich denke, die Sicherheitsleute vom Dalai Lama haben es nicht leicht, weder mit ihrem ewig spontanen Chef noch mit seinen Begleitern. Seine Heiligkeit hatte es an diesem Tag außerdem nicht besonders eilig. Also widmete er seine volle Aufmerksamkeit mindestens zwei Minuten lang dem Mann im Rollstuhl und auch den Umstehenden. Alle anderen mussten warten. Und seine Bodyguards waren natürlich unter Hochspannung. Endlich kam der Chef wieder in die Formation zurück und die Prozession konnte weitergehen. Hinter ihnen schlossen die Sicherheitsleute den Korridor, bedeuteten mir aber, dass ich in wenigen Minuten die Straße wieder benutzen dürfte. Jetzt musste ich warten, bis die eindrucksvolle Prozession am Ende der Tempeltreppen verschwunden war.

Der Dalai Lama, Merkel und Manfred

Seit etwa einer halben Stunde sprach der Dalai Lama. Seine melodische Stimme hallte sonor und satt über die Gänge und Ebenen. Ab und zu verfing sie sich in den hohen Tönen der Kopfstimme, um dann sofort wieder im brummigen Stakkato einzelne Worte hervorzuheben. Immer wieder lachte er. Manchmal lachten auch die Leute. Meistens sogar zweimal. Das erste Mal, wenn Seine Heiligkeit etwas Lustiges erzählte und dann anscheinend darüber, wie er lachte. Es kam mir vor wie ein Hörspiel, dessen Sprachmelodie ich verfolgen kann, dessen Effekt auf die Menschen ich in den Gesichtern des Publikums ablesen kann, aber dessen Inhalt mir verborgen bleibt, weil ich leider versäumt habe, rechtzeitig Tibetisch zu lernen.

Mit langsamen, bedächtigen Schritten streifte ich durch die Flure. Ich folgte langsam noch einmal dem Weg, den ich mit Sonam gegangen bin, und versuchte mir einen Überblick über die Tempelanlage zu verschaffen. Nach einiger Zeit legte ich an einem kleinen Häuschen mit großen Fenstern eine Pause ein, denn meine Füße taten mir allmählich weh. Hinter den verrußten Fensterscheiben brannten unzählige Kerzen in kleinen messingfarbigen Kelchen. Zwei Frauen kümmerten sich um die Kerzen und räumten ständig neue auf die rings umlaufenden Tische. Es mussten hunderte sein, die sich auf den Tischen aneinander drängelten. Ich fragte mich, warum die vielen Kerzen fernab des Geschehens abgebrannt wurden und nicht beispielsweise im Tempel selbst. Gewiss, der Tempel würde dadurch im Laufe der Jahre vom Ruß geschwärzt werden. Es könnte dann auch passieren, dass der permanente Ruß den großen Buddha schwarz färbt. Und so hätte man dann nach ein paar Jahren einen schwarzen Buddha. Ähnlich ist es ja bei manchen schwarzen Madonnen, die nicht wegen eines edlen Ebenholzes schwarze Gesichter haben, sondern schlicht und ergreifend aufgrund der vielen abgebrannten Kerzen. Aber hier hatte man den Kerzen anscheinend extra ein kleines Haus gebaut.

Große Eimer aus Aluminium wurden herbeigeschafft. Einige Mönche schleppten sie unaufhörlich heran. Aus den Eimern quollen runde flache Laibe von Fladenbroten. Allmählich wurde es eng, so dass ich beschloss, woandershin zu gehen. Ich ließ mich auf einer Bank nieder, die etwas abseits des Trubels stand.

Von dort schaute ich genau auf eine Tür, die auf Höhe des Altarraumes seitlich in den Tempel führte. Bei einer christlichen Kirche wäre das wohl der Eingang zur Sakristei. Ich dachte mir, dass es auch bei einem buddhistischen Tempel einen Vorbereitungsraum für die Zeremonie geben würde, auch wenn der vermutlich nicht Sakristei genannt wird. Vor der Tür standen mehrere Herren in dunklen Anzügen. Vielleicht die Sicherheitsleute? Tatsächlich erkannte ich ein paar der Bodyguards, die den Dalai Lama vorhin bewacht hatten. Einer der Männer stand etwas abseits und schaute neugierig zu mir herüber. Ich nutzte die Gelegenheit und fragte ihn, ob er auch ein Bodyguard Seiner Heiligkeit sei. Seine gerade noch ernste Miene hellte sich augenblicklich auf, und er lächelte mich mit einem Anflug von Stolz an. »Ja, ich bin sein Bodyguard«, antwortete er. Ich gab ihm die Hand und stellte mich vor, ohne ihm zu verschweigen, dass ich Journalist bin. »Ist das ein schwerer Job?«, wollte ich von ihm wissen und erklärte sofort den Grund meiner Frage, denn bei der spontanen Beweglichkeit seiner Heiligkeit konnte ich mir vorstellen, dass es für seine Leute nicht einfach war, für seine Sicherheit zu garantieren. Er lächelte fein, offenbar verstand er genau, was ich meinte. Dann erzählte er mir, dass der Dalai Lama für die Menschen da sei und seinen Dienst als Manifestation des Buddhas des Mitgefühls in allen möglichen Facetten ausübt. Das bedeute auch, dass er sich wenig um sich selbst kümmert und noch viel weniger um seine eigene Sicherheit. Sie, die Leibwächter, müssten deshalb umso mehr aufpassen, dass ihm keiner zu nahe komme, der ihm schaden könnte. »Aber er entwischt uns bei jeder Veranstaltung mehrfach«, gab er zu. Ich erzählte ihm, dass mich mein Beruf oft in den Vatikan führt und dass ich die Zentrale der katholischen Kirche in den letzten achtzehn Jahren sehr gut kennengelernt habe. Dazu gehört natürlich auch die Schweizergarde, die den Papst bewacht. Die Soldaten des Papstes kannte der Mann offenbar, denn er bemerkte sofort, dass sie dort zahlenmäßig besser aufgestellt sind. »Wir sind in der Regel vier bis sechs Leibwächter und etwa zwanzig Leute vom Sicherheitsdienst. Dazu kommen noch zehn bis zwölf Soldaten von der indischen Regierung. Das war es.« »Sind das alles Tibeter?«, fragte ich ihn. »Alle sind Tibeter. Die meisten von uns wohnen auch hier drüben in der Residenz beim Dalai Lama. Das heißt, wir sind immer für ihn da.« Das klang nach einem Rund-um-die-Uhr-Job. Von den Schweizern im Vatikan wusste ich, dass sie Unterstützung von anderen Diensten bekommen. Beispielsweise hilft der *Secret Service* des amerikanischen Präsidenten den Römern bei der speziellen Ausbildung zum Leibwächter. Der tibetische Leibwächter lachte: »Nein, solche Hilfen bekommen wir nicht. Das wäre schön. Aber die Chinesen würden das sicher bald herausbekommen und daraus eine politische Angelegenheit basteln. Aber wir sind gut ausgebildet und fit«, versicherte er mir.

Da ich nun einen kompetenten Menschen neben mir hatte, fragte ich auch gleich nach dem Seiteneingang zum Tempel. Statt einer Antwort forderte er mich zu meinem Erstaunen auf, ihm zu folgen. Gemeinsam stiegen wir die vier Stufen zur Tür herauf. In einem kleinen, von wandhohen Schränken gesäumten Raum saßen drei Mönche. Um sie herum befand sich eine beeindruckende Anzahl von Latschen und Schuhen. Die Tür auf der linken Seite war geöffnet und gab den Blick in den Tempelraum frei. Der Leibwächter trat in die Tür und warf einen Blick in den Raum, dann holte er mich und schob mich in den Türrahmen. Direkt vor mir saßen Mönche in rote Gewänder und gelbe Überwürfe gehüllt. Als ich nach rechts schaute, sah ich den Dalai Lama. Er saß auf einem recht hohen Thron. Hinter ihm türmte sich eine Ansammlung großer Buddhas und anderer goldener Monumente auf. Vor dieser Kulisse wirkte der Dalai Lama wie ein königlicher Herrscher. Die

Schweißperlen auf seiner Stirn zeigten, dass ihn das Teaching anstrengte. Es wunderte mich, dass er ein solches tagelanges Programm überhaupt auf sich nahm. Er ist alt geworden, kantiger und schmaler im Gesicht. Das hatte ich schon gesehen, als er aus dem Tor seiner Residenz herauskam. Nicht umsonst hatte sich die buddhistische Welt in den vergangenen Wochen Sorgen um ihr Oberhaupt gemacht. Man sagt, enorme Kreislaufprobleme hätten ihn gezwungen, eine Klinik in Bombay aufzusuchen. Manche spekulierten daraufhin schon seinen baldigen Tod herbei. So schlimm schien es dann doch nicht um ihn zu stehen. Jedoch nahm man diese neuere Beeinträchtigung seiner Gesundheit ernster als jemals zuvor. Auch wenn er selbst wenig Einsicht in die Notwendigkeit aufbringen mochte, wie ich hörte, so befolgten doch seine engsten Mitarbeiter den dringenden Rat seiner Ärzte zu sehr viel mehr Ruhe. Das hatte sich bereits auf den Terminkalender Seiner Heiligkeit niedergeschlagen. Mich hatte man auch vertröstet, weil man noch nicht wisse, wie viele Termine der Dalai Lama in den nächsten Wochen überhaupt wahrnehmen kann. Es könnte also sein, dass ich eine Einladung zur Audienz bekomme, es könnte allerdings auch sein, dass daraus nichts wird. Der Sonderbotschafter Seiner Heiligkeit hatte mir ganz gute Chancen eingeräumt, aber er hatte auch nichts versprechen können. Natürlich hatte ich Verständnis dafür, dass die Gesundheit Vorrang hat. Aber ich hoffte dennoch, dass die Streichungen in seinem Terminkalender nicht mich treffen werden.

Ich wollte den guten Willen des freundlichen Leibwächters nicht überstrapazieren und signalisierte ihm, dass ich genug gesehen hatte. Draußen bedankte ich mich für diesen sehr exklusiven Ausflug hinter die Kulissen. Immer noch schleppten dutzende Mönche Eimer mit den Fladenbroten hin und her. Aus einer Tür, die aus den Tiefen des Klosters herausführt, strömten Mönche und Nonnen mit großen mattsilbernen Teekesseln. Ich wunderte mich darüber, warum sie hier mitten in der Veranstaltung Tee und Brot verteilten. Der Leibwächter erklärte mir, dass das so üblich sei. Wer hierher zum Dalai Lama kommt, erhält Brot und Tee, egal ob es ein Teaching ist oder eine Puja.

Nach zweieinhalb Stunden war das Teaching vorbei. Der Dalai Lama sprach noch ein paar Gebete. Währenddessen verkleideten zwei Männer die Handläufe rechts und links der Treppe mit gelbem Tuch. Das war also offensichtlich der Weg, den Seine Heiligkeit später nehmen würde. Am Fuße der Treppe wartete bereits der goldbronzene Jeep indischen Fabrikats. Um das Fahrzeug herum standen dutzende Sicherheitsleute und einige schwerbewaffnete Soldaten.

Also konnte es nicht mehr lange dauern, bis der Dalai Lama genau dort entlangkäme, wo ich gerade stand. Schon wurde ich weggeschickt. Zum Glück erblickte ich in dem Getümmel den freundlichen Leibwächter von vorhin. Er lotste mich hinter eine mobile Absperrung, wie man sie von Flughäfen kennt. Ein zwischen zwei Pylonen gespannter Gurt, der immer wieder erstaunlich erfolgreich für Respekt sorgt. In diesem Fall war die etwa zwei Meter breite Absperrung sinnfrei, weil man einfach rechts und links daran vorbeigehen könnte. Ein paar Minuten später machte sich eine spürbare Anspannung breit. Die Soldaten mit den Maschinengewehren nahmen Haltung an, und die Bodyguards formierten sich. Nun kam der Leibwächter wieder zu mir und drückte mir mit einem Zwinkern eine Khata in die Hand. Ich begann zu ahnen, wofür die Absperrung gedacht war, denn es wurden noch ein paar mehr Leute dahinter versammelt, die allesamt einen weißen Segensschal über ihre ausgestreckten und gefalteten Hände gelegt hatten. Da kam der Dalai Lama auch schon die Stufen hinunter und dann direkt auf uns zu. Es herrschte totale Stille, als er den Menschen rechts neben mir die Schals von den Händen nahm, um sie ihnen dann verbunden mit einem Segen um den Hals zu legen. Alle knieten. Ich stand. Als er bei mir war, sah er mich aus zusammengekniffenen Augen an und fragte mit hoher Stimme: »Germany? Germany?« Ich antwortete: »Yes, Holiness!« »Deutschland … Hm … Manfred?« Er lachte und sah mich mit hochgereckten Kopf durch den unteren Teil seiner Brillengläser an. Ich fragte mich gerade, ob er damit meinen Namen meinte, da sprach er schon weiter: »Koch? Merkel?« Und wieder lachte er, nahm mir die Khata aus den Händen und legte sie mir um den Hals. Dann klatschte er auf meine Hände, erteilte links von mir noch einem weißbärtigen Mann seinen Segen und zog mit seiner Prozession durch die Menschenmassen. Dem freundlichen Sicherheitsmann schickte ich ein Lächeln und ein Winken, dann musste auch er sich sputen.

Ein Provisorium für Jahrzehnte

Abends traf ich mich mit Quirin auf der Dachterrasse des Hotels »Kailash« auf ein Bier. Nach den ersten Schlucken erzählte ich ihm von meinen Eindrücken beim Teaching des Dalai Lama. Vor allem machte ich keinen Hehl daraus, dass ich vom Kloster und vom Tempel Seiner Heiligkeit enttäuscht war. »Können die Tibeter für den Dalai Lama nichts Schöneres bauen? Denn das, was ich gesehen habe, ist weder repräsentativ, noch wird es einem religiösen Oberhaupt gerecht. Findest du das passend?«, fragte ich Quirin. »Denk dran, das ist nur ein Provisorium. Wenn sie morgen zurückdürfen nach Tibet, sind sie alle wieder weg.« Ich hielt dagegen, dass es sich ja nun schon um ein jahrzehntelang andauerndes Provisorium handelt. Und China erwecke nicht gerade den Eindruck, als wolle es in der nächsten Woche seine Haltung in der Tibet-Frage ändern. »Der Dalai Lama will es nicht anders«, erklärte Quirin zu meinem Erstaunen. »Es haben ihm schon einige reiche Leute und Sponsoren angeboten, den Tempel, seine Residenz und auch das Kloster zu verschönern und auszubauen. Aber der Dalai Lama ist dagegen.« »Will er damit Bescheidenheit demonstrieren oder nur das Provisorium im Exil hervorheben?«, fragte ich ihn. »Sicher auch Bescheidenheit. Und sicher auch das Provisorium … Seht her, wir sind im Exil. Wir richten uns nicht für lange ein«, sagte er und machte eine ausladende Geste, als müsse er es hier auf der Dachterrasse verkünden. Bis auf den dicken indischen Kellner, der in ein viel zu enges hellblaues Oberhemd gezwängt war, beobachtete uns hier keiner.

Die nächsten Biere wurden gebracht und Quirin erzählte von früheren Zeiten, die er hier erlebt hatte. »Seit dem Nobelpreis für den Dalai Lama ist hier alles anders geworden. Das Dorf ist völlig aus den Nähten geplatzt. Die Häuser waren ganz flach. Das hier, das Hotel ist ganz klein gewesen.« Wir befanden uns hier im dritten Stock, und der Weg hier herauf wies tatsächlich eindeutige Anzeichen einer mehrfachen Aufstockung des Gebäudes auf. Bis in die 80er Jahre habe es nur ein paar Läden gegeben, sagte Quirin. Man bekam dort Zigaretten, Lebensmittel, Chai und was man sonst noch zum Leben brauchte. Sonst gab es nicht viel. Doch dann seien die Touristen gekommen, und es wurde gebaut und gebaut. So habe McLlo eine Enge bekommen, wie man sie in keiner der umliegenden indischen Städte finden kann, resümierte der Schweizer nachdenklich.

»Das ist ein spirituelles St. Moritz!«, platzte es nun aus ihm heraus. »Ein was?« »Hier kommen so viele Leute her, weil es schick ist, mal hier gewesen zu sein. Hier lebt schließlich der große religiöse Führer ... Kommst du her, bist du Buddhist! Aber McLlo, ach was, ganz Dharamsala ist ein großes Flüchtlingslager. Nur fällt das nicht jedem auf. Manchmal kommen täglich neue tibetische Flüchtlinge hier an. Sie haben dann noch rot-blaue Wangen, weil sie oben im Himalaya fast erfroren sind.« Er zog ein paar Mal an seiner selbstgedrehten Zigarette und kam unvermittelt wieder auf den Ausgangspunkt unserer Unterhaltung zurück: »Ja, wahrscheinlich wollen sie nicht zu viel machen, weil sie alle noch immer davon überzeugt sind, dass sie bald zurückgehen werden – nach Tibet.« Er klang beinahe resigniert. So resigniert wie die Stimmung, die man hier allenthalben spüren kann, wenn der festliche Aufmarsch vorbei ist. Es ist der große Widerspruch, den man hier sehen und fühlen kann. Das Heilige lebt in diesem Ort hinter maroden Fassaden und inmitten von üblem Gestank.

Quirin hatte die ganze Zeit von McLlo gesprochen. Er bestätigte meine Vermutung, dass dies die umgangssprachliche Abkürzung für McLeodganj ist. Quirin nutzte nie den vollständigen Ortsnamen, wenn er vom Dorf des Dalai Lama sprach.

Auf dem Rückweg zum Kloster konzentrierten wir uns auf die Stufen, die im schmalen Licht der Taschenlampen eine Gefahrenstelle nach der anderen aufwiesen. Hier war eben nicht Deutschland. Hier wurden keine frostsicheren Fundamente angelegt und dann darauf eine Treppe mit Edelstahlgeländer errichtet. Hier war Indien. Hier war nur ein Exil. Das hatte ich inzwischen sehr wohl gelernt. Langsam begann ich die Welt hier zu verstehen. Ich befand mich noch ganz am Anfang des Prozesses, aber ich bewegte mich nun mittlerweile zwischen Fremdheit und Akzeptanz. Fremd war mir die Welt mit all ihren schockierenden und unverständlichen Aufwartungen immer noch. Aber ich fühlte auch, wie ich sie immer mehr annahm.

König und Mönch

An der Sicherheitskontrolle ging und ging es nicht vorwärts. Das ist immer so, wenn man es eilig hat. Und so bin ich zu spät gekommen. Es war zwar noch vor halb zehn, aber der Dalai Lama war anscheinend etwas früher erschienen und sprach bereits. Ich stürmte die Treppen des Tempels hinauf, passierte hektisch die Kontrollen und rannte geradewegs Zilkar in die Arme. Der schien auch zu spät zu sein, denn er sah auf die Uhr und wirkte etwas unglücklich. »Kommst du mit?«, fragte er mich. »Ja«, sagte ich, ohne zu wissen, wohin er gehen wollte. Zilkar packte mich an der Hand und zog mich zur Tempeltür. Wir schlängelten uns zwischen den sitzenden Menschen hindurch, auf irgendeinem Haufen landeten unsere Schuhe, und schon waren wir durch die verglaste Tempeltür geschlüpft. Wir setzten uns gleich daneben an den Rand, obwohl an dieser Stelle eigentlich kein Platz mehr war, weil dort bereits genügend andere saßen. Irgendwie ging es dann aber doch, weil alle im Umkreis etwas nachrückten. Etwas atemlos versuchte ich mich erst einmal zu sammeln. Zilkar wischte sich mit seinem gelben Überwurf die Schweißperlen von Stirn und Nase. Dann klopfte er mit der flachen Hand auf mein Knie, als wolle er damit einen Erfolg quittieren. Ich sah mich um und stellte fest, dass er hier auf der unteren Ebene der einzige Mönch mit einem gelben Überwurf war. Alle anderen in Gelb Gehüllten saßen oben auf dem Podest um den Dalai Lama herum. Ich schätzte, dass er eigentlich auch nach dort oben gehörte, aber weil er zu spät angekommen war, blieb ihm nichts weiter übrig, als sich nun mit einem Fleckchen hier unten zu begnügen.

Nun war es an der Zeit, meinen kleinen Schreibblock zu zücken und zu beginnen, mir Notizen zu machen. Sonam hatte mir nach dem Frühstück ein kleines Radio samt pinkfarbenen Mini-Kopfhörern mitgegeben, um per Rundfunk die englische Übersetzung der tibetischen Ausführungen des Dalai Lama verfolgen zu können. Ich drückte die Stöpsel in die Ohren und dachte kurz darüber nach, wie albern Kopfhörer in leuchtendem Pink an mir aussehen mochten. Egal. Jedoch, ich fand die englische Frequenz nicht. War ich denn zu dusselig für diese Technik? Zilkar bemerkte meine erfolglose Suche zwischen kreischenden indischen Radioprogrammen und der Originalstimme Seiner Heiligkeit, die ich zu meinem Erstaunen fast ohne zeitliche Verzögerung hören konnte. Er nahm sich des Radios an und suchte die richtige Frequenz – ohne Kopfhörer, mit dem bloßen Blick auf die Anzeige. Eine Weile drehte er an dem kleinen Rädchen an der Seite, dann sah er mich an, als wolle er mir sagen, er hätte es gefunden. Ich schüttelte den Kopf. Da war nur Rauschen. Nun nahm er selber die Kopfhörer und versuchte sein Glück abermals. Und in genau diesem Augenblick drängelte sich ein ebenfalls gelb-rot gewandeter Mönch durch die sitzenden Menschen und blieb vor Zilkar stehen. Sie wechselten ein paar geflüsterte Worte, dann gab mir Zilkar mein Radio zurück. Er entschuldigte sich schon wieder. Aber diesmal, weil er mich verlassen und mit nach oben gehen sollte. Dieser Lama sei extra zu ihm gekommen, um ihn zu holen, sagte er. Ich hatte bestes Verständnis dafür, dass sich die wichtigsten und obersten Lamas um ihr Oberhaupt scharten. Nun saß ich wieder allein da, mit einem Radio, das jedoch noch immer keine englische Übersetzung hergab, mit etwas mehr Platz, so dass ich meinen Schneidersitz etwas bequemer ausfalten konnte, und dem Gefühl, der einzige Fremdkörper im Tempel zu sein. Zilkar war jetzt irgendwo am Rande der Bühne, so dass ich ihn nicht mehr sehen konnte.

Der Dalai Lama sprach heute etwas aufgekratzter, aber auch konzentrierter als gestern. Jetzt wirkte er sogar mächtig. Das lag nicht daran, dass er auf einem Thron saß und der große Buddha hinter ihm wie eine krönende Kulisse wirkte. Allein seine Körperhaltung hatte etwas Erhabenes. Seine Hände ruhten im Schoß. Das fand ich ungewöhnlich, denn ich kenne ihn eigentlich nur munter gestikulierend, als würde er an einer imaginären Tafel die Wichtigkeiten aufzeigen.

Leider konnte ich nicht verstehen, was er sagte. Ich kannte nicht einmal das Thema seiner Unterweisung. Gestern, so hatte ich gehört, habe er über die Meditation auf einen einzigen Punkt hin gesprochen. Also blieb mir nur, mich umzusehen und ihn zu beobachten. Was ich sah, war ein Lehrer, eine Autorität, ein besonnener, wacher Geist.

Quirin hatte mir heute nach dem Frühstück von den Lehrern des Dalai Lama erzählt. Er hatte den alten Ling Rinpoche noch erlebt. Seine Wiedergeburt lebt nun auch ganz nah beim Dalai Lama, hier in Dharamsala. Mit Ling und anderen hatte der Dalai Lama früher wirklich hervorragende Lehrer. Quirin meinte, die wären sogar so gut gewesen, dass sie hier durchs Tal hätten schweben können. Das mit dem Schweben wollte ich mal besser nicht so wörtlich nehmen, aber ich verstand, dass er damit ihre spirituelle Kraft ausdrücken wollte. Ohne diese Lehrer, so sagte er, wäre der 14. Dalai Lama nicht der große geistliche Führer, der er ist. Ohne sie könnte er alles das nicht aushalten, was die Menschen auf ihn projizierten. Er ist ihr Buddha, ihr König, ihr Lehrer. Seine Worte gelten wie Gesetze. Sein Segen ist heilig, so wie seine ganze Person. Auf Erden schon ist er ein Heiliger, ein Gott.

Das Nachrichtenmagazin *Der Spiegel* bezeichnete ihn in einer Titelgeschichte anlässlich seines Deutschlandbesuchs im Sommer des Jahres 2007 als »Gott zum Anfassen«. Damit hatte er einen wesentlichen Grund für die Begeisterung speziell der Deutschen für den Dalai Lama auf den Begriff gebracht. Denn das ist es, was wir suchen, weil wir aufgegeben haben, es zu finden: einen Gott, den man beweisen kann, weil alle naturwissenschaftlichen und theologischen Aussagen weder einen empirischen Beweis für die Existenz Gottes noch für die Nichtexistenz erbracht haben. Auch wenn sich die Theologen und Philosophen über Jahrhunderte an den Gottesbeweisen versucht haben, so ist keiner von ihnen zu einem Ergebnis gekommen, das als empirischer Beweis für die Existenz oder die Nichtexistenz Gottes gelten könnte. Im Dalai Lama soll die Menschheit nun einen Gott zum Anfassen erleben. Das drückt eine ganz neue Dimension aus. Auch wenn der wissenschaftliche Gottesbeweis auf der Strecke bleibt, so leuchtet der berührbare, atmende Dalai Lama als Hoffnungszeichen für die ewigen Sinn- und Beweissucher. Denn Haptik findet sich in keinem der jüdisch-christlichen und philosophischen Gottesbeweise.

An dieser Stelle lohnt sich ein Blick auf den Papst. Der wird in seiner offiziellen Amtsbezeichnung zwar nicht als göttlich eingestuft, gilt aber unter anderem als Stellvertreter Christi auf Erden. Jedoch haben nicht zuletzt die irdischen Heerscharen der Aufklärung und des Relativismus das Amt »geerdet«. Man gesteht ihm zu, dass er ein religiöser Führer ist, das Oberhaupt der Christen und das Staatsoberhaupt des Zwergenstaates Vatikanstadt. Wie steht es beim Dalai Lama? Auch er ist ein religiöser Führer und zugleich der Führer seines tibetischen Volkes, ob in der Heimat oder im Exil. Vielleicht liegt aber in der Manifestation Buddhas auf der Seite des Dalai Lama und in der Stellvertreterschaft Christi auf Seiten des Papstes der entscheidende Unterschied in der Außensicht: Was der eine darstellt, vertritt der andere nur. Was beiden von der Welt zugestanden, aber auch gerade im Fall des Papstes in Rom oft streitig gemacht wird, ist die moralische Autorität.

Eine Frage ging mir schon vor meiner Reise hierher durch den Kopf: Warum vertrauen dem fremden Lama mehr Deutsche als dem deutschen Papst in Rom? Obwohl in Deutschland kaum jemand etwas über die buddhistischen Lehren und das Dharma weiß, ist der XIV. Dalai Lama laut Meinungsumfragen beliebter als Benedikt XVI. Ist der Dalai Lama, als ein sanfter Verführer zu mehr menschlichem Glück, für unsere Zeit der bessere Menschenfischer?

Während *Der Spiegel* dem 14. Dalai Lama auf dem Titelblatt der oben erwähnten Ausgabe noch eine uneingeschränkte Göttlichkeit zuschrieb, bezeichnete man ihn weiter hinten im Heft als »Gottkönig ohne Land«. Der Begriff »Gottkönig« ist – so populistisch er sich anhören mag – in Tibet eine durchaus übliche Bezeichnung für den Dalai Lama, auch wenn es in den Ohren säkularer oder atheistisch geprägter Menschen merkwürdig bis vermessen klingen mag. Doch steht er tatsächlich ohne Land da? Sicher wollten die Autoren dem obersten Tibeter *das* Land nicht offiziell aberkennen, welches ihm China in einem barbarischen und noch immer andauernden Akt genommen hat, und mit ihm seine Menschen. Ist dann der Papst auch ein religiöser und weltlicher Führer ohne Land? Denn die Vatikanstadt zuzüglich Castel Gandolfo und ein paar Stadtpaläste in Rom sind nicht gerade ein Riesenreich. Aber geht es hier wirklich um Geographisches? Sind das Land nicht auch die Menschen, die Gläubigen, die Anhänger? Der Dalai Lama ist neben dem Pontifex Maximus zweifellos einer von zwei anerkannten zentralen religiösen Führern dieser Welt. Die Macht von beiden mag von göttlicher Genese sein, aber sie wird erst durch die Verehrung und Anhängerschaft zum Faktischen.

Hier auf diesem Thron schräg vor mir sitzt aber ein Mönch. »Ich bin nur ein ganz einfacher Mönch, der das Beste will, der lernt, praktiziert und übt. Nicht mehr und auch nicht weniger«, antwortet er, wenn er danach gefragt wird, ob er ein Buddha ist. Das könnte man für eine Bescheidenheitsfloskel halten, aber oft genug kann man ihn als einfachen

Mönch erleben. Mit dieser Haltung steht er nicht einmal im Widerspruch zu seiner Stellung als Manifestation des Buddhas des Mitgefühls.

Gerade sehe ich diesen Mönch. Er kichert und gackert, er kratzt sich am unverhüllten Arm und spielt durch die dunkelroten Wollstrümpfe an seinen Zehen herum. Ich finde es erheiternd, wenn er lacht, weil er gleich einen Witz erzählen will. Und es ist nur allzu menschlich, wenn er – während alle noch gespannt auf den eigentlichen Inhalt warten – sich schon vorher kaputtlacht. »Wenn Leute lachen, sind sie fähig zu denken«, hat er selbst einmal gesagt. Vielleicht ist das die Weisheit hinter dem Lachen. Sicher ist sein unorthodox wirkendes Verhalten auch ein Grund dafür, dass ihn die Menschen mögen.

Aber es wäre zu wenig, nur von diesem augenfälligen Aspekt zu sprechen. Augenblicklich verfällt er nämlich wieder in eine kurze Starre, scheint im Sekundendurchflug zu meditieren und spricht weiter. Jetzt flüstert er fast und lässt alle den Atem anhalten. Der Dalai Lama schafft es, mit einer Handbewegung ein ganzes rauschendes Karussell anzuhalten, wenn die Passagiere allzu sehr in ausgelassene Stimmung verfallen. Er hat es gerade getan. Alles ist still. Binnen Sekunden scheint er zu wachsen. Wie ein starker König sitzt er aufrecht und zeigt seine innere Größe.

Ein Mönch, der zwei Sitzplätze vor mir saß, stand auf und ging zum Ausgang. Spontan entschied ich mich, auch zu gehen. Ich wollte noch ein bisschen herumlaufen, Mönche und Pilger beobachten und Fotos machen. Mit halb eingeschlafenen Beinen stolperte ich unbeholfen durch die Reihen.

Auf den Tempeltreppen überreichten mir junge Mönche getrocknete weiße Blütenblätter und einen langen roten Stoffstreifen. Ich konnte auch sogleich sehen, wie sie verwendet werden. Auf dem Platz vor dem Kloster hatten die Pilger die Stoffstreifen um ihre Stirn gelegt, sie dann hinter die Ohren geklemmt und dann die Hände gefaltet. Die Puja zum Abschluss des Teaching hatte begonnen. Aus dem Tempel drang jetzt nicht mehr nur murmelnder Gebetsgesang, sondern auch Musik. Und plötzlich schwebten weiße Tücher über den Köpfen. Die Menschen warfen Hunderte Khatas in Richtung des Tempels. Was von hinten kam, wurde einfach weiterbefördert. Ein atemberaubendes Bild. Wie die Spitzen schäumender Wellen wogten sie nach vorn, bis sie an den Stufen anbrandeten, als wäre es ein steil ansteigender felsiger Meeresrand. Nun war es geheimnisvoll feierlich geworden, und die Pilger, die meisten von ihnen waren Tibeter, aber es waren auch indische und europäisch aussehende Gläubige zu sehen, versenkten sich ins Gebet. Sie waren von nah und fern alle hierhergekommen, Alte wie Junge, um den Dalai Lama zu hören und vielleicht einen kurzen Blick auf ihn zu erhaschen.

Nach fast dreieinhalb Stunden schien sich die Veranstaltung dem Ende zu nähern. Die gelben Überzüge wurden wieder am Treppengeländer angebracht. Der goldbronzene Jeep des Dalai Lama stand bereit. Bald darauf kam der Mönch mit der »brennenden Bratpfanne«, dann die bereits gewohnte Formation und schließlich ein winkender Dalai Lama die Treppe herunter. Im Gesicht Seiner Heiligkeit zeigten sich jetzt deutliche Spuren von Überlastung und Müdigkeit. Er hatte offensichtlich Mühe, Haltung zu bewahren und den hohen Einstieg in das Fahrzeug zu schaffen.

Beten mit Schwung

Die bunt bemalten Gebetsmühlen standen still und säumten meinen Weg wie stumme Beter, die auf Anstoß warten. Aber ich wollte sie nicht anschieben. Vielleicht sollte ich es tun, aber ich ließ sie ruhen. Irgendwie hatte ich auch gerade keine Lust zu reden. Ich wollte mal nichts sagen, also hatte ich mir meinen Schreibblock geschnappt und bin den Gebetsweg um den Tempel meines Klosters gegangen. Ganz allein. Schon beim Frühstück hatte ich beschlossen, mindestens den Vormittag hier im Kloster zu verbringen. Nachdem ich die letzten beiden Tage im Gedränge verbracht hatte, brauchte ich wieder etwas Ruhe und Zeit für mich. Ich hatte Glück, es war ideales Wetter für einen Spaziergang, denn die Waschküche von McLlo hatte zur Abwechslung ihre Fenster geöffnet. Die Wolken hatten sich verzogen, und ich konnte spüren, wie die Sonne von Sekunde zu Sekunde stärker wurde. Das tat gut.

Ich überlegte, ob ich nicht doch die riesige Gebetsmühle an der

Rückseite des Tempels anstoßen sollte. Oder sollte ich auch sie in Ruhe lassen? Müsste ich dann auch beten, wenn ich sie drehte? Wenn man sie dreht, wird das Mantra, das in ihnen steckt, abgespult, kann man sagen. Dadurch wird es in die Welt hinausgetragen. Mantras sind Kurzgebete, heilige Silben. Sie sind auf riesigen Rollen viele tausend Mal niedergeschrieben. Dreht man sie, dann wird das so vielfach Geschriebene tausendfach multipliziert hinausgeschleudert. So erklärte es mir ein Mönch, der mir zufällig auf meinem Spaziergang begegnet war. Ich hatte ihn nach der Funktion der Gebetsmühlen gefragt. »Ich muss also selbst gar nicht beten, allein wenn ich die Mühle drehe, funktioniert oder arbeitet das Gebet?«, fragte ich nach. »Natürlich kannst du auch selbst beten. Aber schon allein wenn du sie drehst«, so fuhr der Mönch fort, »ist das eine gute Tat. Damit verbesserst du dein Karma.« Das bedeutet demzufolge, wenn ich bete, tue ich etwas Gutes. Aber ich fragte mich für wen? Für mich? Für jeden Menschen, für die Welt, für den Weltfrieden. »Darf eigentlich jeder die Gebetsmühlen drehen? Auch ich als Christ?«, fragte ich den Mönch, der ein großes Taschentuch auspackte und damit seine Brille putzte. »Ja, jeder. Er oder sie muss kein Buddhist sein.« Ich bedankte mich beim Mönch und ging weiter. Ich wanderte noch eine Runde um den Tempel und drehte dann die Gebetsmühlen – das heißt, ich betete.

Mit diesen Mühlen kann man im Grunde gar nicht für sich selbst beten, fällt mir auf. Nur für andere. Denn der Text der Gebete ist ja innen auf großen Rollen aufgeschrieben und somit festgelegt. Also fielen in diesem Fall solche Gebete aus wie: Mach, dass ich im Lotto gewinne.

Wie für die großen gilt das Prinzip auch für die kleinen Gebetsmühlen, die man wie ein Zepter in der Hand halten kann, erklärte mir Quirin etwas später auf der Terrasse des Klosters. Und nach dem gleichen Prinzip funktionieren auch die bunten Gebetsfähnchen, die an langen Schnüren zwischen Bäumen, Masten und Hauswänden gespannt sind. Die aufgedruckten Gebete werden vom Wind in die Welt hinausgetragen. Die Buddhisten scheinen schon sehr praktisch veranlagt zu sein, was diese Gebetspraxis betrifft. Aber es muss dem Ganzen natürlich auch eine Heilsökonomie zugrunde liegen, die besagt, dass, je mehr man für andere betet, desto leichter der eigene Weg zur Erleuchtung wird. Sonst wäre das Ganze ja sinnlos. Ein echtes gedankliches oder gesprochenes Gebet kann nicht sinnlos sein, weil es neben dem Dialog mit einem überirdischen Gegenüber auch eine Beschäftigung mit sich selbst erbringt.

Die Frage der Grundfrage

Was ist die Grundfrage des Christentums? Viele denken sehr lange darüber nach und kommen auf die verschiedensten Gedanken. Die grundlegendste Frage heißt: Glaubst du an die Auferstehung? Denn mit der Auferstehung Jesu Christi von den Toten begann eine neue Heilsökonomie, die nur Christen so praktizieren. Die Erlösung von der Schuld und den Sünden des Lebens erfolgt im Akt der Auferstehung. Ohne diesen Akt würden der Richterstuhl Gottes, das Fegefeuer und das Paradies keinen Sinn ergeben. Andere Themen wie Jungfrauengeburt, die unterschiedliche theologische Sicht des Abendmahls oder auch die Heiligenverehrung sind der Grundfrage nachgeordnet. Manchen evangelischen wie auch katholischen Christen ist die grundlegende Bedeutung dieser Frage wenig bewusst. Auf die Frage antworten manche, dass sie selbstverständlich daran glauben. Es gibt aber auch jene, die ausweichend antworten und meinen, dass man diese Frage differenzierter betrachten müsse. Streng genommen handelt es sich bei der Frage nach dem Glauben an die Auferstehung um die Nagelprobe. Das würde heißen: Wenn du sie mit Ja beantwortest, bist du Christ.

Auch mit Quirin diskutierte ich auf der Gästeterrasse des Klosters über die Grundfrage des Christentums. Er ist, wie ich auch, christlich aufgewachsen und in diesem Glauben erzogen worden. Vor etwa dreißig Jahren hat er sich aber dem Buddhismus zugewandt und angefangen, seine Schriften zu studieren. Also fragte ich ihn, ob es im Buddhismus auch eine solche Grundfrage gibt – etwa die nach der Wiedergeburt. Quirin erklärte, die Wiedergeburt sei nur eine Mechanik des Karma. Die Grundfrage stelle sich elementarer – nämlich im Dharma.

Melanie gesellte sich zu uns und beteiligte sich an der Diskussion. Sie ist eine buddhistische Nonne und studiert hier in Dharamsala Philosophie des Buddhismus. Melanie war damit unsere Fachfrau. Sie überlegte kurz und sagte dann: »Akzeptierst du die vier Siegel? Das ist die grundsätzlichste Frage.« Von den vier Siegeln hatte ich noch nie gehört, also fragte ich Melanie danach. Sie musste nicht lange nachdenken: »Das erste ist: Alle zusammengesetzten Phänomene – also alles, was existiert – sind vergänglich. Außer Buddha, der ist ewig. Das zweite: Alle zusammengesetzten Phänomene sind in der Natur des Leidens. Also alles schafft Leiden und leidet selbst. Das dritte sagt: Alle zusammengesetzten Phänomene entstehen nicht aus sich selbst.« Sie machte eine kurze Pause, als ginge sie das Gesprochene nochmal im Kopf durch. »Das vierte Siegel ist: Nirwana ist Frieden.« Die vier Siegel, sie werden auch »edle Wahrheiten« genannt und mit dem Begriff Dharma zusammengefasst. Somit würde die Grundfrage des Buddhismus lauten, ob man an das Dharma glaubt. Es ist das Daseinsgesetz, das alles beinhaltet – von der Schöpfung bis zur Erlösung. Also von der Menschwerdung bis zum Nirwana, wenn man es auf den Menschen bezieht. Daraus leiten sich auch die Regeln des menschlichen Zusammenlebens ab, etwa in Fragen des sozialen Umgangs, der Tugend und der Moral. Die Erfüllung des Dharmas ist das Leitziel des Lebens und damit Grundvoraussetzung für ein gutes Karma, das dann schließlich den Zugang zum Nirwana, also dem Aufgehen in der Erleuchtung, verheißt. So lässt sich die buddhistische Heilsökonomie in aller Kürze darstellen. An sich ähnelt sie der christlichen Lehre vom Leben und vom Umgang miteinander, stelle ich fest. Der einzige deutliche Unterschied liegt im Erlangen der Erlösung. Während die Christen glauben, dafür nur dieses eine Leben zur Verfügung zu haben, kann ein Buddhist wiedergeboren werden. Das hängt aber von seinem Leben und der Erfüllung seines Karma ab. Er wird so lange wiedergeboren, bis sein Karma erfüllt ist und er in der Erleuchtung, im Nirwana, sein endgültiges und ewiges Heil findet – wenn er danach strebt.

Während des fundamentaltheologischen Austausches auf der Gästeterrasse des TseChokLing-Klosters hatte Melanie die ganze Zeit hinter unserer Bank gestanden und sich mit den Fingerspitzen auf dem obersten Balken der Lehne aufgestützt. Quirin hatte das weitere Gespräch still verfolgt und währenddessen ein paar seiner selbstgedrehten Zigaretten geraucht. »Über was man hier alles redet«, bilanzierte Melanie unser

Gespräch. Ja, ich fand es auch erstaunlich. Auch solche Gespräche waren der Grund, warum ich nach Dharamsala gereist bin. Sie ergeben sich manchmal auch auf einer Klosterterrasse.

Englischstunde und Gummibärchen

Der kleine Sangay fläzte sich auf die Bank, als wäre er ein dicker, alter Mann, der die Arme über seinem Bauch verschränkt. Seinen Kopf hielt er geradeaus, nur seine Augen schielten herüber zu mir. Da war wieder dieses schüchterne Lächeln, von dem ich nicht wusste, ob es tatsächlich Schüchternheit war. Vielleicht handelte es sich auch um eine Spielart seines Lächelns. Zwischen uns lag eine Tüte Gummibärchen. Mir war klar, dass Sangay den größten Teil davon vertilgen würde. Er hatte sich inzwischen mein Notizbuch geschnappt und versuchte darin zu lesen. Jedoch konnte er mit Schreibschrift nichts anfangen. Nicht einmal buchstabieren konnte er etwas. Bis er auf seinen Namen stieß. »Sangay. This Sangay«, flüsterte er und deutete mit seinem Zeigefinger tatsächlich auf das richtige Wort. Nun freute er sich und lachte übers ganze Gesicht. Er zog meinen Kugelschreiber aus der Spiralheftung und kritzelte etwas auf seine linke Handfläche. Ich beugte mich zu ihm herüber, um nachzusehen, was er tat. Er hatte seinen Namen in Großbuchstaben geschrieben. Jedoch waren das »g« und das »y« geschwungen wie Kleinbuchstaben. »Gut, Sangay«, lobte ich ihn erst einmal. Dann versuchte ich ihn aber davon abzubringen, seine Finger noch mehr zu beschmieren, und bot ihm mein Büchlein an. Dort schrieb er nochmals seinen Namen. Man könnte auch sagen, er malte ihn. Ich nahm den Stift und das Buch und schrieb daneben meinen Namen – auch in Großbuchstaben. Der kleine Mönch versuchte ihn zu lesen, scheiterte aber. Also las ich meinen Namen vor. Er sah mich fragend an. »Stephan«, sagte ich langsam. Er bemühte sich, mir nachzusprechen. Nach einigen Anläufen hatte er es gepackt. Und ich muss sagen, es hörte sich mehr nach dem Original an, als das »Stiwin« von Sonam. Sangay sah mich aber immer noch fragend an. Könnte das vielleicht bedeuten, dass er meinen Namen gar nicht als solchen erkennt? Das wäre die wahrscheinlichste Erklärung für seinen Blick. Wir taten im Grunde nur das, was sie im Unterricht auch praktizieren: Wiederholen, stetiges Wiederholen.

Sangay war mit der Aussprache meines Namens zwar schon bei einer eher spanisch klingenden Variante wie »Estefan« angekommen, aber ich dachte, wir sollten jetzt dennoch langsam den Schwierigkeitsgrad erhöhen. Ich schrieb in mein Buch: SANGAY FROM SIKKIM und STEPHAN FROM GERMANY, weil ich wusste, dass er aus dem kleinen indischen Bundestaat Sikkim hoch oben im Norden an den Grenzen zu Nepal und China stammte. Sangay nahm mir das Buch ab. Er las aber nicht, sondern fing an, den Text abzuschreiben. Ich hatte mich bemüht, die unteren Schlenker der Buchstaben betont geschwungen zu schreiben, damit er sie auch erkennen konnte. »Sangay from Sikkim«, sagte ich und er wiederholte bis auf das »from« alles perfekt. »Sangay from Sikkim, Estefan from Germany«, murmelte er ohne Unterlass, als hätte man ihn wie eine Spieluhr aufgezogen. Dabei versenkte er ab und zu ein Gummibärchen im Mund, als bräuchte er gelegentlich eine Belohnung für seine Bemühungen.

Unsere kleine Unterrichtsstunde schien großes Interesse bei den anderen kleinen Mönchen zu wecken, denn es dauerte nicht lange, da waren es fünf. Und noch bevor alle Gummibärchen aufgegessen waren, hatten wir viele englische Begriffe und vor allem alle unsere Namen gelernt.

Die Tibet-Frage

Irgendwann musste diese Diskussion auch hier einmal aufkommen, weil sie in den vergangenen Monaten in der Luft lag: Wer unterstützt Tibet? Am Frühstückstisch hatte ich mit Thubten, dem Direktor des TseChokLing-Klosters, und dem Schweizer Quirin eine angeregte Diskussion über China und die Tibet-Frage. Thubten hatte sich nun fast jeden Tag beim Frühstück eingefunden, weil er sich mit uns auf Deutsch unterhalten und damit seine Sprachkenntnisse aufbessern könne, sagte er.

»An Jela Mörkl«, stellte Thubten in den Raum und lachte sich nach diesen Silben schlapp. Was hat er denn jetzt? Thubten noch einmal: »Mörkl – Ändshela Mörkl«. Der Direktor des Klosters versuchte sich an einer recht eigenwilligen Aussprache des Namens der deutschen Bundeskanzlerin. »Angela Merkel«, sagte ich, bemüht, nicht belehrend zu klingen. »Ja!«, bestätigte Thubten. »Angella Mörkell hat Seine Heiligkeit empfangen.« »Und Carla Bruni, die …«, weiter kam ich nicht, denn Thubten brach schon wieder in euphorisches Gelächter aus. Seine Begeisterung für die beiden Damen war ihm deutlich anzumerken. Noch war offen, worauf sich die Begeisterung bezog, aber er machte sehr schnell deutlich, dass es ihm um ihren politischen Standpunkt ging. Er freute sich spürbar, als würde es ihn im Innersten betreffen, dass Angela Merkel, die Bundeskanzlerin, seinen Dalai Lama empfangen hatte. Das hatten noch nicht viele Staatsoberhäupter getan. »Warum wollen sie ihn nicht treffen?«, fragte er mich, aber er gab sich sogleich selbst die Antwort: »Das Interesse am Geld ist im Westen letztlich größer als der Wille, China zu zwingen, die Tibet-Frage zu lösen.

Thubten erzählte: »Die Chinesen haben gesagt, dass sie bereit sind, über alles zu reden – außer über die Unabhängigkeit Tibets. Verstehst du? Nicht über Unabhängigkeit!« Da dem religiösen Oberhaupt der Tibeter in erster Linie an der Wahrung kultureller Identität und an mehr Autonomie innerhalb Tibets gelegen ist, und es ihm nicht um die politische Unabhängigkeit Tibets geht, könnte da wirklich Raum für einen Dialog sein, dachte ich. »Warum sagt die UNO nichts?«, beklagte der Direktor sich weiter. »Resolutionen, Resolutionen … aber nichts zu Tibet! Haben die Angst vor den Atomraketen Chinas?« Ich verstand gut, was er meinte, denn vor allem bei den Unruhen, zu denen es im Vorfeld der Olympischen Spiele in Tibet gekommen war, hatte ich auch einen Appell des obersten Gremiums der Weltgemeinschaft vermisst.

»Auch die Schweiz«, mischte sich Quirin ein. »Die Schweiz will eines der liberalsten Länder der Welt sein und stellt sich überall als neutral dar«, sagte er. »Aber die Regierung und der Kantonsrat gehen der Tibet-Frage aus dem Weg. Den Dalai Lama empfangen die Regierungschefs nicht, weil sie China nicht verärgern wollen. Sie sind feige, wie eh und je.«

Thubten überlegte laut: »Wir müssten mit unserer Exilregierung in die Uno kommen. Natürlich kann Tibet niemals Mitglied der Vereinten Nationen werden, solange es keinen unabhängigen tibetischen Staat gibt, aber warum sollte man nicht versuchen, irgendeinen anderen diplomatischen Rang anzustreben, wie etwa den Beobachterstatus, wie ihn die PLO erhalten hatte. Palästina ist heute noch kein ordentlich eigenständiger Staat. Warum konstruieren sie nicht etwas Vergleichbares für uns?« Die Einleitung eines solchen Prozesses hielte ich freilich für einen gewaltigen Schritt nach vorn, aber ich äußerte Thubten gegenüber meine Bedenken, ob die Pekinger Regierung einen solchen Schritt einfach so hinnehmen würde. Schließlich spielt China innerhalb der UNO – auch als Mitglied des UN-Sicherheitsrates – eine gewichtige Rolle. Thubten wirkte zerknirscht und klagte: »Warum verstehen die Chinesen nicht, dass der Dalai Lama – mit Blick auf eine Lösung – weltliche Macht und Religion trennen will? Er hatte ja angeboten, auf ein politisches Amt in Tibet zu verzichten und nur als religiöses Oberhaupt zurückzugehen. Aber das wollen die Chinesen auch nicht, dabei hat gerade ein Vertreter der chinesischen Zentralregierung gesagt, Peking sei bereit, mit dem Dalai Lama über seine eigene Zukunft und die einiger seiner Unterstützer zu reden, aber nicht über die Zukunft Tibets.«

»Und was sagt der Dalai Lama dazu?«, fragte ich nach.

»Seine Sekretäre haben eine Erklärung herausgegeben, dass es bei der Tibet-Frage um die Zukunft von sechs Millionen Tibetern geht und nicht um Seine Heiligkeit den Dalai Lama. Er selbst will verhindern, dass die Chinesen aus der Tibet-Frage einzig und allein eine Dalai-Lama-Frage machen. Seine Heiligkeit hat seit einigen Jahren immer wieder betont, dass sogar der Fortbestand der Institution des Dalai Lama allein von der Entscheidung des tibetischen Volkes abhängig sei.« Thubten kramte nun einen Zettel aus seinem graumelierten Jackett und las vor: »Bereits 1992 hat Seine Heiligkeit der Dalai Lama erklärt, dass, wenn wir einmal zurückkehren könnten in ein Tibet mit ernstzunehmender Autonomie, er in der zukünftigen Regierung Tibets keine Rolle mehr spielen, geschweige denn die traditionelle politische Stellung des Dalai Lama in der Regierung anstreben werde. Wir möchten außerdem noch einmal klarstellen, besonders gegenüber unseren chinesischen

Brüdern und Schwestern, dass die Tibeter, einschließlich Seiner Heiligkeit des Dalai Lama, nicht einmal im Traum daran denken, die alte Gesellschaftsordnung wiederherzustellen, wie sie vor 1959 in Tibet vorherrschte.« Thubten setzte ab und lachte verzweifelt. »Nein, nein, nicht zurück zur Theokratie!«, rief er energisch. »Wir haben die Demokratie eingeführt. Wir haben seit 1960 Volksvertreter in unserem ›Parlament-im-Exil‹, und da ist das Grundprinzip Demokratie.«

Quirin verriet nun, dass Thubten einige Jahre Generalsekretär der demokratischen tibetischen Partei gewesen war. Thubten wiegelte sofort ab, als wolle er nicht, dass das groß betont wurde, richtete sich jedoch stolz und fast staatsmännisch am Tisch auf. Damit wurde mir klar, dass er unmittelbar am Demokratisierungsprozess beteiligt war.

Direktor Thubten rührte sich aus viel Zucker, wenig Instant-Kaffeepulver und heißem Wasser ein Getränk zusammen. Dann referierte er weiter: »Erst müssen die Chinesen akzeptieren, dass der Dalai Lama keine politische Macht anstrebt. Er hat sogar sein Volk dazu aufgerufen, auf die positive Entwicklung Tibets zu schauen. Den technischen Fortschritt hätten sie vor allem China zu verdanken. Siehst du, er tut nicht das, was die Chinesen sagen. Er fordert nicht die volle Souveränität. Er will nur, dass die tibetische Kultur erhalten bleibt und mit einer festgeschriebenen Autonomie geschützt wird. Aber die Chinesen sind auf diesem Ohr taub. Immer wieder bringen sie die Debatte auf die Fragen, die eigentlich schon geklärt sind. Sie wollen anscheinend nicht, dass sich etwas zum Guten ändert. Vielleicht haben sie Angst, dass das ganze chinesische Volk davon Wind bekommt und sehen kann, dass die Regierung nachgeben musste.«

Im Grunde begann das Dilemma bereits bei der Frage um die politische Rolle des Dalai Lamas. Wenn die Chinesen die Bekundungen des Dalai Lama tatsächlich berücksichtigten, würde klar werden, dass es ihm nicht um eine Machtfrage um seiner Person willen geht. Und schon wären sie auf einem ersten gemeinsamen Nenner. Die eigentliche Tibet-Frage könnte die chinesische Regierung dann anschließend mit Vertretern des tibetischen Exilparlaments diskutieren, denn dorthin hat ja der Dalai Lama auch die politische Verantwortung delegiert. Doch das wäre wohl zu einfach. Die chinesische Regierung hatte auch in jüngster Vergangenheit immer wieder behauptet, dass sie zum Dialog mit dem Dalai Lama bereit sei. Der müsse allerdings akzeptieren, dass Tibet ein Teil Chinas sei, und darüber hinaus der Gewalt abschwören. Da der Dalai Lama beide Bedingungen seit Jahrzehnten erfüllt hat, scheint es sich um ein taktisches Manöver Chinas zu handeln. Im tibetischen Beziehungsgeflecht nimmt der Dalai Lama eine sehr gemäßigte Position ein, die durch seinen bereits 1987 veröffentlichten und bis heute gültigen 5-Punkte-Friedensplan illustriert wird. Dieser Plan fordert sogar viel weniger, als das 17-Punkte-Abkommen, das von chinesischer Seite vorgelegt wurde, gestatten würde. Vielleicht sollte die internationale Gemeinschaft China einmal mehr mit den eigenen Worten konfrontieren.

Der Dalai Lama hat immer wieder betont, dass er nur eine Teil-Autonomie Tibets innerhalb Chinas anstrebt. Sein Volk ruft er immer wieder zu absoluter Gewaltlosigkeit auf. Was soll er mehr tun, als diese Forderungen Chinas zu erfüllen?

Wenn die Chinesen auf Zeit spielen, könnte sich die Lage sogar dahingehend verändern, dass der Aufruf Seiner Heiligkeit zur Gewaltlosigkeit weniger gehört und befolgt wird. Denn an seinen moderaten politischen Positionen wird innerhalb der tibetischen Exilszene immer lauter Kritik geübt. Vor allem junge Exiltibeter rufen immer lauter nach einem völlig unabhängigen Tibet und sehen in Gewalt ein probates Mittel zur Durchsetzung dieses Ziels. Da helfen selbst die Ermahnungen des Dalai Lama nicht viel. Er hatte den Mitgliedern des »Tibet Youth Congress« bei einer Begegnung sogar eine Rechnung aufgemacht, der er einen wichtigen Gedanken voranstellte: »Zuerst lasst uns an das Leid denken, die Verletzten und die Opfer. Und dann: Wenn wir kämpfen wollten, bräuchten wir Waffen. Ein paar hundert Waffen sind da nichts. Wir bräuchten mehr als 100000. Woher sollen wir sie bekommen? Von der indischen Regierung? Nein! Vom Rest der asiatischen Länder? Nein! Von den westlichen Ländern? Ich denke nicht! Und noch viel wichtiger: Wie sollen wir sie nach Tibet bringen?« Um den Jugendlichen neben der Dimension des Leids und der fehlenden Mittel noch die Dimensionen Volksrepublik China im Gegensatz zu Tibet vor Augen zu führen, erklärte er ihnen in der Sprache, die sie vielleicht akzeptieren können: »Für die Chinesen ist die Eliminierung von 100.000 ihrer Leute nicht von Bedeutung. Für uns sind 100 (Tote) schon schwierig.«

Ich fragte Thubten nach seiner Einschätzung, ob die Autorität des Dalai Lama noch groß genug sei, um den radikaleren Tendenzen etwas entgegenzusetzen. Der seufzte daraufhin und dachte angestrengt nach. »Es ist momentan noch alles unter Kontrolle. Die Leute vom Jugendkongress sind noch jung und stürmisch, und irgendwann werden sie auch ruhiger. Aber das muss nicht mehr lange so bleiben. Ich mache mir jetzt schon Sorgen darüber, was passieren wird, wenn der Dalai Lama eines Tages tot ist. Bis dahin muss das Parlament die innere politische Autorität erreicht haben.« Er fügte noch hinzu, dass es seiner Ansicht nach problematisch werden könnte, wenn der Dalai Lama morgen sterben würde. Wir sahen uns nach diesen Gedanken wortlos an. Jeder versuchte sich wahrscheinlich gerade vorzustellen, was dann passieren würde. Alsbald verließen wir den Frühstückstisch, denn der Mitarbeiter in der Gästeküche wartete schon seit geraumer Zeit auf unser Geschirr.

Kämpfende Mönche

Die festgefahrene politische Situation zwischen dem tibetischen Volk und der Regierung der Volkrepublik China beschäftigte mich auch am Nachmittag.

Während ich in der Tür meines Zimmers stand und wartete, dass der Boden nach einer gründlichen Nass-Reinigung trocknete, war ich in Gedanken noch beim Thema vom Frühstück. Ich fragte mich, wie eine Unterstützung der Welt für die Sache Tibets aussehen könnte. Allein aus politischer Sicht betrachtet, muss man nüchtern feststellen, dass kein Staat der Welt, der zur Volksrepublik China diplomatische Beziehungen unterhält, heutzutage ernsthaft die Souveränität Chinas über Tibet in Frage stellen möchte. Das ist die eine Seite der Medaille. Die andere zeigt das Recht des tibetischen Volkes auf Selbstbestimmung und kulturelle Autonomie. Klar ist, dass man in diesen beiden Positionen nicht zusammenkommen kann, wenn jeder auf seinem Recht besteht. China will weder mit Dritten über Tibet sprechen, noch ließe es sich den Anspruch auf das tibetische Gebiet in Abrede stellen. Dem entgegen steht die Forderung des Dalai Lama nach einer Teil-Autonomie – erst recht die mancher Tibeter nach voller Eigenständigkeit.

Um in dieser Situation einen Kompromiss zwischen beiden Seiten finden zu können, braucht es zunächst den ernsthaften Willen beider, um in Verhandlungen treten zu können. Seit vielen Jahren scheint aber gerade dies ein Problem darzustellen. Immer wieder hat der Dalai Lama Delegationen nach Peking entsandt, die deprimiert und unverrichteter Dinge wieder nach Dharamsala zurückkehrten, weil sie sich lediglich Vorwürfen ausgesetzt sahen, nicht aber konstruktiven Bemühungen. China ist offenbar weder zu Kompromissen noch zu kleinen Schritten und Gesten pro Tibet bereit. Ich schätze, es wird sich da auch in naher Zukunft kaum eine nennenswerte Annäherung ergeben. Solange sich Peking nicht bewegt, bewegt sich in der Sache gar nichts. Im Gegenteil! Manchmal faucht der chinesische Löwe oder schlägt mit der Pranke zu, weil er offenbar gereizt wurde. Wie oft hat die Regierung des Riesenreiches mit diesen und jenen Konsequenzen für die Beziehungen zu einem Land gedroht, weil ein Staatschef den Dalai Lama empfangen wollte. In den meisten Fällen hat China seinen Willen durchgesetzt oder, anders gesagt, haben die Regierungen der betreffenden Länder nachgegeben. Mit China will es sich keiner verderben. Heißt das dann automatisch, dass in der Tibet-Frage alle Bemühungen umsonst sind und immer sein werden?

An dieser Stelle könnten die internationalen Organisationen, wie die Europäische Union oder die UNO, eine gewichtige Rolle übernehmen, weil sie nicht als einzelner Staat, sondern als mächtige Gemeinschaft auftreten. Denn gerade Europa kann einige Erfolge in ähnlich gelagerten Konflikten vorweisen und Lösungsmodelle wie die von Südtirol und Nordirland oder jüngst bei den Volksgruppen des ehemaligen Jugoslawien in die Diskussion einbringen. Die europäische Diplomatie bemüht sich in gleicher Weise wie beispielsweise auch die US-Regierung darum, im Konflikt zwischen Israel und den Palästinensern zu vermitteln. Warum sollten sie nicht auch darin Erfolg haben können, sowohl die tibetische Exilregierung als auch die chinesische Führung an einen moderierten Runden Tisch zu bringen? Der erste Schritt oder ein wichtiger Teilverhandlungserfolg wäre, von China die Umsetzung und Einhaltung des 17-Punkte-Abkommens zu erreichen. Doch dazu müsste Peking zunächst einmal die Grundsätze der eigenen Verfassung einlösen und zudem die menschen- und völkerrechtlichen Maximen der Weltgesellschaft umsetzen.

Mir ist bewusst, dass es keine allgemeingültigen Erfolgsrezepte und Road-Maps gibt, die man einfach aus der Schublade ziehen und dann am Tibet-Konflikt abarbeiten kann. Gerade die Probleme im Nahen Osten und die schwierigen Beziehungen zu manchen Staaten der arabischen Welt zeugen von so mancher politischer Ohnmacht, sowohl bei den streitenden Parteien selbst als auch unter den Friedensvermittlern.

Man könnte auch auf Zeit spielen und hoffen, dass innerchinesische Entwicklungen und Umwälzprozesse auch die Haltung gegenüber Tibet und der tibetischen Exilregierung verändern. Jedoch zeichnet sich da ein Problem ab, denn ich meine, dass es nach der gegenwärtigen Lage eine Lösung der Tibet-Frage nur mit dem Dalai Lama geben kann. Außerdem drängt die Zeit, denn der Dalai Lama ist mittlerweile dreiundsiebzig Jahre alt. Direktor Thubten hatte auch bereits seine Befürchtung geäußert, dass der Tod Seiner Heiligkeit ein unstrukturiertes Machtvakuum innerhalb des tibetischen Buddhismus hinterlassen könnte. Wer führt dann die Gemeinschaft der Tibeter an? Etwa der Panchen Lama, von dem keiner weiß, ob er noch lebt? Die aktuelle Tibet-Frage kann keine 18-jährige Pause vertragen, bis der nächste Dalai Lama im regierungsfähigen Alter sein wird. Bis dahin könnten sich die radikaleren Tendenzen innerhalb der tibetischen Exil-Bevölkerung verschärfen, weil ihnen das Korrektiv fehlen würde, das sie bisher im Dalai Lama sehen. Solange er lebt, hören sie noch auf ihn.

Nach seinem Tod kann nicht automatisch ein anderer Lama seine Rolle einnehmen. Selbst wenn Seine Heiligkeit offensichtlich daran arbeitet, den Karmapa und Ling Rinpoche als jene jungen hohen Lamas aufzubauen, die sein Erbe und seine Sache weiterführen, so gibt es kein Gesetz, das einem von beiden mit einem Akt der Einsetzung die volle Autorität und Durchsetzungskraft verleiht. Dazu benötigt auch ein hoher Würdenträger die Akzeptanz in der tibetischen Bevölkerung sowie bei den Führern anderer buddhistischer Schulen. Das Parlament im Exil scheint diese Akzeptanz auch noch nicht in ausreichendem Maß erlangt zu haben. Zu Lebzeiten Seiner Heiligkeit wird das meines Erachtens auch kaum geschehen, weil doch alles auf ihn fixiert bleibt.

Der hessische Ministerpräsident Roland Koch, der dem Dalai Lama seit mehr als zwei Jahrzehnten freundschaftlich verbunden ist, sagte in einem Interview: »Ich glaube, dass diese Konflikte leichter lösbar sind zu Lebzeiten eines aktiven Dalai Lama, der für sein Volk sprechen und sein Volk auch einbinden kann, als zu den Zeiten, die danach kommen. Mein Eindruck ist, dass es mehr und mehr Menschen – auch in der chinesischen Führung – gibt, die über dieses Argument nachdenken.«

Die Mönche hier bereden nicht die große Politik, aber sie wissen sehr gut, welcher Regierungschef ihr geistliches Oberhaupt empfangen hat, weil jedes dieser Ereignisse in McLlo sofort die Runde macht. Sie meinen auch, die Gründe zu kennen, warum manche Politiker und Staatschefs ein Treffen mit dem Dalai Lama manchmal noch in letzter Minute, aus kaum plausiblen Gründen absagen. Die wirtschaftlichen Beziehungen mit China stünden letztlich über den Interessen ihres tibetischen Volkes, hört man allenthalben.

Ein Beispiel:
Als Deutscher bin ich hoch im Kurs, weil sich einige deutsche Spitzenpolitiker nicht vor einem Treffen mit dem berühmtesten Mönch der Welt drücken. Als Katholik genieße ich zusätzlich Ansehen, weil Papst Johannes Paul II. einige Male mit dem Dalai Lama zusammengetroffen ist. Mit jedem neuen Kontakt ihres Oberhauptes zu den Machthabern der Welt würde ihre Lage besser, sagen sie, jedoch ohne ermessen zu können, welchen Effekt es für das Streben Tibets nach mehr Autonomie wirklich hat. Der Ehre, die man dem Dalai Lama im Ausland erweist, spüren sie nach, als wären sie in seinem Leib inkarniert und würden in seinem Blutkreislauf die Wallungen der Freude empfinden können.

Doch darüber hinaus fand ich wenig Politisches in den Klöstern des Dalai Lama hier in McLlo. Mir ist klar: Dieses Exil ist kein militärisches und politisches Schlachtfeld, auf dem die roten Mönchsroben im Jagdwind flattern. Oder sollte ich mich bisher in den Intentionen der Mönche getäuscht haben? Der Gedanke drängt sich mir auf, wenn ich lese, was Alt-Kanzler Helmut Schmidt in einem Artikel in der Wochenzeitung *Die Zeit* über den politischen Kampf der Mönche schrieb: »Die Mönche kämpfen nicht für Menschenrechte, sondern vielmehr für die Interessen ihrer Klöster – und für den tibetischen Nationalismus.« Hat Helmut Schmidt damit gemeint, dass sie unter dem Deckmantel, sich für ein allgemeines Menschenrecht einzusetzen, ihre ureigensten Interessen verfolgen?

Bisher habe ich keine Anzeichen dafür erleben können.

Ich vertrete eher die Meinung, dass der Lamaismus Tibets durch das Leiden des tibetischen Volkes und seiner geistlichen Elite zu einer Neuorientierung im Selbstverständnis gezwungen worden ist, die ihn womöglich gesünder und zukunftsfähiger hat werden lassen. Die Mittel der Gewalt sind dabei auf keinen Fall akzeptabel! Jedoch war die kompromisslose Auflösung der Theokratie der Obersten Lamas auch ein Ergebnis dessen, was China durch die Annexion Tibets und die Entmachtung der Lamas vollzogen hat. Der 14. Dalai Lama zeigt sicher ein unvergleichbar bescheideneres und friedlicheres Gesicht als viele seiner Vorgänger oder die Leiter anderer buddhistischer Schulen. In seiner Regentschaft hat die Deutung des Gefüges von Welt, Staat, Gesellschaft und Religion eine Veränderung erfahren, die nicht einer geistig-religiösen Krise entsprungen ist, sondern einer weltlichen Machtfrage. Die Trennung der politischen von der religiösen Macht ist vollzogen. Wann diese Tatsache vollständig im Bewusstsein der Tibeter und der Mönche angekommen sein wird, ist eine andere Frage. Deshalb stimme ich der Aussage des Alt-Kanzlers Schmidt und seiner Sicht aus der Position eines aufgeklärten und säkularisierten Westlers nicht zu. Die Mönche sind eher weniger politisch engagiert, als ich es der gebildeten Schicht einer Gesellschaft zugetraut hatte, denn das Mönchtum gilt hier als der Hort der Bildung. Aber sie kämpfen schon gar nicht für ein Zurück zum alten theokratischen und teilweise despotischen Lamaismus.

Auch wenn die allgegenwärtigen Gebetsfahnen für die Außenwelt zu einem Symbol des Kampfes für die Freiheit des tibetischen Volkes avanciert sind, so wehen sie doch weiterhin in der ursprünglichen Bestimmung, bedruckt mit den Mantras, jenen uralten Gebeten, in denen noch nichts über ihre heutige Lage zu lesen ist. Eine ganz andere Frage stelle ich mir in diesem Zusammenhang: Sind die althergebrachten Gebete geeignet, dem Menschen zu erklären, *warum* er leidet, und nicht nur, *dass* sein Leiden zum Menschsein gehört? Ist der Ruf nach Freiheit ein neuzeitlicher Ruf, oder steht er lange schon in den traditionellen Gebeten und Texten?

Ich will die Frage noch mehr zuspitzen: Hat der Kampf des tibetischen Volkes um Freiheit seine Wurzeln in der Spiritualität oder in der Philosophie des Buddhismus? In den Klöstern kann ich das auf den ersten Blick nicht erkennen. Ich erlebe dort Spiritualität, aber keinen Freiheitskampf. Ich erkenne ihn auch auf den zweiten Blick nicht direkt, weil das geistliche Leben der Mönche einen eher zurückgezogen-kontemplativen Eindruck vermittelt als einen populär-religiösen, wie etwa bei der Befreiungstheologie in der katholischen Kirche seit den 60er Jahren des letzten Jahrhunderts. Die alten Riten, die archaischen Bräuche und die bedingungslos gottergebene Ausstrahlung der Mönche sprechen keine moderne Sprache. Ihr traditionelles Mönchsleben scheint fast schon in einem krassen inneren Widerspruch zur eher unorthodoxen Wirkung ihrer Mobiltelefone wie auch zur gelegentlichen Beteiligung an Friedensdemonstrationen mit Kerzen und Räucherstäbchen zu stehen.

Der Alltag hier ist in rote Mönchsgewänder und Weihrauchschwaden gehüllt. Ich erlebe hier im indischen Exil zumeist die leisen Töne. Die Sehnsucht nach der Heimat, nach ihren Familien, nach den heiligen Bergen und Tempeln spricht aus jeder ihrer Erzählungen, und die Blicke der Mönche sind oft auf die Plakate vom Potala-Palast in Lhasa gerichtet. Ich sehe hier ihr Streben nach immer mehr Wissen, weil Wissen im Buddhismus eine weit größere Macht darstellt, als die Macht einer Diktatur je für sich beanspruchen kann. Zu den Klöstern gehört das über die ganze Welt gespannte Netzwerk der Exil-Tibeter. In vielen Ländern der Erde leben buddhistische Mönche, sie bauen Klöster, sie studieren an Universitäten, sie lernen und lehren. Manche von ihnen kommen mit ihrem neuen Wissen von der Welt hierher zurück und lassen die anderen Mönche und Nonnen daran teilhaben.

Ich sehe auch die geduldige Annahme des Leidens eines Volkes vor dem Hintergrund des Zyklus der Wiedergeburt als ein Selbstbewusstsein an, das endliche Zyklen nicht nur überdauern kann, sondern letztlich auch darüber erhaben ist. Vielleicht kann man damit die unpolitisch wirkende Gelassenheit vieler Mönche erklären.

Unterstützung aus der Heimat

Sonam hatte mir den Kloster-Computer zu Verfügung gestellt, um im Internet einen wichtigen Brief aus der Heimat abzurufen. Da ich hier über keinerlei Kontakte verfügt hatte und weil es erfahrungsgemäß im Umgang mit offiziellen Stellen Wunder wirken kann, hatte man mir ein formidables Empfehlungsschreiben geschickt. Genau das sollte mir hier weitere Türen öffnen, die mir sonst gewiss verschlossen bleiben würden. Sicher hätte ich es auch gänzlich auf eigene Faust probieren können, jedoch hätte ich dann wohl wesentlich mehr Zeit einplanen müssen, um so weit zu kommen, wie ich jetzt schon war. Die Hilfe lief unterdessen weiter. Vieles kann man nur vor Ort organisieren und in Gang setzen. Jedoch braucht es für manches auch Initialzündungen und Menschen, die sich hier meiner annehmen. Ich könnte auch die jeweiligen Pressereferenten aufsuchen und mir auf diesem Weg zu den verschiedenen Institutionen Zugang verschaffen und Vertrauen erarbeiten. Doch es liegt in der Natur der Sache, dass dieses Vorgehen Zeit kostet. Hier in Indien dauert ohnehin alles länger als bei uns. Vom fernen Deutschland aus hatte man für mich eine Kontaktperson in der Administration des Dalai Lama gesucht und gefunden. Diese musste ich nun aufsuchen. Lobsang Jeshongtsang lautete der Name und er sei Staatssekretär im Ministerium für Religion und Kultur, stand in dem Begleitschreiben aus Deutschland.

Wie erwartet wurde ich am Telefon von mehreren Damen hin und her verbunden. Jeder erzählte ich, dass ich Lobsang Jeshongtsang sprechen wollte. Den Namen konnte ich mittlerweile ziemlich flüssig aussprechen. Während ich das Warten einerseits etwas unerquicklich fand, amüsierte mich andererseits die Western-Melodie der Warteschleife im Honkytonk-Sound. Immer wieder sagte ich aufs Neue »Jeshongtsang-la«. Ich hatte sogar an die Höflichkeitsformel, die aus einem einzigen »la« als Nachsilbe besteht und der deutschen Anrede mit »Sie« gleichkommt, gedacht. Dann ertönte am anderen Ende der Leitung endlich eine sanfte männliche Stimme, die leicht fragend meinen Namen aussprach. Es war Lobsang Jeshongtsang, und er klang recht aufgeräumt.

In diesem Moment erfreute mich am meisten, dass er etwas mit meinem Namen anzufangen wusste. Meine Freude wuchs sogar noch etwas, als er mich fragte, ob wir uns nicht morgen zwischen zehn und elf Uhr treffen sollten. Dann könnten wir miteinander reden und er würde sehen, wie er mir weiterhelfen kann. Das klang vielversprechend, vor allem lange nicht so kompliziert, wie ich es erwartet hatte. Ich sagte zu und bedankte mich schon einmal wortreich.

Der Eremit Dagpa

Im Klosterbüro herrschte Hochbetrieb. Aber Sonam bestand darauf, dass ich mich in den einzigen freien Sessel setzte. Am Schreibtisch in der Ecke bei den Fenstern saß Tenzin, der Mönch, der mich hier im Kloster empfangen hatte und der mir damals fast schon feindselig vorgekommen war. Seine Gesichtszüge waren zwar noch immer so scharf und fast verhärmt wirkend wie bei unserer ersten Begegnung, doch mittlerweile hatte sich sein Gesicht in meiner Wahrnehmung verändert. Ich hatte inzwischen in verschiedenen Situationen einen warmherzigen und sensiblen Mönch in ihm erkennen dürfen, und das hatte seinem Gesichtsausdruck jede Härte genommen. Vielleicht erlebte ich ihn auch entspannter als am ersten Tag. Die ersten Eindrücke sind immer die prägendsten. Oft hat man da schon gewonnen oder verloren. Vielleicht ist es deshalb eine selten beherrschte Tugend, dazu bereit und fähig zu sein, Urteile und Vorurteile zugunsten des anderen zu korrigieren. Tenzin brütete mit einem Taschenrechner und einem Stift bewaffnet über Papieren, die verdächtig nach Buchhaltung aussahen. Sonam thronte am Chef-Schreibtisch und unterhielt sich mit einem Mönch namens Dagpa. Der war vielleicht sechzig Jahre alt, etwas fülliger als alle anderen hier und trug eine recht auffällige, supermoderne Brille mit getönten Gläsern. Den dritten und letzten Sessel hatte Thubten besetzt, aber der sprang nun auf, um sich zu verabschieden. Thubten kannte ich fast immer nur auf dem Sprung. Als er mir die Hand gab, sagte er, ich solle mich mal mit diesem Mönch, den ich bisher noch nie gesehen hatte, unterhalten. Er könnte interessant für mich sein. Das nahm ich erst einmal so zur Kenntnis. Thubten war ja auch lustig, wenn er mich einfach so dazu aufforderte, jemanden auszufragen. Ich bin eigentlich kein scheuer Mensch, aber ich bin auch nicht der, der über einen Fremden herfällt und ihm sofort alles Wissenswerte entlockt. Ich bin neugierig, aber ich schätze auch die anfängliche Distanz.

Dennoch überwand ich meine Scheu und folgte dem Anraten Thubtens. Woher er komme, fragte ich den Mönch, der gerade ein stylisches Handy aus seiner Umhängetasche gekramt hatte. Der aber registrierte meine Frage überhaupt nicht. Sonam lachte hinter seinem Schreibtisch, als würde er sich darüber amüsieren. »Er spricht kein Englisch«, klärte er mich aber sofort auf und übersetze Dagpa meine Frage. Der sah mich nun aufmerksam an, musterte mich und antwortete mit extrem tiefer Stimme. »Dagpa ist Einsiedler und lebt in einem kleinen Häuschen oben in den Bergen«, erklärte Sonam. Warum, wollte ich von ihm wissen. Dort oben sei wegen der Abgeschiedenheit und Ruhe tiefere Meditation möglich. Er schätze auch die Weite des Blicks, erklärte er. Manchmal meditiere er den ganzen Tag. Dann würde er auch nichts essen oder trinken. »Aber trinken muss man doch«, wandte ich ein.

»Nein!«, antwortete er, das hatte ich auch ohne Übersetzung verstanden. Es war ein entschiedenes Nein.

Ich fragte ihn, ob es denn für die Erleuchtung besser sei, allein zu leben oder zusammen mit anderen Mönchen im Kloster. Sonam übersetzte: »Für ihn ist Einsamkeit besser. Er benötigt keine Lehrer mehr. Er sucht jetzt allein nach dem richtigen Weg.«

Er sei aber nicht immer allein, vernahm ich zu meinem Erstaunen. Manchmal bekäme er auch Besuch. Die Leute, die ihn in seiner Einsiedelei aufsuchen, wollen mit ihm über das Dharma reden – also darüber, wie man sein Leben auf dem Weg zur Erleuchtung gestalten sollte. Dann spricht er mit ihnen darüber, weil er weiß, dass es ihnen weiterhilft. Er könne ihnen auch zu mehr Meditationsfähigkeit verhelfen, erklärte Sonam.

Ich stellte mir unwillkürlich vor, wie es wäre, wenn er auf der Türschwelle seines kleinen Häuschens sitzt, vor ihm das Tal, über ihm der blaue Himmel, er meditiert, und ich sitze daneben und meditiere mit ihm. Ich wusste gar nicht, warum mir dieses Bild gerade in den Sinn gekommen war, aber es gefiel mir.

»Könnte ich ihn besuchen?«, fragte ich Sonam. Der gab die Frage an Dagpa weiter, und Dagpa nickte. »Ja, du kannst ihn besuchen. Aber er lebt ziemlich weit oben in den Bergen«, warnte Sonam mich. Wir unterhielten uns kurz darüber, ob es mir möglich wäre hinaufzugelangen und ob man auch mit dem Auto weit genug herankäme. Ich sollte es zumindest versuchen, dachte ich.

»Wenn ich darf, komme ich in den nächsten Tagen gern einmal vorbei«, sagte ich freudig in Dagpas Richtung. Der lächelte. Er habe zwar auch noch ein Zimmer in der Residenz des Dalai Lama, erzählte er dann, aber da könne ich ihn nicht einfach so besuchen kommen. Stattdessen lud er mich noch einmal ein, in seine Einsiedelei zu kommen.

Sonam hatte ordentlich zu tun, zwischen uns hin und her zu übersetzen. Aber der wirklich immer gutgelaunte Mönch musste selbst dann grinsen, wenn er nach Worten suchte.

Nun wagte ich, Dagpa nach seinem Handy zu fragen, denn für meine Begriffe passte es nicht so recht zu einem Mönch, der bewusst das Alleinsein als Lebensform gewählt hat. Wozu benötigte er dann ein Handy? Der Mönch zeigte sich über meine Frage nicht verwundert. Er streichelte nun sein Gerät, es schien ein Modell der allerneuesten Baureihe zu sein, und sagte, er habe es, weil die Buddhisten sagen, wenn etwas nützlich ist, dann könne man es auch benutzen. Außerdem habe er so die Möglichkeit, mal eben Termine abzusprechen oder im Tal zu bestellen, was er zum Leben braucht. Aber Fernsehen, schränkte er sofort seine Begeisterung für die moderne Technik ein, sei ihm nicht wichtig.

Dann unterhielt ich mich mit dem Mönch aus den Bergen, der trotz seines recht einfachen Lebensstils in der Einsiedelei in den Bergen sehr gepflegt aussah, über seine Herkunft. Er erzählte, dass er als junger Mönch kurz nach dem Dalai Lama aus Lhasa geflohen sei. Vor dreizehn Jahren habe er aber sein Kloster verlassen und seitdem lebe er allein dort oben in den Bergen. Er zeigte, wenn er von »dort oben« sprach, immer in die gleiche Richtung, schräg links nach oben. Aber es sei nicht wichtig, wie hoch man lebt, verkündete er lachend, blieb mir aber eine Erklärung schuldig, warum er die Gemeinschaft der Mönche verlassen hatte.

Bald darauf machte er sich auf den Weg in ein anderes Kloster, um dort einen Vortrag zu halten. Er sei ein Geshe, ein buddhistischer Lehrer, sagte er noch. Deshalb verlasse er manchmal seinen Sitz in den Bergen, um die Mönche in Meditation zu unterrichten.

In der Tür winkte er und sah mich noch kurz sehr intensiv an. Dreizehn Jahre, dachte ich bei mir, dreizehn Jahre ganz allein und nur selten in der Zivilisation unterwegs. Ich war beeindruckt.

Donnerkeil mit Energie

Am Tempel traf ich Nima, den Mönch, der für den Tempel zuständig war. Wie ein Sakristan sorgte er dafür, dass für die großen Zeremonien alles vorbereitet ist. Er kümmerte sich um die liturgischen Gerätschaften und um die Sauberkeit im Tempel. Gerade saß er auf der Bank bei den Tempelstufen und putzte seine persönlichen Gebetsutensilien. Mit einem Stofffetzen polierte er emsig ein filigranes Zepter aus Messing. Ich hatte die Mönche beim Beten beobachtet. Alle halten eine Glocke und ein Zepter in den Händen. In kunstvollen, ineinander übergehenden Bewegungen werden sie zum Tanzen gebracht. Das hatte ich mir sehr genau angesehen, und ich glaubte, eine strenge Choreographie in ihren Bewegungen erkennen zu können.

Nima erklärte mir, was es mit dem Zepter auf sich hatte. Es heißt eigentlich Dorje und ist zusammen mit der Glocke das Attribut des Boddhisattva Vajrapani. Der Dorje symbolisiert das Ewige, das Absolute, das unzerstörbar ist, die Verwandlung und die Auferstehung. Als ich später in einem Wörterbuch nachschlug, stieß ich auf den Sanskrit-Begriff des Donnerkeils. Ein Dorje ist also der Urbegriff des Donnerkeils. Die tibetische Übersetzung spricht eher von einem Zepter. Acht Spangen scharen sich in zwei Gruppen um einen Stab, so dass sie zwei Achten beschreiben. Es sieht aus wie zwei in einandergesteckte Quirle. Nima zeigte mir an seinem Dorje die eine Acht, dann nach einer Vierteldrehung um die Längsachse die zweite Acht. »Spürst du die Energie?«, fragte er mich nun und umfuhr das Zepter mit der Hand, als könne man sie selbst mit einigem Abstand wie abstrahlende Wärme spüren. »Nimm es in die Hand, dann spürst du, wie es dich harmonisiert.« Nima legte mir das metallene Gebetszepter in die Hand. »Spürst du es?«, fragte er nun wieder. »Ich weiß nicht, wie sich die Energie anfühlen soll«, erwiderte ich ihm. Er sah konzentriert auf das Zepter und flüsterte: »Jetzt!« Und er hatte recht. Jetzt wurde meine Hand sehr warm. Sehr viel wärmer sogar, obwohl das Metall kalt blieb. »Hey, wie hast du das gemacht?« Nima lachte und kontrollierte die Temperatur meiner Handfläche. Dann zeigte er die Richtung, die die Energie genommen haben soll. Von oben läuft sie in die Achse hinein, die Spangen des Zepters fungieren dabei wie ein Auffangtrichter, erklärte er mir. Und dann sei sie drinnen im Knoten der doppelten Acht und bewegt sich in unendlichen Schleifen.

Dann zeigte er zum Himmel.»Kennst du Orion? Das Sternbild?«, fragte mich der tibetische Mönch. Als ich nickte, sprach er weiter: »Das Orion-System sieht aus wie eine Acht. Im Buddhismus steht der Dorje in seiner kosmischen Symbolik für das Sternbild Orion. Orion gilt auch als Sitz der obersten Gottheit und als ›Bringer des Wissens‹.« Diese Deutung des Dorje finde man auch bei vielen anderen alten Religionen, die ebenfalls genau dieses Sternbild als ein Symbol von Verwandlung und Transformation ansehen. Nima erzählte nun von den Ägyptern, die Orion als Abbild des Osiris betrachteten, und von den Polynesiern, die in dem Sternbild keine Acht, sondern einen Schmetterling erkennen, der eine gewandelte Raupe ist. Die Christen sehen im Schmetterling auch ein Symbol der Unendlichkeit, der Auferstehung und der Verwandlung, sagte er mir. Ich staunte über sein Wissen. »Schau genau hin. Das Zepter vollzieht mit meiner Hand eine unendliche Bewegung.« Geschmeidig zeichnete Nima immer wiederkehrende Achterbahnen in die Luft, wie ich es bei den Mönchen während einer Puja beobachtet hatte. Mein Blick verfolgte die Bahnen, die er vor meinen Augen zog. Ich verstand nun etwas besser, die Symbolik der Unendlichkeit, die in der unendlich wirkenden Bewegung eine Multiplikation erfuhr. Jedoch fragte ich mich noch immer, wie es der Mönch geschafft hatte, Wärmeenergie zu erzeugen, während ich das Gebetszepter ruhig in den Händen gehalten hatte.

Traum und Wirklichkeit

Irgendwas am TseChokLing-Kloster ist für mein Empfinden anders, als ich es von einem buddhistischen Kloster erwartet hatte. Ich frage mich, was? Wenn ich darüber nachsinne, was ich erwartet hatte, dann sehe ich Bilder von langen Bauten, die sich in mehreren Flügeln erstrecken. Lange Flure, Innenhöfe mit schönen Gärten. Oder auch großflächige Balkone mit steinernen Brüstungen, die wie erhabene Schanzen über dem Tal stehen. Ich habe auch vor meinem geistigen Auge das Bild einer langen Loggia mit hohen Säulen, durch die ich am Morgen in einen sanften Nebelschleier sehe. Über den Tag verwandelt sie sich in eine Bühne der Sonne und der aufstrebenden Säulen, die den spiegelnden Marmorboden und die innenliegenden Wandmalereien mit Streifen und Stäben aus gleißendem Licht und scharfen Schatten in Szene setzen. Am Abend dann würde ich die Kühle hinaufsteigen spüren, aber dennoch die letzten Sonnenstrahlen genießen wollen, die der rote Abendhimmel flach über den Horizont schickt. Dann würde ich natürlich zwischen diesen mächtigen Säulen stehen und hinübersehen zu den Adlern, die noch die letzten Figuren des Tages an den Himmel malen. Ich hatte auch damit gerechnet, dass ich dazu eingespannt werden könnte, die langen Flure zu wischen. Vielleicht mit einem altmodischen und abgenutzten Feudel. Ich würde dann die Fliesenreihen zählen, bis ich irgendwann am Ende des Flures angelangt bin. Insgeheim hatte ich das zwar nicht gehofft oder zumindest nicht für jeden Tag, aber ich wäre dazu bereit gewesen. Im Vorfeld hatte ich das auch signalisiert. Es kam jedoch auf dieses Angebot niemals eine Reaktion.

Vielleicht hatte ich doch eine etwas zu romantische Vorstellung von den hiesigen Klöstern. Die Bauten sind völlig anders als erwartet. Auch die Tempel waren in meinen gedanklichen Bildern reich verzierte Pagoden mit stufig geschwungenen Dächern. Lag es vielleicht daran, dass sich die Bilder vom Potala-Palast in Lhasa in meinem Gehirn festgesetzt hatten? Das würde dann aber lediglich die Architektur betreffen. Es ist aber noch etwas, was anders ist. Die Mönche sind es nicht, sie entsprechen in etwa meiner Vorstellung. Sie sind zwar etwas schüchterner, als ich gedacht hätte, jedoch habe ich festgestellt, dass ihre Scheu sehr schnell einer unkomplizierten Offenheit weicht. Mit ihren Gesten zeigen sie mir, dass ich zu ihnen gehöre. Wenn sie lächeln, fallen mir jene Dinge nicht mehr auf, die mich hier anfangs mich fremd fühlen ließen. An den Mönchen vermisse ich nichts.

Was also ist es dann? Ist es vielleicht der Tag und sein Rhythmus, sein Ablauf? Was hatte ich mir ausgemalt? Ich war natürlich von den Erlebnissen in anderen Klöstern geprägt, die bisher allesamt christliche waren. Der Tagesablauf dort ist vom Rhythmus des Stundengebets bestimmt. Schon im Morgengrauen beginnt er mit Gebeten und Betrachtungen. Zur Mittagswende und zur Abendwende folgen die nächsten Einheiten, bis sich der Tag in einem Gebet verabschiedet. Hier ist es anders. Hier beginnen sie den Tag nicht mit einem gemeinsamen Gebet oder einer Meditation im Tempel. Die jüngeren Mönche beginnen ihren Alltag um halb sechs Uhr mit der ersten Unterrichtsstunde. Doch was war mit den anderen? Im Tempel waren sie nicht zu finden. Ich hatte mich erkundigt, zu welchen Zeiten Gebete und Meditationen stattfinden. Auch wenn ich nicht alles verstehen würde, ich wollte dabei sein, wenn sie ihren Buddha verehren oder die hohe Kunst der Meditation praktizieren. Ich hatte lediglich in Erfahrung bringen können, dass es manchmal gemeinsame Pujas gibt, auch am frühen Morgen. Die meisten Mönche beten und meditieren jedoch in ihren Zellen – jeder für sich. Im Grunde tun sie das auch den ganzen Tag über. Diejenigen, die noch zur Schule gehen oder studieren, haben das vollste Programm von allen, denn der Schultag geht von früh morgens bis um halb neun – abends. Manche Unterrichtsstunden verbringen sie auch im Tempel und rezitieren jene Gebetstexte, die sie am Ende ihrer Ausbildung auswendig können müssen. Dabei verbrennen sie zwar auch jede Menge

Räucherwerk, spielen Instrumente und folgen einem strengen liturgischen Ablauf, jedoch finden diese Rituale seltener statt, als ich gedacht hatte.

Ja, vielleicht war es das, was ich vermisste. An die Architektur hatte ich mich fast schon gewöhnt, doch der Tagesrhythmus des Klosters war gänzlich anders, als ich ihn von christlichen Klöstern kannte. Ich war mir sicher, dass es einen Rhythmus gab, aber ich musste ihn wohl noch finden.

Ministerialbeamte mit Eifer

Das klapprige Taxi spuckte mich auf einem Platz aus, der zu drei Seiten von zweistöckigen Gebäuden umgeben war. Ich stand direkt neben einem riesigen Stupa, der das Zentrum des Platzes markierte. Das mittlere Gebäude trug eine Tafel mit der Aufschrift »Parliament«. Links befand sich die tibetische Bibliothek, das wissenschaftliche und archivarische Herz der Administration. Das rechte Gebäude war das Ministerium für Religion und Kultur.

Ich nahm die Tür zur unteren Etage und kam in einen großen Raum, der in ähnliche Verschläge aufgeteilt war, wie das Presseamt. Hier jedoch erlebte ich den Unterschied zwischen der Tatsache, unangemeldet zu erscheinen, und der erwartet zu werden. Vielleicht verlief sich hierhin seltener ein europäisches Gesicht, und sie konnten deshalb schnell darauf schließen, dass ich derjenige sein müsste, der zu ihrem Staatssekretär wollte. Viele freundliche Gesichter wiesen mir den Weg zu einer Tür in der linken Ecke des Raumes. Ein junger Mann lief vor und klopfte an. Die Tür ging auf und ein kleiner Mann in seinen Mittfünfzigern mit vollem schwarzem Haar trat heraus. Er gab mir die Hand und sagte, dass er Lobsang Jeshongtsang sei. Ich zögerte einen Augenblick, weil ich einen Mönch erwartet hatte und keine Zivilperson, aber ich besann mich schnell und zeigte meine Freude darüber, dass er sich für mich Zeit nehmen wollte. Nach der Begrüßung bat er mich in sein

Dienstzimmer. Drinnen säumten Sofas mit reichlich Decken und Kissen die Wände. Nur an einer Wand hatte man Platz für einen Schreibtisch gelassen. Die Kargheit des großen Raumes mit den Bretterverschlägen der einzelnen Abteilungen setzte sich hier nicht fort. Im Gegenteil. Rechts und links vom Schreibtisch türmten sich Regale. Und wo keine standen, waren die Wände mit Bildern und Thangkas vollgehängt. Herr Jeshongtsang war sehr seriös in Anthrazit mit weißem Hemd und graugemusterter Krawatte gekleidet. Er saß mir schräg gegenüber auf dem Sofa und hörte mir zu. Ich erläuterte ihm meinen Aufenthalt und mein Vorhaben. Dann erklärte er mir, dass er von der Administration des Dalai Lama gebeten worden war, mir bei allen Angelegenheiten zu helfen. Ich müsste ihm nur sagen, was ich benötige, und er würde versuchen, alles dafür Notwendige in die Wege zu leiten.

Wir redeten über die Audienz beim Dalai Lama, die ich schon vor längerer Zeit angefragt hatte. Herr Jeshongtsang versprach, mir dabei selbstverständlich behilflich zu sein, auch wenn er nicht wüsste, ob er Erfolg haben würde. Den Grund dafür lieferte er gleich mit. Dem Dalai Lama ginge es nicht mehr so gut, sagte er. Die Ärzte in Bombay hätten ihm sehr eindringlich geraten, kürzerzutreten. Das bedeutete, dass die Anzahl der Audienzen auf höchstens drei pro Tag reduziert wurde. Manchmal würde kein einziger Gast von Seiner Heiligkeit empfangen. In dieser Woche gäbe es beispielsweise keinerlei Termine für Auswärtige, da er sich von den Anstrengungen der Teachings erholen müsse. Herr Jeshongtsang signalisierte mir aber, dass er nochmals mit den Sekretären des Dalai Lama sprechen wolle, um ein Treffen zu organisieren. Er notierte in ein kleines Buch meine Aufenthaltszeit hier in McLeodganj. Dann sah er mich etwas nachdenklich an. »Wen wollen Sie noch treffen?«, fragte er. Spontan antwortete ich: »Den Karmapa.« »Gut«, sagte er und griff zum Telefon. Wenige Augenblicke nach dem Telefonat stand bereits einer seiner Mitarbeiter im Büro. Der Staatssekretär erzählte ihm, was ich hier vorhatte. Der junge Mann hörte sich alles an und wurde sofort aktiv. Seine Einsatzbereitschaft verdutzte mich regelrecht, als er mich fragte, wann ich den Karmapa treffen wolle. Ich erklärte ihm, dass ich jederzeit dazu bereit sei. Schließlich bliebe ich noch einen guten Monat lang hier in McLlo. Der Mitarbeiter des Ministeriums bat mich, ihn in sein Büro zu begleiten. So verabschiedete ich mich dankbar von Herrn Jeshongtsang und folgte seinem Kollegen über eine Außentreppe in die obere Etage. Sein Reich war eine der hier ebenfalls notdürftig errichteten Abteilungen. Nur waren die Verschläge hier nicht übermannshoch, sondern ließen einen sitzenden Menschen sogar noch ein wenig darüber hinweg schauen. Gleich neben der Tür setzte er sich an einen Schreibtisch und blätterte in einigen Papieren. In dem Stapel erkannte ich zu meinem Erstaunen auch Schriftstücke mit meinem Briefkopf. Ob er wusste, dass hier Kopien von meinen Briefen in dem Papierberg ruhen? Er nahm den Telefonhörer, wählte eine Nummer und sprach mit jemandem. Als ich dabei meinen Namen hörte, konnte ich natürlich messerscharf darauf schließen, dass es sich in dem Gespräch um mich drehte. In mir stieg derweil ein beschwingtes Gefühl der Hoffnung auf, dass sich alles ganz unkompliziert erledigen lassen würde. Dann kritzelte er ein paar Zahlen auf das oberste Papier, und schon war das Telefonat beendet.

»Übermorgen um 10 Uhr 45«, sagte er trocken. »Können Sie da?« Er fügte noch die Information hinzu, dass ich dann eine Audienz mit Interview bei Seiner Heiligkeit, dem Karmapa, haben könnte. »Also geht das?« »Jederzeit!«, erwiderte ich erfreut. »Gut, dann brauche ich bis morgen früh halb zehn Ihre Fragen, damit sich der Karmapa darauf vorbereiten kann, und noch eine Kopie von Ihrem Pass.«

Das sind Nägel mit Köpfen! Und auch noch so fix. Ich war beeindruckt und verabschiedete mich mit überschwänglicher Dankbarkeit von dem Mitarbeiter, der mir noch seine Visitenkarte in die Hand drückte. Tseten Tigne hieß er, war Untersekretär und so ganz anders, als ein üblicher Vertreter der Gattung ministerialer Mitarbeiter.

Kein Pass, keine Chance

Quirin verspeiste in unserem Stammcafé gerade ein mächtiges Omelette. Das Frühstück im Kloster hatte er verschlafen, also hatte er sich auch die steile Treppe hinaufgequält, um sich nun hier zu stärken. An seinem Tisch saß ein junger Tibeter, der hier sonst im Service arbeitet.

Er habe heute frei, sagte er. Sein Name war Pema. Quirin forderte ihn auf, mir seine Geschichte zu erzählen, denn er meinte, sie könne mich interessieren. Also ließ ich den 25-Jährigen erzählen. Vor zwei Jahren ist er aus Tibet geflohen. Achtundvierzig Tage hatte er dafür gebraucht. Er war wie alle anderen über die Bergpässe des Himalaya nach Nepal gekommen. Als er erzählte, dass der Zeitpunkt der Flucht Ende September war, sah ich seinem Blick an, wie er sich daran zurückerinnerte, dass es dort oben in über viertausend Metern Höhe eiskalt gewesen war. Er war in einer ganzen Gruppe unterwegs gewesen. Sie hatten Angst, vom chinesischen Militär oder von der Geheimpolizei entdeckt zu werden. Oft sind sie deshalb nur in der Dunkelheit weitergezogen. Tagsüber konnten sie nur in Gegenden, die von weitem nicht einsehbar waren, laufen und klettern. Wenn sie ein Schneefeld überquerten, hatte er Sorge, dass ihre Fußspuren sie verraten könnten und ihnen bald jemand folgen würde. Er rührte nun mit einem kleinen Löffel in seiner Kaffeetasse herum und schien die Bilder der Flucht in Gedanken noch einmal aufscheinen zu lassen. Als ich ihn nach seiner Familie fragte, erzählte er, dass sie noch in Tibet lebe. Er sei geflohen, ohne ihnen etwas von seinen Plänen zu verraten. Er wollte sie nicht gefährden, denn er wusste, dass es nicht legal war, China zu verlassen. Ich fragte ihn, ob seine Eltern keine Probleme mit den chinesischen Behörden bekommen haben, denn sein Fehlen sei ja sicher irgendwann bemerkt worden. Er könne zwar nur mit seinem Onkel telefonieren, schickte er voraus, aber der hätte ihm gesagt, seine Eltern würden unbehelligt weiterleben. Er mutmaßte, dass es daran liegen könnte, dass sie sehr weit außerhalb einer Ortschaft lebten und deshalb nicht so gut kontrollierbar seien.

Mich interessierte der Grund, warum er Tibet verlassen hat, und ich staunte nicht schlecht, als er sagte, dass es sein größter Wunsch war, einfach nur den Dalai Lama zu sehen. Nun sitzt er hier fest, hat keinen Pass und kann auch nicht zurückkehren. Ein Freund hatte ihm geraten, besser nicht zurückzukommen, weil in China mindestens zwei Jahre Gefängnis und Folter auf ihn warteten. Er wäre natürlich lieber wieder in seiner Heimat als alleine hier in Dharamsala. Er wäre lieber wieder bei seiner Familie, sagte er traurig. Nun müsse er zusehen, wann und wie er an einen indischen Pass käme. Dann könnte er endlich ein richtiges neues Leben beginnen, denn ohne Pass bekäme kein Exilant außerhalb von Dharamsala einen Job und auch keine Wohnung, selbst wenn er die Miete bezahlen könnte. Hier sei er aber bei Tibetern untergekommen. Innerhalb der Exilgemeinde benötigte er dafür nur den Exilausweis. Aber er bräuchte ja auch nicht mehr als ein kleines Zimmer und etwas zu essen. Sein Gesicht war spitz und hager. Glücklich sah er nicht aus. Am Anfang habe er noch als Koch gearbeitet, erinnerte sich Pema. Aber der Job ging von sechs Uhr am Morgen bis um zehn Uhr am Abend. Das habe er nicht lange ausgehalten. Deshalb sei er nun froh, hier im Café einen Job gefunden zu haben. Hier treffe er interessante Menschen. Vielleicht trifft er auch mal auf jemanden, der ihm in seiner Situation helfen könne, hoffte er.

Nun musste ich ihn natürlich danach fragen, ob er denn den Dalai Lama auch einmal getroffen habe, denn schließlich sei er ja wegen ihm geflüchtet, nur um ihn, Seine Heiligkeit, zu sehen. Er habe ihn zwei Mal persönlich treffen können, berichtete Pema stolz. Als er vor ihm stand und mit ihm sprach, hätten ihn zwei Gefühle gleichzeitig bewegt. Er war »happy«, wie er sagte, aber es sei auch ein Gefühl von Trauer und Schmerz in ihm gewesen. Denn erst in Nepal hatte er vom vollen Umfang der chinesischen Aggression erfahren. Er sprach von Gehirnwäsche, der die Tibeter und die Chinesen ausgesetzt seien. Alle würden dort durch Filme und Zeitungen nur mit der einseitigen chinesischen Propaganda infiltriert. Als er all das erfahren habe, sei er erschrocken und traurig gewesen. Außerdem hatte er erwartet, den Dalai Lama hier wie einen König in einem prächtigen Palast anzutreffen. Aber als er als neuangekommener Flüchtling seine Heiligkeit besuchen durfte, hat er die erschreckende Schlichtheit seiner Residenz gesehen. Ich wusste genau, was er meinte, sagte aber natürlich nichts dazu.

Er seufzte tief und beklagte die Ungewissheit, wann er endlich einen Pass bekäme. Die Leute im Sicherheitsbüro der zentralen tibetischen Administration sagten ihm, dass es eine gewisse Zeit dauern könne, bis er seine Papiere hätte. Von anderen wisse er, dass sie bis zu zehn Jahre darauf hatten warten müssen, um sich dann endlich wirklich frei bewegen zu können. So blieb ihm, wie vielen anderen, hier nur, im Schutzbereich des Exilgebietes zu leben, den die indische Regierung jedem tibetischen Flüchtling gewährte. Pema hatte das Ziel aber klar definiert: Er wollte einen Pass, er wollte nach Indien. Er träumte davon, dort herumzureisen und nach einer Arbeitsstelle zu suchen. Vielleicht könne er noch studieren, aber vorher müsste er erst mal richtig lesen und schreiben lernen, denn er war nur zwei Jahre in der Schule gewesen, sagte er.

Er sinnierte ein wenig und sagte dann halblaut, als würde er mit seiner Kaffeetasse sprechen: »Ich habe keine Visionen und Vorstellungen von der Zukunft. Ich kann sie nicht sehen, weil ich bisher nur wenig von der Welt weiß.« Er stockte und sprach nach einem Moment weiter von seinen Träumen. »Träume kann man nicht konkret fassen. Also muss ich jeden Tag einfach leben und auf die nächste Tür warten, die sich für mich öffnet.«

Pema spielte mit einer leeren Zuckertüte herum. Er faltete sie und schaute immer wieder in einer Kombination aus Konzentration und Traurigkeit auf das Kunstwerk, das in seinen Händen entstand.

Während er nun das Papier der Zuckertüte mit seinen Händen zerpflückte, erzählte er von zu Hause. Sie hätten im Sommer in einem Zelt gelebt. Er, sein Vater, seine Schwester und seine Mutter. Aber als er zwei Jahre alt war, sei seine Mutter gestorben. Er machte eine kurze Pause, warf das Papier auf den Tisch und sprach zügig weiter. Im Winter hätten sie jedes Jahr in einem kleinen Häuschen in den Bergen Unterschlupf gefunden. Mit fünf Mönchen hätten sie dann dort zusammengewohnt, bis der Frühling sie wieder in die Natur gezogen habe. »Es war schön«, sagte er, »wir konnten mal eben das Zelt zusammenpacken, es auf den Pferderücken laden und ein Stück weiterziehen.«

Nun schaut er mich mit seinen schmalen Augen an und spricht zu mir, als würde er der Welt etwas prophezeien wollen: »Wenn Tibet einmal frei sein wird, dann werde ich zurückkehren. Und dann will ich dort ein richtiges Haus bauen. Dann lade ich dich in mein Haus in Tibet ein.«

Ich nahm diese Einladung an. Allerdings weiß auch ich nicht, wann er dieses Versprechen einlösen kann.

Appetit und Ruhe

Weil ich Hunger verspürte, dachte ich schon wieder an Essen, an Pasta Carbonara mit knusprigen Streifen von Bauchspeck. Es war entsetzlich. Ständig verfolgten mich hier Gedanken über das Essen, und ich brachte diese auch noch zu Papier. Ich sollte mir über andere Dinge Gedanken machen. Eigentlich war das auch gar nicht schwer. Wenn ich genau darüber nachdachte, schwirrten mir hier ständig so viele Dinge und Erinnerungen durch den Kopf wie kaum irgendwo. Dabei hatte ich noch gar nicht das Gefühl, ich sei richtig zur Ruhe gekommen. Ich war immer noch unruhig. Deshalb fragte ich mich, ob es denn in den kommenden Wochen mit den Gedanken noch üppiger werden würde, wenn etwas mehr Ruhe in meinen Körper und in meine Seele eingezogen war. Quirin hatte ja gesagt, hier müsse man so viel denken wie nirgendwann und nirgendwo vorher. Eine Woche verstreiche wie ein Monat und ein Monat fühle sich sogar an wie ein Jahr, hatte er mir an einem meiner ersten Tage noch prophezeit. Ich war nun schon länger als eine Woche hier. Aber das Gefühl einer nicht vergehen wollenden Zeit hatte sich bei mir noch überhaupt nicht eingestellt. Es fühlte sich eher so an, als wäre die Zeit bisher wie im Flug vergangen. Lag es vielleicht daran, dass ich einige Termine hatte und ständig auf neue Menschen traf? Oder dass ich zusätzlich versuchte, den vorhandenen Tagesrhythmus der Mönche mitzuleben? Ab und zu suchte ich sie bewusst auf, um mit ihnen zu reden, um beim Essen auf dem Mäuerchen dabei zu sein oder um ihrer Puja beizuwohnen.

Sicher ist ein solcher Tagesrhythmus, wie man ihn in allen Klöstern finden kann – egal ob buddhistisch oder christlich –, kein schlechter Pulsgeber. Denn je mehr Struktur und Rhythmus ein Tag hat, desto besser kommt der Mensch damit und vielleicht auch mit sich selbst zurecht. Die Zeit vergeht dann schneller, aber auch strukturierter. Nicht jeder mag sich an einen vorgegebenen Rhythmus gewöhnen. An sich ist es aber einfacher, die Taktung vom Leben einer Gemeinschaft zu übernehmen. Es gibt auch jene, die ausreichend diszipliniert sind, ihrem Tag und dem Leben selbst einen Rhythmus zu geben. Das finde ich bewundernswert. Allerdings sollte es auch da natürliche Grenzen geben, so dass man nicht zum Sklaven seiner selbst wird, unflexibel und eigenbrötlerisch. Guter und gesunder Rhythmus schließt kreative Freiräume und Flexibilität mit ein. Vielleicht ergeben sich sogar sehr viel klarer empfundene Freiräume, wenn der Tag an sich strukturiert ist.

Einen richtigen Rhythmus hatte ich hier aber noch nicht gefunden. Es waren einfach nur viele Aktivitäten, die sich wie von selbst aneinanderreihten. Nach der Ruhe musste ich wohl noch suchen.

Vielleicht sollte ich einfach damit beginnen, mich bewusster auf das einzulassen, was mir Rhythmus geben könnte, nicht das zu vermissen und zu reklamieren, was meiner Meinung nach für einen Tagestakt notwendig war. Genauso, wie ich nicht den Träumen von einem Teller Pasta, wie ich ihn in Rom zu fast jeder Tageszeit bekommen würde, hinterherhängen sollte.

Also genoss ich ganz bewusst die Wohltat eines Schokoladenriegels, einer Runde Gebetsmühlendrehen um den Tempel und die einer verdienten Mittagsruhe. Im Bett hörte ich noch das Glöckchen der großen Gebetsmühle. Auch wenn ihr Rhythmus nur von fern erklang, sie läutete mich mit jeder Umdrehung weiter in den Schlaf.

Tierwelt innen und außen

Ein Tausendfüßler krabbelte die Zimmerwand über meinem Bett hinauf. Ziemlich groß, das Tier, dachte ich. Aber wahrscheinlich wird es mir nichts tun, wenn ich nachher schlafe. Zumindest ist es nicht so gefährlich wie ein Leopard. Thubten hatte mir nämlich erzählt, dass es hier tatsächlich Leoparden gibt. Nun wusste ich auch, von welchem Tier die Geräusche stammten, die ich ein paar Tage zuvor in der Nacht vernommen hatte.

Tiere gehören hier zum Leben dazu. Sei es der schwarze Hund, der sich meistens ganz seltsam still verhielt, tagsüber nur auf der Gästeterrasse herumdöste, aber jede Nacht vor meiner Zimmertür wachte. Oder die Mutter mit ihrem Kind, die öfter durch das Unterholz unweit der Gästeterrasse schlich. Ich wusste nicht einmal, was das überhaupt für ein Tier war. Es sah aus wie ein grauer Ameisenbär. Dann war da noch ein riesiger Igel, tatsächlich doppelt so groß wie ein Fußball, der ganz frech die Camel Track Road blockiert hatte. Minutenlang ließ er sich nicht überzeugen, die Straße für mein Taxi freizugeben. Ich fand es schade, dass es hier beim TseChokLing-Kloster keine Affen gab. Schon als Kind mochte ich am liebsten einen Affen als Haustier haben. Seitdem beobachte ich sie gerne, auch wenn ich weiß, dass sie nicht als Haustiere taugen. Unterhalb des Berges des Dalai Lama habe ich schon einige Exemplare sehen können. Das war zwar nur wenige hundert Meter von hier entfernt, aber sie trauten sich anscheinend nicht hierher. Also bestaunte ich derweil das possierliche Tierchen, das an meiner Zimmerwand herumkurvte.

Taxifahrt und Auferstehung

Das Ministerium für Religion und Kultur liegt eigentlich nur wenige hundert Meter von diesem Kloster entfernt. Da ich spätestens um halb zehn meine schriftlich formulierten Fragen und eine Kopie meines Reisepasses und des Visums beim Mitarbeiter des Ministeriums abgeliefert haben sollte, musste ich zügig frühstücken und entschied mich für den anstrengenden Fußweg, denn nur noch so konnte ich pünktlich sein. Mit dem Auto wäre es zwar bequemer, aber wegen der Serpentinen ist der Weg auch um ein Vielfaches länger. Der schlechte Straßenzustand und der ewige Stau auf der Temple Road kosten vor allem viel Zeit. So stieg ich wie jeden Tag die 360 Stufen bis hoch ins Dorf und von dort wieder hinab zum Areal der Administration.

Ich war um 9 Uhr 28 am Schreibtisch von Tseten, dem Verantwortlichen für den Karmapa im Ministerium. Die Kollegen vom Ministerium diskutierten über meine Fragen an den Karmapa, und ich befürchtete schon, ich könnte tatsächlich etwas Unpassendes aufgeschrieben haben. Gerade waren sie beim Thema übernatürliche Kräfte angekommen. Einer der Mitarbeiter behauptete, der Karmapa habe übernatürliche Kräfte. Aber er sei kein Zauberer. Dann erzählte er mir von einem schwarzen Hut, den Seine Heiligkeit der Karmapa nicht auf den Boden legen könne. Er bleibe einfach in der Luft stehen. Ich war erstaunt, so etwas auch hier im Ministerium zu hören, denn ich ging davon aus, dass man sich hier eher mit harten Fakten beschäftigte, als sich mit eher übernatürlichen Geschichten auseinanderzusetzen. Nun hingen sie am Begriff »Resurrection« fest. Dieses englische Wort kannten sie offenbar noch nicht. Wie erklärt man aber einem Buddhisten den Begriff Auferstehung in einer für beide Seiten fremden Sprache? Ich erzählte in knappen Worten die Fakten über den Tod Jesu Christi und seiner Auferstehung von den Toten. Das war der Startschuss für eifrige Diskussionen. Allerdings blieb mir der Inhalt verwehrt, weil sie nicht auf Englisch, sondern in ihrer Sprache diskutierten. »Das ist eine schöne Frage!«, lobte der junge Mann, der meine Daten an das Büro des Karmapa faxen wollte. Ich musste lachen und beschloss, es bei dieser Bewertung bewenden zu lassen, bevor wir in eine handfeste fundamentaltheologische oder dogmatische Diskussion verfielen.

Das Fax an das Büro des Karmapa war durchgelaufen. Unterstaatssekretär Tseten Tigne, der auch heute wieder einen dunklen, feinen Anzug trug, heftete das Blatt in eine Mappe, in der sich anscheinend die »Kulle-Akten« befanden. »Wenn es morgen ein Problem geben sollte, rufen Sie mich bitte an«, sagte er und schrieb mir nochmals seinen Namen und seine Handy-Nummer auf ein kleines Stück Papier. »Tztn«, las er mir vor, um die Aussprache seines Namens zu erklären. »Tztn«, wiederholte ich seinen Namen und ließ – wie er – die Vokale weg. »Danke Tztn!«

Die Rückfahrt gestaltete sich abenteuerlich, da der Taxifahrer nicht nur über Michael Schuhmacher reden wollte, sondern sich auch noch, von einer unsichtbaren Macht getrieben, dazu berufen fühlte, seinen Fahrstil zu imitieren. Nachdem ich zum zweiten Mal mit dem Kopf gegen den Holm zwischen Dach und Seitenfenster gestoßen war, beschloss ich, ihn etwas deutlicher zu bitten, langsamer zu fahren. Er lachte, aber er wollte mich anscheinend nicht verstehen. Gerade hatte er fast einen kleinen Affen überfahren, der am Straßenrand gesessen und mit seinen Fingern etwas Essbares vom Boden aufgeklaubt hatte. Das Äffchen hatte uns wohl gesehen, aber sicher nicht geglaubt, dass der verrückte

Taxifahrer plötzlich ruckartig scharf nach links ziehen könnte. Der Kleine sprang im letzten Moment auf und schoss wie vom Teufel gejagt die Felswand hoch. Es hatten nur wenige Zentimeter gefehlt, dann hätte ihn der linke Reifen erwischt. Das arme Tier würde wohl so schnell nicht wieder am Straßenrand picknicken. Ich beschloss, die Fahrt oben im Dorf zu beenden, denn ich wollte nicht im Auto sitzen, während dieser Mann mit heulendem Motor und Dauerhupen Jagd auf Passanten machte, denn dazu war er inzwischen übergegangen.

Der strenge Lehrer

Um vierzehn Uhr klingelte ein Glöckchen, und ich sah viele Mönche die Treppe heruntereilen. Zu meinem Erstaunen flatterten nicht nur dunkelrote Tücher, sondern es leuchteten auch dottergelbe in der Sonne. Ich fragte Sonam, was los sei. Er sagte mir, es gäbe eine spezielle Puja. Ich bat ihn um Erlaubnis, sie mir anzusehen, um vielleicht einige Momente fotografisch festzuhalten.

»Yes, you can!«, antwortete er, zeigte mit dem Finger auf mich und wiederholte »You«. Das betonte er so, als wolle er mir damit sagen, dass es etwas Besonderes sei, dass ich es dürfte – ein Zeichen von Vertrauen und Sympathie mir gegenüber. »Aber du musst hinter den Tempel gehen, immer dem Gang nach, dann findest du die Mönche.«

Hinter dem Tempel hörte ich jedoch keinen Gesang, sondern so etwas wie ein schepperndes Donnerwetter von tieftönenden Trommeln, röhrenden Trompeten und silbrigen Schellen. Unglaublich! Wie ein Alphornkonzert. Ich stieg dem Geräusch folgend die Treppen hinauf, um die Quelle dieser Töne zu finden. Es war nicht leicht, genau zu lokalisieren, wo sich die Mönche aufhielten, denn der Schall wurde von vielen Hauswänden gebrochen und hallte aus vielen Richtungen wider.

Endlich hatte ich herausgefunden, aus welchem der verschachtelt gebauten kleinen Häuschen die Töne drangen. Durch das Fenster konnte ich die rot und gelb gekleideten Mönche erkennen. Quer durch den etwa drei mal fünf Meter großen Raum standen lange Hörner waagerecht auf farbig gefasste Böcke gestützt. Mittendrin große Trommeln. Unglaublich intensive Töne schallten mir nicht nur entgegen, sondern ließen mich die Musik in meinen Knochen und auf meiner Haut spüren. Ich konnte etwa zwölf Mönche zählen. Und weil sie zwischen ihren gewaltigen Instrumenten ohnehin schon wenig Platz hatten, entschied ich mich, der Zeremonie einen Moment lang von außen zu lauschen.

Ich ging die Treppen wieder hinunter und hörte aus den oberen Fenstern des Tempels Gebete.

Drinnen saßen etwa zehn junge Mönche zum Gebet auf langen Matten vor ihren flachen Tischpulten. Die jüngsten und ein paar jugendliche Mönche waren ebenfalls in gelbe Tücher gehüllt.

Der Platz an der Wand gegenüber der Buddha-Statue war von einem etwa vierzig Jahre alten Mönch besetzt. Links neben ihm saß Sangay. Vor ihm die langen Gebetszettel. Sangay hatte mich bemerkt und herübergegrinst. Doch schnell richtete er seinen Blick wieder auf die Zettel. Er versuchte sich zu konzentrieren, um in der aktuellen Textzeile zu bleiben. Allein die Tatsache, dass der Lehrer seinen Stapel zwei Seiten weiter blätterte, zeigte mir, dass Sangay nicht bei der Sache war und den Anschluss verpasst hatte. Er bekam in den nächsten Minuten öfters strenge Anweisungen vom Lehrer. Ich dachte kurz darüber nach, ob ich den Kleinen vielleicht ablenken würde, aber andererseits könnte meine Anwesenheit genauso gut ein Ansporn für ihn sein, seine Sache gut zu machen. Der Lehrer-Mönch hatte von Natur aus ein hart wirkendes Gesicht. Es war hager und zeigte fast eiserne Züge. Die stechenden grauen Augen waren von stark hängenden Lidern umrahmt. Ich denke, ich wäre als Kind auch vor Ehrfurcht und Angst erstarrt. Zwar hatte ich diesen Mönch auch schon lächelnd gesehen, aber hier konnte ich in seinem Gesicht nur konzentrierte Strenge erkennen. Sangay war nicht der Einzige, auf dem sein strenger Blick ruhte. Er ging auch zu anderen Mönchen und prüfte, ob sie auf der richtigen Seite ihrer Zettel waren.

Ich nutzte das litaneiartige Gebet der Mönche als inspirierende Geräuschkulisse, um ein wenig nachzudenken und zu meditieren. Zumindest kontrollierte keiner den Fortschritt meiner Gedanken.

Am späten Nachmittag war vom Tempel Lärm nach unten gedrungen. Stimmen, Klirren, Geschepper. Also verließ ich neugierig meinen Sonnenplatz auf der Terrasse und ging mit dem Fotoapparat bewaffnet die Treppen hinauf. Im Tempelhof herrschte ungewöhnliche Betriebsamkeit. In der Tempelküche verarbeiteten einige Mönche weißen Butterteig zu verschiedenen Figuren, die für den Opferritus in der Tempel-Puja gebraucht werden. Dabei wird die Butter mit verschiedenen mineralischen Farben gemischt und dann zu Figuren geformt. Es gibt Plastiken von Buddhas, Menschen, Blumen, Pflanzen, Tieren und Pagoden. Da die Butterfiguren nicht hitzeresistent sind, werden sie nur im Winter angefertigt. Manche von den Kunstwerken werden dann noch mit einer roten Glasur übergossen. Die Mönche arbeiteten präzise nach den Vorgaben, die mit Kugelschreiber in ein Heftchen gezeichnet waren. Langsam verstand ich auch, dass die Musikproben am Vormittag ebenfalls der Vorbereitung auf eine besondere und große Puja dienten.

Auf dem Hof stellten einige andere Mönche Hunderte von goldenen Kerzenkelchen auf einen provisorischen riesigen Tisch, der aus mehreren Böcken und Platten bestand. Als sie gerade dabei waren, die etwa zwölf Zentimeter hohen Kelche mit baumwollenen Dochten zu bestücken, fragte ich, ob ich bei der Sisyphusarbeit mithelfen könne. Der Vorschlag gefiel ihnen.

Wir arbeiteten zu viert, Nima, der Tempel-Verantwortliche, zwei Kindermönche und ich. Es war keine schwere Arbeit, die etwa fünf Zentimeter langen Dochte aus gedrehter Baumwolle in die kleinen Löcher am Boden des Kelchgefäßes einzufädeln und festzustopfen. Weiter hinten im Hof hatte ein Mönch bereits damit begonnen, flüssiges Wachs in die Kelche zu gießen. Als wir mit unserer Arbeit nach etwa zwanzig Minuten fertig waren, fragte mich Nima, ob ich immer noch helfen wolle. Ich bejahte.

Er holte ein Kissen, legte es auf eine Stufe und stellte eine riesige Waschschüssel vor das Kissen. Dann schleppte er einen Kochtopf herbei, der so groß war wie ein runder italienischer Käselaib. Es dampfte mächtig aus dem Topf, und ich sah staunend zu, wie er das kochende Wasser in die Schüssel zu meinen Füßen goss. »Setz dich«, sagte er und deutete auf das Kissen. Das Kissen war also für mich bestimmt. Aber ich verstand noch nicht ganz, worauf es hinauslaufen sollte. Ich setzte mich. Nur Augenblicke später schüttete ein anderer Mönch eine ganze Kiste mit weiteren Kerzenkelchen in das heiße und dampfende Wasser. Es spritzte, und ich war froh, dass er mir nicht dabei die Beine verbrüht hatte.

Nima grinste und fischte einen Kerzenständer aus dem Wasser. Er zeigte mir, wie ich den abgebrannten Docht herausziehen sollte. Alles klar, jetzt hatte ich meine Aufgabe verstanden. Ich hatte auch verstanden, warum das Wasser so heiß sein musste. Denn das alte restliche Wachs, das noch in den Kelchen klebte, musste herausgelöst werden. Außerdem waren viele Kerzenkelche auch ordentlich verrußt. Nur wollte mir nicht so ganz klar werden, wie ich die heißen Dinger aus dem heißen Wasser holen sollte, ohne mir dabei die Finger zu verbrühen. Genau in diesem Augenblick hatte ich begonnen, meine Hilfsbereitschaft leicht zu bereuen. Ich erinnerte mich, wie mir Sonam von einem Mönch erzählt hatte, der mehr studieren wollte. Sein Lehrer hatte ihn allerdings zum Arbeiten in den Klostergarten geschickt. Als er wieder nach mehr Unterweisung fragte, sollte er den Hunderte Meter langen Zaun um das Kloster streichen. Nach ein paar Wochen war er damit fertig und fragte erneut nach einer zusätzlichen Studienaufgabe. Als ihn sein Lehrer nun schicken wollte, das Unkraut von den Gartenwegen zu entfernen, beklagte sich der junge Mönch bei ihm wegen der niedrigen Arbeiten. Darauf sagte der Lehrer: »Die Schule des Lebens ist manchmal hart«, und gab ihm ein Buch über Gartenbau in die Hand.

War das hier etwa so eine ähnliche Geschichte, die ich nun in Form einer Waschschüssel samt fast noch kochendem Wasser und vielleicht etwa hundertfünfzig Kerzenständern vor mir hatte?

Mit größter Vorsicht angelte ich mir ein Kelchlein und entfernte mit spitzen Fingern den Docht. Das ging doch ganz gut. Den entdochteten Kelch gab ich Nima und schnappte mir den nächsten. Sie waren sehr heiß, aber ich verbrühte oder verbrannte mich nicht dabei. So zog ich einen Docht nach dem anderen aus dem kleinen Loch, tauchte ihn noch einmal unter Wasser und reichte ihn weiter an den Mönch, der ihn mit einem riesigen Stück Stoff, das gut und gern eine Gardine hätte ergeben können, abtrocknete und polierte.

Langsam kam ich so richtig ins Schwitzen, denn ich saß mitten im

Dampf, der nach Bienenwachs duftete, und mir war auch sonst sehr warm geworden. Zu allem Überfluss stand die Sonne inzwischen hoch über dem Tempelhof, so dass ich einen bestens beschienenen Platz erwischt hatte. Die Wärme und der Wasserdampf hatten allerdings auch ihr Gutes, denn sie wirkten wie eine Therapie gegen meine Erkältung.

Ein paar andere Mönche kamen vorbei und quittierten mein Engagement mit einem anerkennenden oder auch erstaunten Lächeln. Einige kicherten sogar. Lachten sie mich aus? Sah es so albern aus, wie ich mich hochkonzentriert und hochrot mit diesen kleinen Kerzenkelchen beschäftigte? Ich wollte darüber besser nicht ins Grübeln kommen.

Im Gegenteil, ich legte noch einen Zahn zu, denn ich wollte mit dieser Arbeit nicht den ganzen Tag verbringen. Also erhöhte ich das Tempo und griff immer wieder ins heiße Wasser, zog einen Lichterkelch nach dem anderen heraus und befreite ihn vom Docht.

Nima kam gar nicht mehr mit Abtrocknen und Polieren hinterher. Aber er wusste sich zu helfen und rief einen anderen herbei, drückte ihm ein Tuch in die Hand und forderte ihn auf, mitzuarbeiten.

Irgendwann waren wir fertig, und ich beschloss, mich schnellstens aus dem Staub zu machen, bevor ich noch irgendeine andere Aufgabe zugeteilt bekam.

Eine Puja gegen die Neun

Ein wenig wirkten die Mönche wie gelbe Schlümpfe, große und kleine. Fast alle Mönche waren nämlich mit einem gelben Hut im Tempelhof erschienen, und die nach vorn gewölbte Form erinnerte mich stark an die Mützen der Schlümpfe. Bislang hatte ich diese »Gelb-Mützen«, welche dem Orden einst auch seinen Namen »Gelugpa« gaben, noch nicht gesehen. Etwas Ähnliches kannte ich von Fotos mit dem Dalai Lama. Jedoch sieht man ihn darauf zumeist nur von vorn. Sein Hut wirkt auch eher spitz und von der Seite betrachtet wie eine gebogene Kerzenflamme. Die Mützen der Mönche zeigen von der Seite die bekannte Schlumpf-Optik.

Im Tempel hingen schwere Schwaden von Weihrauch. Langsam hatte ich mich an den würzigen Duft der typischen tibetischen Räucherstäbchen gewöhnt. Im Grunde riecht es überall nach Weihrauch und nach verstockter Feuchtigkeit. Bei den Mengen an heiligem Qualm würde es mich nicht wundern, wenn sich an den Wänden schon eine klebrige Masse abgelagert hätte. Dementsprechend kräftig ist der immerwährende Duft, der einem bereits beim Betreten des Tempels entgegenschlägt.

Kaum waren die Mönche feierlich in den Tempel eingezogen, hatten ihre spektakulären Hüte abgesetzt und die leuchtend gelben Überwürfe zurechtgezupft, da begann die feierliche Puja auch schon mit einem lauten orchestralen Paukenschlag. Nicht nur, dass die großen Trommeln zum Wummern gebracht wurden, auch alle anderen Instrumente, die dem Kloster zur Verfügung stehen, gaben Töne von sich. Wie eine donnernde Kirchenorgel, bei der alle Register gezogen sind, brausten die Töne, die Schläge und das Klingen der Becken, Glocken und Zimbeln durch die Tempelhalle. Das war ein wahrhaft bombastischer Start, der mich mit offenem Mund staunen ließ. Diese Puja hatte eine besondere Bedeutung. Sie fiel nicht umsonst auf den Abend vor dem Neunten des Monats, weil die Zahl Neun im Buddhismus für nichts Gutes steht, so erklärte es mir Sonam. Mir war zwar bisher nur bekannt, dass die Neun eine himmlische Zahl ist und für die höchste spirituelle Macht steht, aber sie hatte wohl im tibetischen Buddhismus noch eine andere Bedeutung. So richtig verstanden habe ich das nicht, weil Sonam mit zwei verschiedenen Kalendern argumentiert hatte, mit dem westlichen und mit dem tibetischen, dessen Monat allerdings weniger Tage hat. Es hatte sich kompliziert angehört: Jeder Tag vor einem Neunten sei ein spezieller Tag der Opfer-Darbringungen, allerdings nur während eines zunehmenden Mondes. Das gleiche Prinzip gilt auch für alle anderen Tage, an denen das Kalenderblatt eine Neun zeigt, also auch für den Neunzehnten und den Neunundzwanzigsten.

Damit auch keinem etwas Schlimmes widerfuhr, beteten die Mönche heute getreu dem kalendarischen Brauch gegen das Böse an und baten zugleich um den Einzug des Göttlichen in das irdische Leben. Eigens dafür hatten sie auch die Butterfiguren angefertigt. Sie werden als symbolische Opfergaben dargebracht. Ihre rote Farbe steht für Opferblut. Sie standen fein säuberlich aufgereiht am Postament der großen Buddha-Statue und auf den Gesimsen. Drei kleinere mit aufwendigen weißen Ornamenten standen auf einem kleinen Tisch im Mittelgang zwischen den Mönchsreihen.

Mir kam ein lästerlicher Gedanke: Was würde eigentlich passieren, wenn sie zum Neunten des Monats einmal nicht beten würden? Oder die andere Variante: Machen wir in Europa vor einem Freitag dem Dreizehnten etwas falsch, dass wir vor jenem Tag nicht um göttlichen Beistand bitten?

Die orchestrale Eröffnung der Puja dauerte noch immer an. Ich vermutete zumindest, dass es sich nur um die Eröffnung handelte, denn diese Intensität würden sie nicht lange durchhalten können. Die Trommler und diejenigen, die die Becken aufeinanderrasseln ließen, die vielleicht. Aber schon diejenigen, die den langen Hörnern mit dicken Backen tiefe, röhrende Töne entlocken, würden bald eine Pause einlegen müssen. Ihre Gesichter waren vor lauter Anstrengung schon tiefrot verfärbt.

Der Tempel war ziemlich gut gefüllt. Ich überschlug die Zahl der Mönche, es mussten etwa fünfzig sein. An den Wänden entlang saßen noch einige Tibeter und einige Klostergäste. Sehr viele hätten auch nicht mehr in den Tempel hineingepasst.

Nach einer ganzen Weile war ich fast in Trance geraten. Unter den strengen Augen des großen Buddhas schwankten die Mönche im Schneidersitz hin und her. So verschwamm das Bild manchmal sogar vor meinen Augen, wenn ich versuchte, das Geschehen im Tempel mit einem Blick zu erfassen. Der viele Weihrauch, der nun in dichten Schwaden unter der Decke entlang kroch und meine Sinne leicht vernebelte, war nur einer der Faktoren, dass mir leicht schwummrig war. Und dann war da noch das Schmettern und Dröhnen der Instrumente. Es durchdrang jede Zelle meines Körpers und versetzte ihn in andauernde Vibrationen. Es fühlte sich an, als wäre ich wie der Klangkörper einer Gitarre gebaut, in dem sich jeglicher Ton verfängt und nachschwingt. Das Gefühl ist wahrlich atemberaubend. Wenn sie ihre Instrumente verstummen ließen, tönten ihre tiefen brummigen Gebete durch die Reihen. Wie weit entferntes, schweres Glockenläuten fühlte es sich in den Ohren an – auf- und abschwellend. Sie drückten ihre Stimmen in den tiefstmöglichen Bässen herab. So klangen sie wie die tieffrequenten Töne einer Maultrommel – gänzlich anders als alle Gesänge, die ich jemals gehört habe. Da war zudem auch keine klare Melodie erkennbar, keine besonders auffällige Phrase oder Figur. Alles war ein einziger immerwährend auf- und abschwellender Chorus, der von verschieden tiefen Stimmen gebildet wurde. Der Text klang wie: »Om Ma nama nama – mahumma nama nama.«

Alle diese Faktoren, der Rauch, die Musik und die Mönchsgesänge, ergeben zusammen eine Mischung, die jeden Menschen fesseln muss. Alle Sinne sind in Beschlag genommen und öffnen die Türen zum Innern des Menschen, zu seinem Herzen und zu seiner Seele. Ich glaube, dass genau dies gewollt ist. Entziehen kann man sich dem inneren Gefühl nicht. Selbst wenn die Gedanken abschweifen, was bisweilen bei der Dauer einer Puja fast unvermeidlich ist, der nächste Schlag einer mächtigen Ton-Wolke erwischt einen dann garantiert und befördert das Bewusstsein wieder zurück in die tosende Gegenwart der Puja. Diesen akustischen Urgewalten ist man fast schon machtlos ausgeliefert. Jedoch sind es keine Kräfte, die dem Menschen Leid zufügen, sondern ihm im Gegenteil zum absoluten Hochgefühl verhelfen.

Nach etwa drei Stunden war ich völlig fertig. Ich hatte keine Ahnung, wie lange diese Puja noch andauern würde. Der Mönch, der an dem kleinen Tisch im Mittelgang mit den Butterfiguren Opferrituale in Form von Gebeten und Benetzungen mit Wasser und Öl zelebrierte, hatte schon eine ganze Menge von ihnen zum Altar bringen lassen. Zwei andere Mönche waren damit beschäftigt, alle erforderlichen Utensilien für die Puja herbeizuschaffen beziehungsweise sie zum Altar zu bringen. Aber wenn ich so die noch verbliebene Zahl der Butterfiguren betrachtete, und die Zeit überschlug, die es brauchen würde, sie zu opfern, hatten wir erst ungefähr die Hälfte der normalen Dauer des Rituals hinter uns gebracht. Den Mönchen schien das alles nichts auszumachen. Selbst die Kleinsten guckten noch recht wach aus ihren gelben Tüchern. Nur hier und da sah ich einen von ihnen gähnen oder sich strecken. Die meisten waren ohnehin beschäftigt und hatten nie lange Zeit, denn ihr nächster Einsatz an den Instrumenten nahte.

Für mich war es jetzt genug. Mir brummte schon leicht der Schädel. Als Mönche mit silbernen Teekannen den Tempel betraten, nutzte ich die Unruhe und verließ die Puja. Im Hof sah ich mehr als tausend Kerzenflammen im sanften Abendwind flackern. Wie ein Traumbild erschien mir das Meer aus Feuerzungen, die ein warmes Licht aussendeten. Der Dunst von verbranntem Kerzenwachs benebelte mich leicht. Im Torbogen atmete ich endlich wieder frische Luft. Binnen Sekunden war mein Kopf wieder frei. Aber ich spürte noch immer die Musik der Mönche im Tempel in mir nachklingen, obwohl ich mich mit jeder Stufe weiter vom Ort des Geschehens entfernte.

Auf der Gästeterrasse ließ ich mich auf einer der Bänke nieder und bestaunte den Sternenhimmel. Über dem rechten Hügel prangte das Sternbild Orion. Und im nächsten Augenblick sah ich in Gedanken das Gesicht des Mönchs vor mir, der mir auf den Tempelstufen am zweiten Tag begegnet war. Er war nicht hier. Er stellte mir keine Fragen. Aber ich musste an seine Fragen denken. Würde er mich heute noch einmal fragen »Was willst du jetzt tun?«, wüsste ich ihm zu antworten: »Ich will hier bleiben, weil ich mich in diesem Kloster wohl fühle.« Wie gerne würde ich ihn doch noch einmal treffen, um mehr über ihn zu erfahren und ihn danach zu fragen, warum er mich auf den Tempelstufen angesprochen hatte. Aber bisher hatte ich ihn weder hier im Kloster noch oben im Dorf wiedergesehen.

Interview mit dem Karmapa

Am nächsten Morgen war ich mit dem Taxi auf dem Weg zum 17. Karmapa. Mein Taxifahrer war recht jung, aber irgendetwas war eigenartig an ihm. Ich beobachtete ihn ganz genau, denn die Bewegungen seines Oberkörpers, vor allem die seines Kopfes, kamen mir irgendwie verdächtig vor. Ja, mit seinen Augen schien etwas nicht zu stimmen. Sein linkes, also das, was ich auf meiner Seite sehen konnte – denn der Fahrer sitzt in Indien rechts –, war halb geschlossen, so als wenn etwas mit ihm nicht in Ordnung wäre. Und die ständige Schaukelbewegung seines

Kopfes, die mir schon nach den ersten hundert Metern aufgefallen war, verstärkte meine Befürchtung: Er konnte offenbar nur mit einem Auge sehen. O je, dachte ich, hoffentlich kommen wir heil an. Ich kannte den Weg nicht, also musste ich mich auf ihn verlassen. Es beunruhigte mich etwas, dass er im Schnitt nur im flotten Joggingtempo fuhr. Natürlich kann man auf diesen Straßen keinesfalls schneller als dreißig Stundenkilometer fahren, weil es sonst das Auto zerriss oder man irgendwann aufsetzte, aber ein bisschen schneller könnte er schon fahren.

Die Strecke war etwa fünfundzwanzig Kilometer lang, bei etwas schnellerem Tempo würde ich noch pünktlich am Kloster des Karmapa ankommen. Um Viertel vor elf war das Interview mit dem 17. Halter der schwarzen Krone angesetzt. Jedoch bereitete mir jetzt zusätzlich Sorgen, dass der Taxifahrer extreme Probleme hatte, am Berg anzufahren. Jedenfalls brauchten wir einige Minuten und mehrere Anläufe, bis wir auf die Hauptstraße nach Dharamsala auffahren konnten. Die Zufahrt war recht steil und uneben.

Es ging im Schneckentempo weiter. Ich begann dem Einäugigen langsam etwas mehr zu vertrauen, denn er besaß anscheinend trotz seiner Einschränkung im räumlichen Sehen genügend Augenmaß, die recht knapp gehaltenen befahrbaren Stellen der Straße tatsächlich mit den Rädern zu treffen.

Irgendwann, nach einer als endlos lang empfundenen Fahrt, vorbei an Affenhorden, diversen Baustellen, über kaum noch vorhandene Straßen und trotz unzähliger Staus, kamen wir am Kloster an. Und das sogar pünktlich: Um 10 Uhr 45 war der vereinbarte Termin, und um Punkt zehn Uhr standen wir am Torborgen.

Die Sicherheitskontrolle am rechten Eingang zum Tempel kannte ich ja bereits. Der Mann im Ministerium hatte mir gesagt, ich solle mich dort melden, denn in diesem Haus sei auch die Wohnung Seiner Heiligkeit. Diesmal saßen allerdings nur zwei Leute an dem langen Tisch. Einer der Männer kam mir bekannt vor, und auch er machte den Eindruck, dass er mein Gesicht wiedererkannt habe. Meinen Pass hatte ich diesmal eingepackt. Außerdem hatte ich in einer kleinen Tasche meinen Fotoapparat, ein Diktiergerät, Taschentücher, mein Handy, ein Notizbuch samt Kugelschreiber und einen neuerworbenen weißen Seidenschal dabei.

Den Pass wollten die Herren diesmal nicht sehen. Sie registrierten lediglich meine Ankunft und baten mich, im Raum hinter ihnen zu warten. Der hellbraune Marmorboden führte mich in einen Saal, der etwas aufwendiger möbliert war als die fast nackte Empfangshalle. Vier hellgeblümte Sofas mit weißen Schutzüberzügen standen sich paarweise gegenüber. Ein paar schmucklose Schränke verteilten sich auf die hellgelb gestrichenen Wände. Und damit endete auch schon die Pracht. Neben einer Wanduhr aus vergoldetem Plastik hing ein schlichtes Ölgemälde mit dünnen weißen Rahmen, das ein Porträt des Karmapa in jungen Jahren zeigt. Jedoch hat der Karmapa die Ähnlichkeit zu damals ein wenig verloren. Sein Gesicht ist wesentlich runder geworden. Das lässt auch die Augen weniger groß erscheinen. Auf dem Ölbild verleihen seine schwarzen Haare seinem Kopf Kontur. Vor ein paar Tagen war er kahl geschoren. An der Wand gegenüber der Tür hing ein recht großes Foto im goldenen Schnörkelrahmen. Das musste recht aktuell sein, denn es zeigte den Karmapa an der Seite des Dalai Lama, wie ich ihn auch kennengelernt hatte. Die goldene Plastikwanduhr quälte einen Ton heraus, der nicht wirklich nach einem Glockenschlag klang. Es war zehn Uhr. Die Stundenglocke surrte tatsächlich auch zehnmal. War das vielleicht auch gleichzeitig der Start für meinen Termin? Ich setzte mich auf das gegenüberliegende Sofa um. So hatte ich nicht mehr die Uhr und das Ölporträt im Blick, sondern nur die Tür zur Halle und zur Fensterfront.

Aus der Empfangshalle hörte ich Stimmen. Da kamen Leute. Und nach kurzer Zeit saßen sie auch auf den Sofas. Zwei Amerikanerinnen, ein Franzose und drei Nonnen aus Japan. So viel konnte ich ermitteln. Eine der amerikanischen Damen fragte mich, ob ich auch eine Privataudienz bei seiner Heiligkeit hätte. Diese Frage verstörte mich etwas. So antwortete ich nur knapp mit »Nein«. Würde ich jetzt hier etwa mit einer normalen Privataudienz abgespeist werden? Ich wollte ein Interview und keine Begegnung im Vorbeigehen, wie in der letzten Woche. Hatte man hier vielleicht nicht so ganz verstanden, um was ich gebeten hatte? Ein Interview. Der Begriff ist doch eindeutig. Außerdem hatte ich gestern meine Fragen ins Ministerium gebracht. Ich war dabei gewesen, als Tseten Tigne sie hierhergefaxt hatte. Die Frage der Amerikanerin hatte mich etwas beunruhigt. Ich ging hinaus in die Halle zu den beiden Männern am Tisch. Den, der mir vage bekannt vorkam, fragte ich, ob mit meinem Interviewtermin alles in Ordnung war. Er bestätigte das nur insofern, als dass ich mir keine Sorgen machen sollte. Außerdem ginge es gleich los. Es war mittlerweile Viertel vor elf. Ein Uniformierter ließ die übrigen Wartenden antreten. Im Halbkreis aufgestellt konnten wir uns gegenseitig bei der Sicherheitskontrolle beobachten. Nun erschienen noch mehr uniformierte Polizisten. Zwei von ihnen mit Maschinengewehren. Das verlieh der Situation augenblicklich einen offizielleren Charakter. Meine Tasche wurde beanstandet. Alles bis auf das Notizbuch und den weißen Schal sollte ich hierlassen. Aufnahmen egal welcher Art seien nicht erlaubt, sagte der freundliche Herr, der mich eben noch wegen des Interviewtermins beruhigt hatte, und streckte die Hand aus, um meine Tasche in Empfang zu nehmen. Obwohl ein Diktiergerät zum üblichen Handwerkszeug gehört, war jeglicher Widerspruch zwecklos. Also gab ich artig meine Tasche in seine Obhut. Allerdings machte ich mir sofort Gedanken, wie ich das Diktiergerät ersetzen könnte. Denn für das Interview bot es mir eine unersetzbare Sicherheit, falls ich im ersten Moment nicht alles richtig verstand oder mit dem Schreiben nicht nachkam. Nun, ich musste wohl damit leben. Meine Tasche fand einen sicheren Platz auf dem Tisch der Anmeldung. Zumindest das beruhigte mich.

Nun mussten wir uns aufreihen und im Gänsemarsch den Flur hinuntergehen. Unsere stille Prozession führten ein Sicherheitsmann im dunkelblauen Anzug und ein Polizist in Uniform an. Ich war an letzter Position. Hinter mir kam nur noch ein Mann von der Sicherheit. So war sichergestellt, dass keiner verloren ging oder sich unerlaubt entfernte. Wir durchquerten den Saal, in dem ich den Karmapa in der letzten Woche getroffen hatte. Es sah wie ein Refektorium aus, ein Speisesaal für Mönche. Mehrere lange Tische und zwei große Kühlschränke deuteten darauf hin. Vorbei an einer größeren Anzahl von Gasflaschen für die Küche bogen wir in ein Treppenhaus. Der Anblick von gegossenen Treppen in Terrazzo-Beton versetzte mich innerlich schlagartig zurück in die DDR. Genau solche Treppen gab es baugleich überall in den Plattenbauten des Arbeiter- und Bauernstaates.

Auf jeder Zwischenplattform konnte ich kurz einen Blick nach draußen werfen. Die Fenster dort zeigten hinaus auf einen recht gepflegten Garten, hinter dem sich der Himalaya erhob. Mit jeder Etage, die ich höher stieg, schien das Gebirge noch zu wachsen.

Wir waren im fünften Stock angekommen, und nun bat man uns, unsere Schuhe auszuziehen. Ich musste schmunzeln, während ich meine Schuhe öffnete. Bei offiziellen Terminen brauchte man also nicht mal gute und geputzte Schuhe zu tragen. Man musste sie ja ohnehin ausziehen.

Auf einem außen liegenden, umlaufenden Flur mussten wir erneut Aufstellung nehmen. Ich war wieder an letzter Stelle. Von hier aus hatte ich einen wunderschönen Blick über den Platz und die Klostergebäude, die in der Sonne hellgelb mit dunkelrotem Dachkranz erstrahlten. Wir befanden uns hier sozusagen über dem Tempel. Zur anderen Seite konnte ich den Blick über die atemberaubende, sanft ansteigende Landschaft bis hinauf zu den Schneegipfeln genießen. Wie an einer Kette reihten sich die schneebedeckten Felsmassive am Horizont auf. Ich bewunderte den majestätischen Anblick der Riesen unter dem völlig wolkenlosen Himmel. Direkt unter mir begannen die terrassenartigen Reisfelder. Keines der kleinen Felder hatte eine gleichmäßig rechteckige Form. Vom Flugzeug aus sahen die Flächen aus wie eine riesige Elefantenhaut oder auch wie die Zellen eines Insektenflügels.

Wieder einmal war Warten angesagt, denn weder die Privataudienzen noch mein Interviewtermin wurden aufgerufen. Also beschäftigte ich mich mit einem Oberlichtfenster, das just an meiner Warteposition die weißgetünchte Wand durchbrach. Es war geöffnet, aber der Rahmen war mit einem feinen, hellgrauen Fliegengitter versehen. Drinnen erkannte ich ein relativ modern eingerichtetes Bad. Spiegel und Regale aus Edelstahl und Glas, die Fliesen in warmem Beige und über der Duschabtrennung aus gebürstetem Edelstahl hingen viele Handtücher. Auf dem Fensterbrett waren viele Töpfe und Tuben mit diversen Pflegeprodukten für Gesicht, Körper und Haare versammelt. Die meisten Aufdrucke verrieten eine westliche Herkunft.

Ich fragte den Sicherheitsbeamten, der wieder hinter mir Stellung bezogen hatte, ob es sich hier um das Badezimmer des Karmapa handele. Er bestätigte, es sei das Seiner Heiligkeit. Hier sei seine Wohnung. Ein

Fenster weiter lag vermutlich sein Schlafzimmer. Es war ein zweiflügeliges Fenster mit Fliegengitter. Allerdings war der Blick nach innen von einer hellgrauen Gardine versperrt.

Nun tat sich etwas an der gelbgestrichenen Tür zum Audienzsaal. Vor dem Eingang wehte eine Art Vorhang, der aus vielen bunten Stoffstücken zusammengesetzt war. Ähnliches findet man an Tempeltüren eines Klosters. Ein identischer Vorhang befand sich an einer Tür etwas weiter in meine Richtung. Der könnte den Eingang zur Wohnung des Karmapa markieren.

Zwei Mönche kamen aus dem Audienzsaal und musterten die kleine Reihe der wartenden Gäste. Als Erste durften die beiden amerikanischen Ladies eintreten. Nach ein paar Minuten kamen sie samt Mönchen wieder heraus. Nun wurde der Franzose hereingeführt. Auch er war nach wenigen Minuten wieder zu sehen, allerdings verließ er unter Bücklingen und rückwärtsgehend den Saal. Als der Saal wieder hinter dem Vorhang verschwand, richtete er sich wieder auf. Er war ganz rot im Gesicht, und ich konnte nicht so richtig deuten, ob er dem Lachen oder dem Weinen nahe war. Nun waren die drei Nonnen in ihren hellgrauen Gewändern an der Reihe. Schon nach ein paar Augenblicken kam einer der Mönche wieder heraus und winkte mir zu. Ich verließ meine Warteposition mit dem phantastischen Ausblick und nahm auf einem der weißen Plastikstühle Platz, den mir der Mönch angeboten hatte. Er setzte sich zu mir. Sein Gesicht war ungewöhnlich. Vielleicht lag es daran, dass sein Schädel nicht kahlgeschoren war, sondern dichtes kurzes schwarzes Haar aufwies. Über der Oberlippe trug er einen gestutzten schwarzen Bart. Seine wachen Augen erinnerten mich an jemanden, den ich kenne. Natürlich, er sah aus wie Gerhard, mein Zahnarzt. Die Haare, die etwas größere Nase, die Augen, der Oberlippenbart und überhaupt dieser Blick und das Aussehen. Er war fast das perfekte Ebenbild meines Zahnarztes. Mit ruhiger, weicher, fast ein bisschen heiserer Stimme befragte er mich nach meinem Befinden. Und dann wollte er noch ein wenig über meine Arbeit wissen, warum ich hier sei und was ich mit meinen Recherchen erreichen wolle. Dabei stellte ich fest, dass er bereits bestens über mich informiert war, denn nachdem ich mein Vorhaben erklärt hatte, fragte er mich sehr gezielt über den Vatikan aus. Nun hatte ich keine Sorge mehr, dass mein angefragtes Interview ausfallen könnte. Dieser Mann war sehr gut im Bilde und schien großen Wert auf ein Gelingen des Interviews zu legen. Der Karmapa habe sich gut vorbereitet, erzählte er. Es sei auch ein Dolmetscher dabei, der könnte dann übersetzen, wenn das Englisch Seiner Heiligkeit nicht mehr ausreichen sollte. Dann kündigte er mir an, dass ich mich nach dem Interview mit dem Dolmetscher noch mal zusammensetzen solle, um die Antworten noch einmal durchzugehen. Daraus schloss ich, dass man hier ganz sichergehen wollte, dass die Gedanken des 17. Karmapa so originalgetreu wie möglich nach außen gelangen würden. Vielleicht hatte man in der Vergangenheit schlechte Erfahrungen gemacht. Außerdem galt selbst für mich zu beachten, dass Karmapa, der 17. Halter der schwarzen Krone, noch immer ein Politikum zwischen Indien und China ist.

Peking wäre beispielsweise verärgert, wenn die indische Regierung den jungen Karmapa als Werkzeug zur Propaganda für die Unabhängigkeit Tibets nutzte. Also beobachtet man sehr genau, was der Karmapa tut, wem er etwas sagt und vor allem was er sagt. Jedes Interview muss deshalb bei indischen Stellen angemeldet werden. Vielleicht liegt es daran, dass der Karmapa als 14-Jähriger aus Lhasa in Tibet geflüchtet war. Er hatte dort nichts zu befürchten, denn er war von der Regierung der Volksrepublik China offiziell akzeptiert. Der junge Lama hatte in Tibet eine fast behagliche Kindheit verbracht. Ihm stand ganz offiziell das Kloster Tsurphu nahe der tibetischen Hauptstadt Lhasa zur Verfügung, eigene Lehrer und – für ein Kind noch viel wichtiger – er war mit reichlich Spielzeug eingedeckt. Er durfte als Kind und als Jugendlicher sogar den Luxus von schicken Limousinen samt Chauffeuren für Reisen durch ganz China nutzen. Für die chinesische Staatsbürokratie war dieser Trinley Dorje, wie er mit seinem Geburtsnamen hieß, von besonderem Wert, da er als einziger hoher Lama sowohl vom Dalai Lama als auch von Peking anerkannt wurde. In der Hierarchie des tibetischen Buddhismus steht er an dritter Stelle nach dem Dalai Lama und dem Panchen Lama. Sein Karma-Kagyü-Orden gilt als sehr einflussreich und gut vernetzt.

Der Karmapa war jedenfalls aus seinem »goldenen Käfig« geflüchtet. Weg von den Lehrern, die ihm der chinesische Staat geschickt hatte. Es ranken sich auch unterschiedliche, zumeist abenteuerliche Geschichten um seine Flucht von Lhasa über Nepal nach Indien. So interessant das alles ist, diese politischen Aspekte sollten nicht Gegenstand meines Interviews sein. Das war die Grundbedingung, die mir gestellt wurde. Ich folgte im Übrigen auch der offiziellen Gesetzmäßigkeit, dass ich nur mit dem Karmapa spreche, der vom Dalai Lama als 17. Reinkarnation anerkannt worden ist. Denn in dem eher innerpolitischen Wirrwarr verschiedener Gruppen des tibetischen Buddhismus sind drei Karmapa-Kandidaten immer wieder Gegenstand von Auseinandersetzungen. Allerdings wollte und konnte ich in diesem Interview nicht darauf eingehen, denn es war schlicht und ergreifend nicht als Thema gewünscht. Ich hätte ihn allerdings gern danach gefragt, wie er solche Diskussionen und das Gezerre um seine Person empfindet.

Mit dreiundzwanzig Jahren ist er ein noch junger Mann, aber diejenigen, die ihn besser kennen, behaupten, er sei wesentlich reifer und die Eigenschaften des 16. Karmapa seien sehr häufig zu spüren. Journalistenkollegen, die den jungen Lama nach seiner Ankunft im Jahr 2000 hier in Dharamsala zum ersten Mal erleben durften, schrieben über den damals erst 14-Jährigen in den höchsten Tönen.

Ein dicklicher, kahlköpfiger Mönch tauchte hinter dem Vorhang an der Tür auf. Er sah mich milde lächelnd an und bedeutete mir mit einer Handbewegung, dass ich mich schon einmal erheben könnte. Damit war das Gespräch mit dem gut informierten Mönch, der meinem Zahnarzt so ähnlich sah, unterbrochen. Im nächsten Augenblick traten auch schon die drei Japanerinnen rückwärts zur Tür heraus. Nun war ich dran. Meinen Schal in der einen, das Notizbuch in der anderen Hand, tauchte ich unter dem halb hochgehaltenen Vorhang in den Saal. Drinnen ließen die Sonne und die grelle Deckenbeleuchtung den ziemlich großen Raum in gleißendem Licht erstrahlen. Mein Blick landete auf einer dunkelrot gekleideten Gestalt, die nun ein paar Schritte auf dem grünen Kunstrasenteppich auf mich zu kam.

Es war der Karmapa. Er beobachtete mein Verhalten und mein Hereinkommen genauestens. Ich geriet etwas in Stress, weil ich umständlich versuchte, mein Büchlein in der Gesäßtasche zu verstauen, um zur Begrüßung mindestens eine Hand frei zu haben. Da stand er schon vor mir und nahm die Khata aus meiner Linken, entfaltete sie mit einem Wurf, verhedderte sich aber in den langen Fransen. In diesem Moment wusste ich nicht, wie ich mich verhalten sollte. Ihm die Hand geben? Etwas sagen? Ich tat nichts weiter, als ihn anzusehen. Er legte die Khata um meinen Hals und umfing mit dem Seidenstoff meine Hände. Wortlos neigte er seinen Kopf und sagte dann: »Willkommen Stephen!« Meinen Namen richtig auszusprechen schien für Tibeter nicht so einfach zu sein. Ich brachte ein »Hallo« heraus und sah ihn unvermindert an. Die ovalen Gläser seiner rahmenlosen Brille mit den goldenen Bügeln blieben unterhalb seiner Augenlinie, als er mich fixierte. Da fragte er, ob wir uns für das Interview setzen sollten. Natürlich ist es im Sitzen einfacher, Fragen zu stellen und die Antworten zu notieren. Er zeigte auf eines der drei Sofas, die auf einem bunten Teppich u-förmig um einen niedrigen Couchtisch herum gruppiert standen. Er selbst setzte sich auf das mittlere Sofa. Hinter ihm hingen drei größere Thangkas. Sie verliehen der Wand über der hüfthohen Lamperie aus Plastikplatten in Holzoptik eine gewisse Festlichkeit. Ich sortierte mich etwas auf dem Sofa und bedankte mich zunächst dafür, dass er sich für dieses Interview Zeit genommen habe. Der Karmapa sah mich an und nickte freundlich, dann stellte er seinen Dolmetscher vor, der sich auf dem Teppich vor dem Sofa gegenüber niedergelassen hatte.

»Wie geht es Ihnen heute, an diesem Tag in Ihrem siebzehnten Leben?«, eröffnete ich das Gespräch. Diese Frage stand zwar nicht auf meinem Fragenzettel, aber ich hielt es für angemessen, mich nach seinem Wohlbefinden zu erkundigen.

Er ließ seinen Blick einen Moment lang durch den Raum schweifen, dann sagte er leise »Fine«, also »gut«. Er wirkte aber so, als wolle er noch etwas sagen, als suche er noch nach einem anderen Wort, um sich zu erklären. Dann sagte er nochmals »Fine«, lehnte sich zurück, sah kurz hinauf zur Decke, dann in Richtung seiner Knie und holte abermals Luft, um ein drittes Mal »Fine« zu sagen. Der Karmapa hatte sich mit der dreifachen, exakt gleichen Auskunft über die aktuelle Befindlichkeit recht viel Zeit gelassen. Jetzt neigte er sich wieder nach vorn, drückte seine Ellbogen auf die Knie und stützte sein Gesicht in die Hände. Er überlegte, und ich ließ Seine Heiligkeit in Ruhe nachdenken. Es war mehr als interessant, ihn dabei zu beobachten, wie er meine Frage reflektierte und wie er auch gleichzeitig über den Inhalt seiner Antworten nachdachte. Vielleicht hatte ich ihn wirklich dazu bewegt, in seinem Kopf eine Generalinventur durchzuführen. Vielleicht verglich er sie auch mit den Lebensgefühlen, die in der Erinnerung an seine vergangenen Leben abrufbar sind. Wer kann schon wissen, was hinter dieser glatten Stirn, hinter diesen tiefen, dunklen, klaren Augen für ein Denkprozess abläuft? Was er dachte, konnte ich nicht sehen, aber dass er nachdachte, blieb mir nicht verborgen. Plötzlich atmete er noch ein »Fine« aus. Lächelte, legte die Stirn in Falten und rutschte auf seinem Sofa hin und her. Seine Heiligkeit lächelte. Ich fand das erstaunlich, haben mir doch alle möglichen Leute bisher immer gesagt, er würde niemals lächeln. Seine Heiligkeit schaue immer ernst, erklärte man mir ehrfürchtig, wenn ich andere nach ihm gefragt hatte. Viermal hatte er nun gesagt, dass es ihm gutgehe. Vier Mal, und jedes der vier identischen Worte hatte anders geklungen. Mein Blick lag weiter abwartend auf ihm. Irgendwas schlummerte da noch in dem Mönch und wollte heraus. Sein Gesicht wurde ernst. Nun nickte er sacht und öffnete leicht den Mund, um zu einer weiteren Aussage anzusetzen. »Fine – yes – fine«, sagte er abermals und betonte es, als sei dies die finale Antwort auf meine Frage. Nun waren wir einige Minuten mit einer Frage beschäftigt gewesen, die nicht mal auf dem vorbereiteten Themenzettel gestanden hatte. Ich fragte mich, wie das Interview jetzt weitergehen würde. Aber ich hatte es auch genossen, diesen Mann, der sein siebzehntes Leben hier auf Erden lebt, zu beobachten. Mit vollem Namen heißt er Urgyen Trinley Dorje und seine offizielle Bezeichnung lautet Gyalwa Karmapa. Vor mir saß der höchste Lama der Karma-Kagyü-Linie.

Ich hatte den Zettel mit meinen Fragen herausgeholt und begann das eigentliche Interview. »About you, zu Ihnen, Holiness. Was planen Sie, in Ihrem siebzehnten Leben zu tun? Die Welt hat sich ja schließlich seit Ihrem letzten Leben etwas verändert, und auch die Gewohnheiten der Menschen sind etwas vielfältiger geworden. Fernseher und Autos kannte der 16. Karmapa bereits. Aber da gibt es ja heutzutage auch Computer. Also was haben Sie vor?«

Der Karmapa lachte. »Ja, Computer, das stimmt, iPod auch! Es hat sich einiges verändert, und ich habe auch einige Pläne. In jedem Leben ist der Karmapas seinen Handlungen aus früheren Leben gefolgt. Aber in jedem Leben muss er sich an die jeweiligen Umstände anpassen, um seinen Mitmenschen helfen zu können. In meinem heutigen Leben sind die Dinge ganz anders, als sie zu Lebzeiten der vorherigen Karmapas gewesen sind. Selbst die traditionsgeprägte Rolle eines Karmapas hat sich geändert. Sie hat sich eher zu der eines Anführers auf einer menschlicheren Ebene entwickelt – mit mehr Miteinander mit den Menschen.«

Der 16. Karmapa, Rangjung Rigpe Dorje, der bis 1981 gelebt hat, hätte den Kreislauf der Wiedergeburt verlassen können, weil er schon als erleuchtetes Wesen gegolten habe. Aber er habe sich entschieden, als Reinkarnation wieder in das Leben und somit in die gewöhnliche irdische und menschliche Existenz zurückzukehren. Er habe sich aus Mitgefühl dazu entschlossen, um den Menschen weiter dienen zu können, sagt man in Dharamsala. Er konnte damals nicht ahnen, wie sich die Welt in der Zeit bis heute verändern würde, dass Computer unser Leben prägen und beschleunigen würden. Der 17. Karmapa jedenfalls schien die Vorzüge der modernen Technik zu genießen. Viele denken manchmal darüber nach, wie die Welt in hundert oder zweihundert Jahren aussehen wird. Der Gedanke an eine Reinkarnation eröffnet einem in dieser Beziehung ganz neue Horizonte. Der Kreislauf der Wiedergeburt erlaubt zwar keinen Blick in die Glaskugel, aber die erneute Rückkehr ins Leben müsste dem Menschen nach dem Glauben der Buddhisten eine stetige Teilnahme an der Entwicklung der Welt ermöglichen.

Ich hatte lange überlegt, ob ich ihm die nächste Frage tatsächlich stellen sollte, denn sie war schon etwas unorthodox. Aber es hatten mir so viele Menschen von seinen magischen Fähigkeiten erzählt. Deshalb wollte ich von ihm wissen, ob er auch findet, dass er sie hat. Er ist der Träger der schwarzen Krone, einer Art Hut, der angeblich aus dem Haar von hunderttausend Feen gewoben ist. Die Krone besitze Zauberkräfte, sagt man. Ich hatte auch davon gehört, dass der Karmapa es nicht geschafft habe, sie vom Kopf auf eine Unterlage zu legen. Trotz aller Kraftanstrengung hätte sie über dem Kissen geschwebt. Jene schwarze Krone und die übrigen Symbole seiner Herrschaft werden in Rumtek im nordindischen Teilstaat Sikkim verwahrt. Die Karma-Kagyü-Linie unterhält dort ein weitläufiges und reiches Kloster. Die Frage nach dieser magischen Kraft hatte ich auf meinem Fragezettel vermerkt, und bislang hatte niemand dagegen Einspruch erhoben. Also fragte ich: »Die Menschen sprechen von Ihrer übernatürlichen Kraft. Haben Sie diese wirklich?«

Nun grinste der Mönch und zupfte seinen Überwurf in Richtung Hals, als wolle er etwas verbergen. »Ich bin nicht sicher«, antwortete er verlegen. »Übernatürliche Kraft gibt es natürlich, auch natürliche Kraft. Angeborene Kräfte passieren wie selbstverständlich. Aber wenn ich die anderen Kräfte demonstrieren möchte, dann funktioniert es nicht.« Er grinste wieder, als wollte er mir sagen, dass er mir darauf nur eine ausweichende Antwort geben möchte. Aber dann schob er noch einen Satz nach: »Also, welche Fähigkeit ich auch immer haben mag, so hoffe ich, dass sie sich wie selbstverständlich entfaltet.« Nach dieser Antwort riss er seine Augen sehr weit auf. Warum er das getan hat, weiß ich nicht. Zumindest verdutzte es mich in diesem Moment.

Ich sah wieder auf meinen Zettel und fragte ihn nun, was er über den 14. Dalai Lama denke. Die Antwort darauf hatte er vorbereitet. Der Dalai Lama sei der Kapitän eines Schiffes, sagte er noch selbst auf Englisch. Beim zweiten Satz schon wechselte er ins Tibetische, wohl damit ihm kein Fehler unterläuft. Denn jedes unüberlegte Wort könnte nach einer Veröffentlichung Schwierigkeiten nach sich ziehen. Der Dolmetscher übersetzte seine Worte: »Der Dalai Lama ist wie ein Schiffskapitän. Er ist nicht nur ein Anführer, sondern ist auch mit den Anliegen der Menschen befasst. Er reist mit ihnen auf einem Schiff. Aufgrund der Probleme von Tibet sind er und sein Volk untrennbar miteinander verbunden, und er ist jederzeit für dessen Belange empfänglich. Sein Ziel und seine Hoffnung sind, dass sein Schiff endlich nach Hause zurückkehren wird. Auf dieser Reise mag es Unwegsamkeiten geben. Das Schiff wird eventuell von Wind, Regen und schwerer See hin- und hergeworfen, aber da seine Heiligkeit pausenlos am Steuer steht, wird es eines Tages zu Hause ankommen.« Der Karmapa kniff nun seine Lippen zusammen, als wollte er noch etwas ergänzen, aber er beließ es bei dieser Antwort.

Es war ganz praktisch, erst einmal seinen tibetischen Worten zu lauschen. Währenddessen konnte ich nämlich in Ruhe mein Gegenüber beobachten, und außerdem hatte ich endlich Zeit, meine Blicke durch den Audienzsaal schweifen zu lassen. Erst jetzt fiel mir die Plexiglaskonstruktion der Sofas auf. Alles war durchsichtig, bis auf die grüngelb geblümten Sitzpolster. Hat jemand schlechte Augen und sieht Seine Heiligkeit vielleicht im Schneidersitz auf dem Sofa sitzen, dann könnte es sein, dass es so wirkt, als würde der Mönch samt Kissen schweben. Dieser Gedanke amüsierte mich etwas. Doch dafür war jetzt wenig Zeit. Die nächste Frage folgte. Dabei waren mir gerade noch die Plastikblumen aufgefallen, die rechts und links vom Sofa Seiner Heiligkeit in hohen Vasen aufgestellt waren.

»Lassen Sie uns über die anderen Religionen sprechen. Der Westen schaut immer in den Orient, um neue Inspirationen zu erhalten, denn das, was das Leben bei uns bereithält, scheint nicht mehr auszureichen. Andererseits gibt es bei uns eine immer intensiver geführte Diskussion und eine Suche nach den Werten des Lebens. Obwohl sich die Menschen immer mehr von den Religionen entfernen, suchen wieder viele nach Orientierung, die sie sich von den Religionen erhoffen, und nicht wenige glauben sie im Buddhismus zu finden. Hat die westliche Gesellschaft ein Problem?« Diese Frage stand in meiner Voranmeldung natürlich etwas kürzer. So hatte ich die Hoffnung, dass der Karmapa etwas mehr als nur einen vorbereiteten Text erzählt.

Er kenne die westlichen Völker nicht aus dem eigenen Erleben vor Ort, begann er. Einmal erst sei er im sogenannten Westen, und zwar in den USA gewesen. Dort sei es sehr schön und interessant, aber eben auch eine ganz andere Welt als hier in Indien.

Er spitzte seine Lippen und sog Luft ein, dass es leicht zischte. »Natürlich habe ich dort als Karmapa nicht das ganz normale Leben kennenlernen können.« Das war mir schon klar gewesen, dass Seine Heiligkeit bei einem offiziellen Besuch, egal an welchem Ort dieser Welt, nicht gerade die Schattenseiten der Gesellschaft vorgeführt bekommt. Er muss auch nirgends um sein Leben und seine Existenz fürchten, wird sicher weniger mit romantischen Momenten beglückt oder vom Gewinn an einer Losbude überrascht. Wahrscheinlich verbrüht er sich auch nicht am Kaffeeautomaten die Finger, und gewiss wartet er auf keinem Arbeitsamt auf einen Termin.

»Aber ich habe viel gelesen und mir berichten lassen«, führte er seinen Gedanken weiter aus. »Ich denke, Menschen aus dem Westen haben andere Probleme als die Asiaten. Hier in Asien sind die Leute vielleicht etwas mehr damit beschäftigt, Arbeit zu finden, Essen und Geld zu bekommen, um zu überleben. Die westliche Gesellschaft mag zwar gebildeter und in gewisser Weise freier sein, aber sie ist mit ihren eigenen Sorgen so beschäftigt, dass sich die Menschen immer mehr ängstigen. Das besetzt ihr Denken und Handeln und lässt ihre Ängste und Sorgen ansteigen. Sie sind von ihren eigenen Ansichten und Gedanken und ihrer Selbstherrlichkeit so eingenommen, dass die Meinung ihrer Mitmenschen für sie nicht zählt. Sie haben verlernt, die eigenen Betrachtungsweisen mit denen der anderen abzugleichen.«

Ich fragte nach und wollte von ihm wissen, ob sie im Buddhismus Antworten finden können, die sie in ihrer Welt nicht zu finden glauben.

Der Karmapa antwortete, so wie ich es erwartet hatte, diplomatisch und ähnlich wie es auch der Dalai Lama formulieren würde: »Natürlich finden sich Antworten im Buddhismus, aber auch in den anderen Religionen. Nächstenliebe ist ein Begriff, den man auch im Westen kennt. Er bedeutet, dass man sich nicht nur mit dem eigenen Wohlergehen beschäftigt. Um zu dieser Erkenntnis zu gelangen, braucht man aber den Buddhismus nicht.«

»Dennoch glauben viele, ein moderner religiöser Mensch zu sein, wenn sie ein bisschen Buddhismus in ihr Leben integrieren«, gab ich zu bedenken. »Ja, sollen sie tun, wenn sie dieser Meinung sind«, erhielt ich zur Antwort.

»Der Dalai Lama ist in der Welt sehr populär, der Papst in Rom ist es ebenso. Braucht die Welt religiöse Führer?«, war meine nächste Frage.

»Wenn die Welt die Religion braucht, dann braucht sie auch religiöse Führer.« Die Antwort kam sehr flüssig und vollständig von ihm selbst. Er kniff seine Augen leicht zusammen und fuhr konzentriert fort: »Sie haben aber nicht allein eine organisatorische Rolle zu erfüllen, sondern sie sollen für andere Menschen ein Vorbild sein«, sagte er und ergänzte, »dann empfindet das Volk auch Respekt und Liebe für sie.«

»Ein schöner Gedanke«, bestätigte ich dem Karmapa.

Nun wollte ich ein wenig ans Eingemachte, das heißt, ich stellte ihm eine Frage über meine Religion, das Christentum: »Was denken Sie über die Auferstehung?«

Er antwortete ganz sachlich, so als wäre es das Selbstverständlichste der Welt: »Ja, das ist möglich.«

Aha, dachte ich. Ist möglich ... Ein Buddhist sagt als Erstes zu dieser Frage, dass es möglich sei. Frage mal jemanden in Deutschland, was er oder sie über die Auferstehung von den Toten denkt. Die Antworten fielen vielfältig aus. Ich schätze, weit weniger als zehn Prozent würden so locker und trocken ganz spontan das fundamentalste Glaubensgut der christlichen Kirche bestätigen. Vielleicht fiel es ihm als Buddhist und als Reinkarnation auch sehr viel leichter, mit solchen Glaubensfragen umzugehen.

Ich weiß nicht, warum mir bei diesem Thema seine weinroten Strümpfe ins Auge sprangen. Bis dahin waren sie mir noch nicht aufgefallen. Weinrote Strümpfe habe ich selten gesehen, aber sie passten ja bestens zum weinroten Mönchsgewand. Nun bemühte ich mich, nicht weiter auf die unbeschuhten Füße Seiner Heiligkeit zu starren, sondern auf den Rest der Antwort zu warten, den der Übersetzer nun auf Englisch verkündete: »Das geht. Das ist möglich«, wiederholte er, »da Wiedergeborene viele Dinge zu tun vermögen, die der Rest von uns nicht kann. Da sie ihren Geist kontrollieren können, haben sie über diesen mehr Gewalt als über ihren Körper. Sie sind außergewöhnliche Wesen. Wir wissen, dass Jesus sogar für die gebetet hat, die ihn verletzt haben, für seine Feinde – das ist ein Indiz für sein außergewöhnliches Dasein.«

Diese Antwort wirkte in mir etwas nach, so dass ich mich schnell wieder besann, weiter zu fragen.

Nun hatte ich noch eine theologisch-philosophische Frage für ihn vorbereitet. Es war die Theodizee-Frage, mit der ich mich seit einiger Zeit beschäftige. Und ich befinde mich da in bester Gesellschaft sowohl mit dem Normalbürger als auch mit Fachleuten wie Theologen und Philosophen. Allesamt haben wir eines gemeinsam: Keiner hat bisher eine Antwort auf die Frage finden können, warum Gott es zulässt, dass Menschen leiden. Ob durch Krieg, durch Naturkatastrophen, durch Krankheiten, durch Unglücke oder durch andere Menschen. »Was denkt der Buddhist darüber? Und was denkt der Karmapa darüber?«, fragte ich mein Gegenüber. Mir fiel auf, dass er mich genauestens beobachtete, wenn ich Fragen stellte. Und ebenso schaute er mir genau zu, wenn ich mir etwas notierte, während der Übersetzer sprach. Nun, ich fühlte mich nicht unwohl dabei. Und auch er, der Karmapa, schien sich in der Rolle des Interviewten nicht unwohl zu fühlen. Meistens saß er entspannt auf der Couch und beobachtete mich. Nur ganz selten hatte er bisher seine Sitzposition verändert. In diesem Augenblick fiel mir wieder ein, dass er erst 23 Jahre alt war. Eine Heiligkeit im jugendlichen Alter ist schon sehr ungewöhnlich. In der katholischen Kirche sind die hohen Würdenträger allesamt älter. Mit 38 kann man erst zum Bischof geweiht werden. In Deutschland geht ein 23-Jähriger vielleicht schon arbeiten, oder er studiert im fünften Semester an der Uni, wohnt vielleicht noch immer bei Mama und Papa und jobbt nebenbei im Supermarkt. Dieser junge Mann wirkte auf mich nicht jung. Vielleicht war es die rasierte Glatze. Aber die allein konnte es nicht sein.

Er antwortete konzentriert, suchte aber dabei Blickkontakt zu irgendjemandem im Audienzsaal. Die Antwort auf die Theodizee-Frage gab mir der Karmapa wie folgt sachlich: »Wenn man von unerwünschten Gefühlen beherrscht wird, so werden sie das Verhalten bestimmen. Falls die Handlungen einer Person von diesen Emotionen geleitet werden, wird das Ergebnis beunruhigend sein. Die Frucht folgt ihrer Saat. Wenn also unsere Taten in früheren oder diesem Leben schlecht waren, so wird das Ergebnis oder die Frucht folglich auch schlecht sein. Das soll heißen, dass so der Nährboden zum Leiden geschaffen wird. Wenn hingegen unsere Taten in unseren Leben gut, tugendhaft und hilfreich für andere sind, werden wir als Ergebnis die Glückseligkeit erleben dürfen.«

Nachdem der Dolmetscher mit der Übersetzung fertig war, legte Seine Heiligkeit nach: »Leiden des anderen ist auch manchmal eine Frage der Perspektive. Wenn wir uns den Hasen ansehen, der vom Löwen gejagt und getötet wird, dann empfinden wir Mitleid. Aus der Sicht des Löwen geht es nur um die Befriedigung des Hungers. An das Leid der Beute denkt der Löwe nicht. Und wenn wir Zuschauer auf dieses Naturgesetz des Fressens und Gefressenwerdens schauen, dann wird die Frage nach dem Leid relativiert. Und bezogen auf den Menschen bedeutet das: Wenn wir uns nur mit der Theorie des Leidens beschäftigen und mit der Klage über den, der anderen schadet oder Schmerz zufügt, dann ist keinem geholfen. Wir Menschen sind dazu auf der Welt, um das Leiden unserer Mitmenschen zu lindern und zu verringern.«

Diese Antwort hatte der Dolmetscher nicht vorbereitet. Interessanterweise hatte der Karmapa fast vollständig auf Englisch geantwortet. Nur ein paar Worte lieferte der Übersetzer.

Eine kleine Frage zum Thema Leiden hatte ich noch. Auch wenn mir gerade klar wurde, dass unser Interview bisher weit länger als eine halbe Stunde gedauert hatte, diese Frage stand auf meinem Fragenzettel, und ich fand, ich sollte sie noch stellen: »Wird es eine Zeit ohne Leiden geben?«

»Falls es eine Zeit geben sollte, in der wir frei sind von Leiden, könnte das dann sein, während wir schlafen.«

Das war eine berührende Antwort zum Ende des Gesprächs.

»Das war's. Danke schön!«, sagte ich zu Seiner Heiligkeit. Einen kurzen Augenblick blieben wir beide noch sitzen und schauten uns an. Dann stand der Karmapa auf, und ich erhob mich ebenfalls zügig vom geblümten Sofa. Er kam am gläsernen Couchtisch vorbei auf mich zu. Mit der landesüblichen Dankesgeste faltete ich meine Hände und gab ihm damit eine gute Gelegenheit, meine Hände zu ergreifen. Meine Fingerspitzen, die noch oben aus seinen Händen herausschauten, führte er zu seiner Stirn und hielt sie einen Moment an dieser Stelle.

Dann bedankte er sich für das Gespräch. »Ich habe mich zu bedanken«, erwiderte ich. »Ich danke aber auch!«, und damit behielt er in dieser Angelegenheit das letzte Wort.

Beim Herausgehen überreichte mir der dicke Mönch ein Etui, das mit gold-grün gemustertem Tuch umhüllt war.

Wunderpillen vom Karmapa

Die Rückfahrt im Taxi begann recht still. Ich hatte keine Lust zu reden. Ich war sogar sehr froh darüber, dass mein einäugiger Taxifahrer auf mich gewartet hatte. Es war weit nach zwölf Uhr, als ich das Kloster des Karmapa verließ. Im Laden des Klosters hatte ich mir noch eine mittelgroße Tafel Schokolade mit Rosinen und Nüssen gekauft. Die musste nun als Mittagessen herhalten. Eine Flasche Wasser dazu, und ich war fürs Erste versorgt. Mein Taxifahrer ließ mir die Ruhe, die ich nun brauchte. Ich wollte auch nichts sagen, wollte nur denken, aus dem Fenster sehen, nichts weiter. Im Auto jedoch überkam mich noch die Neugierde, in dem Etui nachzusehen, das ich zum Abschluss der Begegnung bekommen hatte. Drinnen war ein großer Briefumschlag. Ich öffnete ihn. Drei dünne, längliche Tütchen in Rot, Grün und Orange und ein rotes Bändchen fanden sich darin. Die Bedeutung des Bändchens kannte ich bereits. Man trägt sie so lange um den Hals oder das Handgelenk gebunden, bis sie von selbst abfallen. So lange hält der Segen. Eine Tibeterin hatte sogar behauptet, sie müsse das Bändchen ablegen, wenn man ihr eine Injektion geben wolle, denn sonst ginge die Nadel nicht in die Haut. So richtig will ich solche Geschichten nicht glauben. Sie klingen mir ein wenig zu mystisch. Darum las ich, was auf den Tütchen stand. Pillen waren der Inhalt. Pillen für was? Der Karmapa schenkte mir Pillen? Ich fühlte durch das seidige Papier winzige Kügelchen, wie ich sie von homöopathischen Medikamenten kenne. Der Taxifahrer schien diese Tütchen zu kennen. »Oh, ooooh!«, rief er erstaunt aus. »Oh, das sind magische Pillen!«

Als ich im Kloster ankam, war nirgendwo jemand zu sehen. Die Hunde schliefen auf der Sonnenterrasse. Also entschloss ich mich, meiner Müdigkeit nachzugeben und einen Mittagsschlaf zu halten. Mir ging das Gespräch mit dem 17. Karmapa noch durch den Kopf. Ich lag im Bett und wollte mit dem Schlaf eigentlich etwas gegen meine Erkältung tun. Doch ich konnte nicht einschlafen. Stattdessen sah ich vor meinem geistigen Auge Gesichter. Viele Gesichter von Tibetern, die ich in den letzten Tagen kennengelernt hatte. Darüber schlief ich irgendwann doch ein.

Nach dem Mittagsschlaf kochte ich mir mit meinem Minitauchsieder im Badezimmer einen Kaffee. Mit dem Glas in der Hand ging ich auf die Terrasse. Dort traf ich Quirin. Ich erzählte ihm von der Begegnung und meinem Interview mit dem Karmapa. Irgendwann kamen wir auch auf die Pillen zu sprechen. Und Quirin reagierte fast genauso wie der einäugige Taxifahrer. »Uhhh, dann hat er dir Wunderpillen gegeben!«, sagte er und lachte etwas nervös. »Was ist mit den Pillen? Warum sollen das Wunderpillen sein?«, fragte ich zurück. »Erzähl!« Quirin zierte sich nun etwas, mir zu erklären, was es mit den kleinen Kugeln auf sich hat. Er lachte geheimnisvoll. Dann sagte er: »Probier's aus! Nimm sie! Aber pass auf. Vielleicht fliegst du, wenn du sie genommen hast.« »Was?« Entgeistert forderte ich ihn auf, mehr zu erzählen. Jetzt lachte er schon wieder, und es klang ein bisschen wie das Meckern einer Ziege. »Ja, das sind Wunderpillen. Damit kannst du fliegen.« »Du veralberst mich jetzt?« Ich hatte schon das Gefühl, dass er mich auf den Arm nehmen will. Der Karmapa schenkte mir doch nach einem Interview keine Pillen, von denen ich würde fliegen können. »Nimm sie einfach, du wirst schon sehen, was dann passiert«, sagte er abermals und noch immer lachend. »Aber pass auf! Nimm sie am besten, wenn du wieder zu Hause bist und wenn es dir gutgeht.« Na gut, dachte ich, ich werde sie irgendwann ausprobieren. Schließlich wollte ich ja auch wissen, was für Zaubermedizin in diesen Tütchen steckte. Vielleicht war ja ein wenig der übernatürlichen Kraft des 17. Karmapa, des Trägers der schwarzen Krone, in diesen Pillen manifestiert. Wer weiß. Vielleicht sollte ich sie zu Hause mal einem Pharmazeuten geben, der mir sagen kann, welche Stoffe in den Pillen enthalten sind.

Sorge um den Dalai Lama

Sonam kam zu uns auf die Gästeterrasse, er war auffallend blass um die Nase. Er fragte nicht, wie es beim Karmapa war, sondern sagte: »Seine Heiligkeit ist krank.« »Was? Welche Heiligkeit?«, fragte ich erschrocken zurück. »Der Karmapa?« Den hatte ich doch gerade noch gesehen. Und da ging es ihm ganz gut. Leicht verwirrt schüttelte er den Kopf, als müsste ich mir doch denken können, wen er gemeint hat. »Dalai Lama«, erklärte er im Telegrammstil. Er sei in die Klinik nach Delhi gebracht worden. Eventuell müsste er noch heute operiert werden. Diese Nachricht beunruhigte mich. Ein Gedanke durchzuckte mich: Hatten wir nicht gestern noch eine Puja gefeiert, damit nichts Schlimmes geschieht? Ich wollte von Sonam wissen, was passiert sei und ob er genauere Informationen hätte. Da sei irgendein spezieller Vorfall, der behandelt werden müsse, sagte er. Mehr Details gab Sonams Englisch nicht her, und ich nahm an, mehr wusste er momentan auch nicht.

»Ab 17 Uhr ist eine Puja im Haupttempel. Bis 20 Uhr oder länger, ich weiß es nicht genau. Vielleicht auch die ganze Nacht«, teilte er uns mit.

»Ist es denn so schlimm, dass die Mönche für den Dalai Lama beten?«, wollte ich genauer wissen.

Seine Antwort war nicht gerade beruhigend, im Gegenteil: »Nicht nur die Mönche«, sagte er, »es kommen alle. Wir gehen auch alle hoch, jetzt gleich.« Ich sah auf die Uhr. Sie zeigte kurz nach halb fünf. Hatte ich so lange geschlafen? Und warum hatte mir beim Karmapa niemand davon erzählt? Diese Fragen schossen mir jetzt durch den Kopf.

In Sonams Augen zeigten sich Spuren des Entsetzens. Dann ging er mit einer lapidaren Verabschiedung weg, als hätten wir gerade nur einen Smalltalk gehalten.

Quirin erzählte von einem verstorbenen Lama. Wenn ein Lama stirbt, so wusste er, dann dauere es ein paar Tage, bis der Körper Anzeichen dafür aufweist, dass die Seele gegangen ist. In dieser Zeit beten die Mönche sehr viel. Als vor ein paar Jahren in der Schweiz ein Lama gestorben war, gab es allerdings ein Problem. Dort darf man einen Menschen nicht einfach so nach buddhistischem Brauch auf einem Holzstapel in der freien Natur verbrennen. Das geht nur im Krematorium. Mönche hatten ihn, als seine Seele anscheinend den Körper verlassen hatte, kurzerhand in ein Auto gesetzt und waren mit ihm hinüber nach Österreich gefahren. Quirin grinste und bemerkte, dass es keinem aufgefallen sei, dass die Person auf dem Rücksitz tot war. In Österreich hätten sie dann irgendein einsames Tal gefunden und auch genügend Holz, um diesen Lama zu verbrennen – so wie es ihr Ritus vorsieht.

Ich wusste gar nicht so recht, warum der Schweizer mir jetzt wie selbstverständlich die Geschichte von dem toten Lama erzählte. Noch war schließlich keiner gestorben.

»Man wartet höchstens sieben mal sieben Tage«, fuhr er fort, »dann erfolgt die Verbrennung. Der nächste Dalai Lama könnte ja auch durchaus eine Frau sein«, phantasierte er nun. Ich fragte mich nun allerdings, wie er denn darauf kam. »Vielleicht eine attraktive, die alles ein wenig durcheinanderbringt«, provozierte Quirin weiter. Merkwürdige

Ideen hatte er. Ich antwortete nicht, weil ich diese Gedanken im Moment für unpassend hielt. Sie gingen mir zu weit. Der Dalai Lama war krank. Aber er war nicht gestorben!

Der Dreiviertelmond stand über der Residenz des Dalai Lama, als ich den Mönchen in den Haupttempel folgte. War das ein Zeichen? Der Mond ist für die Buddhisten sehr wichtig. Aber ich vermutete, dass ein Mond, den man zu drei Vierteln sehen kann, vielleicht keine Aussage ergibt. Bei Vollmond oder Neumond sieht das sicher schon ganz anders aus. Allgemein gilt der Mond als Symbol des Mitgefühls. Jedoch wusste ich auch, dass die Mondumlaufzeiten maßgebend für den tibetischen Kalender sind und sich daraus auch die Termine für verschiedene Riten ableiten lassen.

Massen von rotgekleideten Mönchen strömten zusammen. Aus allen Straßen kamen sie und schoben sich weiter zum Tor des Tempels. Die Sicherheitskontrollen waren außergewöhnlich schwach. Das, was in der Luft lag, war fast wie die Ahnung einer Trauer, fast wie die Vorahnung eines Schreckens. Ein Gefühl des Mitleidens breitete sich aus. Der Dalai Lama war krank. Aber was genau hatte er? Meine Informationsmöglichkeiten waren hier sehr eingeschränkt. Zu Hause würde ich einfach den Fernseher oder den Computer einschalten und hätte sofort Zugang zu den unterschiedlichsten Informationsquellen.

Als hätte ich es mir gewünscht, traf ich auf dem Platz vor den Mönchswohnungen Paljor, den Neffen von Sonam. Er muss wissen, wie es dem Dalai Lama geht, dachte ich mir, denn er wohnt ja sehr nah dran. Ihn trennen vielleicht fünfzig Meter und drei Stockwerke von den Räumen, in denen sein Dalai Lama lebt.

Paljor versuchte mir zu erklären, was los war. Auch wenn wir beide nicht auf den englischen Begriff für »Gallenstein« kamen, so hatte ich dennoch bald begriffen, was dem Dalai Lama fehlte. Paljors Handy piepte. Er sprach hektisch mit dem Anrufer. Ich meinte einen Hauch von Niedergeschlagenheit in seiner Stimme ausmachen zu können. Gallenstein also.

Als er aufgelegt hatte, versuchte ich, ihn zu beruhigen, denn er wirkte seltsam unruhig und traurig. »Gallensteine sind eigentlich kein Riesenproblem«, versuchte ich ihm klarzumachen. »Im schlimmsten Fall müsste man einen operativen Eingriff vornehmen. Aber vielleicht reicht auch eine Zertrümmerung per Ultraschall.« Diese Information schien ihn tatsächlich zu beruhigen. Er gab sie gleich an einen anderen Mönch weiter, der sich uns auf dem Weg nach oben angeschlossen hatte.

Als wir die Ebene des Tempels erreicht hatten, sah ich Kerzen vor dem Gittertor an der Residenz, das so oft fotografiert wurde, wenn es um den Dalai Lama ging.

Auf dem Platz vor dem Tempel saßen Hunderte Menschen. Sie warteten auf das Gebet der Mönche, um sich ihnen anschließen zu können, um mit dabei zu sein, wenn sie für ihre Kultfigur, ihren lächelnden obersten Mönch, beten. Auf den Treppen des Tempels kroch eine rote Masse nach oben. Immer mehr Mönche kamen auf dem Tempelberg an.

Eigentlich, so dachte ich, könnte doch Entwarnung gelten, denn die Diagnose Gallenstein bedeutete keine Katastrophe. Natürlich kann bei einer Operation immer etwas schiefgehen. Schließlich war der Dalai Lama ein älterer Mann. Außerdem konnte ich nicht ermessen, wie gut die Ärzte im Klinikum in Delhi tatsächlich sind. Aber ich hatte, als Sonam vorhin von einer ernsten Erkrankung des Dalai Lama berichtet hatte, eher mit einem Herzanfall, einem Schlaganfall oder etwas Ähnlichem gerechnet. Merkwürdig, dass man immer gleich vom Schlimmeren ausgeht.

Vielleicht hatten auch noch nicht alle erfahren, was Seiner Heiligkeit tatsächlich fehlte. Denn an sich bestand kein Anlass zur Panik beziehungsweise für eine gewisse Endzeitstimmung. Oder beteten sie dennoch, egal ob es nun schlimm aussah oder ob es nicht akut lebensbedrohlich war.

Drei Stunden sollte die Puja dauern. Drei Stunden sind lang, hatte ich mir gedacht, als ich es erfuhr. Aber was sind drei Stunden, wenn man Sorge hat, jemanden zu verlieren? Besonders im Nachhinein – ein Nichts.

Ein bisschen schämte ich mich jetzt vor mir selbst, dass der Journalist in mir zu denken begann. Ich hatte versucht, mir vorzustellen, was wohl geschähe, wenn der Dalai Lama jetzt sterben würde. Ich erinnerte mich selbstverständlich an die Zeit in Rom, bevor Papst Johannes Paul II. starb. An die Tage, als mehr als drei Millionen Menschen nach Rom kamen, um von ihm Abschied zu nehmen. Papa Wojtyla hatte ähnlich wie der Dalai Lama einen gewissen Kultstatus. Bevor er starb, hatten sich auch viele Menschen zum Gebet und mit Kerzen auf dem Petersplatz in Rom versammelt.

Nun, vielleicht sollte ich besser sämtliche Gedanken dieser Kategorie, aus welchen Beweggründen auch immer ich sie denken wollte, ausblenden. Denn im Zweifelsfall wollte ich natürlich nicht, dass er stirbt. Außerdem fiel mir ein, dass ich ja schließlich noch auf meine Audienz beim 14. Dalai Lama wartete. Auch wenn sie im Moment noch weiter in die Ferne gerückt sein mochte, gab ich die Hoffnung dennoch nicht auf.

Als die Dunkelheit das Kloster gänzlich umhüllt hatte, war es geheimnisvoll geworden. Kein grelles Licht. Nur Kerzenschein in einem dunkelroten Meer mit hellen und dunklen Flecken. Hunderte, vielleicht auch mehr als tausend Köpfe wippten wie Wellenspitzen im Meer der Mönchsroben.

Ich fragte mich allerdings auch, warum man die Gallenprobleme nicht früher erkannt hat. Der Dalai Lama war doch kürzlich erst in einer Klinik in Bombay gewesen. Gallensteine bilden sich ja nicht einfach so innerhalb weniger Tage. Oder war gesundheitlich vielleicht doch mehr im Argen als nur die Galle?

Ein Oberhaupt hat es manchmal nicht viel besser als jeder andere. Allein wenn ich an Papst Johannes Paul I. denke, an den lächelnden Papst mit der 33-tägigen Amtszeit. Wie sein Fall gezeigt hatte, passen die Untergebenen nicht immer gut genug auf ihren Big Boss auf. Sie trauen sich oft nicht zu fragen, ob alles in Ordnung ist. Andererseits trauen sie es sich ebenso wenig, ihren Chef zu drängen, die notwendigen Medikamente zu nehmen oder gar einen Arzt zu konsultieren. Johannes Paul I. war eines Nachts unbemerkt und ganz allein im Badezimmer seines päpstlichen Appartements an einer Embolie gestorben. Es hätte genügend Anzeichen dafür gegeben, dass etwas nicht mit ihm in Ordnung war, dass er schwer krank war. Aber letztlich hatte keiner etwas Effektives für den Papst getan.

Noch vor dem Ende der Puja verließ ich das Gebet auf dem Tempelberg und ging in das Dorf. Am Tempel, der eingequetscht zwischen den beiden Geschäftsstraßen im Zentrum von McLlo liegt, drehte ich die

Gebetsmühlen. Hier spürte man nichts von der besorgten Stimmung oben an der Residenz Seiner Heiligkeit. Die Geschäfte hatten größtenteils geöffnet und strahlten mit ihren grellen Lichtern eine recht unbeteiligte und von den Ereignissen unberührte Atmosphäre aus. So ist McLlo …

Am späteren Abend musste ich noch einmal raus an die frische Luft. Also schnappte ich mir meinen MP3-Player und ging auf die Terrasse. Dort brannte heute keine der Lampen. Nur der Mond warf sein kaltes Licht herunter, und die 100-Watt-Birne, die ich in die Flurlampe geschraubt hatte, schickte einen schmalen Lichtkorridor hinaus. Ich genehmigte mir eine Dosis Elton John mit dem Lied »Sad Songs«. Das brauchte ich jetzt.

Angelehnt an das Geländer blickte ich auf das Kloster. Einige Fenster der Mönchszellen waren noch erleuchtet. Ein älterer Mönch drehte noch immer seine Runden um den Tempel. »Immer noch« bedeutete in diesem Fall, dass ich ihn bereits vor gut einer Stunde dabei beobachtet hatte. Ich versuchte mir auszurechnen, wie viele Runden er wohl bei der Geschwindigkeit innerhalb der letzten Stunde geschafft haben mochte, und vor allem, was es für ihn bedeutete.

Fünfzig Runden würde ich in etwa schätzen, während ich in meiner kleinen, bescheidenen, aber feinen Residenz gesessen und die Zeilen dieses Buches fortgeschrieben hatte. Von unten aus dem Tal kam plötzlich warme Luft den Berg hinaufgekrochen. Sanft strich sie über mein Gesicht. Dennoch setzte ich mir lieber die Kapuze meines Sweatshirts auf, denn meine Erkältung war immer noch nicht auskuriert. Außerdem verhalf meine Kapuze mir zu einem wohligen Gefühl des Geborgenseins. Hier in der Fremde. Hier in der so anderen Welt.

Der Mönch schien nun seine Runden an den Gebetsmühlen beendet zu haben, denn er und sein Schatten huschten nicht mehr an der geweißten Tempelwand vorüber. Hatte er sein Pensum erledigt, oder war er jetzt müde und erschöpft? Nun, eines von beidem wird es wohl gewesen sein.

Ich schickte noch einen Blick nach oben zum Tempel des Dalai Lama. Dort konnte ich noch schwaches Licht erkennen. Also waren wohl noch Leute oben und beteten. Vielleicht die ganz Nacht hindurch.

Sangay und die Sonne

Die meisten Mönche meines Klosters waren um sechzehn Uhr zur Puja in den Haupttempel hinaufgegangen, um für ihren kranken Dalai Lama zu beten. Aber nicht alle von ihnen. Ein paar der Jüngeren sind hiergeblieben. Ich blieb auch, denn eine dreistündige Puja jeden Tag ist auch etwas viel für mich. Sonam saß ebenfalls noch im Büro, denn er hatte zu arbeiten. Er lud mich aber ein, auf ein paar Minuten und eine Tasse Tee zu ihm zu kommen. Ich hatte mir erhofft, neuste Informationen über den Zustand des Dalai Lama zu erfahren, aber bei Sonam waren noch keine Neuigkeiten eingegangen. Seine Mutmaßungen ergaben immer noch keine andere Version, als dass man Seine Heiligkeit an der Galle operiert hätte. Mit stichhaltigen Fakten konnte er nicht dienen. Auch im Internet brachte meine Recherche nicht viel mehr Neues ans Tageslicht. Im Gegenteil. In manchen Meldungen war nicht einmal das Gallenproblem erwähnt.

Etwas später saß ich auf der Terrasse und genoss einfach so die Sonne. Ich hatte mir einen Kaffee gebrüht und mich mit meinem MP3-Player auf einer der grünen Bänke niedergelassen. Da hörte ich es quietschen. Ich sah nach oben zum Tempel. Dort turnten Sangay und der ganz kleine Nima mit einer frisch rasierten Glatze herum. Sangay sprang aufgekratzt umher. Nima, der Kleine mit den ziemlich großen Ohren und den riesigen Augen, stand ihm in nichts nach. Sie waren wohl auch nicht hinaufgegangen in den Tempel und wussten nun nichts mit sich anzufangen. Also leistete ich ihnen ein bisschen Gesellschaft. Ich setzte mich zu den beiden auf die steinerne Bank, und sie begannen sich für die Musik zu interessieren, die aus meinem Mini-Player kam. Also überließ ich den beiden jeweils einen Ohrenstöpsel, und sie hörten erst einmal Elton John. Dann wollten sie etwas anderes hören. Jedenfalls nahm ich das an, weil sie mich etwas gelangweilt ansahen. Wahrscheinlich gefiel ihnen seine Musik nicht sonderlich. Also schalte ich auf Klassik um, auf den Sonnengesang des heiligen Franziskus, weil ich dachte, dass etwas weniger rockige Musik ihren Ohren vielleicht auch etwas weniger fremd sein könnte. Plötzlich zeigte Sangay auf das Täschchen mit dem

Player und gleich anschließend auf die Sonne und sagte etwas. Ich verstand nicht, was er wollte. Dann deutete er erneut auf den Player und wieder auf die Sonne. »This is sun«, sagte er. Nun hatte ich es verstanden: Das ist die Sonne. Ich war verblüfft. Moment mal: Er sagte, das sei die Sonne, und meinte damit die Musik, die er gerade durch den Stöpsel im Ohr gehört hatte. Das konnte doch nicht sein! Der Junge konnte nur ein paar wenige Worte Englisch und ganz sicher kein einziges italienisches. »Fratello sole e sorella luna«, Bruder Sonne und Schwester Mond hieß die Platte mit der Filmmusik, die er gerade hörte. Von der Titelangabe auf Italienisch konnte er es nicht wissen und ebenso wenig vom Gesangstext. Nein, das war unmöglich! Er konnte auch nicht wissen, dass die Urmelodie für die Filmmusik von einem Lied stammt, das Franz von Assisi Ende des 12. Jahrhunderts geschrieben hatte. Der Titel ist mit »Sonnengesang« überliefert. Der Film von Franco Zeffirelli mit der Musik von Riz Ortolani ist immerhin aus dem Jahr 1972. Die Platte bekommt man – wenn überhaupt – nur in Italien. Und allein in Deutschland kennt sie kaum ein Mensch. Sangay konnte keine Ahnung von alldem haben. Dafür war er mit seinen zehn Jahren viel zu jung und hatte außerdem zu wenig Medien zur Verfügung, um darauf jemals gestoßen zu sein. Die Mönche dürfen einmal in der Woche fernsehen, am Sonntag. Aber da werden ihnen DVDs vom Dalai Lama in den Player geschoben, jedenfalls keine Filme über einen ungewöhnlichen Heiligen der katholischen Kirche. Ich spürte, wie mir Gänsehaut über den ganzen Körper kroch.

Das alles konnte Sangay nicht wissen!

Ich fragte noch einmal nach, um ganz sicherzugehen, dass ich nicht etwas falsch verstanden hatte. Da zeigte er wieder ohne Zögern auf den Player und danach auf die Sonne: »This is sun!« Es war fast ein bisschen unheimlich. In solch einem Moment schießen einem die seltsamsten Gedanken durch den Kopf. Hatte ihn die Musik vielleicht die Sonne empfinden lassen? Es soll ja Menschen geben, die das können. Und es soll auch Musik geben, die das vermag. Wenn ich mir jedoch den kleinen Mönch ansah, dann konnte ich mir nicht so recht vorstellen, dass er über ein so ausgeprägtes Musikgespür verfügte. Außerdem klingen die ersten Minuten der Platte eher melancholisch und traurig als hell und sonnig. Der Abgleich aller Fakten ergab für mich keine realistische

Chance, dass er tatsächlich wissen konnte, wovon er sprach. Der kleine Sangay gab mir Rätsel auf. Woher wusste er von der Sonne in dieser Musik?

Diese Mönche haben es in sich. Das muss ich zugeben. Ich bin von Natur aus eher skeptisch und hinterfrage gern alles, was außerhalb der Norm zu liegen scheint. Ich will damit nicht sagen, dass ich deshalb die besonderen Momente missachte oder dass ich bestreite, dass zum Normalmaß auch ein wenig Außergewöhnliches gehören darf. Aber hier fällt mir langsam auf, dass einiges nicht so ganz alltäglich und normal ist. Es ist auch nicht grenzwertig oder abnorm, aber es fällt eben auf.

Politik oder Spiritualität

»Was ist, wenn der Dalai Lama stirbt – wird dann auch ›Free Tibet‹ schwächer oder mit ihm sterben?«, fragte mich Paljor, der etwas ratlos in seine Teetasse blickte. Ich war erstaunt, ihn das fragen zu hören.

»Dann muss der Karmapa alle anführen«, antwortete ich ihm vorsichtig, denn ich wusste nicht, ob er tatsächlich auf eine Antwort aus war. »Der Karmapa hat viel vom Dalai Lama lernen können. Er hat auch verstanden, dass die westliche Richtung auf seinem Programm steht, nicht der Kampf gegen China. Nur haben das die Tibeter vielleicht noch nicht so ganz auf ihrem Zettel.« Ich stockte, weil ich Paljors Reaktion abwarten wollte. »Ja, ich glaube, das haben bisher nur die wenigsten verstanden«, gab er freimütig zu. »Es ist auch schwierig, wenn man mit der eigenen Geschichte nicht ohne Wunden leben kann. Natürlich sind die Chinesen mit allem, was sie in Tibet getan haben, so schlimm, dass man sie als die schlimmsten Tyrannen der Welt bezeichnen kann. Aber die Tibet-Frage hat sich in fünfzig Jahren auch verändert.«

Während Paljor still in seine Teetasse meditierte, ging mir durch den Kopf, ob wir Europäer eigentlich die Tibet-Frage so verstehen können, wie sie hier gesehen wird. Wir haben einen anderen Stand der Bildung, der Ökonomie, der Diplomatie. Unsere Bewertung erfolgt sehr viel informierter, als wir es von anderen Teilen der Erde kennen. Auf der anderen Seite sind die Europäer sehr viel weniger von der Religion geprägt und beseelt, als wir es in Asien, im Nahen Osten, in Afrika und in Südamerika erleben können. Verstehen wir also die Situation in ihrer ganzen Komplexität? Oder bewerten wir nur die politische Lage?

Ich frage mich auch, inwieweit das religiöse Tibet vom politischen Tibet unabhängig ist? Die Säkularisation hat dort ebenfalls begonnen. Sie kam nicht von innen heraus, weil es die Zustände so hervorgebracht haben, sondern weil sie von Peking diktiert und mit roher Gewalt durchgesetzt wurde. Die Trennung von Staat und Religion wird dort praktiziert, wohin sich der Buddhismus, wie auch China, langsam öffnet – im Westen nämlich. Doch dort gibt es keinen politisch motivierten Kampf gegen die Religionen. Es ist eine Tatsache, dass Staat und Kirche eine Trennlinie leben, die aber die Gesellschaft nicht auseinanderdividiert. Vor allem in Europa setzt nach der Säkularisation und der jüngeren fortgeschrittenen Kirchenferne langsam sogar ein Umkehrtrend ein. Es scheint ein Naturgesetz zu sein, dass nach der Trennung eine Phase der Besinnung beginnt. Nicht einmal, dass die Religionen das progressiv eingefordert hätten. Nein, die Gesellschaft bewegt sich derzeit von selbst leicht in diese Richtung. Man redet neuerdings von einem »positiven Säkularismus«, was so viel bedeuten soll wie das gewachsene Bewusstsein, dass der Staat in seinem allumfassenden Handeln und in der Zukunftsgestaltung auf die Kraft der Kirchen und Religionen angewiesen ist. Die Gesellschaft braucht – wie es Nicholas Sarkozy, der französische Staatspräsident, formuliert hat – den Faktor des Religiösen, um gesund und zukunftsfähig zu sein. Freilich erkennt man noch den Unterschied zwischen propagiertem Bedarf und der tatsächlichen Bewegung. Dennoch kann man sagen, dass in Europa und auch in Nordamerika eine Wertediskussion in Gang gekommen ist. Der Ruf nach den uralten religiösen Werten hallt durch die Rundfunkkanäle, durch die Zeitungen und die Wohnungsflure.

Dem Orient steht die Trennung erst noch bevor. Ich bin mir auch sicher, dass der ferne Orient noch Zeit braucht, um das durchzumachen, was der Westen bereits in größten Teilen geschafft hat. Die asiatischen Religionen öffnen sich nach dem Westen, und ihre Gläubigen werden vom Westen nicht nur lernen, sondern auch ähnliche Erfahrungen machen wie die Menschen dort. Vielleicht meinten das die alten Lamas, als sie gesagt hatten, dass die Religionen niedergehen werden, um dann wieder zu erstarken.

Ungeachtet dessen machen sich im Westen die Sinnsucher auf den Weg in den Osten und mit ihnen die Beschützer der Bewahrenden. Die Romantik einer alten, archaischen Religion hat für den Westen einen gewissen Reiz und scheinbar auch eine noch unverdorbene Authentizität. Diese Romantik wollen viele aus dem Westen schützen, weil sie noch die heilige Ursprünglichkeit ausstrahlt und nicht die Verkommenheit der Religionen des Abendlandes. Im Buddhismus sehen sie den letzten Flecken der Menschheit, auf dem die Antworten auf die ultimativen Fragen noch im Acker vergraben liegen. Diesen Acker gilt es zu schützen. Wollen die Beschützer das Gleiche wie die Sinnsucher?

Ich war mit den Gedanken etwas abgeschweift, doch das schien Paljor wenig zu stören. Er hatte ebenfalls still dagesessen und nachgedacht. Die Kerzen auf seinem Metallschrank beleuchteten sein Gesicht und die hellen Teetassen, so dass sie aus dem Dunkel herausstachen. Nun wartete er aber mit einem Gedanken auf, der nicht weit von den meinen entfernt war: »Die Chinesen haben ja keine Angst vor ein paar tausend Mönchen. Sie haben eher Angst vor einer Religion, vor dem Postulat der Gerechtigkeit und der Wahrheit. Der Buddhismus wird auch ohne die Chinesen weiterbestehen. Aber wir müssen ihn auch, ohne in Tibet zu sein, bewahren und fortführen.« »Mag sein, dass sie davor noch Angst haben und zu Recht Angst haben müssen«, sagte ich ihm, »aber was kann man von Tibet noch befreien? Das Volk?« »Nein, es gibt kein Zurück«, konstatierte Paljor. »Den tibetischen Buddhismus? Kann man die Religion aus dem Zangengriff der politisch vertrackten Situation retten?«, fragte ich weiter. »Ja, wir müssen! Die politischen Systeme kommen und gehen. Die Religion wird bleiben«, sagte er nachdenklich und bestimmt. »Aber wir dürfen nicht alles verlieren, was die Menschen brauchen, um mit einer gesunden Seele zu leben.« Ich war erstaunt, wie nah sich unsere Gedanken waren.

Paljor seufzte und fragte, ob ich wüsste, warum so viele aus den hochentwickelten Ländern hierherkämen, um vom Buddhismus zu lernen. Er vertrat die Meinung, das christliche System sei im Punkt der sozialen Gerechtigkeit sogar weiter als der Buddhismus und der Hinduismus. »Wer hier arm ist, der ist eben arm. Da wird kaum ein Reicherer was daran ändern wollen. Arm ist arm, Reich hat eben Glück gehabt.« Ich entgegnete, es sei in McLlo ein bisschen anders zu beobachten. Hier herrsche unter den Exil-Tibetern eine spürbare Solidarität. Wobei Brüderlichkeit hier der bessere Begriff wäre, denn Solidarität übt man nur, indem man von außen hinter jemandem steht. Brüderlichkeit ist ein direktes und soziales Miteinander. Der Mönch meinte aber, seine Leute müssten noch mehr von diesem Gedanken lernen, wie sie auch von der Situation der säkularisierten Gesellschaft lernen sollten.

Ich hatte den Eindruck gewonnen, der Dalai Lama versteht sehr gut, wie der Westen funktioniert und was Teile der Bevölkerung in den Religionen des Fernen Osten suchen. Im Buddhismus findet noch eine unverstellte Konzentration auf die inneren Botschaften des Religiösen statt. Darauf springt die westliche Welt so begierig an. Der Dalai Lama tut auch deshalb gut daran, sich auf das spirituelle Element des tibetischen Buddhismus zu konzentrieren.

Paljor war seine Verzweiflung deutlich anzumerken. Es schmerzte ihn zusehends. »So viele Fragen sind noch nicht gelöst, und der Blick in die Zukunft trifft eher auf Resignation als auf Siegesfeiern«, sagte er und fragte fast schon philosophisch: »Wie soll es jetzt aber ein Dalai Lama schaffen, auf der einen Seite die politischen Wunden zu versorgen und auf der anderen Seite seiner Religion den Fortbestand zu sichern. Wie soll er den richtigen Weg vorgeben? Wie soll es funktionieren, unter modernen Voraussetzungen und veränderten politischen Verhältnissen sein gläubiges tibetisches Volk zu retten, ohne es politisch zu aktivieren?«

»Ja, Paljor, ich glaube, das ist eine schier unlösbare Aufgabe. Aber viele hier sagen doch, einem Lama kommt eine unglaublich große Gnade des Wissens und der Weisheit zu. Einem Dalai Lama erst recht. Also hieße das, der 14. Dalai Lama könnte vielleicht die Weisheit besitzen, die ihm die diplomatischen Fähigkeiten verleiht, in die richtige

Richtung zu stoßen, auch wenn noch nicht allen klar ist, wohin das führt.«

Paljor nickte: »Der erste Schritt ist schon getan. Er hat den politischen Machtanspruch aufgegeben.« Doch dann bezweifelte er, dass auch alle Exil-Tibeter und vor allem die politischen Sympathisanten Vertrauen zu diesem Schritt entwickelt haben.

»Ich halte es für möglich«, munterte ich ihn auf und versuchte ihn auf konstruktivere Gedanken zu bringen. »Vielleicht ist es wirklich der 14. Dalai Lama, der das schaffen kann. Vorausgesetzt, der Denkprozess der Chinesen ist vom Fortschritt nicht ganz befreit.«

In diesem Augenblick war es mir vor allem darum bange, weil ich wusste, dass der Dalai Lama krank war. Als hätte Paljor meine Gedanken gelesen, sagte er seufzend und mit Tränen in den Augen: »Wenn er noch so lange lebt.« Dann starrte er in den dunklen Abendhimmel. »Was heißt das denn? Weißt du mehr?«, wollte ich von ihm wissen. »Steht es um den Dalai Lama so schlecht?« Er schüttelte den Kopf und gestand, dass er es im Moment auch nicht genau wüsste. Man habe Seine Heiligkeit anscheinend operiert, aber was dabei herausgekommen war, wisse man selbst im Kloster nicht. Paljor sprach von einer Informationssperre, konnte mir aber dafür keinen nachvollziehbaren Grund nennen, außer dass man eventuell eine Panik vermeiden wolle.

Paljor hatte es plötzlich eilig. »Stephan, ich muss beten gehen. Nur das kann helfen. Sei mir nicht böse, bitte.« Ich umarmte ihn und verabschiedete mich mit den Worten: »Geh ruhig beten – das hilft!«

Die Reife eines Mönchs

Am Vormittag des nächsten Tages hörte ich lautes Kinderweinen. Es schien aus dem Klassenraum zu kommen, der rechts über dem Speiseraum der Gäste liegt. Ja, da weinte ein Kind. Zu überhören war es nicht. Das müsste einer der kleinen Mönche sein, der entweder keine Lust hatte zu lernen, oder einer, der von seinem Lehrer zurechtgewiesen wurde. Ein weinendes Kind lässt immer alle aufhorchen, und unwillkürlich tut es einem leid. Eigentlich waren die kleinen Mönche gar nicht so wehleidig wie die Kinder bei uns. Allesamt waren sie genügsam und fröhlich, sie nahmen die Dinge, wie sie kommen, und murrten nicht einmal. Der Mönch weinte immer noch, aber zwischendurch schimpfte er. Doch dann übermannte ihn wieder das Weinen und Schluchzen.

Ich weiß gar nicht, was man bei uns zu Kindermönchen sagen würde. Und erst recht frage ich mich, was man in Deutschland zu weinenden Kindermönchen sagen würde. Weinen befreit zwar auch die Seele, und auch in Deutschland fließen Kindertränen, jedoch bin ich mir nicht sicher, ob jeder Bürger einem Kloster gegenüber dieses pauschale Verständnis entgegenbringen würde.

Sie sind eben noch Kinder, aber auch Mönche, die in einem Kloster leben. Und gerade diese Zugehörigkeit zum Kloster bedeutet, dass sie sich den Regeln unterordnen müssen, dass sie zu lernen und zu gehorchen haben. Mit dem Eintritt in ein buddhistisches Kloster ordnet sich ein Junge erst einmal unter ein großes Raster, das langsam, aber unaufhörlich sein Leben und seinen Alltag prägt. Alle hier sagen, es sei eine harte Schule. Die Lehrer-Mönche seien eher streng. Die Gesetze einer Gemeinschaft richten sich nicht nach den Bedürfnissen des Einzelnen. Auch wenn das nach Ungerechtigkeit und Entmündigung klingen mag, das ist es mit Sicherheit nicht. Dass es manchmal auch ein wenig schmerzt, liegt in der Natur der Ausbildung. Wir alle kennen die Momente aus unserer Kindheit, dass wir diese oder jene Regel einfach nicht einsehen wollten, weil wir sie nach unserem Verständnis als ungerecht oder falsch betrachtet haben. Und wenn die Erwachsenen oder die Lehrer einmal mehr mit dem Satz aufwarteten, man solle nicht für die Schule, sondern für das Leben lernen oder dass das Leben eine harte Schule sei, dann musste man sich eher auf die Erfolglosigkeit seines Protestes besinnen und klein beigeben, anstatt auf die Barrikaden zu gehen. Und selbst wenn man protestiert hatte, dann nahm die Welt niemals Rücksicht darauf. Erst nach den Zeiten der Schule, der Ausbildung und der Reifung gesellt sich die Einsicht hinzu. Es zeigt sich dann aber nicht nur eine Einsicht oder jene positive Erkenntnis, dass Regeln und gewisse Härte sein müssen, sondern man ist im besten Fall zu einer reifen, sympathischen und sozial intelligenten Person geworden. Das Ergebnis der Bildung lässt sich an Zeugnissen und Diplomen ablesen. Die Reife der Person wird von der Umwelt sehr genau registriert. So habe ich es hier auch bei den Mönchen erlebt. Sie sind allesamt reife und beeindruckende Persönlichkeiten. Sie strahlen etwas aus, was sich sonst im Leben nicht so häufig finden lässt: Werte, Einstellungen und ein mitfühlendes Verhalten. Konkret heißt das, sie sind sozial, verständnisvoll und freundlich. Ihre Spiritualität ist deutlich spürbar. Ihre Religiosität ist Programm. Sie behandeln jeden Menschen wie einen guten Menschen. Argwohn und Neid habe ich bislang noch nicht entdecken können. Ihr hohes Ziel ist es, immer mehr Wissen zu erlangen, denn für einen Buddhisten ist Nichtwissen eine Wesenseigenschaft, die der angestrebten Erleuchtung abträglich ist.

Irgendwann in ihrem Klosterleben hat diese Veränderung in ihnen und an ihnen begonnen. Viele großartige Menschen haben ihren Weg begleitet und sie geformt. Sie haben ihre Begabungen und Veranlagungen erkannt und förderten sie. Schlussendlich gibt es zwar kein Diplom für die innere Reife nach der Ausbildung, auch kein Endergebnis, sondern nur einen Zwischenstand. Und wenn man sich die Menschen in ihrem Lebenslauf betrachtet, dann ist es die Zeit im Alter um die frühen 20er, wo man mit Fug und Recht einen Zwischenstand ausmachen kann, denn der größte Teil der Formung und der Ausbildung der Persönlichkeit ist dann erreicht.

Angekommen im Exil

Im saubersten Laden von ganz McLlo kaufte ich mir Himalaya-Hustensaft, da der Schnupfen einem hartnäckigen Husten gewichen war. Ein erster prüfender Schluck aus der Flasche bestätigte meine Hoffnung, dass die Medizin aromatisch und süß war und nicht der Redensart gehorchte, dass gute Medizin bitter schmecken muss. Der Saft erinnerte mich an Fenchelsirup, von dem ich in meiner Kindheit auch gerne ohne Husten genascht hatte. Dieses Fläschchen hatte gerade mal 45 Rupies gekostet. Das sind etwa 75 Cent. Für hiesige Verhältnisse ist das teuer. In Deutschland würde die Medizin locker ein Vielfaches kosten. In

Deutschland würde man aber vermutlich auch nicht so schnell krank werden, denn ich tippte darauf, dass der Husten nicht allein von einer Erkältung herrührte, sondern auch von der Luft hier kam. Allein was hier heute Morgen schon wieder durch die Luft wirbelte, kam einer Smog-Wolke gleich. Ich wollte besser nicht wissen, was man hier alles einatmete. Hier oben am Vorgebirge des Himalaya schien es mir immerhin nicht ganz so schlimm zu sein wie in einer indischen Großstadt. Ich hatte zwar nicht viel von Delhi sehen können, aber was ich sah, lag unter einer gelblich grauen Smog-Glocke. Einen klaren blauen Himmel bot Delhi nicht, und man sagt, dass es den dort auch faktisch nicht gibt. Hier in McLlo strahlte mir die Sonne entgegen, und ich atmete noch recht frische kühle Morgenluft. Ich war im Dorf, um einige Dinge einzukaufen. Auf der belebten Poststraße traf ich einen tibetischen Jugendlichen, der in einem kleinen Häuschen am Rande unseres Klosters wohnte. Vor ein paar Tagen hatte ich ihn dort kennengelernt. Zusammen mit seiner Stiefschwester wohnte er in einem Raum, der gerade groß genug war, zwei Betten, ein Kochgestell und einen kleinen Schrank aufzunehmen. Dabei stießen die Möbelstücke aber schon aneinander, und es blieb nur ein schmaler Gang zwischen den Betten. Lobsang war sein Name. Er war 22 Jahre alt und lebte erst seit vier Monaten in McLlodganj. Es sei eine missliche Situation, erzählte er, auf so engem Raum mit seiner Schwester zu leben, weil er dann nicht mal seine Freundin empfangen könne. In dem Häuschen war einfach kein Platz für drei Personen. Ihr Besuch hatte in diesen Tagen angestanden. Er wolle mit ihr bei einem Freund übernachten, hatte er angekündigt, und seitdem hatte ich ihn auch nicht mehr im Kloster gesehen.

Also fragte ich ihn, wie die Tage mit seiner Freundin waren. Lobsang berichtete sofort ganz freudig, dass sie noch hier oben in McLlo sei. Und dann fragte er ohne Umschweife, ob ich sie kennenlernen wolle, wartete aber die Antwort gar nicht erst ab, sondern fasste mich am Arm und zog mich schon die Straße abwärts. »Sie ist bei ihrer Großmutter«, sagte er und deutete auf ein vierstöckiges Gebäude auf der rechten Straßenseite. Auf dem Schild über dem Eingang stand etwas von tibetischen Flüchtlingen. Jedoch dachte ich mir nicht viel dabei, weil ich auf seine Freundin gespannt war. Wir stiegen die Stufen hoch und erreichten linker Hand einen Saal, der etwas größer als ein Volleyballfeld war. Gleich am

Eingang stapelten sich dünne blaue Matratzen. Im ersten Moment dachte ich an eine Turnhalle und an Turnmatten, aber da lag ich völlig falsch. In diesem Saal sah ich vier Reihen von Pritschen, die nebeneinander über die gesamte Länge des Saales aufgestellt waren. Eine jeweils rechts und links an den Wänden und zwei in der Mitte, so dass die Kopfteile aneinanderstießen. Über zwei Gänge konnte man die Pritschen erreichen, aber zwischen ihnen war an den Längsseiten kein Platz, so dicht standen sie aneinandergereiht. Langsam begriff ich, wo wir uns hier befanden. Das war die erste Station für die neuangekommenen Flüchtlinge aus Tibet. Ich habe schon einige Asyl- und Flüchtlingslager gesehen, aber keines, das so eng war wie dieses hier. Ein tibetischer Flüchtling konnte also sein kleines neues Reich im Exil lediglich über das Fußende seines Bettes erreichen. Denn nach allen drei verbleibenden Seiten grenzte es schon wieder an einen nächsten Bereich. Alles, was sie an Hab und Gut besaßen, was sie in einem Rucksack über den Himalaya geschleppt und was sie vielleicht noch bei ihrer Ankunft hier erhalten hatten, mussten sie entweder auf dem Bett oder eben unter dem Bett verstauen. Woanders war dafür kein Platz.

Der junge Tibeter führte mich die äußerste linke Reihe an der Fensterfront entlang, bis wir am Bett einer alten Frau angekommen waren. Mit Nadel und Faden erneuerte sie gerade die Naht am Saum ihrer Decke. Dicht bei ihr saß ein hübsches Mädchen. Etwas schüchtern begrüßten sich die beiden jungen Tibeter. Ich schloss daraus, dass das die Freundin von Lobsang und ihre Großmutter waren. Schüchtern begrüßte das Mädchen auch mich. Die alte Frau war etwas überschwänglicher. Sie lachte und freute sich offensichtlich so sehr über meinen eigentlich unbeabsichtigten Besuch, dass sie darauf bestand, ich solle mich auf ihre Bettdecke setzen. Ich sollte ihr Gast auf ihrem zwei Quadratmeter kleinen Fleckchen sein. Wahrscheinlich hätte sie mich nicht als ihren Besuch empfunden, wenn ich mich auf eines der Betten gegenüber gesetzt hätte. Davon gab es hier in unmittelbarer Nähe genügend, und die meisten von ihnen waren auch frei. Sie aber ließ meine Hand gar nicht erst los.

Ich konnte mich nicht so richtig gut auf die Großmutter konzentrieren, weil ich fast nur mit den Gedanken über dieses Haus, diesen Saal und die Menschen, die hier drinnen wohnten, beschäftigt war. Ich weiß gar nicht, ob ich mich freuen würde, wenn ich nach meiner langen und gefahrvollen Flucht aus China hier in so einem Saal landete. Die Wände sind abgewohnt, die Fenster vergittert und ihre Scheiben kaum noch durchsichtig. Richtig hell wird es nicht, weil die gegenüberliegende Häuserzeile zu dicht steht, als dass noch viel Sonne in die Gasse fallen könnte. Ein dunkler, kühler und heruntergekommener Saal mit einer ganzen Armada an Pritschen ist die erste Station in der Freiheit, die sich Exil nennt. Vielleicht ist einem aber auch nach der mehrere Wochen dauernden Flucht alles egal, und man hat sämtliche Ansprüche heruntergeschraubt. Dann genügt es wahrscheinlich, ein friedliches Örtchen und einen einigermaßen erträglichen Schlafplatz zugewiesen zu bekommen.

Ursprünglich wollte ich Lobsang nur zum Kaffee einladen. Dann war noch seine Freundin dazugekommen und mit ihr die alte Tibeterin. Dass ich gleich noch mit der Situation frisch angekommener Flüchtlinge konfrontiert werden würde, konnte ich nicht ahnen. Nach ein paar Minuten auf dem Bett der Großmutter verließen wir die Auffangstelle für Flüchtlinge. Dann gab es noch einen Cappuccino für die beiden und für mich.

Stoffkaufrausch in Dharamsala

Haben Sie schon mal zweihundertzwölf Meter Stoff gekauft? Ich schon! Es ist eine ganz erstaunliche Erfahrung. So ähnlich muss sich der Chefeinkäufer eines großen Modehauses fühlen. Ich hatte einmal Werner Baldessarini dabei beobachtet, wie er Krawattenstoffe für die neuen BOSS-Kollektionen ausgewählt und sie nach Metern bestellt hatte. Das fand ich beeindruckend. Vor allem als es um die Schätzung der benötigten Stoffmengen für Anzüge ging. Da kamen schnell ein paar hundert Meter zusammen.

Wie ich zum Stoffeinkäufer des Klosters wurde, kam folgendermaßen: Mit Sonam zog ich durch die Haupteinkaufsstraße von Lower-Dharamsala. Die Häuser, die sich an der Straße entlang in schmalen

Einheiten drängelten, waren teilweise bis zur Unkenntlichkeit heruntergekommen. In zwei, drei oder vier Etagen türmten sich die Armut und der Müll. Auf der Straße war es lebensgefährlich, denn nach dem ewigen Stau in der Dreier-Kreuzung schienen die Fahrer von Autos, Bussen und LKW nichts Besseres zu tun zu haben, als das Gaspedal bis zum Motor durchzutreten. Eine Fußgängerzone hätte das Shopping-Areal nicht schöner, aber sicherer gemacht. Das am besten erhaltene Haus der Straße gehört einem Textilhändler. Wir traten ein. Sonam sprach mit einem kleinen dicken indischen Mann, der in einen braunen Zweireiher gezwängt war. Es dauerte nicht lange, da landeten einige Stoffballen in den verschiedensten Gelbtönen auf dem verglasten Ladentisch. Recht schnell hatte ich auch den schönsten Gelbton gefunden. Ein pastelliges Dottergelb gefiel mir besonders gut. Noch dazu war der Stoff von recht guter Qualität. Sonam überließ zu meiner Überraschung mir die Auswahl, weil ich der Spender war.

Ich hatte das große Bedürfnis, den Mönchen etwas Gutes zu tun. Also entschied ich mich für die Aufbesserung der Mönchsroben, denn ich hatte schon sehr viele alte Stücke gesehen, in die sich die Mönche einhüllten. Oft haben sie Stockflecken, weil sie wohl manchmal über längere Zeit nicht trocken geworden sind. Besonders bei den Kleinen ist das Bild etwas ärmlich. Meistens tragen sie Untergewänder, die von älteren Mönchen stammen. Sie werden dann eben nur entsprechend hochgebunden. Aber noch viel schlimmer fand ich, dass ihre Überwürfe nicht wenige Löcher aufwiesen. Bei den ganz kleinen Mönchen lag das sicher in ihrer Verspieltheit begründet, da reißt man sich hier und da mal einen Dreiangel an einem herausstehenden Nagel, einem Ast oder an einem scharfkantigen Geländer.

Ich wusste, dass dem Kloster nicht sehr viel Geld zur Verfügung steht. Es finanziert sich ausschließlich durch Spenden. Der Unterhalt für einen Tag kostet für das ganze Kloster zwar nur etwa achtzig Euro, aber auch die müssen erst mal jeden Tag zur Verfügung stehen. Mit diesen achtzig Euro wird jedoch lediglich das Leben bestritten, nicht die Anschaffungen und die Erhaltung des Klosters.

Die Auswahl war bereits getroffen. »Zweiundvierzig Meter von diesem bitte!«, bestellte ich beim Chef. Wenn die Mönche sechs neue gelbe

Puja-Überwürfe bekommen sollten, brauchten wir so viel, weil in einem schon allein sieben Meter Stoff steckten. In Windeseile rauschten Schneider-Ellen über die abgewickelten Stoffbahnen. Zwei Gehilfen nahmen Maß und legten den Stoff zu zwei Stapeln zusammen. Umgerechnet fünfzig Euro wollte er dafür von mir haben. Das war billig. Ich hatte den vorgesehenen Etat für neue Mönchskleidung damit nicht mal zur Hälfte aufgebraucht, also beschloss ich, mich noch nach dunkelrotem Stoff umzusehen. Ich ließ mir ein paar Ballen vorführen und entschied mich für einen gut gefärbten, leichten Stoff mit Wollanteilen. »Sonam, wie lang ist ein Überwurf?«, fragte ich kurz und bündig. Der breitete nun seinen Überwurf auf dem Ladentisch aus und ließ nachmessen. »Drei Meter!«, kam es vom Gehilfen des Stoffhändlers zurück. Ich überschlug kurz im Kopf und sagte: »Gut, haben Sie genügend Stoff für hundertsiebzig Meter?« Ich sah nun aufgerissene Augen, offene Münder und einen Sonam, der sich kaputtlachte. »Du musst das nicht machen, Stiwin«, versuchte er mich aber sogleich von meinem Vorhaben abzubringen. Ich hielt jedoch dagegen. Sonam gab nach einem kurzen Hin und Her zu, dass die Mönche zum Jahreswechsel sicher neue Überwürfe brauchen würden. Das passt doch dann bestens, dachte ich und wartete noch das Signal des Händlers ab, dass genügend Ballen vom gleichen Stoff verfügbar seien.

So kaufte ich tatsächlich hundertsiebzig Meter dunkelroten und zweiundvierzig Meter dottergelben Stoff. Ich konnte es selber kaum glauben. Somit können alle Mönche des TseChokLing-Klosters zu Weihnachten einen neuen roten Überwurf bekommen, auch wenn sie unser Weihnachten nicht feiern. Ich war zufrieden, Sonam war froh, und wir beide hatten nun Hunger.

Wursttträume

Der Himalaya-Medizin-Laden oben in McLlo war ja schon ein Ausnahmebeispiel für Sauberkeit und Schönheit hier. Aber der war nichts gegen den großen Shop an der Tankstelle von Dharamsala. So etwas hatte ich selbst in Deutschland noch nicht gesehen. Schneeweiße, hochglanzpolierte Fliesen auf dem Boden, blitzblank und sauber auch die weißen Regale mit einer erstaunlichen Fülle an Produkten. Ich war entzückt und fühlte mich angesichts der blendenden Reinheit zu einem kleinen Großeinkauf animiert. Das Beste wartete noch auf mich: Wurst und Würstchen. Sonam hatte recht behalten, als er mir garantierte, dass ich hier Würstchen kaufen könne. Da lagen sie tatsächlich zuhauf in einer Tiefkühltruhe und wollten gekauft werden. Diesem Anblick konnte ich nicht widerstehen.

Heute, ausgerechnet am Sonntag, kamen zwei Männer und zwei Frauen um die Camel Track Road zu reparieren. Ich konnte das nicht glauben. Vor allem wollten sie kurz bevor es dunkel wurde mit ihrer Arbeit beginnen. Von der Gästeterrasse aus beobachtete ich, wie sie über den Kies diskutieren, der auf dem unteren Plateau lagerte. Bemerkenswert fand ich, dass die beiden Männer weiße Hemden trugen und die Frauen lange Kleider aus relativ schönen bunten Stoffen. Ging man in Indien so zur Arbeit?

Die Camel Track Road verbindet auf exakt einem Kilometer Länge die Hauptstraße zwischen McLeodganj und dem Hauptort von Dharamshala mit dem Kloster. Eigentlich konnte man sie nicht Straße nennen, denn sie war genau genommen nur ein steiniger Waldweg, auf dem zwei schmale Streifen Bitumen für die Autoräder angelegt waren. An vielen Stellen hatten diese Pisten Ausbrüche und Löcher. Der Monsunregen hatte überall ganze Abschnitte weggespült oder unterhöhlt. Würde man die Straße einmal richtig anlegen, seitlich die Wassergräben ausheben und in den Senken durch unterirdische Rohre ableiten, ich denke, sie würde länger halten. Doch dazu fehlte der Wille. Das Geld dafür könnte man eventuell noch auftreiben, jedoch müsse der Staat die Straße bauen, sagte mir Thubten, nur der tut es nicht. Wenn es gar zu schlimm aussah, blieb dem Kloster nichts weiter übrig, als die beiden befestigten Reifenspuren immer mal wieder notdürftig zu flicken. Die Straße war momentan in einem erbärmlichen Zustand. Mit einem normalen PKW konnte man sie nur in Schrittgeschwindigkeit passieren.

Die vier Arbeiter hatten tatsächlich schon ein kleines Häufchen Kies mit ein paar Händen voll Zement vermischt und rührten nun Wasser hinzu. Allerdings erledigten sie ihre Arbeit in Zeitlupe. Eine Frau balancierte den Beton in einem Becken auf dem Kopf und beförderte ihn vielleicht zehn Meter weiter zu einer ersten Ansammlung von Löchern. Ich wollte nicht anfangen hochzurechnen, wie lange es dauern würde, bis sie einen Kilometer Straße geflickt hätten, wenn es bei diesem Arbeitstempo bliebe. Es war ja nicht so, dass nur alle hundert Meter ein kleines Löchlein auf sie wartete. Nein, es waren Hunderte, und sie waren größtenteils nicht klein. Die zweite Frau war nun auch mit ihrer Schüssel losgegangen. Einer der Herren mischte den Beton, der andere verfüllte das Loch und strich die Oberfläche glatt. Aber eben ganz, ganz gemächlich.

Zum Verrücktwerden.

Die Würstchenpackungen lagen auf den Badezimmerstufen und tauten langsam auf. Vielleicht sollte ich sie in den Klosterkühlschrank der Gästeküche legen lassen. Gute Idee, bevor sie noch verdarben. Der Küchenmönch lachte nur, als er mich mit dem Stapel Würstchen in der Tür zur Küche erblickte. Aber er verstand sehr schnell, dass ich Platz im Kühlschrank benötigte. Er nahm die Wurst entgegen und ließ sie sofort in den Falten seines Gewandes verschwinden. Es bestünde die Möglichkeit, dass morgen früh vielleicht nichts mehr davon da sein könnte, scherzte er. Ich wähnte die Würstchen allerdings bei ihm in Sicherheit, weil die Mönche kein Fleisch essen. Ich überließ alles seiner Obhut und ging noch auf einen heißen Tee ins Speisezimmer der Gäste. Dort waren alle Stühle belegt. Eine Reihe neuer Gäste war im Kloster angekommen.

Mir fiel auf, dass sich in den letzten zwei Tagen das Publikum fast vollständig ausgetauscht hatte. Lenno war gefahren, Melanie in ihr Kloster zurückgegangen, und eine Amerikanerin war seit Tagen nicht mehr zu sehen. Ich verspürte keinen Drang, mich mit den neuen Gästen zu beschäftigen, ihnen zu erzählen, wie ich heiße, was ich mache und was ich hier will. Außerdem hatte sich bislang noch keiner von den Neuankömmlingen vorgestellt. Ich finde, das gehört sich so, wenn man zu einer Gruppe frisch dazustößt.

Mein Tee war ausgetrunken, und ich verließ das Esszimmer der Klostergäste.

Ich beschloss, eine Runde durchs Dorf zu drehen, auch wenn mich die Aussicht auf die 360 Stufen nach oben nicht sonderlich motivierte.

Wie erwartet traf ich Quirin auf der Dachterrasse des Restaurant »McLlo« am Hauptplatz. Ich bestellte mir ein Bier und setzte mich zu ihm. Lange wollte ich nicht bleiben, weil es am Abend an der frischen Luft ziemlich kalt ist. Mit meiner Erkältung musste ich noch ein wenig vorsichtig sein. Ein kurzes Bier werde ich mit vier Lagen Oberbekleidung wohl aushalten, dachte ich.

Quirin wirkte heute Abend seltsam zerknirscht. Ich brauchte nicht viel zu fragen, da erzählte er traurig und wütend zugleich, er habe seine Frau heute am Telefon gefragt, ob er wieder nach Hause kommen solle. Oh, solche Fragen sind gefährlich, dachte ich, und mir schwante nichts Gutes. »Stell dir vor«, sagte er, und dabei war ihm die Enttäuschung ins Gesicht geschrieben. »Sie hat gar nicht geantwortet.« Vorsichtig fragte ich zurück, ob sie wirklich überhaupt nicht auf seine Frage geantwortet habe. Quirin winkte ab, hob sein Glas und forderte mich zum Trinken auf. »Sie hat nur gesagt, dass ich selber wissen muss, was ich tue. Mehr kam nicht«, schloss er das Thema ab.

Wir verabredeten, gleich noch einen Whiskey auf seinem Zimmer zu trinken, aber wir verließen erst einmal den Platz auf dem Dach, weil es mir draußen zu kalt wurde. Ein Glas Whiskey durfte jetzt sein. Für mich war es Medizin und für ihn Betäubung.

Solange Erna, die Spinne, in meinem Zimmer war, sorgte ich mich weniger um Stechmücken, als wenn ich mich draußen aufhielt. Denn ich hatte am Knie und am Fußgelenk zwei Stiche dazubekommen. Die letzten warmen Tage hatten die Insektenpopulationen wieder deutlich anwachsen lassen. Es sind wohl manchmal auch die kleinen Dinge, um die man sich Gedanken macht. Was ist schon ein Mückenstich? Und was ist schon ein Kuhfladen? Heute hatte ich allerdings einen entdeckt, der weder von einer Kuh noch von einem Hund stammen konnte. Vielleicht war er ja von einem Leoparden. Wer weiß. Außerdem war mir aufgefallen, dass seit heute Morgen auf dem letzten Treppenabschnitt vor dem Hauptplatz ein paar der schlimmsten Löcher mit Bauschutt verfüllt waren. Immerhin! Ich staunte, was sich hier innerhalb eines halben Tages ändern kann.

Die Wurstdose auf meinem Schreibtisch war zwar auch nur eine Kleinigkeit, aber in diesem Fall freute ich mich riesig darüber.

Wie kann man nur solch einen Heißhunger auf Wurst entwickeln? Ich hatte sogar schon von Leberwurst und Steaks geträumt. Ich bin und bleibe eben doch ein Wurstkind. Schließlich stamme ich ja auch aus dem Eichsfeld – und das ist berühmt für seine Wurst. Auch wenn es verwöhnt und dekadent klingt, die Wurst steigerte mein Wohlbefinden. Das würde ein Frühstück werden!

Bulletin und Spekulationen

Heute wurde ein offizielles Bulletin zum Gesundheitszustand des Dalai Lama veröffentlicht. Viel Neues war darin nicht zu lesen. Im Grunde bestätigte es nur die Fakten, die bislang auch schon von akuten Problemen mit der Galle sprachen, die einen sofortigen operativen Eingriff erforderlich machten. Es hieß weiter in den recht dürren Sätzen, dass Seine Heiligkeit mindestens noch die kommende Woche in der Klinik in Delhi verbringen müsse. Das war alles.

Wenn man ihn in Deutschland operiert hätte, würde er auch spätestens nach einer Woche entlassen werden, wenn sich keine Komplikationen einstellten. Jedoch wusste ich nicht, wie hoch der medizinische Standard in Delhi war und wie sich der Allgemeinzustand des Dalai Lama darstellte. Wer weiß, was da noch hinter den Informationen des Bulletins schlummerte. Sein Fall wäre nicht der erste auf der Welt, in dem man bewusst eine schlüssige Variante zur Verkündigung freigibt. Damit will man im Allgemeinen Spekulationen vorbeugen. Vom Vatikan waren es die Journalisten gewöhnt, Bulletins über den Gesundheitszustand des polnischen Papstes, Johannes Pauls II., zu erhalten, die sich zwar zunächst plausibel anhörten, sich jedoch im Nachhinein als nicht vollständig erwiesen. Als er wenige Wochen vor seinem Tod wegen einer angeblichen Erkältung in die Gemelli-Klinik eingeliefert wurde, schossen die Spekulationen ins Kraut, als durchsickerte, man habe ihn einem Luftröhrenschnitt unterziehen müssen. Tatsächlich hatte das Rumoren hinter den Kulissen dafür gesorgt, dass man den Heiligen Vater wenige Tage später in einer fast schon unwürdig wirkenden Situation am Fenster seines Krankenzimmers den Augen der Welt präsentierte. Experten hatten dennoch sofort die Atemluftkanüle im Hals des Papstes erkannt.

Der Test

Zum Mittagessen gesellte ich mich zu den Mönchen auf die Mäuerchen. Neben mir saß Tenzin, der Buchhalter des Klosters. Sie aßen Reis mit Bohnen, garniert mit einer undefinierbaren Soße. Für meine Begriffe war das karge Mahl mit ein paar Röschen vom Blumenkohl enorm aufgewertet. Just in diesem Moment bog Sangay mit seinem Edelstahltablett um die Ecke. Er suchte sich ein Plätzchen, schnappte sich sofort seinen Löffel und aß in Windeseile auf. Kurz darauf ging er auch schon wieder.

Ich blieb noch mit Tenzin auf der Mauer in der Sonne sitzen. Irgendwann sprachen wir auch über Sangay. Ich erfuhr von ihm, dass er selten mit den anderen spielt. Oft stünde er abseits und beobachte die anderen. Er sei eben ein bisschen anders, fasste Tenzin seine Beobachtungen zusammen.

»Ja, er ist speziell«, sagte ich und erzählte ihm, dass mir etwas Seltsames aufgefallen war. Die Sache mit dem »Sonnengesang« fand Tenzin ebenfalls bemerkenswert und wollte ganz genau wissen, wie das war. In diesem Augenblick kam Thubten mit zwei Tellern aus der Klosterküche. Einer davon war für mich bestimmt. Ich war erfreut, dass ich mehr Blumenkohl, als alles andere auf meinem Teller fand. Also aß ich dankbar mit und berichtete den beiden nebenher von dem seltsamen Erlebnis mit Sangay. Thubten hatte aufmerksam zugehört, machte nun ein ernstes Gesicht und tat seine Meinung kund: »Wir wissen nicht genau, was mit Sangay ist. Irgendwas ist anders an ihm, aber wir wissen nicht, was.« Thubten schloss: »Wir müssen ihn beobachten. Es gibt einige Jungen hier, bei denen wir etwas Besonderes vermuten.«

Ich schlug dem Direktor vor, Sangay noch einmal in seiner Anwesenheit zu testen. Der willigte sofort ein. Auch Tenzin nickte eifrig.

Thubtens Idee war, ihn unter einem Vorwand herzurufen. Sein neues Auto war der beste Vorwand. Gesagt, getan. Ich ging schnell hinunter in mein Zimmer, um den MP3-Player samt Lautsprechertasche zu holen. Thubten ließ Sangay mit seinem Auto herbringen. Als er kam, war ich schon auf dem Mäuerchen. Während er den beiden seinen neuen ferngesteuerten Porsche präsentierte, lief Musik von Udo Jürgens. Thubten und Tenzin bestaunten das Auto unter zahlreichen Bekundungen der Bewunderung. Indes hatte sich Sangay schüchtern auf das Mäuerchen vor uns gesetzt. Tenzin stieß mich an und das Experiment begann. Ich schaltete unbemerkt auf den Sonnengesang. Der erste Titel der Platte lief ein paar Takte lang, da sagte Sangay etwas auf Tibetisch. Thubten hakte mit kurzen Worten nach. Daraufhin erzählte Sangay ziemlich viel und zeigte immer wieder auf den Himmel und auf das Lautsprechertäschchen. Die beiden Mönche sahen ihn erstaunt an. Thubten stellte Sangay erneut Fragen und der antwortete mit einer Selbstverständlichkeit, als würde er sich ganz gewöhnlich unterhalten. Sie sprachen zwar immer noch Tibetisch, aber ich ahnte, was der Inhalt ihres Gesprächs sein könnte.

Dann nahm Sangay ganz von allein sein Auto aus den Händen von Tenzin und ging weg. »Sleep«, sagte er in meine Richtung, er müsse schlafen, und verschwand.

Wir drei saßen zunächst sprachlos auf dem Mäuerchen. Dann fragte ich die beiden, was das denn bedeuten könne, wenn es doch gar nicht möglich war, dass er diese Musik nach ein paar Takten sofort erkannte und sie der Sonne zuordnete. Thubten holte tief Luft und verkündete sein Ergebnis vom Test: »Er weiß das bestimmt aus seinem vorigen Leben. Daher kennt er das Lied. Anders kann es nicht sein.« Dann machte er eine kurze Pause und sagte, er wolle das dem Dalai Lama erzählen, weil vielleicht noch mehr über Sangay bekannt sein könnte.

War mit diesem Test eine Wiedergeburt bewiesen? Ich zweifelte daran, obwohl ich diese Erklärung als einzig logische Erklärung verstehen konnte. Als wasserdichten wissenschaftlichen Beweis konnte ich es dennoch nicht ansehen. Wie gern würden die Christen doch einen Beweis für die Auferstehung von den Toten erhalten. Sie glauben daran, weil davon im Neuen Testament berichtet wird. Jedoch kennt keiner einen naturwissenschaftlichen Beleg, weil die Auferstandenen physisch nicht greifbar sind, denn sie existieren im ewigen Leben weiter. So sagt es die christliche Lehre. Buddhisten glauben an die Wiedergeburt, und vielleicht lieferte Thubten deshalb so prompt die Erklärung für unsere Beobachtungen. Für ihn ist es ein normaler Vorgang, dass jemand wieder ins Leben zurückkehrt, der schon einmal gelebt hat. Von Tenzin kam kein Laut mehr. Er starrte nur auf das Täschchen mit dem Player und kräuselte die Lippen.

Buttertee und Cola

Ein übergroßes Bildnis des Dalai Lama prangte an der längsten Wand des Wohnzimmers der Familie Gyamtso. Das Porträt hing direkt über einem Vertiko, das zu einem Hausaltar umfunktioniert worden war. Es waren bestimmt dreißig Khatas, die locker über den erhabenen, breiten Bilderrahmen geworfen waren. Ich vermutete, die weißen Segensschals aus dünner Seide sind den Familienmitgliedern im Lauf der Jahre ausschließlich von Seiner Heiligkeit selbst um den Hals gelegt worden. Herr Gyamtso erzählte nun stolz, dass er alles selbst gestrichen habe, als er bemerkte, dass ich mich im Zimmer umsah. In kräftigem Mittelblau hatte er die Wände getüncht. Dabei hat er offenbar sämtliche Unebenheiten und Macken in der Wand so intensiv mit Farbe bedacht, dass selbst Abbruchkanten im Putz abgerundet erschienen. Chimi, seinem Sohn, schien es etwas peinlich zu sein, dass sich sein Vater seiner handwerklichen Fähigkeiten rühmte. Wie sich ein erwachsen gewordener Sohn eben manchmal ein wenig der Marotten seiner Eltern schämt. »Blau«, sagte er und lachte, als müsste er die väterliche Leistung etwas herunterspielen. Herr Gyamtso sprang daraufhin auf und zündete hastig ein dünnes Bündel Räucherstäbchen an. Er stellte es in ein bronzenes Gefäß, das die Buddha-Statue auf dem Vertiko fast überragte. Lächelnd und zufrieden kam er zurück und nahm im einzigen Sessel Platz.

Das war wohl sein Stammplatz. Ansonsten fanden sich hier zwei Sofas oder so etwas Ähnliches. Sie schienen auch selbst gebaut zu sein, jedoch hatte Herr Gyamtso bisher nicht davon erzählt. Unmengen an Kissen dienten als Rückenlehnen. Bunt ist es hier, dachte ich, denn alle Kissen und Decken zeigten andere Farben, Muster und Verzierungen.

Chimi wirkte so, als würde er erleichtert aufatmen, als seine Mutter den Raum betrat. In den Händen balancierte sie ein breites, hölzernes Tablett mit goldenen Blechapplikationen an den Seiten. Ein großer Wasserkessel aus Aluminium erhob sich vom Tablett inmitten einer Reihe von Tonbechern. Frau Gyamtso strahlte, als hätte sie Sonntagslaune, und manövrierte das Tablett mit eleganten Bewegungen auf den großen flachen Tisch. Hinter dem Kessel entdeckte ich eine kleine Schale mit Gebäck. Form und Farbe der Plätzchen erinnerten mich an die grauen Hafermakronen, die alljährlich auf dem weihnachtlichen Plätzchenteller auftauchten. Vielleicht hatte sie auch ein solches Rezept, und die Plätzchen sahen deshalb so ähnlich aus. Dann würde es gut sein, etwas Tee oder Kaffee dazu zu trinken, um der trockenen, spröden Gebäckstücke Herr zu werden. Chimi lupfte den Deckel des Kessels und flüsterte: »Buttertee.« Dann verzog er sein Gesicht zu einer bedeutungsschwangeren Miene. Ich nahm an, dass er vielleicht so ähnlich wie Sahnetee schmecken mochte. Indien ist schließlich das Tee-Land Nummer eins in der Welt. Hier schmeckt der Tee meistens besser als bei uns zu Hause. Buttertee sei eine tibetische Spezialität, erklärte mir Chimi. In Tibet würde er ständig getrunken. Seine Familie trinke ihn aber nur manchmal. Frau Gyamtso setzte sich nun mir gegenüber auf das Sofa und verschwand in der Wand. Zumindest verschwand ihr Kleid optisch darin. Nur ihr Kopf, ihre Hände und die Knöpfe des Kleides hoben sich jetzt noch von der Wand ab, denn Wand und Kleid hatten fast exakt die gleiche Farbe. Das Bild konkretisierte sich nun, weil sich Chimis Mutter ein großes Patchwork-Kissen hinter den Rücken gezogen hatte und sie sich dadurch wieder deutlicher von der Wand abhob.

Herr Gyamtso hatte die letzten Minuten schweigend dagesessen. Jetzt bemerkte er den auffordernden Blick seiner Frau und wurde sich schlagartig seiner Aufgabe bewusst: Tee einschenken. Chimi grinste. Während Herr Gyamtso einen milchigen hellbraunen Tee in die dunkelblauen Becher goss, erzählte Chimi seiner Mutter von mir. Seine Gesten in meine

Richtung und ihr zwischen Chimi und mir hin- und her wechselnder Blick verrieten es. Herr Gyamtso hielt nun inne. Er hatte zwei Becher befüllt und schien auf irgendetwas zu warten. Oder lauschte er den Erzählungen seines Sohnes? Frau Gyamtso hatte das auch bemerkt und flüsterte ihrem Mann etwas zu. Der begann daraufhin wieder, Tee einzuschenken. Ich fühlte mich gerade etwas komisch, denn ich wusste nun, dass Chimi über mich sprach, aber ich wusste nicht was, denn sie redeten Tibetisch. Es war mir auch fast unangenehm, dass mir seine Mutter ab und zu einen fast ehrfürchtigen Blick zuwarf. So viel hatte ich dem jungen Mann doch gar nicht von mir erzählt, dass er jetzt einen ganzen Kurzvortrag damit füllen konnte. Ich hatte ihn im Nachbarcafé meines Lieblingscafés kennengelernt. Er jobbte dort. Meistens fand man ihn in der Küche. Dort brühte er Kaffee und Tee, schnitt Kuchen, briet Omelettes oder belegte Salatteller. Er sei Tibeter, hatte er mir erzählt, aber er sei kurz nach der Flucht seiner Eltern im Exil geboren worden. Wenn ich in seinem Café war, hatte er sich oft kurz zu mir gesetzt. Ich sollte ihm dann immer von meinem Leben und vom Leben im Westen erzählen.

Herr Gyamtso mischte sich nun ein und begann eine Diskussion mit seinem Sohn. Doch das Gespräch sollte nicht lange währen, weil sich nun auch Frau Gyamtso einmischte und die Männer mit wenigen Worten zum Schweigen brachte. Alle drei lächelten mich nun an, als wollten sie damit sagen, sie würden sich nun auch wieder um mich kümmern. »Ich habe meinem Vater gesagt, dass ich gern Journalist werden möchte, wie du einer bist«, klärte mich Chimi über den Inhalt ihres Gesprächs auf. Ich ermunterte ihn, denn ich hielt es auch noch nach vierzehn Jahren für einen guten Beruf. Mit etwas verkniffener Miene sagte Chimi aber, dass es sein Vater für einen Job ohne guten Lohn hielt. Wenn man einen guten Beruf habe, verdiene man auch ganz vernünftig, hielt ich dagegen. Ich wusste allerdings nicht, wie es hierzulande mit der Bezahlung und überhaupt mit guten Jobs aussah. Chimi stimmte mir zu. Aber er schränkte seinen eigenen Traum auch gleich wieder ein, weil er nicht wüsste, wo er in Indien eine Anstellung als Journalist finden könnte. Und er vermutete, er müsse sicher erst studieren, bevor er überhaupt irgendwo anfangen könnte. In Deutschland, erklärte ich ihm, sei ein Studium in der Regel die Grundbedingung für den Journalistenberuf. Ich wusste, dass er ab und zu bei dem kleinen tibetischen Fernsehsender hier in McLlo mitarbeitete. Aber dieser Sender war bestenfalls so etwas wie ein Stadtkanal. Jedenfalls erwartete ihn dort wohl kein Job, der auch noch eine annehmbare Bezahlung versprach, denn die spärlichen Werbeeinnahmen reichten gerade für den Mann, der den Sender betreibt.

Mutter Gyamtso unterbrach energisch unser Gespräch und deutete auf den Tee. Als Erstes reichte sie mir die Plätzchenschale herüber und sagte etwas auf Tibetisch. Ich solle gleich mehrere nehmen, übersetzte Chimi die Worte seiner Mutter. Ich blieb aber bescheiden und nahm erst einmal nur eins, biss aber sofort ein kleines Stückchen ab. Das Plätzchen war sehr hart. Es schmeckte fast so, wie ich es erwartet hatte: nicht süß, dafür sehr getreidig. Im Grunde mag ich nur Plätzchen mit Schokoladenüberzug, das weiß jeder, der mich kennt, aber in diesem Fall nahm ich natürlich das, was mir die Gastgeberin anbot. Ich wollte ja schließlich kein schlechter Gast sein. Aber ich brauchte einen Schluck Tee, um die trockenen Krümel besser herunterschlucken zu können. Also nahm ich meinen Becher und schlürfte einen Schluck ab.

Um Gottes willen! Was war denn das? Mir verschlug es alles: Atmung, Beherrschung, Mimik. Und als hätten mich die drei Gyamtsos bei meinem ersten Schluck genauestens beobachtet, lachten sie herzhaft. Ich musste wohl kurzzeitig wirklich nicht mehr Herr meiner Mimik gewesen sein. »Das ist Buttertee!«, sagte Chimi trocken. Ich konnte ihm noch nicht antworten, weil ich gegen einen eigenartigen Reiz ankämpfte. Ich vermochte gerade gar nichts, denn der Geschmack von Buttertee oder besser das, was er in mir auslöste, behinderte mich voll und ganz. Das, was ich da gerade getrunken hatte, schmeckte wie Bratheringssoße, stärkste Ochsenschwanzsuppe und Öl zusammen. Doch das Schlimmste war der Würgereiz, den ich sofort übermächtig verspürte. Ich versuchte, mir möglichst wenig anmerken zu lassen, und starrte auf den lächelnden Dalai Lama hinter Glas. Allerdings hatten sie wohl bemerkt, dass ich zum ersten Mal Buttertee zu mir nahm und mit dem Geschmack noch nicht sofort zurechtkam. Der Geschmack war ja das eine. Das andere war das Salz. Ich hatte mich bereits gewundert, warum zum Tee kein Zucker gereicht wurde. Überall, wo man Tee bekommt, ist auch Zucker dabei. Jetzt wusste ich, dass Zucker bei diesem Zeug überhaupt nichts ausrichten könnte. Da mussten Unmengen Salz drin sein, sonst hätte sich bei mir auch nicht dieser spontane Würgereiz eingestellt.

»Wie wird der Tee gekocht?«, fragte ich scheinheilig, um zumindest Interesse an dem Heißgetränk zu signalisieren. »Tee, Yak-Butter und Soda-Salz kommen da hinein«, sagte Chimi, vergewisserte sich aber nochmals bei seiner Mutter. »Schmeckt er dir nicht?«, fragte er mich nun. Er hätte besser nicht danach fragen sollen, denn nun musste ich diplomatisch sein. Schließlich handelte es sich beim Buttertee anscheinend um so etwas wie ein Nationalgetränk. Demonstrativ und mit Todesverachtung nahm ich noch einen prüfenden Schluck. Dasselbe Ergebnis! Es schmeckte wie viel zu starke, total versalzene Bouillon. Ich bekam es gar nicht übereinander, dass Tee nicht nach Tee schmeckt, sondern wie salzige Fleischbrühe. Um den Reiz in meinem Hals zu neutralisieren, stopfte ich den Rest des Plätzchens hinterher. Aber selbst dann verspürte ich zusätzlich den Geschmack von Brathering im Mund. »Der Tee schmeckt anders, als ich es erwartet hatte«, gab ich zu Protokoll, denn auch seine Eltern warteten jetzt gespannt auf meine Antwort. Chimi und seine Mutter nahmen nun selbst einen prüfenden Schluck. Herr Gyamtso sah uns noch immer amüsiert zu. Chimi meinte, dass der Buttertee schon recht stark geraten sei. Aber so schmecke er wohl recht original. Ich trank noch einmal davon, um vor allem Chimis Mutter zu zeigen, dass ich an ihrem Tee grundsätzlich nichts auszusetzen hatte. Sie schien es zu ahnen, dass ich mit ihren Plätzchen liebäugelte. Mit denen war der Tee zu bewältigen. Vielleicht hatte sie mir deshalb in weiser Voraussicht geraten, gleich ein paar mehr der Gebäckstücke zu nehmen. Dankbar griff ich mir jetzt gleich zwei davon. Ich hatte jetzt auch verstanden, warum auf dem Tee dicke Fettaugen schwimmen. Das war die Butter vom Yak-Rind.

Chimi schien sich zu amüsieren, denn er hatte wohl bemerkt, dass ich mit dem Tee einige Schwierigkeiten hatte. Sein Vater griff indes den Gesprächsfaden wieder auf und fragte mich in einfachem Englisch, wie man als Journalist in Deutschland arbeiten könne. Während ich ihm von den Freiheiten, aber auch von den Mechanismen der Berufswelt in Deutschland erzählte, nahm ich in den Übersetzungspausen noch ein paar kleine Schlucke aus dem Becher. Lauwarm war der Tee noch unerträglicher als heiß. Aber ich wollte Chimis Mutter nicht brüskieren. Das war aber wohl ein Fehler, denn ehe ich mich versah und etwas sagen konnte, hatte sie mit viel Schwung Nachschub in meinen Becher gegossen. Regungslos beobachtete ich den letzten Tropfen am Ausguss des gebogenen Kesselhalses. Auch der landete noch im Becher und verhalf den Fettaugen zu einem beeindruckenden Tanz. Ich war schon so froh gewesen, die erste Füllung bis fast zum Boden geschafft zu haben. Jetzt sollte ich noch einen ganzen Becher trinken? Nein! Allein den Gedanken daran fand ich entsetzlich. Und ich kam mir dabei so schäbig vor, denn Familie Gyamtso war sehr freundlich, und sie zählten sicher auch zu den besten Gastgebern der Welt, nur diesen Buttertee vertrug ich überhaupt nicht.

»Wenn du keinen Tee mehr magst, musst du deine Hand auf die Tasse legen«, sagte Chimi, »sonst bekommst du immer nachgeschenkt.« Ich dachte, er hatte bemerkt, dass ich den Tee nicht mit Genuss trank. Aber warum sagte er mir das erst jetzt? Etwas schüchtern antwortete ich: »Oh, danke, gut zu wissen.« Chimi lachte. Es dauerte noch einige Minuten, ein paar mehr Kekse und einige kleine Schlucke, bei denen ich jeweils die Luft anhielt, bis ich ungefähr bei der Hälfte der Füllung angekommen war. Den Becher hatte ich nun bei mir in der einen Hand gehalten, und mit der anderen bewachte ich die Öffnung.

Die Tür sprang auf und zwei Mädchen stürmten ins Zimmer. Sie waren mit tibetischen Schuluniformen bekleidet. Blau-weiß karierte Bluse, dunkelblaue Hose und dunkelgrüner Pullunder. Ihre langen schwarzen Haare hatten sie zu dicken Pferdeschwänzen gebunden. »Das sind meine Schwestern«, sagte Chimi, und die Mädchen erschraken. Sie hatten mich anscheinend nicht gesehen. Artig reichten sie mir die Hand und sagten auf Englisch »Guten Tag«. Herr Gyamtso war aufgesprungen und hatte sich hinter die beiden Mädchen gedrängelt. Als würde er seinen Besitz präsentieren, legte er seine Hände auf ihre Schultern und sagte: »Tochter.« Ich lächelte alle drei an und zeigte mich beeindruckt. Die beiden Kleinen sahen etwas verschämt auf den Boden. Jetzt wusste ich auch, für wen die beiden Becher auf dem Tablett gedacht waren. »Sie schlafen hier«, erklärte Chimi völlig unvermittelt. Er deutete auf das Sofa, das mir als Sitz diente, und auf das an der gegenüberliegenden Wand. Ich verstand nicht sofort, was er meinte. »Deine Schwestern schlafen hier?«, fragte ich unsicher zurück. »Ja, wir haben nicht so viele Zimmer. Ich habe ein ganz kleines unter dem Dach, meine Eltern haben ein Zimmer und meine Schwestern sind hier.« Ich richtete mich augenblicklich auf, als wollte ich mit möglichst wenig Fläche auf ihrem Nachtlager sitzen. Herr Gyamtso wollte nun wissen, ob ich in Deutschland eine eigene Wohnung habe. Was für eine Frage. Wie soll ich bitte darauf jetzt so antworten, dass die Gyamtsos nicht in Ohnmacht fallen? Wenn ich es schätzen müsste, ist meine Wohnung vielleicht dreimal so groß wie ihre. Ich bestätigte knapp, dass ich eine Wohnung hätte. »Gut«, sagte Herr Gyamtso und schien mit der Antwort zufrieden zu sein, denn er fragte nicht weiter nach. Ich glaube, es wäre mir etwas peinlich gewesen, mehr über meine Wohnung zu erzählen, wenn ich die räumlichen Verhältnisse hier betrachtete und zudem auch noch auf dem Bett einer der Töchter saß, obwohl ich angenommen hatte, dieser Raum mit der unendlich blauen Farbe sei das Wohnzimmer.

Chimi erlöste mich, als er vorschlug, mir sein Zimmer zu zeigen. Oben unter dem Dachfirst war nicht viel Platz. Ein schmales Bett, ein flaches Regal, das als Schrank diente, und ein kleiner Schreibtisch unter dem Fenster – das war sein Reich. Er bot mir sofort eine Cola an. Warum, wusste ich nicht, aber ich ließ mich nicht zweimal bitten. »Süß!«, kommentierte ich die süßeste Cola, die ich je getrunken habe. Chimi schien das zu erheitern.

Er hatte mich unbedingt in sein Zuhause einladen wollen. Das hatte er immer wieder gesagt. Und so war ich heute seiner Einladung gefolgt. Es war an sich auch ganz schön, bei seiner Familie zu Gast gewesen zu sein. Ich war mir nur nicht ganz sicher, ob ich mich jemals an Buttertee gewöhnen würde. Die Plätzchen seiner Mutter wusste ich allerdings sehr zu schätzen, obwohl sie ohne Schokoladenguss waren. Aber ich schämte mich etwas ob meiner wohlausgestatteten Herkunft, auch wenn ich nicht im ungezügelten Luxus lebe. Deshalb war es mir eine Ehre, dass sie mich zum Tee eingeladen hatten. Später bei der Verabschiedung sagte ich ihnen das auch. Und ich hatte das Gefühl, es machte sie ganz froh, das von mir zu hören.

Kritik am Dalai Lama

Im Büro des Tibetischen Jugendkongresses ging es laut zu. Ein kleines Haus in der Bagsu Road beherbergte die Jugendorganisation. Von außen deutete nur ein Schild darauf hin, es erzählte jedoch nichts von den Inhalten ihrer Bewegung. Dem Lärm nach schien es sich aber drinnen um eine bewegte Angelegenheit zu handeln. Ich überlegte kurz, ob ich durch die offene Tür eintreten sollte, entschied mich aber, zumindest nachzusehen, ob ich ein bekanntes Gesicht entdeckte. Eine unübersichtliche Menge von jungen Männern diskutierte wild gestikulierend inmitten von Bücherregalen, Plakaten mit Parolen wie »Nieder mit Hu Jintao« oder »Lang lebe der Dalai Lama«, Gebetsfahnen und Tibet-Flaggen.

Auf einem Tisch erblickte ich mehrere Megaphone, volle Aschenbecker, leere Cola-Flaschen und ein Bild vom Dalai Lama. Als sie mich bemerkten, wurden sie sofort still und sahen mich erwartungsvoll an. Ich erkannte unter ihnen einen der Jugendlichen, die ich ein paar Tage zuvor in dem kleinen italienischen Restaurant kennengelernt hatte. Der kam nun auch sofort auf mich zu und bot mir einen Stuhl an, obwohl alle anderen standen. Er stellte mich ihnen vor, so dass ich nur noch nach meinem Namen gefragt wurde. Sie selbst nannten mir auch ihre Namen. Die meisten von ihnen waren mit Bundeswehrjacken bekleidet. Allein das sprach für meine Begriffe Bände, denn warum sollte man sich sonst fast gemeinschaftlich in Militärjacken zeigen, wenn man nicht damit eine radikale, eventuell sogar gewaltbereite Grundhaltung zum Ausdruck bringen wollte.

Einer von ihnen fragte mich recht forsch, was ich von ihnen wissen wolle. Also erklärte ich, dass ich einfach mehr über ihre Gedanken und ihre Arbeit erfahren wollte. Mehr brauchte ich nicht zu sagen, denn sofort begannen sie ihren Vortrag, als würden sie jeden Tag ganz unterschiedliche Personen darüber unterrichten. Kunchok, der seine langen Haare mit einem bunten Stirnband zusammengebunden trug, hielt die Vorrede. Jeder hier habe großen Respekt vor Seiner Heiligkeit dem Dalai Lama als geistigem Führer. Aber nach fünfzig Jahren Besatzung hätten die Tibeter einfach genug. »Seine Politik der Gewaltlosigkeit hat nichts gebracht«, sagte er. Der Tibetische Jugendkongress (TYC) sei nur eine von zahlreichen Organisationen, die sich für die Sache Tibets starkmachten. Ich wusste zwar bisher nur von fünf, die auch immer wieder von der chinesischen Regierung genannt wurden, aber ich wollte ihm nicht widersprechen. Mit zwanzigtausend Mitgliedern ist der TYC die größte Nichtregierungsorganisation in der tibetischen Gemeinschaft. »Die Unabhängigkeit Tibets kann nicht aufgegeben werden. Jeder, der das versucht, macht einen Fehler«, redete ihm Kelsang dazwischen. »Der TYC bewertet die Politik des ›Mittleren Weges‹ des Dalai Lama kritisch«, schob er nach, als würde er eine steife Parteiparole verkünden wollen. Damit hatten wir die Kernaussage bereits benannt, also fragte ich sie nach ihren Aktivitäten. Doch Kunchok wartete noch mit der ultimativen Ankündigung auf, als er sagte, er sei bereit, für die Sache zu sterben. Allgemeines Gemurmel in der Runde schien ihn zu unterstützen. Ich fragte, ob sie nicht lieber auf die diplomatischen Mittel der Verhandlung setzen wollten, schließlich sei eine friedliche Lösung allemal besser als eine gewaltsame. Kunchok erklärte, dass sie den Chinesen nicht vertrauten. Alle Verhandlungen brächten nichts und man würde den Dalai Lama nur an der Nase herumführen. Sie müssten langsam beginnen, den Chinesen Druck zu machen, ohne Zivilpersonen zu schaden. Ich fragte, wie sie das anstellen wollten. Brücken, Stromleitungen, Sendemasten und wirtschaftliche Anlagen wollten sie angreifen, um den Chinesen damit zu schaden. Ich sah ihn nur skeptisch an, so dass er sofort einräumte, dass man damit zwar auch der Zivilbevölkerung schade, aber schließlich würde man damit nicht töten. »Doch«, kam es aus der Ecke des Raumes, »wenn dann so ein Chinesen-Zug von der Brücke fällt.« Alle lachten. »Was soll das bringen?«, fragte ich. Kelsang rubbelte nervös seine kurzen Haare und sagte, er wisse es nicht, aber es sei besser, als ewig der Gewalt abzuschwören. Wenn man einen Hund in die Enge treibt, beiße er. Und jetzt sei die Zeit zum Beißen gekommen. Die Tibeter müssten den Guerilla-Kampf der 60er, 70er und 80er Jahre wiederaufnehmen.

Tatsächlich hatten die Tibeter in der Vergangenheit bereits versucht, die Chinesen mit Gewalt zu bekämpfen. Bis 1972 führten die Tibeter von Nepal aus einen Untergrundkrieg gegen China. Dabei wurden sie vom US-Geheimdienst CIA unterstützt. Tausende tibetischer Guerillas wurden in Camps in Colorado und in Spanien ausgebildet. Sie wurden anschließend durch Thailand nach Tibet geflogen, wo sie mit Fallschirmen absprangen, oder sie wurden aus Nepal über Land nach Tibet geschmuggelt. Präsident Nixon beendete die Militäroperation mit dem Codenamen »ST CIRCUS«, als er den diplomatischen Kontakt mit China wieder aufnahm. Die Akten der Militäroperation wurden niemals veröffentlicht. Den einen oder anderen mag das überraschen, weil der tibetische Kampf um Freiheit für die Welt eher durch das lächelnde, gütige Gesicht des Dalai Lama verkörpert wird. Der Aufstand, der im Frühjahr 2008 innerhalb weniger Tage weite Teile von Zentral- und Osttibet erfasste, hatte auch das Bild vom friedlichen und duldsamen tibetischen Volk erschüttert, das sich gegen Unterdrückung nur gewaltfrei zur Wehr setzt und keinen Hass oder andere negative Emotionen entwickelt, so wie es der Buddhismus lehrt. Es waren gläubige Buddhisten, die zu Mitteln der Gewalt griffen.

Kelsang war der Meinung, dass es an der Zeit sei, das Kapitel wieder zu öffnen, denn das Überleben der Tibeter sei gefährdet. Die aktuelle Hauptbedrohung rühre von Chinas rücksichtsloser Umsiedlungspolitik chinesischer Siedler nach Tibet. Peking überflute Tibet mit Chinesen, um es vollständig in das Mutterland einzugliedern. Die Folgen seien sogar noch weitaus verheerender als der Tod einer Million Menschen durch die chinesische Besatzung, die Zerstörung von über sechstausend buddhistischen Klöstern, die Verhaftung und Folter tibetischer Mönche und Zivilisten, die Abholzung tibetischer Wälder, die Stationierung nuklearer Waffen und die Abfalldeponien in Tibet. Ich wollte nicht ganz glauben, dass die Toten weniger zählen sollten als die chinesischen Siedler. »Sieben Millionen Chinesen sind jetzt schon in unserem Land, und wir sind nicht mal mehr drei Millionen«, rief Tashi, ein schmächtiger, hochgewachsener junger Mann, »wir müssen etwas tun, sonst stirbt unsere tibetische Kultur.« »Der tibetische Buddhismus?«, warf ich ein. Den schlossen sie mit ein. Jampa, ein kleiner junger Mann im leuchtend blauen T-Shirt mit dem Aufdruck »Free Tibet«, referierte, die Chinesen hätten den Dalai Lama jahrzehntelang an der Nase herumgeführt, weil er nur Kompromisse gemacht und von den Chinesen nichts dafür bekommen habe. Jampas Weisheit lautete deshalb, man müsse große Forderungen stellen, um zumindest kleine Ergebnisse zu erzielen. Der Dalai Lama habe nur Teil-Autonomie für Tibet gefordert und nichts bekommen. Wenn man aber Unabhängigkeit fordere, könnte es vielleicht auf eine Teil-Autonomie hinauslaufen. Jampa zeigte sich optimistisch, dass Tibet eines Tages frei sein würde, weil China an den eigenen Problemen von innen her kaputtgehen werde. Er bemühte das Beispiel der Sowjetunion, an dem deutlich werde, dass sich nach dem Zerfall viele Teile unabhängig machen konnten. Mit dieser These hatte er sich den Widerspruch der anderen eingehandelt. Und ich konnte mir auch denken, warum, weil er nämlich nicht vom Kampf, sondern vom Abwarten sprach. Tashi zeigte auf eine Wand mit Bildern. Seitlich von ihnen hing ein großes Plakat des tibetischen Zentrums für Menschenrechte und Demokratie mit Fotos von Menschen, die offenbar am 16. März 2008 bei einer Demonstration in Ngaba getötet worden waren. Zu sehen waren blutverschmierte Leichen, gefoltert, erstochen und erschossen. Einige wurden mit Genickschuss hingerichtet. »Sie haben schon viele von uns eingesperrt und umgebracht«, sagte er. Aber sie seien bereit, dennoch immer wieder und überall zu protestieren. Jedoch sei es egal, aus welchem Grund sie verhaftet würden, ob wegen eines Hungerstreiks oder weil sie die Olympischen Spiele verhindern wollten oder wenn sie Steine auf die chinesische Botschaft warfen, es könnte dann auch dafür sein, weil sie China militärisch angriffen. Ich hatte darüber gelesen, dass sich in Delhi am altehrwürdigen Observatorium »Jantar Mantar« jeden Morgen Hunderte junger Tibeter zum Hungerstreik versammeln. Dieser stille Protest war zwar lange von der Öffentlichkeit unbemerkt geblieben, aber er war frei von Gewalt gegen andere.

Ein Jugendlicher mit Intellektuellenbrille und fransiger Frisur hatte sich die ganze Zeit über mit dem Computer auf einem schmalen Tisch an der Wand beschäftigt und mischte sich jetzt ein. Sein Name war Thubten. Die Welt hätte Seiner Heiligkeit dem Dalai Lama nur Orden und Preise verliehen, warf er mir vor. Doch sie wollten Freiheit und benötigten dafür Hilfe. Die westliche Welt helfe aber nicht, sie wolle nur reden und Auszeichnungen verteilen. Keiner der Staaten mache wirklich Druck auf Peking. Selbst die indische Regierung habe ihren Kurs in der Tibet-Frage geändert. Sie seien im Exil zwar noch geduldet, aber Indien unterstütze sie nicht mehr. Der Dalai Lama sei zwar auch für die Inder ein heiliger Mann, jedoch hielte man es damit wie all die anderen Regierungen, denen ihre Beziehungen zu Peking wichtiger seien.

Er würde nur wie ein Künstler beklatscht, wenn er seine Auftritte überall auf der Welt absolvierte. Thubten wertete die Preise und Orden nur als ein Spiel, das Seine Heiligkeit lächelnd mitspiele. Und genau das sei auch der Grund, warum sich die jüngeren Generationen von seiner Strategie abwendeten. »Mögt ihr den Dalai Lama?«, fragte ich ihn und sah dabei demonstrativ auf sein Porträt zwischen den Cola-Flaschen. Alle nickten. Aber sie wollten ihn lieber wieder im Potala-Palast in Lhasa sehen.

Ich versuchte sie noch einmal mit der Aussage des Dalai Lama zu konfrontieren, dass ein Aufstand gegen China zwecklos sei, weil China viel zu stark ist. Doch sie wiegelten ab und beklagten zwar, dass ihnen die Waffen fehlten und zudem auch noch Geld, aber sie bestanden auf ihrer Theorie, dass man notfalls mit Messern den Kampf beginnen müsse. Wenn erst einmal ein militärischer Konflikt entstanden sei, würde sich eventuell die Weltgemeinschaft einmischen. Nun waren wir in Absurdistan gelandet, und ich musste einsehen, dass mein Besuch nicht dazu geeignet war, sie von ihren Kampfgedanken abzubringen. Die Gedanken der Gewalt kamen mir wie ein Zeichen ihrer Hoffnungslosigkeit vor. Jedoch suchten sie die Antwort ihrer Fragen nicht mehr bei ihrem geistigen und geistlichen Oberhaupt. Oder anders gesagt: Die Nervenstränge zu dieser Gruppe sind abgestorben. Sie sind nicht mehr kontrollierbar und nicht mehr zu steuern.

Hinter mir trat jetzt ein junger Mann ein, der sich eine große tibetische Flagge über die Schultern geworfen hatte. Sein Gesicht war übersät von roten und blauen Flecken, sein Nasenbein bandagiert. Ich stutzte kurz, aber ich konnte mir nicht vorstellen, dass sie von einer Auseinandersetzung im Rahmen des TYC herrührte. Die anderen Jugendlichen lachten auch, als sie ihn erblickt hatten. Es wurde unruhig im Büro des Tibetian Youth Congress. Ich beschloss, es dabei zu belassen, und begann mich zu verabschieden. Sie wollten mich noch mit Informationsmaterial ausstatten, aber ich lehnte ab. Einer von ihnen rief noch halblaut, ich könne ihnen auch Geld schicken, denn das könnten sie für ihre Sache gut gebrauchen. Diese Offerte quittierte ich jedoch nur mit einem Lächeln. »Wir sind gute Kämpfer. Wir müssen unseren Brüdern und Schwestern in Tibet beistehen«, rief Tashi mir zum Abschied zu und nahm militärische Haltung an.

German Bratkartoffeln

Seit ich Würstchen gekauft hatte, schwirrte mir der Gedanke von Bratkartoffeln im Kopf herum. Schöne, leicht braun gebratene Kartoffeln, die natürlich vorher gewürfelt und in Salzwasser fünf Minuten lang angegart werden müssen. Mit Zwiebeln und Wurst, abgeschmeckt nur mit Pfeffer und Salz. Ein Traum. Mein Traum! Und da man ja Träume verwirklichen sollte, griff ich kurzerhand zum Handy und schickte Quirin eine SMS mit der Bitte, Kartoffeln und Zwiebeln aus dem Dorf mitzubringen, denn ich wusste, dass er hinaufgegangen war. Wurst in der Dose war vom Frühstück noch übrig. Und dann lagerten noch die Würstchen im Kühlschrank. Das wäre genug für die geschmackliche Grundlage.

In der Klosterküche, wo ich mir einen Milchtee geholt hatte, traf ich auf Thubten, und die Verwirklichung des Bratkartoffeltraums war überraschend schnell in die praktische Phase übergegangen, denn ohne Herd und diverse Küchengeräte kann man nicht kochen. Also versuchte ich, Thubten die Geschichte im wahrsten Sinne des Wortes schmackhaft zu machen.

»Thubten-la«, schmunzelte ich ihn an, »mögen Sie German Bratkartoffeln?« Er strahlte unübersehbar und rief laut auf Deutsch: »Braaaaatkartoffel, jaaaa! Oh, ich liebe sehr! Ja, Braaatkartoffel!« Dann lachte er, als stünde er nur einen Fußbreit vor dem Wahnsinn. Da hatte ich ihn wohl genau an der richtigen Stelle erwischt. Als hätte ich es geahnt. Ich wolle Bratkartoffeln zubereiten, klärte ich ihn auf und fragte, ob er mitessen mag. »Ja«, rief er laut aus und jubelte weiter, während er mir immer wieder aufs rechte Schulterblatt klopfte. »Machst du?« »Ja, ich brate sie. Quirin bringt Kartoffeln und Zwiebeln aus McLlo mit. Außerdem habe ich gestern Würstchen gekauft.« Nun war alles zu spät, denn Thubten überschlug sich fast vor lauter Lachen und Glucksen und rief immer wieder »Wurschtchen«. Seine Fröhlichkeit war ansteckend.

Wir könnten in seiner Küche kochen, bot er an und legte auch gleich die Zeit fest: »Heute Abend, halb acht. Gut?« »Okay, perfekt. Halb acht, Bratkartoffeln mit Würstchen.« Ich hoffte, meine zusammenfassende Ankündigung der Schmackhaftigkeit würde ihn nun nicht gänzlich um den Verstand bringen, denn derart euphorisch hatte ich den Herrn Direktor auch noch nicht erlebt.

Wie schnell man doch seine Träume in indische Wirklichkeit umsetzen kann …

Thubten hatte umdisponiert. Ich sollte nicht in seiner Küche, sondern in der Gästeküche des Klosters kochen, damit sich die beiden Männer, die dort arbeiten, genau ansehen konnten, wie man *German Bratkartoffeln* zubereitet.

Um halb acht war alles fertig. Eine Riesenpfanne mit feinsten duftenden Bratkartoffeln, goldbraun und hellgelb. Fünf Zwiebeln waren verarbeitet und zweihundert Gramm Schinkenwurst aus der Dose. Drei Zehen Knoblauch hatte ich auch noch hineingeschmuggelt. Die heiße Pfanne stellte ich beim Direktor auf den Terrassentisch, nahm den Deckel ab, und oben auf leuchteten sechs Würstchen. Ich war hungrig und glücklich. Quirin und Thubten war anzusehen, dass sie sich ebenso fühlten.

Zur Feier des Tages stellte Thubten eine gute Flasche französischen Weißweins auf den Tisch, drückte dem kräftigen Schweizer einen Korkenzieher in die Hand und erwähnte, der Wein sei von 1994. Dann begann wieder dieses Lachen. Während er sich sofort über die Bratkartoffeln hermachte, zog Quirin den Korken und riss dabei fast den ganzen Terrassentisch um. Der Korken hatte wohl ziemlich locker gesessen. Thubten lachte wieder und behielt dabei gerade noch so die Bratkartoffelstückchen in seinem Mund.

»O je«, sagte ich leise zu Quirin, »der Wein wird wohl hin sein, so alt, wie der ist, und so locker, wie der Korken saß.« Quirin meinte nur ganz trocken, dass wir ihn dennoch trinken sollten, egal wie er schmeckte. Das dachte ich mir auch, denn wir wollten ja unserem Gastgeber gegenüber nicht unhöflich sein, wenn er uns schon so ein gutes Tröpfchen offerierte.

Nun, was soll ich sagen, im Glas sah der Wein nicht wirklich nach Weißwein aus, eher etwas ältlich und wahrscheinlich bereits gekippt. Wein von der Insel Samos hat allerdings auch eine Farbe wie Bier. Ich hatte noch gar nicht angefangen zu essen, da klirrten unsere Gläser zum Toast, und ich nahm erst einmal einen guten Schluck. Eigentlich weiß ich nicht, warum ich zunächst nicht nur am Wein genippt hatte, sondern gleich einen ganzen Mund voll nahm. Zu meinem Erstaunen war es kein Essig, sondern schmeckte eher fruchtig und brannte etwas am Zahnfleisch. Mit Todesverachtung schluckte ich das Zeug herunter, öffnete den Mund und dachte, mich haut's vom Stuhl. Hammerhart!

Der Schweizer fauchte wie ein Igel und lief knallrot an. (Wer jemals einen Igel hat fauchen hören, wird verstehen, was ich meine.) Thubten hatte ich besser gar nicht erst angesehen. Ich weiß nicht, was mich geritten hatte, aber ich nahm noch einen weiteren Schluck davon, wahrscheinlich um herauszufinden, was für eine heftige Sorte Wein das bloß war. Der zweite Schluck war nicht wirklich besser. Aber dafür brannte er länger nach. Mir wurde schlagartig heiß.

Das könnte mit Kräutern versetzter Obstler sein. Irgendjemand musste diesen offenbar in eine alte Weinflasche gefüllt und dann Thubten geschenkt haben. Quirin hatte Tränen in den Augen, und Thubten schien kurz vor einem Kollaps zu stehen. Ich stopfte erst mal Bratkartoffeln hinterher, auf dass der Nachbrenneffekt aufhörte. Wir waren uns alle einig, dass keiner von uns ein ganzes Weinglas von diesem Zeug schaffen würde. Bestenfalls einen Schluck davon mit etwas mehr Cola versetzt. Also genossen wir Bratkartoffeln mit Würstchen und Obstler-Cola. Ein Traum!

Fast alles war aufgegessen, da schlug Thubten vor, wir sollten jetzt in einen Nachtclub gehen, und er begann wieder zu lachen, als hätte ihn der Leibhaftige gepackt. Von schweizerischer wie von deutscher Seite kam Zurückhaltung. Aber Thubten frohlockte weiter: »Nightclub, ja, Nightclub«, und klopfte sich auf die Schenkel. Er wollte uns ernsthaft einen Nachtclub in Dharamsala zeigen, in dem er in früheren Zeiten angeblich mit seiner Frau immer Kaffee getrunken habe. Ich schloss aus seinen Bemerkungen, dass er nicht die Sorte Nachtclub meinen konnte, die ich für gewöhnlich mit dem Begriff verband. Wir willigten schließlich ein, denn er ließ nicht locker. Und dann ging alles ganz schnell. Geschirr in die Küche, rein in die kleine weiße Kiste und Thubten fuhr uns mit etwa fünfzig Sachen über die Buckelpiste zu einem prächtigen Hotel. Wir staunten nicht schlecht, als uns die Hotelangestellten zunächst einmal die Räumlichkeiten, Terrassen, das Restaurant, den beleuchteten Pool mit klarstem Wasser und die Bar, zeigten. Alles war blitzsauber und erstaunlich ordentlich gebaut. In der Bar war allerdings der versprochene Nachtclub nicht zu erkennen. Da waren nur fünfzehn Sessel, fünf Tische, fünf Kellner, eine Theke und wir drei.

Thubten erzählte uns, was er demnächst im Kloster alles vorhabe. Er wolle eine neue Mönchsresidenz bauen, denn die Mönche lebten teilweise zu dritt in den kleinen, heruntergekommenen Zimmerchen. Keiner hätte richtig Ruhe, um zu meditieren oder zu lernen. Die Älteren bräuchten eine Unterkunft, in der sie auch mal allein sein könnten. Vielleicht Zweierzimmer mit einer Teilung, einem eigenen kleinen Balkon und nicht mit einem langen Außenbalkon, der eigentlich ein Korridor entlang der Zimmertüren ist. 45000 bis 50000 Euro sollten zwölf neue Zimmer kosten. Er müsste nur zusehen, woher er das Geld bekam. Das ist nicht viel für deutsche Verhältnisse, dachte ich. So sagte ich ihm zu, dass ich versuchen werde, ihm zu helfen. Vielleicht ließen sich ja in Deutschland Sponsoren finden. Damit hatte ich nun eine Hausaufgabe. Thubten bot an, mir die Mönchszimmer einmal zu zeigen. Ich ahnte allerdings schon, wie sie dort hausten.

Der Mönch mit den honigfarbenen Augen

Seit Tagen brannte mir eine Frage unter den Nägeln. Ich wollte die Gelegenheit einer kleinen geselligen Runde in der Bar nutzen, um mir von Thubten erklären zu lassen, wer der Mönch war, der mir am Vormittag des zweiten Tages begegnet war. Ich beschrieb ihn und die gesamte Situation. Thubten sah mich aufmerksam an. Seine Augenbrauen hatte er hochgezogen, die Stirn in Falten gelegt. Als ich fertig war und ihn fragte, wer das sein könnte, erkundigte er sich noch einmal nach dem Aussehen des Mönchs. Ich wiederholte alles und betonte vor allem die honigfarbenen Augen.

Thubten sprach jetzt trocken und etwas feierlich zugleich: »Das war Tharpa Gyaltsen! Da bin ich mir sicher.« »Wer?«, fragte ich zurück. »Tharpa Gyaltsen!«, wiederholte er. »Wer ist Tharpa Gyaltsen, und wo kann ich ihn finden?«, bohrte ich nach. Thubten zögerte mit der Antwort, atmete tief durch und zog die Stirn in Falten. »Tharpa Gyaltsen beschützt unser Kloster.« Ich wollte nun wissen, wann und wo ich ihn treffen könne. Da schüttelte er den Kopf und sagte, dass das nicht so einfach sei, denn er käme nicht immer. Ich verstand nicht, warum mir der Klosterdirektor nicht helfen wollte.

»Ich würde gerne noch einmal mit ihm sprechen und ihn fragen, wie er seine Fragen gemeint hatte.« Thubten war nun ganz still geworden. Sein Gesicht wirkte wie eine unbewegte Maske. Keine Mimik, kein Anzeichen irgendeiner Regung konnte ich darin entdecken. Dann sagte er trocken: »Manchmal kommt er als ganz junger Mönch. Manchmal kommt er als ganz alter Mönch.«

»Was?«, fragte ich verwirrt zurück. Thubten wiederholte stereotyp: »Ja, Stephan. Manchmal kommt er als ganz junger Mönch. Manchmal kommt er als ganz alter Mönch.«

»Moment mal, was soll das heißen?«, fragte ich entgeistert nach.

Thubtens Gesicht zeigte wieder Regungen. Er sei ein Protektor des TseChokLing-Klosters, der sich nur manchmal zeige. Nicht einmal alle Mönche hätten ihn bisher sehen können. Mit aufeinandergepressten Lippen blies ich die Luft aus meinen Lungen. Wollte mich Thubten mit dem, was er hier erzählte, auf den Arm nehmen? Ich verstand beim besten Willen nicht, was seine Aussage bedeuten sollte.

»Ja, aber was wollte der Mönch von mir?«, fragte ich weiter, denn Thubten schien ihn zu kennen und könnte vielleicht sein Ansinnen erklären.

»Es ist ganz verschieden. Er beschützt unser Kloster«, sagte er noch einmal. Aber das war gerade nicht das, was ich im Moment wissen wollte, da sich diese Erklärung nach etwas ganz anderem anhörte als nach dem, was ich zu erfahren gehofft hatte. Also fragte ich direkter: »Ist er nicht real, also lebt er nicht?«

Thubten zögerte etwas mit seiner Antwort: »Nein, er hat gelebt, aber er kommt immer mal wieder.« Nach einer kurzen Pause fügte er hinzu, dass manche ihn schon gesehen hätten. Tharpa Gyaltsen sei ein alter Mönch, der sie beschütze.

Das kann doch nicht sein, dachte ich. Ich war total aufgeregt. »Ein junger Mönch mit schmalem Gesicht. Seine Augen waren honigfarben …«, versuchte ich die Angelegenheit nochmal auf eine rein irdische Ebene zu bringen, denn er hatte ja schließlich auch ganz real vor mir gehockt. Ich hatte ihn zwar nicht angefasst, aber er hatte mit mir gesprochen. Ich hatte doch nicht geträumt!

»Ja, das ist Tharpa Gyaltsen«, bestätigte Thubten noch einmal kurz und bündig. »Er ist ein uralter Mönch. Und manchmal kommt er als ganz junger.«

Mir wurde ganz eigenartig. Vor meinem geistigen Auge spielte sich die Szene auf den Tempelstufen noch einmal ab. Ich bin Journalist, habe Theologie studiert, bin ein normal denkender, kritischer Mensch. Und dann erzählte mir Thubten, dass dieser Mönch ein Geist sein soll? Oder eine Erscheinung? Schon bei den Berichten von Marienerscheinungen im Bereich der katholischen Kirche bin ich mit der Beurteilung sehr vorsichtig – man kann auch sagen, skeptisch.

»Thubten-la, was soll das? Sie wollen mir doch nicht erzählen, dass ich mit einem Geist gesprochen habe. Er saß doch vor mir und hat mich angesprochen«, sagte ich verzweifelt. »Natürlich war es komisch, dass ich ihn nicht bemerkt habe, als er gekommen ist. Und ich weiß auch nicht, woher er wissen wollte, dass meine Augen traurig sind.« Ich atmete tief durch und gestand, dass ich sein plötzliches Verschwinden auch eigenartig fand. Ich hatte ebenso wenig verstanden, warum ich damals den Drang verspürt hatte, meine Augen zu schließen. Als ich sie wieder geöffnet hatte, war er weg gewesen, der Mönch mit den honigfarbenen Augen.

Der Abend hatte nun eine gewaltige Wendung erfahren. Mir war nicht mehr zum Spaßen zumute. Auch Quirin saß regungslos in seinem Clubsessel zwischen Thubten und mir.

»Aber was wollte dieser Mönch von mir?«, hakte ich nach.

»Ich weiß es nicht«, sagte Thubten ganz ruhig, »vielleicht wollte er dich im Kloster begrüßen. Vielleicht will er dich beschützen und sicherstellen, dass es dir gutgeht.«

Ich vergrub mein Gesicht in den Händen und atmete durch. Innerlich bebte ich, war äußerst nervös und angespannt. Nicht nur der Abend schien eine Wendung genommen zu haben, sondern mein gesamter Aufenthalt hier. Ich schreckte auf, als Thubten mich fragte, was ich bei der Begegnung gefühlt hatte.

»Ich weiß es nicht, Thubten-la.« Und dann berichtete ich, dass alles ganz eigenartig und aufregend gewesen sei. Vor allem hätten mich seine Fragen durcheinandergebracht, weil er genau die Themen angeschnitten hatte, die mich in diesem Moment bewegt hatten. Thubten sah mich aufmerksam an. Danach sei es mir besser gegangen, erzählte ich weiter und erinnerte ihn daran, dass ich mich am ersten Tag elendig gefühlt hatte und sogar erwogen hatte, wieder abzureisen. Doch nach dieser Begegnung hatte ich mich besser gefühlt. Ich stellte fest, dass sich mein Wohlgefühl seitdem stetig im Aufwind befunden hatte.

»Siehst du«, resümierte Thubten, »Tharpa Gyaltsen wollte dich begrüßen. Er wollte, dass es dir besser geht.« Er lächelte mit einem Ausdruck der Zufriedenheit und des Stolzes und bemerkte: »Wir haben uns ja hier auf dich vorbereitet. Und wenn etwas im Kloster vorbereitet wird, entgeht das sicher auch nicht dem Protektor.«

Quirin mischte sich nun auch wieder ein und machte mich auf mein Glück aufmerksam, dass ich erst ein paar Stunden da gewesen sei und schon so etwas Großartiges erleben durfte. Ich sah Quirin nur wortlos an, denn ich konnte zwar die Großartigkeit, von der er sprach, erahnen, jedoch verstörte mich die gesamte Situation noch zu sehr, als dass ich hätte frohlocken können.

Thubten erzählte noch von seiner ersten Begegnung mit Tharpa Gyaltsen. Als junger Mönch sei er mit seinem Lama in die Berge zu einem kleinen Tempel gewandert. Er war dabei zu beten, als urplötzlich ein anderer Mönch schräg neben ihm saß. Thubten sagte, er hätte den Kopf damals nicht heben können und habe gezittert vor Angst. Vor lauter Verzweiflung habe er dann ganz laut gebetet und abgewartet, was passieren würde. Dieser Mönch sei damals auch wie aus dem Nichts gekommen und genauso plötzlich wieder verschwunden. Thubten sprach, als wäre es gerade eben erst passiert und als würde der Mönch noch immer schräg neben ihm sitzen. »Das war meine erste Begegnung mit ihm. Es war die Zeit, als eine Entscheidung anstand. Der Lama und ich trugen uns damals mit dem Gedanken, hier im Exil ein neues TseChok-Ling-Kloster zu gründen.«

»Und was geschah dann?«, fragte ich nach, denn ich war natürlich neugierig auf den Ausgang der Geschichte. Er erzählte, dass er voller

Furcht war und geweint habe. Lama Tashi hätte ihn dann getröstet und das Gleiche gesagt, wie Thubten heute: Das sei Tharpa Gyaltsen, der Protektor des Klosters, der sie beschützen wolle.

Mir schoss jetzt die ganze Begebenheit wieder durch den Kopf, die nun noch sehr viel mysteriöser erschien, als sie ohnehin schon war. Was hatte dieser Mönch mit »You have to change it«, du musst das ändern, gemeint? Meine Augen, weil sie traurig waren? Meine Stimmung, weil ich ihm leidtat? Sollte ich meine Pläne ändern und nach Hause fahren? Oder meinen Blick, weil ich dieses Fleckchen Erde erst mal nur als schrecklich empfunden hatte?

Und dann erzählte mir heute Abend der Direktor des Klosters wie selbstverständlich, dass das ganz klar ein gewisser Tharpa Gyaltsen gewesen sei, ein Mönch, der bei seinem Auftauchen mal jung und mal alt sei. Genau genommen müsste ich ihn als Geist bezeichnen, als guten Geist. Manche würden sagen: als Schutzengel.

Aber ich bin doch nicht verrückt. Ich hatte doch keine Halluzinationen. Schutzengel sieht man nicht! Geschlafen und geträumt hatte ich auch nicht, denn dieser Mönch war ja nicht der Einzige, der mir in diesen Minuten begegnet war. Wo war ich hier eigentlich hineingeraten? Was bitte war das für ein Film, der hier in McLeodganj ablief?

War so etwas hier tatsächlich normal? Es hatten mir ja einige im Vorfeld prophezeit, ich würde hier Dinge erleben, die ich nicht für normal halten würde. Meinten sie damit etwa solche Begegnungen?

Beim 17. Karmapa hatte ich zwar ab und zu den Eindruck gehabt, einem alten Mann in junger Hülle gegenüberzusitzen, aber da war zumindest klar, dass der Karmapa erstens tatsächlich da ist und zweitens wie ein Mönch mit über zwanzig Jahren aussieht. Die Erklärung Thubtens hingegen war sehr viel mysteriöser. Er lieferte keine handfesten Beweise. Ein paar Indizien für Ungereimtheiten waren mir auch aufgefallen, aber ansonsten stand nur die Aussage von Direktor Thubten im Raum. Ich glaubte, es war besser, sie auch erst einmal so stehen zu lassen.

Als ich in mein dunkles Zimmer zurückkam, dachte ich nur: Zeig dich, du Mönch, wenn es dich gibt. Ein wenig unheimlich war mir schon zumute. Ich schaute im Zimmer herum, aber da war natürlich kein

Mönch. Auch bei Licht nicht. Auf dem umlaufenden Balkon um mein Eckzimmer herum auch Fehlanzeige. Da waren nur die Nacht und am Himmel ein fast voller Mond. Auf dem Klostergelände brannte nur noch eine Straßenlaterne, ansonsten war alles im Dunkel versunken.

Als ich zurückgehen wollte, um mich endlich schlafen zu legen, hörte ich Schritte. Ich prüfte die Umgebung, aber ich konnte niemanden entdecken. In solchen Fällen sollte man besser schlafen gehen, als noch mehr an den Dingen herumzudeuteln oder gar noch die Flöhe husten zu hören.

Sorge um mein Wohl

In der Nacht hatte ich erstaunlich ruhig geschlafen. Nach solchen gedanklichen Beschäftigungen, wie sie mir die Begegnung mit dem Mönch aufgegeben hatte, schläft man in der Regel nicht so gut. Am Morgen hatte mich die ganz reale und fassbare Wirklichkeit eingeholt. Überall juckte es. Seit der gestrigen Bestandsaufnahme waren an meinem Körper einige böse Insektenstiche hinzugekommen. An der linken Wade sah es richtig schlimm aus, und es schmerzte auch sehr. Direkt am Einstich hatte sich sogar eine Blutblase gebildet. Um die Wunde herum war die Haut rötlich verfärbt. Ansonsten fielen mir noch einige rote Pusteln auf, vor allem an den Füßen. Hatte ich mir die gestern zugezogen, als ich mit kurzer Hose und Flipflops in der Stadt und hier im Kloster unterwegs gewesen war? Oder befand sich hier irgendein Tier im Zimmer oder gleich mehrere? Nachdem ich die neueren und die älteren Wunden mit einer Salbe versorgt hatte, baute ich das gesamte Bett bis auf das Gestell auseinander. Es könnte sich ja auch eine Wanze oder ein Floh eingeschlichen haben. Da half nur eins: alles raus in die Sonne schaffen. Zumindest hatte ich gehört, dass das helfen sollte. Als ich die Bettdecke in ihre Bestandteile zerlegte, krabbelte mir ein kleines Tierchen entgegen. Das war tatsächlich ein kleiner hellbrauner Skorpion. Könnte der etwa meine Wade verunstaltet haben? Fühlte ich deshalb ein Brennen und krampfartige Schmerzen im Bein?

Poststraße und Tempelroad

McLeodganj und der Himalaya

Der Hauptplatz von McLeodganj mit Bus-Stopp

Nachmittagstee der Mönche im Namgyal-Kloster

Im Namgyal-Kloster

Warten auf die Rückkehr des Dalai Lama

Kindermönche des TseChokLing-Klosters beim Spiel

Auf den Mäuerchen beim Tempel

Lehrer und Schüler beim Gebet

Buddha des Dalai Lama mit Opfergaben

Gebetbücher mit Umhüllung

Der Tempel des Dalai Lama

14. *Dalai Lama während des Teachings*

Tibetische Mönche verfolgen das Teaching

Der Dienstwagen des Dalai Lama

Pilger aus aller Welt auf dem Tempelhof

Der Tempel des Gyutu-Klosters

Der 17. Gyalwa Karmapa

Puja der Mönche des Karmapa

Gebet mit Migmar im Tempel des TseChokLing-Klosters

Im Tibetischen Kinderdorf

Mönche aus verschiedenen Zeiten

Alter Mönch im Namgyal-Kloster

Mit Paljor an der Stupa bei der Residenz

Das Debating der Mönche auf dem Tempelhof

Sangay

Lobsang Jeshongtsang rief an. Er erzählte mir etwas, aber ich verstand ihn nicht richtig. Das lag zum einen an der schlechten Mobilfunkverbindung und zum anderen daran, dass er sehr leise sprach. Ich schlug vor, dass ich ihn im Ministerium besuche und wir dort alles besprechen könnten. Das hielt er für eine gute Idee.

Ein wenig später stand ich in seinem Büro. Noch bevor er damit herausrücken wollte, was der Grund sei, weswegen er mit mir sprechen wollte, fragte er mich eingehend nach meinem Wohlbefinden. Ich empfand das als sehr aufmerksam, aber ich hielt es für diplomatisches Vorgeplänkel. Was wollte er wohl von mir?

Als Tseten Tigne auch noch ins Zimmer trat, sollte ich erzählen, wie der Termin beim Karmapa verlaufen war. Also informierte ich die Herren ausführlich und bedankte mich nochmals für die Organisation des Treffens. Damit waren wir wohl beim Stichwort angelangt, denn nun übernahm der Jüngere die Gesprächsführung: »Der Sekretär Seiner Heiligkeit des 17. Karmapa hat angerufen.« Ich erschrak, weil ich befürchtete, es könnte etwas nicht so gelaufen sein, wie man sich das dort vorgestellt hatte. »Gibt es ein Problem?«, fragte ich in die kleine Runde. Während Herr Jeshongtsang noch gelassen wirkte, blinzelte Tseten Tigne etwas nervös. Dann berichtete er, dass Lama Phuntsok um ein Gespräch mit mir gebeten habe. Über das Thema könne er mir aber keine Auskunft geben. Er habe nur den Auftrag, mit mir einen Termin auszumachen. Ich war erleichtert, weil sich über mir nichts Schlimmes zusammengebraut hatte. Man kann ja nie wissen, ob man unbemerkt in ein Fettnäpfchen getreten ist.

»Ja, gerne«, bedeutete ich, »und bei der Gelegenheit hätte ich auch noch ein paar Fragen an ihn.«

Unterstaatssekretär Tseten Tigne verschwand nun. Herr Jeshongtsang wies mir höflich ein Sofa zu und fing an zu plaudern. Wir sprachen über die noch anstehenden Wünsche meinerseits. Er bot an, mir Gespräche mit Vertretern der Instanzen der Exilregierung zu vermitteln. Ich solle nur sagen, wen ich treffen möchte. Zur besseren Orientierung innerhalb der Strukturen reichte er mir ein kleines Heftchen mit dem Organigramm der exiltibetischen Administration. Dann erzählte er, dass er meinetwegen bereits mit dem Leiter des Namgyal-Klosters gesprochen habe. Es bestünden wohl gute Aussichten, dass ich ein paar Tage direkt im Kloster des Dalai Lama leben könnte. Das zu hören, freute mich sehr. Normalerweise dürfte kein Fremder im Kloster sein, betonte er. In den öffentlichen Zonen könne man sich zwar aufhalten, aber nicht in den privaten Bereichen der Mönche oder in den Vorlesungen. Und dann war da noch meine Anfrage für eine Begegnung mit dem Dalai Lama. Herr Jeshongtsang machte ein sorgenvolles Gesicht, weil sich in dieser Sache noch nichts ergeben hatte. »Im Augenblick sind alle Termine abgesagt. Auch die Reise in die Schweiz findet nicht statt«, konstatierte er. »Wir müssen abwarten.«

Natürlich nutzte ich gleich die Chance, hier im Ministerium an detailliertere Informationen zum Gesundheitszustand des Dalai Lama heranzukommen. Herr Jeshongtsang hatte wohl auch damit gerechnet, denn er antwortete prompt und detailreich. Jedoch konnte er im Großen und Ganzen auch nur den Wissenstand verkünden, den ich bereits hatte. Er deutete darüber hinaus noch an, dass die allgemeine Befindlichkeit Seiner Heiligkeit besorgniserregend sei. Man wisse nicht genau, sagte er, was nach diesem neuerlichen Zwischenfall in nächster Zeit überhaupt noch möglich sein werde. Dabei bezog er sich auch noch einmal demonstrativ auf den Rat der Bombayer Ärzte, in Zukunft deutlich kürzerzutreten.

Der Unterstaatssekretär kam wieder ins Zimmer und teilte, wie gewohnt kurz und bündig, die wichtigsten Daten mit: »Morgen um siebzehn Uhr. Können Sie da?« Ich bejahte sogleich, weil ich mir ja meine Zeit selbst einteilen konnte. »Fein. Morgen, siebzehn Uhr im Hotel *Asian Plaza* am Hauptplatz.« Dann reichte er mir einen Zettel, auf dem er zum Namen des Lamas noch alle weiteren Informationen notiert hatte. Tseten Tigne zeigte sich zufrieden und verließ das Büro seines Vorgesetzten.

Lobsang Jeshongtsang fragte mich nun, wie es mir im TseChokLing-Kloster gefiele. Ich gab ihm ein wenig Auskunft darüber, aber bemerkte, dass er noch etwas im Köcher hatte. Dann rückte er auch schon mit der Sprache heraus: »Wir wollen Sie gerne vom TseChokLing wegholen und oben beim Namgyal-Kloster einquartieren.« Ich verstand nicht so recht, wie er das meinte, denn mir ging es doch dort bis jetzt ganz gut. Es sei nun an der Zeit, dass ich noch etwas näher an den Sitz Seiner Heiligkeit herankäme. Ferner sei ich dort nicht sicher, behauptete er. »Jetzt, wo sich der Winter langsam einstellt, ziehen die wilden Tiere aus den Bergen weiter herunter ins tiefergelegene Land. Das ist zu gefährlich. Wir wollen nicht, dass Ihnen etwas passiert.« Nun verstand ich besser, warum ich meinen Standort mehr nach oben ins Dorf verlagern sollte. Im Kloster selbst müsste ich sicher keine Angst vor wilden Tieren haben, aber ich denke, er meinte die zweihundert Meter Weg zwischen Kloster und Dorf, die quasi durch den Wald führen. Dann berichtete er mir, dass es im letzten Jahr einige Zwischenfälle mit Bären und Leoparden gegeben habe. Dieser Gefahr wolle man mich nicht aussetzen, denn man habe schließlich auch eine Verantwortung für mich. Die Begründung leuchtete mir ein. Ich war beeindruckt von so großartiger Fürsorge. Also verabredeten wir, dass wir in den nächsten Tagen noch einmal darüber reden würden und er bis dahin eine neue Bleibe für mich suchen würde.

Am Tempel Seiner Heiligkeit

Die Sicherheitskontrolle am Aufgang zum Tempel des Dalai Lama war heute sehr lasch. Die Leute von der Security zeigten sich gut gelaunt und weniger streng als sonst. Auf dem Platz zwischen dem Tempel und der Residenz war auch nicht viel los. Zwischen den Bäumen und Bänken drückten sich vielleicht hundert Touristen herum. Ich beobachtete die Mönche, wie sie in ihren Vorlesungssälen an niedrigen Tischen saßen und ihren Dozenten lauschten. Sämtliche gelben Türen standen weit zum Tempelhof hin offen, so dass ich gut hineinsehen konnte. Der Trakt mit drei nebeneinanderliegenden Sälen erscheint vom Hof her wie ein Flachbau. Jedoch täuscht das, denn darunter befinden sich weitere vier oder fünf Etagen, in denen die Mönche wohnen. Und ich glaube, ich ging recht in der Annahme, dass die Gänge und Zimmerfluchten bis weit unter den Hof reichen. Sicher waren die Räume hier oben in dem

Baukörper, der wie eine Verbindungsspange zwischen der Residenz und dem Tempel wirkt, die lichtdurchflutetsten des gesamten Klosters.

Gerade erinnerte ich mich an die Toilette am Tempel und an den phantastischen Ausblick. Deshalb ging ich hinauf, um nach einer Stelle Ausschau zu halten, die mir einen ähnlich spektakulären Blick bieten könnte. Man musste ja wohl nicht zwangsläufig eine Toilette aufsuchen, um den Himalaya sehen zu können.

Auch wenn man normalerweise nicht von Toilettengängen berichtet, in diesem Fall muss ich es tun. Wer jemals die Herrentoilette des Savoy-Hotels in Köln aufgesucht hat, wird dieses Erlebnis nicht vergessen. Ebenso verhält es sich mit der Herrentoilette am Tempel des Dalai Lama. Während man in Köln über dem Pissoir in ein phantastisches Meeresaquarium mit wunderschönen bunten Fischen, Anemonen und Korallen schaut, kann man in McLeodganj einen atemberaubenden Blick auf die schneebedeckten Gipfel des Himalaya genießen, soweit es die Wolken zulassen. Anderenfalls bleibt einem noch der Blick aus der Höhe auf das Dorf, und den könnte man fast vergleichen mit der Panoramasicht, die sich einem beim Besuch der Toilette in der Vorstandsetage des Commerzbank-Towers in Frankfurt am Main eröffnet. So viel dazu.

Vielleicht noch eine Bemerkung: In Frankfurt wird man bei dem allzu menschlichen Geschäft nicht beobachtet, in Köln gucken bestenfalls die Fischlein zu. Hier kann aber ganz McLlo von unten zuschauen. Vielleicht sollte ich nicht unerwähnt lassen, dass man hier völlig im Freien steht.

Der Sanitärtrakt bestand aus kleinen, verwinkelten, zweistöckigen An- und Aufbauten. Ich erforschte ein wenig das Areal und stieß dabei auf eine kleine Treppe, die zu einem Betondach führte. Die Gittertür zum Dach stand offen. Also nutzte ich die Chance und schlüpfte hindurch. Sogleich fand ich das Bild, nach dem ich gesucht hatte. Da war der Himalaya. Über den bewaldeten Höhenzügen hinter McLeodganj strahlten die Schneegipfel an einem fast wolkenlosen Himmel. Ich wusste nicht genau, wo ich hier war, aber ich vermutete, dass es sich um ein Dach handelte, da es nur ein schmales Geländer aufwies. Auf der einen Seite faszinierte mich der Blick, aber auf der anderen Seite fühlte ich mich unsicher, weil mir nicht klar war, ob ich dieses Dach überhaupt betreten durfte. Schnell tankte ich noch ein paar Bilder vom sogenannten »Dach der Welt«, dann verließ ich den Platz wieder. Das wäre meine Dachterrasse, wenn ich hier leben würde, dachte ich.

Um noch etwas Sinnvolles zu tun, drehte ich die Gebetsmühlen am Haupttempel. Am Ende des Rundweges wartete Paljor, der Neffe von Sonam, auf mich. »Stephen«, rief er lachend, »ich habe dich hier gesehen, und da dachte ich, ich komme schnell einmal zu dir.« Ich zeigte mich erfreut, denn ich hatte nicht mit ihm gerechnet. Und um das nächste Treffen nicht dem Zufall zu überlassen, schlug ich stehenden Fußes vor, dass wir uns zum Essen verabreden sollten. Ich würde ihn gern dazu einladen. Paljor strahlte mich an und sagte: »Morgen zum Mittagessen, wenn du da kannst.« Wir verständigten uns darauf, dass ich ihn um zwölf Uhr an seinem Zimmer abholen würde. Dann würden wir nach einem Restaurant suchen.

Mit der Vorfreude darauf verließ ich den Tempel und das Namgyal-Kloster.

Der Esel mit den X-Beinen

Ich wollte hier in McLeodganj kein Esel sein. Jedenfalls nicht der kleine, der mir gerade auf der Bagsu Road entgegengekommen war und der sich nun neben mir eingeparkt hatte. Der Arme. Er musste erschöpft sein, denn er atmete in kurzen Zügen und wirkte extrem müde. Sicher war er auch schon alt. Sein graubraunes Fell zeigte einige weiße Altersspuren und Narben. Doch das Erschreckendste waren seine vorderen Beine. Sie waren so extrem nach innen gebogen, dass er mir unglaublich leidtat. X-Beine konnte man das schon nicht mehr nennen. Das war schlimmer. Vielleicht hatte man ihm, als er noch ganz jung war, zu schwere Lasten auf den Rücken gelegt. In den vergangenen Tagen hatte ich oft eine ganze Karawane von Eseln erleben können, in deren doppelseitigen Satteltaschen so viele Steine verstaut waren, wie sie nur gerade eben so schleppen konnten. Das waren pro Seite bestimmt dreißig Ziegelsteine. Einmal beobachtete ich, wie die Esel mit ihren Lasten eine Treppe bergab gehen sollten. Sie stellten sich ein wenig störrisch an. Aber es half nichts. Die indischen Arbeiter gaben ihnen den Stock zu spüren. Ich befürchtete, sie könnten sich gleich die Beine brechen, weil sie einige Steine im steilen Abwärts verloren. Die Steine polterten die Stufen hinunter, und wenn sie nicht die Beine der vorangehenden Esel trafen, dann blieben sie liegen, und die nachfolgenden Tiere stolperten über die Brocken. Ich konnte nicht mehr hinsehen, denn es war ein schreckliches Bild. Kühe haben es da besser, denn sie sind in Indien heilig und dürfen nicht angerührt werden.

Der Esel mit den X-Beinen suchte im Straßengraben nach Fressbarem. Doch da war nur Müll. Ich erinnerte mich an die Esel an der Wartburg bei Eisenach. Für ein paar Mark durften Kinder auf dem Esel den recht steilen Weg nach oben zur Burg reiten. Jedoch war das ein sehr mühseliges Unterfangen. Ich weiß noch, wie mein Vater alle Mühe hatte, sie mit einigen Scheiben Knäckebrot jeweils ein paar Schritte weiterzulocken. Doch wo sollte ich jetzt in McLlo Knäckebrot herbekommen? Auf der anderen Straßenseite waren einige Läden, also entschloss ich mich, danach zu suchen. Knäckebrot fand ich auf die Schnelle nicht, aber eine kleine Packung mit Waffeln ohne Creme-Füllung. Das graue X-Bein stand noch immer an der gleichen Stelle, als ich zu ihm zurückkehrte. Er schien es glatt zu riechen, dass ich ihm etwas mitgebracht hatte. Das arme Tier machte sich sichtlich begeistert über die Waffelscheibchen her, die ich ihm eine nach der anderen zufütterte. Das Knacken und Rauschen beim Beißen erfreute mich. Mir war egal, was irgendjemand denken könnte, wenn er hier vorbeiging und mich mit dem Esel sieht. Nicht egal war mir, dass die Autofahrer überhaupt keine Rücksicht nehmen wollten. Sie drängelten ihre Karossen vorbei, egal wie nah sie uns dabei kamen. X-Bein ignorierte allzu lästiges Gehupe, indem er das tat, was einem Eselswesen wohl ureigen ist: störrisch zu sein. Mich störte das sehr viel mehr. Ich bewunderte seine großen grüngrauen Augen. Auf den Farbflächen der Pupillen waren viele kleine lustige Punkte in fast allen erdenklichen Farben. Die Linse war leicht getrübt. Er war zum Knuddeln. X-Bein hatte seine Waffeln bis zum letzten Bröckchen weggeknuspert. Nun stand er ganz ruhig vor mir und bewegte sich nicht. Ich schaute nochmal an seinen dünnen Beinen herunter. Sie waren wirklich unglaublich nach innen gebogen. So etwas hatte ich noch nie gesehen. Ich schätzte, dass sämtliche Bänder überdehnt sein mussten, dass solch eine Fehlstellung überhaupt möglich war. Der arme Esel. Es war ja nicht nur ein Vorderbein, sondern gleich alle beide. Er wurde unruhig und tippelte von einem Huf auf den anderen. Also gab ich ihm den Weg frei und er ging tatsächlich los. Er lief so vorsichtig, als hätte er Schmerzen. Sicher hatte er die auch.

Ich könnte ihm nachgehen, um zu schauen, ob er irgendwo so etwas wie ein Zuhause hatte. Vielleicht hatte er ja ein Plätzchen, an dem er sein Nachtquartier bezog, hier im Dorf des Dalai Lama. Möglichenfalls fand er dort noch etwas zu fressen, weil man ihn dort kannte. Als Lastesel konnte er jedenfalls nicht mehr dienen. Dafür war er zu alt und zu schwach. Wer auch immer seine krummen Beine sieht, wird es nicht übers Herz bringen können, ihm etwas auf den Rücken zu legen, denn sie sehen so fragil aus, dass man Angst haben muss, sie brechen nach innen durch. Der Esel bog ab und seine X-Beine trugen ihn langsam die Poststraße hinunter. Ich sah ihm noch einen Augenblick nach und trollte mich.

Ich musste an einen Satz von Konfuzius denken, der sagt:

»An einem edlen Pferd schätzt man nicht seine Kraft, sondern seinen Charakter.«

Kopf hoch

Die Stiche an meinen Beinen heilten nur sehr langsam. Besonders der an der linken Wade machte mir Sorgen, denn langsam schmerzte das gesamte Bein. Der Schorf, der sich über der blutig aussehenden Wunde gebildet hatte, war erst mal ein gutes Zeichen. Jedoch schien er nicht von großer Haltbarkeit zu sein, denn allein das leichte Scheuern der Hose riss die Wunde immer wieder auf, und rosafarbenes Sekret trat heraus. Hoffentlich hatte keine Fliege oder eine Mücke ein Ei hineingelegt, so dass in meinem Fleisch irgendein Tier zu wachsen begann. Fortan versorgte ich diese Wunde mit einem tibetischen Wundgel und einem Pflaster.

Es war gerade alles nicht so hundertprozentig erquicklich, denn auch die Erkältung wollte nicht abklingen. Einzig meine Verdauung hielt entgegen allen Befürchtungen wacker durch. Darüber sollte ich hier in Indien froh sein, denn Elina, die junge Finnin, schlug sich bereits seit drei Wochen mit einem heftigen Darminfekt herum.

Die letzten Sonnentage hatten mir sehr gut getan. Der Natur anscheinend auch, denn überall blühten plötzlich große Fuchsien-Büsche in rot und violett. Die Canna, das indische Blumenrohr, das ich wegen seiner farbenprächtigen großen Blüten so gerne mag, schob eine leuchtende Schönheit nach der anderen aus seinen langen Stängeln. Zu Hause pflanze ich jedes Jahr Blumenrohr in meinen Mini-Garten an der Terrasse und freue mich auf die Blüten. Im Winter ärgert es mich fast, dass ich sie dann immer hereinholen muss, damit die Pflanzen bei Frost nicht erfrieren. Hier bleiben sie im Boden und blühen anscheinend immerfort. Ich genoss solche kleinen Zeichen sehr. Nur manchmal, dachte ich, übersieht man sie einfach und achtet nur auf sich selbst.

Ich saß an meinem kleinen Schreibtisch, als draußen wieder einmal das Unheil losbrach. Starkregen, langer rollender Donner und kalter Wind. Die Fenster waren alles andere als dicht, so dass ich selbst hier drinnen den scharfen Wind deutlich spüren konnte. Um elf Uhr wollte ich ursprünglich oben am Kloster des Dalai Lama sein, um mir in aller Ruhe das Debating der Mönche ansehen zu können. Aber das schien jetzt erst mal flachfallen zu müssen – zumindest für mich. Wegen des Unwetters hatten sich sogar die Klosterhunde in ein schützendes Versteck verzogen.

Um zwölf Uhr war ich aber mit Paljor zum Mittagessen verabredet. Das wollte ich mir allerdings vom Wetter nicht vermiesen lassen. Deshalb zog ich mich warm an und ging bekleidet mit einer Regenjacke nach oben ins Dorf und kam Punkt zwölf Uhr vor seiner Tür an. Zimmer 38, in einem langen dunklen Gang im Bauch des Klostergebäudes. Ich hatte schon aus einiger Entfernung schemenhaft erkennen können, dass bei der Nummer 38 ein Schloss am Riegel hing. Das hieß soviel wie: Er ist nicht da.

In diesem Moment kam ein Mönch vorbei und forderte mich auf, mit ihm zu kommen. So folgte ich ihm, bis wir schließlich vor einer großen gelben Doppeltür standen, die mich geradewegs in den Speisesaal der Mönche führte. An langen Tischen saßen etwa achtzig Mönche über ihre Teller gebeugt. Ich fragte mich, wie ich Paljor hier finden sollte, denn irgendwie sahen ja alle fast gleich aus. Geschorener Kopf, rot-gelbe Uniform, und auch die Gesichter ähneln einander, zumindest von weitem und im flüchtigen Überblick.

Bevor ich mich versah, sprang mir Paljor vor die Nase. Er lächelte und sagte, er hätte wegen des Wetters nicht mit mir gerechnet. Aber nun war ich ja da, und es schien kein Problem zu sein. Also überlegten wir, was wir tun könnten, und entschieden wegen des Regens, nicht in ein Restaurant zu gehen, sondern die Klosterküche zu nutzen.

Ich wartete an der Tür auf ihn, während er am Buffet einen Teller und eine Schüssel füllte. Wir sollten auf sein Zimmer gehen, das wäre schöner, schlug er vor und fügte noch hinzu, dass ich ja jetzt schließlich *sein* Gast sei. Wir ließen uns auf seinem Bett nieder. Jetzt bewunderte ich mein Essen, das auf einer Art Edelstahltablett in der Größe eines normalen Esstellers angerichtet war. Es gab Reis mit viel grauer Soße, die allerlei helle und dunkle Körner enthielt. Dazu ein paar Schnitzer frische Gurken, ein paar Scheibchen eingelegten Gemüses und kleine Röschen vom Blumenkohl. Er sagte, das sei ein traditionelles Essen, wie man es auch überall in den kleinen Garküchen im Dorf bekommen könnte. Das Gemüse sei allerdings eine besondere Aufmerksamkeit des Klosters, weil ich Gast sei. Eine nette Geste.

In seinem Napf erkannte ich nur Graues und Weißes. Reis mit Linsensoße. Kein Gemüse. Ich wollte natürlich kein besseres Essen haben als er, deshalb bestand ich darauf, das Gemüse zu teilen. Ein paar Überredungsversuche später freute er sich dann doch darüber, dass er an der Zugabe für die Gästeportion teilhaben durfte. Die graue Soße schmeckte übrigens gar nicht so schlecht, wie ich es erwartet hatte. Allein die Optik war gewöhnungsbedürftig.

Während wir aßen, erzählte er mir, dass sie ganz früh am Morgen, also um halb sechs, ihren Tag mit einem stillen Studium der Gebetstexte beginnen. Das bedeutete, dass sie wie die Mönche im TseChokLing-Kloster um fünf Uhr aufstehen. Erst um sieben Uhr gibt es Frühstück, das mit einer dreißigminütigen Pause verbunden ist. Um halb acht ginge es dann weiter mit tibetischem Tanz. »Mit was? Tanz?« Paljor musste lachen, als ich so entgeistert nachfragte. »Das muss ich sehen!« Zu meinem Erstaunen sah er darin kein Problem. Jedoch müsse ich sehr früh aufstehen. Ich behauptete, dass das auch für mich kein Problem sei. Ich würde es schon schaffen, wenn ich es wollte. Was redete ich da eigentlich? Ich müsste mindestens um halb sechs aufstehen. Halb sechs! Das war kurz nach Mitternacht. Einen Rückzieher wollte ich mir nicht leisten. Schließlich saß hier ein Mönch vor mir, der täglich um fünf Uhr aufsteht. Und wenn ich es mir recht überlegte, wachte ich ohnehin jeden Morgen mit den Mönchen auf. Also verabredeten wir uns für halb acht.

Dann erzählte er mir weiter davon, dass eigentlich den ganzen Tag Unterricht auf dem Programm stehen würde. Ihre Fächer seien Englisch, buddhistische Philosophie, tibetische Texte und Gebete und das alles mehrmals am Tag, manche still und manche mit Lehrer. Um halb sechs ginge es los und um zwanzig Uhr sei der Tag zu Ende. Die größte Pause hätten sie mittags von zwölf bis halb zwei. Und in genau dieser Pause schenkte mir der 25-jährige Mönch seine kostbare Zeit. Eine große Ehre!

Was er über seinen Alltag erzählt hatte, klang sehr hart und anstrengend. Er erzählte aber auch, dass diese intensive Studienzeit nur drei Monate im Jahr andauere, sonst seien es weniger Stunden, und der Tagesablauf sei mit allerlei Arbeiten im Kloster gefüllt. Dann sei auch Zeit für Reisen und für Ferien.

Paljor kramte aus seinem ältlichen silbergrauen Metallschränkchen, das mehr an einen Tresor erinnerte, ein dickes Fotoalbum heraus und präsentierte mir seine Familie und seine Kindheit.

Ich ließ ihn erzählen und sah mir ein Foto nach dem anderen an. Paljor, als er mit zwölf Jahren ins Kloster kam, seine Mönchskollegen und sein Lehrer, ob beim Ausflug oder beim Gebet, ob beim Wäschewaschen im Fluss oder beim Kochen im Gebirge – er zeigte mir die Illustration seines Lebens.

Dann fragte er mich, wie das in meinem Studium gewesen sei, ob ich da auch erst mal Texte auswendig hätte kennen müssen. »O mein Gott, nein, das musste ich natürlich nicht.« Paljor riss seine Augen auf und holte tief Luft. Dann erzählte er, und er klang ein bisschen entrüstet dabei, dass er sechs von diesen Gebetszettel-Stapeln hatte auswendig lernen müssen. Es hätte zwar auch ab und zu Überflieger gegeben, die das schon nach eineinhalb Jahren draufgehabt hätten, aber er hatte wie die meisten anderen drei Jahre dazu benötigt. Und erst dann sei er als richtiger Mönch in die hochangesehene Gelugpa-Schule aufgenommen worden.

Er erzählte auch, dass es manchmal sehr hart gewesen sei und dass er als Kind am liebsten immer mal wieder gespielt hätte. Das habe er teilweise heimlich tun müssen. Und wie zur Rechtfertigung erwähnte er, dass der Dalai Lama ihm und den Mönchen auch immer wieder gern aus seiner Kindheit erzähle. Auch er sei immer lieber spielen gegangen, habe sich lieber mit den Schafhirten unterhalten, als unter den strengen Augen seines Lehrers zu büffeln. Paljor strahlte, als er berichtete, dass Seine Heiligkeit manchmal nach den Unterrichtsstunden abgehauen sei, um alles das zu tun, was ein kleiner Junge mag. Dann hatte er sich geschworen, nicht mehr in das Haus des Dalai Lama zurückzukehren, weil er lieber ein anderer sein wollte – ein Straßenkehrer zum Beispiel. Das Gesicht des Mönchs zeigte nun Nüchternheit. »Weißt du, Stiwin, aber Seine Heiligkeit ist dann doch wieder zum Abendunterricht zurückgekehrt.«

Paljor schien die Ausbildung im Kloster bisher nicht geschadet zu haben. Im Gegenteil, er besaß Charisma, Größe und Witz. Er war zu einem Mönch mit bemerkenswerter Ausstrahlung herangereift.

Wir sahen gleichzeitig auf die Uhr. Es waren noch knapp fünf Minuten, bis seine nächste Vorlesung begann.

Also verabschiedete ich mich hastig, weil ich ihm zumindest noch ein paar private Minuten gönnen wollte. »Morgen halb acht!«, waren seine letzten Worte und zugleich auch meine.

Während er mir die Bilder seines Lebens gezeigt und ich den Geschichten gelauschte hatte, hatte ich völlig vergessen, dass draußen wieder das Mistwetter auf mich wartete. Es wäre ein Wunder, wenn jetzt die Sonne scheinen würde. Das Wunder ließ allerdings auf sich warten, denn es regnete noch immer dicke Tropfen.

Zukunftsfragen

Um siebzehn Uhr war ich mit Lama Phuntsok, dem Sekretär des Karmapa, verabredet. Mit dem Mönch also, der meinem Zahnarzt so ähnlich sah. Der Regen hatte gerade etwas nachgelassen, und der Himmel hellte sich sogar leicht auf. Zumindest konnte ich, ohne nass zu werden, die Stufen zum Hauptplatz hinaufsteigen. Gleich dort an der westlichen Breitseite des Platzes war das *Asian Plaza*. In diesem Hotel sollte ich den Lama treffen. Die stark geschminkte Dame an der Rezeption erklärte mir umständlich, dass dieser Mann, den ich treffen wollte, nicht hier sei. Aber ich könne ja mal im Restaurant nachsehen. Das klang logisch, denn wo sonst in dem Hotel sollte ein solches Treffen stattfinden? Ein junger Mann in dunkler Bügelfaltenhose und weißem Hemd sollte mich zum Restaurant begleiten. Ich hatte nicht geahnt, dass sich selbiges auf dem Dach des Hotels im sechsten Stock befindet. Und ich hatte auch ebenso wenig geahnt, dass ich die gesamten Stufen zu Fuß laufen musste. Das Hotel-Restaurant bestand aus einem Dach und ansonsten aus Glaswänden. Die Aussicht musste großartig sein. Vielleicht war hier sogar der höchste Punkt von McLlo. Aber es war nicht möglich, auch nur einen Hauch von Aussicht zu genießen, denn der Himmel hatte beschlossen, sich erneut in Dunkelgrau zu hüllen. Außerdem hatte ein recht starker Wind eingesetzt, der von Sekunde zu Sekunde zuzunehmen schien. Ich folgte dem Hotelmenschen brav in das gläserne Restaurant. Außer ein paar Kellnern war dort aber keiner. Kein Gast, kein Lama. Also nahm ich an einem der Tische Platz und bestellte mir einen Milchkaffee, denn Cappuccino war in diesem Etablissement nicht gelistet. Draußen war jetzt die Hölle los. Der Wind hatte sich zu einem richtigen Sturm entwickelt und peitschte den Regen gegen die großen Fenster. Ich beschloss, mir keine Sorgen zu machen, auch wenn sich die großen Scheiben deutlich sichtbar in den Raum hineinwölbten.

Stattdessen fragte ich mich wieder, was denn eigentlich der Grund für dieses Treffen sein sollte. Ich freute mich natürlich, diesen sehr angenehmen Lama wiederzusehen. Aber darum sollte es ja nicht gehen, vermutete ich.

Mein Milchkaffee kam zeitgleich mit dem Lama. Der schwebte in das Restaurant. Natürlich ist er nicht wirklich geschwebt, aber es sah ein bisschen so aus, wenn er ging. Seine ganze Person, seine Gestik und Mimik wirkten insgesamt sehr sanft und geschmeidig.

Sturm und Regen hatten dem Mönch zugesetzt. Ihm war kalt. Kein Wunder, dass er fror. Bei dem dünnen Gewand. Also empfahl ich ihm einen Ginger-Lemon-Honey-Tee. Der ist bei so was ein perfekter Helfer. Es amüsierte ihn, dass ich Europäer dem Asiaten diesen Tee empfahl. Aber genau dieses Getränk orderte er dann auch. Dann kam er recht schnell zur Sache. Lama Phuntsok erzählte mir von der Reise des Karmapa in die USA und von den Plänen für eine Europa-Reise. Sie sollte vielleicht schon im nächsten Jahr stattfinden. Nun habe man aber zu Europa weniger Verbindungen in der Kagyü-Linie, als sie beispielsweise der Dalai Lama hat. Der verfüge über zahlreiche und langjährige Verbindungen zu den wichtigen Menschen in der Politik, in den Religionsinstitutionen und auch zu den Medien. Vor allem aber seien auch umfangreiche Erfahrungen sehr hilfreich, stellte Lama Phuntsok fest. Für die Mitarbeiter des Dalai Lama sei es ein Leichtes, mal eben eine Reise zu organisieren. Bereits jetzt hatte ich sein Anliegen verstanden. Und ich ahnte auch, dass ich ihm vielleicht bei der einen oder anderen Angelegenheit helfen könnte. Nun kann ich an dieser Stelle – das wird der geneigte Leser verstehen – nicht über alle Details dieses Gesprächs schreiben.

Natürlich signalisierte ich ihm meine Bereitschaft.

Dann sprachen wir noch über eine etwas heiklere Geschichte. Ich wollte ein bisschen mehr über den Karmapa-Streit in Erfahrung bringen. Deshalb fragte ich ihn natürlich auch nach den anderen Männern, die behaupten, sie seien die Reinkarnation des 16. Karmapa. Ich wusste von einem gewissen Trinley Thaye Dorje, der in Südindien lebt. Dieser Mann sagt von sich, er sei die rechtmäßige Wiedergeburt und wird darin von einem einflussreichen Lama namens Scharmapa unterstützt. Er fährt eine sehr aufwendige PR-Kampagne, reist durch die Welt und stellt sich überall als *der* Karmapa vor. Nebenbei bemerkt, streifen da noch zwei Männer umher, die behaupten, der 17. Karmapa zu sein. Aber die nimmt offenbar kaum jemand ernst.

Ich denke, die Geschichte vom Karmapa 1 und dem Karmapa 2 würde bei uns ein Thriller sein. Die Presse würde sich mit Begeisterung auf den Fall stürzen und ihn unter jedem erdenklichen Gesichtspunkt ausschlachten. Sie würde alles daransetzen, herauszufinden, wer der Wichtigere ist. Vielleicht würde der Aspekt der Echtheit sogar dem der Wichtigkeit unterliegen. Den Konflikt könnten die Medien zelebrieren, und es würden sich genügend einflussreiche Menschen einmischen. Boulevard-Blätter würden ihre wahre Freude daran haben, illustre Fragen zu lancieren: Wer ist der eine oder der andere Karmapa wirklich? Wer von beiden kann zaubern? Die Frage nach der Attraktivität würde genauso gestellt wie die nach dem Sexleben. Hatte einer von beiden vor seiner Entdeckung vielleicht eine Freundin, vielleicht sogar Sex? Was fährt er für ein Auto? Mit welchem Prominenten zeigen sich Nummer 1 oder Nummer 2? Diese Gedankenreihe könnte man sicher noch endlos fortsetzen.

Mich wundert in diesem Zusammenhang, dass eine ähnliche, den Dalai Lama betreffende Frage nicht diskutiert wird. Auch bei ihm fand die Kommission drei Kandidaten. Der erste starb recht bald nach der Auffindung. Deshalb mussten nur noch zwei geprüft werden. Die Kommission, so erzählte der Dalai Lama selbst, habe sich dann für ihn, den kleinen Jungen vom Land, entschieden. Vielleicht hätten solche Versuche wie die des zweiten Karmapa-Anwärters in den 40er Jahren des vergangenen Jahrhunderts wenig Chancen auf Publicity gehabt, denn damals respektierte jeder sofort die Entscheidung und huldigte seinem neuen Dalai Lama. Vom zweiten Kandidaten redete niemand. Aus heutiger Sicht würde man erst mal die sachgerechte Arbeit der Findungskommission beleuchten und eventuelle Verfahrensfehler aufdecken wollen.

Hier im indischen Exil sehe man die Angelegenheit sehr viel gelassener, beruhigte mich der Privatsekretär des Karmapa. Man spiele auf Zeit. Die Zeit würde ans Licht bringen, was recht sei und was nicht. In der tibetisch-buddhistischen Welt sind die Weichen allerdings schon sehr deutlich gestellt worden. Der Dalai Lama hat gesprochen, und das gilt. Auch wenn man sich zunächst gewundert hatte, dass der Dalai Lama den jungen Urgyen Trinley Dorje als Wiedergeburt des Gyalwa Karmapa anerkannte, obwohl das zuvor auch die chinesische Staatsführung getan hatte. Manche zeigten wenig Verständnis für einen Mann, der von Peking bestätigt wird. Jedoch gelten die Zeichen des Dalai

Lama und vieler anderer hoher Lamas unter den Tibetern sehr viel. Und damit ist die Entscheidung im Grunde bereits seit Jahren gefallen. Die Zeit wird es bestätigen. Man erwartet im Übrigen ein Tauziehen zwischen den Chinesen und den tibetischen Lamas, wenn die Findung des nächsten Dalai Lama anstehen wird. Das ist zwar – solange der 14. Dalai Lama noch lebt – nur ein Zukunftsszenario, aber Seine Heiligkeit selbst weist bereits jetzt darauf hin, dass China ein außerordentlich großes Interesse daran haben wird, die 15. Wiedergeburt zu bestimmen. Die Parteiführung in Peking hatte behauptet, sie allein dürfe den nächsten Nachfolger des Dalai Lama bestimmen. Zur Begründung führte sie wissenschaftliche Studien an, wonach chinesische kaiserliche Beamte in Zeiten der Qing-Dynastie von 1644 bis 1911 das letzte Wort bei der Wahl der Inkarnation eines Dalai Lama hatten. Der 14. Dalai Lama hatte zum Ärger der Chinesen aber schon gesagt, wenn der Dalai Lama außerhalb Tibets sterben sollte, dann werde er auch außerhalb Tibets wiedergeboren werden.

Nun war es an der Zeit, ihn auf die Rolle des Karmapa nach dem Ableben des Dalai Lama anzusprechen. Es ist zwar von der Tradition her nicht vorgesehen, dass das Oberhaupt der Kagyü-Linie dem tibetischen Buddhismus vorsteht, dennoch liefert der Nachfolgemodus offenbar seit einigen Monaten Stoff für Diskussionen. Statt der üblichen Suche nach einer Reinkarnation könnte der Dalai Lama ein neues Oberhaupt wählen lassen oder auch einen erwachsenen Nachfolger bestimmen. Wenn er den Weg der Wiedergeburt wählt, würde es Jahre dauern, bis der nächste Dalai Lama alt genug ist, um die Führung zu übernehmen. In der Zwischenzeit würden Regenten die Amtsgeschäfte übernehmen. Ich unterbreitete Lama Phuntsok meine Gedanken und fragte, ob es denkbar wäre, dass der Dalai Lama dem Karmapa die Leitung in die Hände legen könnte und die Tibeter sich ihm zuwenden. Er überlegte lange und stellte voran, dass der Karmapa über diese Frage nicht offiziell rede. Weil der Karmapa Lama aber der dritthöchste Würdenträger im tibetischen Buddhismus sei, könnte er natürlich vorübergehend die Leitung der Exil-Regierung übernehmen, um ein Macht-Vakuum zu vermeiden. Er sei zwar noch jung, aber die Tibeter würden ihn sehr gut annehmen. Er spreche auch fließend Mandarin und fühle sich noch immer der chinesischen Kultur verbunden. Das könnte ihn in den Augen Pekings als einen guten Gesprächspartner auszeichnen. Ich sprach Lama Phuntsok auf einen möglichen Weg an, den der Karmapa in den Beziehungen zu China einschlagen würde. Daraufhin antwortete er sofort, dass der Karmapa auf jeden Fall die Bemühungen des Dalai Lama um Autonomie für Tibet und auch die Politik des ›mittleren Weges‹ unterstütze. Dann stellte er noch klar, dass der Karmapa nicht nach einer Führerschaft strebe. Es bliebe alles in den Händen des Dalai Lama. Ob er damit auch eine mögliche Staffelstabübergabe meine, wollte er mir nicht bestätigen.

Lama Phuntsok hatte sich mit mir über all die Themen in sehr ruhiger und bescheidener Manier unterhalten. Er behauptete mir gegenüber nicht, der alleinige Vertreter der Wahrheit zu sein, doch ich fand, er strahlte sie aus.

Als Nächstes ließ er einen ganzen Katalog an Fragen über den Vatikan und den Papst los. Damit hatte ich gerechnet. Also erklärte ich ihm, was er wissen wollte. Er hörte mir auffällig aufmerksam zu. Er hatte viele Fragen, und wir führten ein gutes Gespräch. Darüber vergaßen wir sogar die Zeit. Nun aber musste er gehen, weil ein nächster Termin schon lange auf ihn wartete. Draußen war der Sturm vorübergezogen. Alle Bäume standen noch an Ort und Stelle, und sämtliche Glasscheiben des Asian-Plaza-Restaurants waren ganz geblieben. Bei der Verabschiedung sagte Lama Phuntsok, dass ich den Karmapa und ihn noch einmal besuchen kommen sollte, solange ich noch hier bin. Diese Einladung nahm ich gern an.

Das Heilige und die Macht

Auf dem Weg zu meinem Kloster dachte ich über die Hierarchien innerhalb des tibetischen Buddhismus nach. Denn ich wunderte mich schon etwas darüber, dass die Sekretariate des Dalai Lama und des Karmapa nicht einfach zusammenarbeiten. Ich weiß sehr wohl, dass die Abteilungen, die beiden zur Verfügung stehen, um auch die Amtsgeschäfte zu erledigen, recht klein sind. Der Vatikan ist ja schon ein erstaunlich effektiv arbeitender, aber auch ein kleiner Regierungsapparat. Die Institutionen hier sind jedoch noch sehr viel schlanker ausgebaut. Natürlich ist der Aufgabenanteil der Administration des Dalai Lama um einiges kleiner, als ihn die Zentrale der katholischen Kirche für mehr als eine Milliarde Mitglieder zu bewältigen hat. Dazu kommt, dass es sich hier nur um den tibetischen Zweig des Buddhismus handelt. Aber nichtsdestotrotz muss sich der 17. Karmapa wohl um seine eigenen Belange selbst kümmern. Heutzutage arbeiten sie zumindest nicht gegeneinander. Das war in der Geschichte nicht immer so. Denn die verschiedenen Schulen oder Linien des Buddhismus waren in grauen Vorzeiten nicht immer nett miteinander umgegangen. Jeder kämpfte um die Behauptung seiner Lehre, der Auslegung der Buddha-Texte – notfalls auch mal mit Truppen und Waffengewalt. Dazu kamen dann auch noch die Kämpfe um die weltliche Macht in Tibet.

Vielleicht sollte ich es in der groben Übersicht von Anfang an erklären, denn die Geschichte ist teilweise sehr verworren. Karmapa ist das Oberhaupt der Karma-Kagyü-Schule. Der Dalai Lama steht zusammen mit dem Panchen Lama dem Gelugpa-Orden vor. Und selbst das ist nicht ganz richtig, denn die oft gehörte Phrase, wonach der Dalai Lama das geistige Oberhaupt der Tibeter sei, stimmte weder damals noch heute, er ist – streng genommen – nicht einmal der Leiter seiner eigenen Gelugpa-Schule. Die untersteht nämlich naturgemäß dem Abt des Klosters Ganden, dem Ganden Tripa Rinpoche. Aber der tritt als solcher kaum in Erscheinung. Die Kagyü-Linie hatte bereits im 13. Jahrhundert das System der bewussten Wiedergeburten eingeführt, was sich ja bis heute fortsetzt. Einen in sehr hoher Position Wiedergeborenen nennt man hierzulande Tulku. Die Karmapas beriefen sich jedoch auf die Zeit des historischen Buddha, der um 500 vor Christus lebte, in der bereits das Kommen der Karmapas angekündigt worden sei. Die Tradition der Dalai Lamas manifestierte sich erst so richtig im 15. Jahrhundert. Seitdem wurden die Oberhäupter des Gelugpa-Ordens als aus einem göttlichen Ursprung hervorgegangen angesehen. Zur Zeit des 5. Dalai Lama führte der Machtkampf zwischen den Gelbmützen und den Schwarzhüten zu einem ausgemachten politischen Konflikt. Die Truppen des Dalai Lama gewannen die militärischen Auseinandersetzungen, weil ihnen die Mongolen zu Hilfe gekommen waren. Seitdem waren die Dalai Lamas auch die weltlichen Regenten Tibets. Der westmongolische Fürst Gushri Khan, der sich selbst zum Schutzherrn des Dalai Lama erklärt hatte, ernannte ihn 1642 zur obersten Autorität von ganz Tibet und klärte damit auch den Kampf um die Vorherrschaft zwischen den Schulen der Lamas. Kurzum, wären die politischen Kräfte damals für den Karmapa eingesprungen, könnte – bei ähnlichem Verlauf der Geschichte – heute noch der Karmapa der höchste Repräsentant des tibetischen Buddhismus sein. Komisch, die Tibeter, die ich hier erlebe, sind immer so freundlich, so mild in ihrer Art. Es scheint so, als würden sie nicht mal Zorn kennen. Da sind solche Streitigkeiten in der Geschichte kaum vorstellbar. Kämpfende Mönche schon überhaupt nicht. Als Katholik brauche ich allerdings auch nur einen Blick in die Kirchengeschichte zu werfen, um sofort Renaissance-Päpste vor Augen zu haben, die ebenfalls mit ihren Truppen in den Krieg gezogen waren.

Wenn man das bedenkt, könnte man der heutigen Situation des Exils in einem Aspekt etwas Gutes abgewinnen: Solche Streitigkeiten zwischen den verschiedenen Schulen des Buddhismus wird keiner vom Zaun brechen. Jetzt ist eher die Eigenschaft des Mitgefühls gefragt, die sich in einer gütigen, tröstenden Vaterfigur mitteilt. 130000 Exil-Tibeter schauen auf ihren spirituellen Führer, nicht auf den Regenten. Auch wenn es manche vereinzelte Gruppen gibt, die den Dalai Lama gern auch als politische Speerspitze gegen die Unrechtstaten der Chinesen sehen möchten, die Rolle des obersten Mönches hat sich gewandelt – wie wohl des Öfteren in der Geschichte dieses Volkes.

Die Sorgen in der Heimat

Anrufe von Verwandten und Freunden aus der Heimat hatten fast alle eines gemeinsam: Sie machten sich Sorgen darum, ob es mir hier gutgeht. Allen voran meine Eltern, die sich anfangs, als ich ihnen von der Idee erzählte, hierher zu reisen, äußerst besorgt gezeigt hatten. Die Bilder der Niederschlagung des Aufstands der Mönche und der Buddhisten in Tibet waren noch in ihren Köpfen. Jedoch hatte die Situation in

China, also in Tibet, nichts mit dem zu tun, was mich hier umgab. Diesen Unterschied musste ich einigen sehr oft klarmachen. Hier ist nur das Exil. Die Befürchtung, dass mir das Klima und die Lebensbedingungen in Indien zu schaffen machen könnten, war hingegen berechtigt. Gerade meinen Eltern gegenüber, die immer etwas ängstlich sind, was mein Leben betrifft, durfte ich deshalb auch gerade am Anfang meiner Zeit hier nicht im vollen Umfang erzählen, wie ich mich fühlte. Das hätte in meiner Heimat einige Sorgen mehr hervorgerufen. Eine ganz andere Besorgnis hatte ich im Vorfeld jeweils mit einem Schmunzeln abschlägig beantwortet. Immer wieder ermahnten mich Menschen aus meinem näheren Umfeld, ich solle bloß nicht als buddhistischer Mönch zurückkommen. Manche fragten sogar, ob ich jetzt auch dem modernen Buddhismus-Wahn verfallen sei und meine Religion wechseln möchte. Heute Abend erhielt ich passend dazu einen Anruf aus dem Vatikan. Meinem Gesprächspartner erzählte ich ein wenig von der Welt hier. Ich konnte mich allerdings nicht so ganz beherrschen, nicht von den etwas anderen Erfahrungen hier zu berichten. So erzählte ich ihm unter anderem auch die Geschichte von dem geheimnisvollen Mönch und der dazugehörigen Erklärung des Direktors. Da war mein Gesprächspartner am anderen Ende der Satellitenleitung fast umgefallen. Dann äußerte er, in der ihm eigenen süffisanten Art, die Vermutung, dass sie dort ja mit allen Mitteln arbeiteten, um mich von ihrer Sache zu überzeugen. Ich kannte ihn gut genug, um aus der scherzhaften Bemerkung einen ernsten Unterton herauszuhören. Und ich hatte mich nicht getäuscht, denn zum Schluss des Telefonats meinte er noch: »Sei bitte vorsichtig und sieh zu, dass die Jungs dich dort nicht verrückt machen.« Mit Jungs hatte er die Mönche gemeint, und mit Verrücktmachen wollte er seiner Sorge um einen Religionswechsel Ausdruck verleihen. Vorsichtig sollte ich deshalb sein, denn man kann ja nie wissen, ob nicht noch geheimnisvollere oder mystischere Dinge passieren. Diese Bedenken teilte ich gar nicht, denn abgesehen von einigen Ereignissen war die Welt hier doch auch relativ ernüchternd. Eine interessante Frage stellte der Vatikaner jedoch: Warum sollte ich als Katholik einen geheimnisvollen buddhistischen Mönch sehen können. Das hatte ich mich in den letzten Stunden schon mehrfach gefragt. Thubtens Erklärung dafür klang pragmatisch: »Er will dich hier beschützen.«

Was willst du tun?

Auch wenn ich es noch nicht so ganz wahrhaben wollte, so regte sich dennoch eine innere Stimme in mir, die mir sagte, von hier wegzugehen, das Kloster zu verlassen. Sollte ich vielleicht doch dem Vorhaben des Staatssekretärs folgen und in ein Zimmer am Namgyal-Kloster umziehen? Als mir Lobsang Jeshongtsang das vorgeschlagen hatte, sträubte sich in mir erst einmal alles gegen den Gedanken, mein liebgewonnenes TseChokLing-Kloster im Stich zu lassen. Ich konnte mir nicht erklären, warum mich jetzt auf einmal eine unerwartete Lustlosigkeit befiel, warum mir die 360 Stufen samt Kuhfladen auf die Nerven gingen, warum ich das Klosteressen nicht mehr mochte und mich mein mittlerweile wieder feuchtes Zimmer nicht mehr stolz machte. Die Situation der Gäste im TseChokLing-Kloster erinnerte mich jetzt eher an ein internationales Ferienlager. Sollte ich doch woandershin gehen? Das hieße dann auch Abschied von den Mönchen hier.

Der Lichtblick des Tages war Paljor, der fröhliche und clevere Mönch im Kloster des Dalai Lama. Bei ihm hatte ich mich wohl gefühlt. Sein Kloster mochte ich bislang nicht so recht. Doch mittlerweile begann ich mich immer mehr dafür zu interessieren. Irgendetwas wuchs in mir. War es der Wille des Wechsels? Oder war es nur die Wirkung des Wetters oder gar des Vollmonds?

Keiner verlangte von mir, dass ich das in den nächsten Minuten entscheide. Wenn ich einen Wechsel will, dann wird der Entschluss dazu reifen. Dann würden sich immer mehr Anzeichen in mir melden.

»Was willst du jetzt tun?«, hatte mich der geheimnisvolle Mönch gefragt. Ich konnte ihm darauf nicht antworten. Diese Frage ergibt Sinn, wenn man an einem Scheideweg steht. Dann ist sie berechtigt, denn dann sucht man nach einem Weg, der einen herausführen könnte, hinaus in die Freiheit. Aber ich war kein Gefangener. Ich stand auch an keinem wirklichen Scheideweg. Es war selbst gewähltes Schicksal. Ich hatte hierherkommen wollen. Also welchen Sinn hatte die Frage, was ich jetzt tun will? War das der rote Faden, der sich durch diese vierzig Tage zog?

War es die Frage des Moments oder die Frage des Lebens? Natürlich frage ich mich manchmal, wie mein Leben weitergeht. Das klingt recht passiv. Sie könnte auch lauten, was ich jetzt selbst in die Hand nehmen will.

Wartet man ab, was das Leben noch zu bieten hat, was als Nächstes kommt, oder unternimmt man das, wovon man träumt oder schon immer geträumt hat?

Es ist eine absolut gute Frage in jeder Lebenslage. Eine Frage, die schon fast intim ist, die mir nur jemand stellt, der mich sehr gut kennt. Aber eine Antwort darauf ist meistens nicht einfach.

Wer im Westen kann schon sagen, was er jetzt tun *will*. Die meisten folgen weniger den eigenen Wünschen als der Pflicht oder der Notwendigkeit. Ich hatte die Frage an diesem ganzen ersten Tag als sinnfrei empfunden. Als kaum zu beantworten. »Was willst du jetzt tun?« Es handelt sich nicht um eine Statusabfrage wie ein Blutbild, sondern um ein Thema der Zukunft, der Lebensgestaltung, der Ideen. Es geht um Dynamik, nicht um die Statik des Moments.

»Wie geht's dir?« ist statisch. »Wie geht es weiter?« zeigt eine andere Qualität.

Die Frage des Mönchs hatte in mir etwas ausgelöst. Also sollte ich sie weiterdenken und die Antwort suchen, wenn sie sich denn finden lässt.

Es ist schon verrückt: Ich bekam diese an sich einfache Frage gestellt, und nach so vielen Tagen beschäftigte sie mich noch immer.

Lama-Tanz im Morgengrauen

Die Mönche tanzten ja wirklich. Ich hatte gedacht, sie laufen in Formationen umeinander wie bei einem Schreittanz aus der Renaissance oder bei einer spanischen Sarabande im langsamen 3/2-Takt. Aber Fehlanzeige. Es war viel besser. Zwölf Mönche vollführten wahrhaft sportliche, fast schon akrobatische Bewegungen. Man war fast versucht, den Fitness-Dance-Instrukteur zu suchen. Es gab einen Vortänzer, und das war

Paljor. Sein rhythmischer Sprechgesang hallte durch die halboffene Etage unter dem Tempel. Der scharfe, kalte Wind blies seine Worte mal in die Tiefen der Säulenhalle, mal schob er sie mir entgegen. Es war lausig kalt so früh am Morgen, und ich wünschte mir beinahe, ich könnte mit ihnen tanzen, um mich aufzuwärmen. Doch mir blieb nur, mich abwechselnd an eine der Säulen oder auf eine der vielen Treppen zu stellen, um dem ständig drehenden Wind möglichst wenig Angriffsfläche zu bieten. Nicht mal einen Kaffee hatte ich getrunken und außer einem Müsliriegel auch noch nichts gegessen. Die Mönche waren bereits hellwach und anscheinend warm getanzt, denn nach und nach legten sie ihre Überwürfe auf der Brüstung ab. Mit etwas weniger Tuch war es auch einfacher, die Drehungen und Sprünge zu absolvieren, ohne sich darin zu verheddern oder ständig den Überwurf im Wind zu verlieren. Erst verlagerten sie ihren Körper auf ein Bein und hoben das andere an, und dann drehten sie sich. Ihren Abschluss fand die erste Bewegung auf dem anderen Bein. Dabei rissen sie ihre Arme wie zum Jubel nach oben. So richtig leicht schien nur die erste Schrittfolge zu sein, denn dann folgten mehrere komplizierte Drehungen, Sprünge und Standfußwechsel. Die veränderten Armhaltungen nicht zu vergessen. Der Lama-Tanz, wie seine volle Bezeichnung lautete, folgte offenbar einer strengen Choreographie, wobei jeder der Mönche für sich tanzte und erst die Formation ein Gesamtbild ergab. Teilweise schafften sie schon eine stattliche Anzahl von synchronen Schritten und Drehungen. Wenn einer aus der Reihe tanzte oder etwas schiefging, lachten sie sich kaputt, klatschten sich ab wie Handballer nach einem Tor.

Paljor war ein humorvoller, aber in der Sache harter Vortänzer. Immer wieder diskutierten und übten sie miteinander die Schritte. Langsam ahnte ich auch, warum sie eventuell so früh am Morgen ihr Tanztraining veranstalten. Könnte es vielleicht daran liegen, dass zu der Zeit noch nicht so viele Leute im Tempelgelände unterwegs sind, die ihnen zuschauen? Ich war der Einzige, der sie beobachtete. Ich war auch gerade der Einzige, der fror. Kein Wunder bei dem Wind.

Erst jetzt wurde mir richtig bewusst, dass hier die Bäume durch die Etagen wuchsen, weil sie der stürmische Wind gegen ihre Einfassungen in den Betondecken krachen ließ. Von der Größe der Bäume ausgehend schätzte ich, dass Teile des Klosters und der Tempel um die Bäume herum gebaut worden waren – nicht umgekehrt. Ihre schlanken Stämme wuchsen aus dem Boden und durchbohrten die Decke auf dieselbe Weise wie die Säulen aus Beton. Eine Etage weiter oben, auf der Ebene des Haupttempels führten sie ihr Wachstum weiter fort, bis sich ihre Kronen über den Wellplastedächern entfalten konnten. Ihr Laub hatte ich vorher nicht bemerkt. Doch jetzt vermochte ich den ganzen Baum zu sehen, weil ich von einer Außentreppe seitlich an den Etagen hochschauen konnte.

Die Mönche waren noch immer mit Freude bei der Sache. Sie wirbelten manchmal schon recht elegant und zügig über den Boden, bis die Formation dann doch wieder auseinanderbrach, weil einer die Schritte noch nicht beherrschte.

Ein einarmiger älterer Rhesusaffe hatte sich in einer Nische ein windschattiges Plätzchen gesucht. Während er an etwas herumknabberte, schaute er verdutzt auf die tanzenden Mönche herab. Er müsste diese Vorführung kennen, wenn er hier öfter vorbeischaut.

Mittlerweile zitterte ich vor Kälte. Vielleicht war es ja doch keine so gute Idee gewesen, mich so früh am Morgen hier einzufinden, um den Jungs beim Lama-Tanz zuzusehen. Aber ich war neugierig und es war wirklich ein beeindruckender Anblick, wie die jungen tibetischen Mönche im Alter um die fünfundzwanzig in langen roten Gewändern einen uralten rituellen Tanz trainierten.

Pünktlich nach einer Stunde schlug jemand weiter unten im Kloster die Glocke.

Auf dieses Zeichen hin schnappten sich die Mönche ihre Überwürfe und zerstreuten sich in Windeseile in alle Richtungen. Paljor kam nun zu mir. Er grinste und verlieh auf eine etwas übertriebene Weise seiner Bewunderung Ausdruck, dass ich es tatsächlich wahr gemacht hatte, mich in aller Herrgottsfrühe hier einzufinden. Natürlich hatte er mir sofort angesehen, dass mich fröstelte.

Der alte Mönch auf dem Dach

Nach einem Frühstück in meinem Lieblingscafé hatte es mich noch einmal zurück ins Namgyal-Kloster gezogen. Jetzt, wo es wärmer war und der Himmel nur noch ein paar weiße Wolken präsentierte, wollte ich mir das Kloster in Ruhe ansehen. Vielleicht könnte ich ja auch wieder zu diesem Dach gehen. Gesagt, getan.

Ich war froh, dieses Stückchen Betondach seitlich des Tempels des Dalai Lama gefunden zu haben. Drunter befanden sich die Zimmer der Mönche, und etwas weiter drinnen im Bauch des Gebäudes vermutete ich die Tempelküche, die immer dann in Betrieb genommen wurde, wenn eine große Veranstaltung im Tempel stattfand. Ich wusste auch nicht, ob es verboten war, diese etwa zehn Quadratmeter zu betreten, denn eigentlich war dieser Bereich mit einer Gittertür vom öffentlichen Bereich abgetrennt. Man musste nur am Toilettentrakt vorbeigehen, diese Tür durchqueren, und schon eröffnete sich einem der Blick in den Himmel, auf die Landschaft und auf ein großes schwarzes Fass aus Plastik, das auf einem Metallständer steht. Zwei dünne Rohre verbanden das Fass mit dem Kloster. Ich dachte mir, dass dies einer der Hochbehälter war, der den Druck auf die Wasserleitungen im Hause erzeugt. Ein schmächtiges Geländer umgab diesen kleinen Platz, der höher lag als alle anderen Teile des Tempels und des Klosters. Die wenigen dünnen Stangen des Geländers bildeten eine eher symbolische Begrenzung, weniger eine, die Menschen wirklich zurückhalten könnte. Der Platz wirkte für sich genommen nicht sonderlich einladend, jedoch der Blick, der sich von ihm aus bot, machte seinen Reiz aus. Wegen dieses phantastischen Blicks war ich wieder hergekommen. Man konnte über ganz McLlo sehen, bis hinauf in die Berge des Himalaya, wenn es die Wolken zulassen. Rechts davon fiel ein bewaldeter Höhenzug sanft in das weite Tal ab.

Ich setzte mich und genoss die Aussicht und die Ruhe. Vom Lärm des Dorfes war hier oben nichts zu hören. Beim letzten Mal hatte ich schon das Gefühl, dass es ein idealer Ort für Meditationen war. Diesmal war mir das noch klarer geworden. Hier konnte ich nicht nur meine Blicke schweifen lassen, sondern auch ganz ruhig werden und nachdenken.

Die Sonne stand schon hoch. Sie brannte fast, wenn man windgeschützt saß. Alles das genoss ich sehr, die Ruhe, die Weite, die Natur, die Sonne. Ich hatte schon eine ganze Weile dort gesessen, als es plötzlich mit der ungestörten Ruhe vorbei war. Ich hörte schlurfende Schritte hinter dem Fass. Hatte mich vielleicht jemand hier entdeckt und wollte mich jetzt verscheuchen? Ein Mönch kam hinter dem riesigen Fass hervor. Er trat näher und sah mich an. Ich schaute zu ihm auf wie ein kleiner Junge, der bei etwas Verbotenem erwischt wurde. Er war alt, sein Körper leicht gebeugt und etwas dicklich, sein sonnengebräuntes Gesicht furchig und mit vielen kleinen dunklen Punkten übersät. Aus dreieckigen tiefen Scharten blickten mich zwei kaum erkennbare Augen an. In seinen Händen hielt er eine Gebetskette aus elfenbeinfarbenen Perlen. Ich wusste nicht, ob ich aufstehen oder einfach sitzen bleiben sollte. Also grüßte ich ihn, denn das war das Einzige, was mir zu tun einfiel. Ich faltete meine Hände und nickte ihm zu. Er nickte auch, aber seine Bewegung war so langsam, dass ich sie kaum wahrnehmen konnte. Ich ging in Habtacht-Stellung, so als wäre ich bereit, sofort aufzustehen und das Areal zu verlassen. Aber dieser alte Mönch machte keine Anstalten, etwas in der Richtung zu signalisieren, dass ich diesen Ort verlassen sollte. Stattdessen stand er wie angewurzelt vor mir. Die einzige Bewegung, die ich an ihm wahrnahm, war das sanfte Schwingen seiner Gebetskette, die aus seinen Händen nach unten hing. Vielleicht war es sein Puls, der sie zum Schaukeln brachte. Er sah mich noch immer an. Ich ihn auch. Jetzt hatte ich nur zwei Möglichkeiten, etwas Sinnvolles zu tun: entweder aufstehen und gehen oder sitzenbleiben und weiterhin auf den Himalaya schauen. Der tibetische Mönch nahm mir die Entscheidung ab, als er nun langsam auf mich zu kam. Ich wartete erst einmal ab, was passieren würde. Er wird mir schon nichts tun, dachte ich. Nun stand er ganz dicht bei mir. Viel zu dicht. Zwischen dem großen schwarzen Fass und mir war nicht viel Platz. Aber in genau diese Lücke drängelte er sich, sah zu den Bergen hinauf und schnaufte deutlich vernehmbar. Unmerklich rückte ich ein wenig zur Seite. Es waren zwar nur ein paar Zentimeter, aber so saß ich zumindest nicht zu dicht bei seinen Füßen. Neben mir stieg jetzt das Dunkelrot seines Gewandes auf. Sein Gesicht war mir verborgen, denn es stand weit über mir. Der Mönch fasste die dünne Stange des Geländers und sank auf einmal langsam herab. Ich rutschte hektisch weiter nach rechts, denn ich wusste nicht, was jetzt passieren würde. Er aber schickte sich an, sich neben mich zu setzen. Ich riss unwillkürlich meine Arme nach oben, um ihm zu helfen, aber ich traute mich nicht, ihn ungefragt zu stützen. Also hielt ich sie in der Luft, als sollten sie dort für alle Fälle verharren, um notfalls eingreifen zu können. Dann saß er. Gerade mal eine Handbreit Platz war zwischen seinem und meinem Knie. Er hatte sich das Schattenplätzchen ganz dicht beim Fass ausgesucht.

Nun drehte er seinen ganzen Oberkörper, um mich anzusehen. Er hatte tiefliegende, feuchte und leicht glasige Augen. Sie sahen gütig und schalkhaft zugleich aus. Er blinzelte, dann schaute er wieder hoch in die Berge, hob seinen rechten Arm und beschrieb einen Kreisbogen, als wollte er mir das Gebirge zeigen. Ich konnte es nicht so ganz fassen, dass dieser Mönch sich nun tatsächlich neben mich hier auf das Betondach gesetzt hatte – noch dazu an der engsten Stelle. Nun denn, soll er, dachte ich. Es ist sein Kloster. Ich wusste zwar nicht, wer er war, ob ein einfacher alter Mönch oder gar ein Lama, aber zumindest saß er neben mir und schwebte nicht eine Handbreit über dem Boden. Dieser Gedanke ließ mich schmunzeln.

Seine Finger suchten wieder nach den Perlen der Gebetskette, die nun auf seinem Schoß lag. Ich hatte ihn die ganze Zeit über aus den Augenwinkeln im Blick behalten, denn ich war gespannt, zu was diese Begegnung führen würde. Nun sah er wieder zu mir herüber. Sein Mund formte ein sachtes Lachen, und seine Augen schienen die gleiche Sprache zu sprechen. Es fiel mir nicht schwer, zurückzulächeln, denn ich war fasziniert von diesem Augenblick.

Wieder einmal kam ich mir wie ein kleiner Junge vor. Ein kleiner Junge, der neben einem alten Mann in Mönchskleidern in der Sonne saß.

»Tibet«, sagte er plötzlich, hob seine Hand und zeigte in einer unsicheren Bewegung zu den schneebedeckten Gipfeln hinauf. »Yes, Tibet«, antwortete ich ihm. Sicher hatte er vorher dort gelebt. Und nun befand er sich hier im Exil, fern seiner Heimat, fern von seinem Kloster und auch fern von seinem heiligen Berg *Kailash*. Vielleicht hatte er auch diesen Berg gemeint, als er dorthin deutete.

Der Mönch saß eine Weile neben mir und atmete immer ruhiger.

Und diese Ruhe übertrug sich auch auf mich. Nun schaute er wieder zu mir herüber. Mir blieb nichts anderes übrig, als diesen Blick zu erwidern, als wäre es ein Spiel. Dann lächelte er. »Stephan«, sagte ich zu ihm und legte die Hand auf meine Brust. Er nickte und hauchte etwas, was wie »Saje« klang. Es waren nur kurze Vokale, die er sprach, dann hüstelte er leicht und grinste wieder. »Stephan«, wiederholte ich noch einmal. »Saje«, sagte er. Dann nickte er abermals und schaute wieder in die Berge hinauf.

So saßen der Mönch und ich auf dem Dach des Namgyal-Kloster und es war großartig. Es war besonders. Ich atmete die warme Luft und fühlte mich wohl. Plötzlich sah ich eine Hand vor meinen Augen. Es war seine Hand. Ich hatte wohl vergessen, ihn zu beobachten, so weit war ich mit meinen Gedanken abgeschweift. Ich war nicht erschrocken, aber ich wusste auch nicht, was der alte Mönch jetzt machen wollte. Die Hand kam langsam näher. Nach endlos wirkenden Sekunden landeten seine weichen Finger auf meiner Stirn. Ich ließ ihn gewähren. In seinen Fingern spürte ich die Anstrengung, die er aufbrachte, um mit dem Arm bis zu meinem Kopf zu gelangen. Dennoch war da keine Unruhe zu spüren. Es war etwas ganz anderes: Es fühlte sich eher so an, als würde ich nicht mehr klar sehen können und als würde mir augenblicklich ganz kalt. Das Gefühl der Kühle hielt nur sehr kurz an. In meinen Gedanken spielte sich plötzlich sehr viel ab, aber es war kein Nachdenken. Ich musste schlucken, als hätte ich einen dicken Bissen gegessen, und dann konnte ich auch wieder klar sehen. Ich sah so klar, dass ich das Gefühl hatte, der Himalaya war um einiges näher herangerückt. Noch immer war ich nicht beunruhigt. Nein, ich war noch immer gelassen.

Mein Blick ruhte auf den weißen Bergspitzen. Meine Gedanken ruhten ebenfalls, aber dafür gab es keinen Ort, an den sie sich hätten verkriechen und ausharren können. Ich hatte das Gefühl, nichts zu denken. Und selbst über diesen Zustand dachte ich nicht nach …

Wie lange wir dort oben auf dem turmartigen Gebäudeteil des Klosters gesessen hatten, weiß ich nicht. Es war mindestens eine Viertelstunde. Vielleicht war es auch eine ganze Stunde. Keine Ahnung. Als der alte Mönch neben mir zu schnaufen begann, erschien es mir, als hätte er mich geweckt, denn ich fühlte mich seltsam wach und erholt. Er rasselte mit seiner Gebetskette, griff nach der unteren horizontalen

Stange des Geländers und beugte sich nach vorn, aber er sah mich dabei nicht an. Es dauerte ein wenig, bis ich begriff, dass er aufstehen wollte. Etwas unbeholfen fasste ich nach seinem Arm und legte eine Hand auf seinen Rücken, wohl wissend, dass ich damit keine große Unterstützung für ihn darstelle. Nun schwankte sein Oberkörper hin und her, als wolle er Schwung holen, um mit einem einzigen Satz aus dem Schneidersitz hochzuschnellen. Doch er war ein alter Mann. Ich spürte, dass meine Beine eingeschlafen waren und ich nicht einfach so aufspringen konnte, um ihm zu helfen. Also unterstützte ich seine Bemühungen, so gut es ging, und nach einigen Augenblicken stand er neben mir. Sein kahlgeschorener Kopf reichte mir gerade bis zum Kinn. Langsam kehrte kribbelnd das Leben in meine Beine zurück. Ob es ihm wohl auch so ging? Es schien so zu sein, denn er tippelte auf der Stelle herum. Dann sah er mich wieder an, diesmal frontal und nicht aus den Augenwinkeln, vorbei an den hängenden faltigen Oberlidern. Er lächelte schelmisch, klopfte sacht mit der Gebetskette in der Hand an meine Brust, drehte sich um und ging langsam davon. Bis zur Gittertür suchte er noch Halt am gegenüberliegenden Geländer, dann stieg er langsam die Stufen hinab und verschwand rechts hinter dem Tempel. Ich sah ihm nach und ließ meinen verlorenen Blick noch lange auf den hellgelben Wänden des Tempels ruhen. Ich wandte mich wieder den Bergen zu und suchte nach dem Punkt, den ich gerade eben noch so lange betrachtet hatte. Was hatte dieser alte Mönch getan, dass ich so konzentriert dort hinaufsehen konnte, ohne dass Gedanken mein Gehirn durchstreiften oder mich irgendetwas ablenken konnte? Was immer es war, es hatte begonnen, als seine Finger meine Stirn berührten.

Der alte Mönch … Ich musste an ihn denken, als ich im Bett lag.

Ich will morgen zur gleichen Zeit noch einmal ins Namgyal-Kloster gehen. Vielleicht treffe ich ihn ja wieder.

Neue Welt sucht Alte Welt

Die Häuser der Temple Road gaben mir nur einen schmalen Blick auf einen majestätischen Himalaya-Gipfel frei. Bei einem Cappuccino im Sonnenschein dachte ich über McLeodganj und seine Menschen nach. Ich fragte mich, ob die Exil-Tibeter das alles hier genießen können. Genießen sie hier ihre Freiheit? So wie ich sie nach dem Fall der Mauer endlich ausleben konnte. Mein Leben war nach dem Zusammenbruch der DDR schlagartig richtig in Gang gekommen. Hier erlebte ich die Befreiten im Exil. Keiner hatte sie befreit, sie haben es aus eigener Kraft getan. Sie sind aus ihrer Heimat geflüchtet – haben alles zurücklassen müssen.

Doch wie gestaltet sich ihr Dasein im Exil? Hier im Dorf erlebte ich teils sehr unterschiedliche Aspekte des Lebens, so dass ich manchmal gar nicht wusste, ob sie alle so perfekt zusammenpassen; ob nicht das Bild, das ich hier beobachtete, einige Störfelder oder Disharmonien aufwies. Hier in McLlo prallten nicht nur die Luftmassen aus Indien und vom Himalaya-Gebirge kommend aufeinander, so dass sich so manche Wetterlage zwischen Ruhe und Sturm ausbildet. Auch eine sogenannte neue und eine alte Welt treffen hier aufeinander. Die Mönche, die älteren Tibeter und Inder vertreten die Alte Welt, aus der sie kommen. Für das Neue stehen zumeist die jüngeren, hier geborenen oder zugereisten Generationen, die sich nach dem modernen und offenen Leben ausstrecken. Und darüber hinaus verkörpern die Besucher und Dauergäste aus dem Westen die Neue Welt, indem sie ihre Gebräuche und ihr Denken mit nach McLlo hineintragen.

Im 19. Jahrhundert war hier kaum jemand anzutreffen. Ein paar britische Soldaten siedelten als Erste in diesem unwirtlichen Bergland am Fuße des Himalaya-Gebirges. Im Jahre 1959 kam mit dem Dalai Lama und den tibetischen Flüchtlingen eine noch ganz anders geartete alte Welt hierher – eine Welt anderen Ursprungs. Archaische Riten, eine uralte Religion und Menschen, die in ihrer ursprünglichen Heimat ein eher unmodernes Leben gelebt hatten. Später – um im Bild zu bleiben: gestern – gesellte sich die neue, die moderne technisierte Welt dazu. Eine Welt, die ihre Sehnsüchte nicht mehr zu Hause stillen wollte. Den

Hunger nach Herausforderung, nach Sinnerfüllung, nach dem Anderen, nach dem Exotischen, nach der Trance – auch nach dem Nirwana. Sind die Sinnsucher fündig geworden? Erlangt man hier den Zugang zur Leichtigkeit des Seins auf dem Weg zur Erleuchtung? Findet man sie hier auf der Temple Road?

Nein, ich schätze nicht.

Stößt man auf jene Leichtigkeit im Kontrast zum Missempfinden der Armut? Mancher wird das können. Ein bisschen Bescheidenheit kann einen das Leben hier vielleicht lehren. Aber endet dann bereits die Suche? Ist die Leichtigkeit des Seins in den Klöstern des Dalai Lama zu entdecken? In den Pujas, in den stundenlangen Mönchsgebeten, in den Klängen der Hörner, der Pauken und Becken?

Vielleicht in der Meditation, in der Stille. Ja, es könnte sein, dass die Leichtigkeit des Seins vielleicht in der Stille zu finden ist.

Ein weiterer Aspekt stimmt nachdenklich: Die Alte Welt erlebt das Neue in greifbarer Form durch fortschrittliche Technik oder persönlich an den Besuchern. Es geht nicht allein darum, wie weit die Tibeter uns an sich heranlassen und auch nicht darum, ob der Buddhismus für die westlichen Besucher die Greencard für diesen Kulturkreis ist. Es stellt sich eher die Frage, inwieweit der Westen die tibetische Kultur verändern wird und wie viel Veränderung die Tibeter selbst zulassen wollen.

Bereits der 13. Dalai Lama hatte damit begonnen, die Abschottung Tibets von der Welt aufzubrechen. Auch in diese Fußstapfen trat die 14. Wiedergeburt. Er führte die begonnene Öffnung weiter und leitete innere Reformen ein.

Kann man als Buddhist oder als Mönch hier noch glücklich sein, wenn man, wie Thubten, so oft in Europa gewesen ist? Thubten ist glücklich. Vielleicht muss man in dieser Welt tief und lange verwurzelt sein, um mit den Verlockungen der reichen Welt umgehen zu können. Ist man es nicht, dann beginnen die Ideale der Herkunft zu kippen, und ein Wettstreit der Werte startet seinen Feldzug. Doch wer kann diesen Wettbewerb gewinnen? Die Tradition, die Religion oder die alten Riten? Sie treten an gegen den Fortschritt, die Reinlichkeit, die Ordnung und nicht zuletzt gegen den Luxus.

Lebt es sich nicht angenehmer in einem Kloster mit Telefonen, Faxgeräten, Computern, Waschmaschinen etc.? Allein alle Kloster-Regeln zu akzeptieren und tagtäglich zu befolgen, und das über Jahre hinweg, ist eine anspruchsvolle Übung. Da wünsche ich den Mönchen jede sinnvolle Erleichterung. Ich würde ihnen auch gern eine Heizung gönnen, damit sie im Winter nicht so frieren. Mobiltelefone haben sie längst alle. Selbst Dagpa, der Einsiedlermönch, nutzte ein Handy. Die Tatsache hatte auf mich zunächst zwar befremdlich gewirkt, jedoch leuchtete mir auch seine Begründung ein: Wenn es für das Leben nützlich ist, dann kann man es auch in sein Leben holen. Nun ist ein Handy hier nichts Besonderes mehr. Und ich glaube, man kann an ihm nicht die Frage festmachen, ob die neue Welt die alte Welt verdirbt. Doch wenn nicht am Handy, woran dann? Wenn es nicht die Technik ist, die an den Ursprünglichkeiten der Kultur und Tradition nagt, ist es vielleicht eher die Zerstreuung, der wertfreie Gebrauch der Freiheit, der sehr viel mehr von dem überdeckt, was für diese Kultur hier wichtig ist?

Mit der Öffnung zum Westen hin holt sich der Osten einen Virus ins Haus. Im westlich-europäischen Kulturkreis zählen letzten Endes Werte und Normen wie Macht, Einfluss, Reichtum, Maßlosigkeit und Relativismus. Die Themen der Menschlichkeit und des Sozialen bleiben im Zweifelsfall auf der Strecke – es sei denn, sie sind gesetzlich geregelt oder beim Einzelnen durch einen starken Charakter manifestiert. Wie soll man sich aber hier gegen diesen westlichen Virus schützen? Bei fremden Viren ist ein Immunsystem oft überfordert. Jedoch bleibt immer noch die Möglichkeit des Impfens – eben von den Fehlern und Irrtümern der anderen zu lernen. Denn den Reizen des Westens sind die Westler selbst schon auf den Leim gegangen und haben zum Teil schon erkannt, einem Trugbild aufgesessen zu sein, so dass andere von ihrer Einsicht profitieren können. Oder sind sie noch immer darin verfangen? Aber das Beispiel, das sie dabei abgeben, ist lehrreich genug.

Und umgekehrt schätzen die Westler das Charisma des Orients, das Mystische des Buddhismus. Die östliche Philosophie und die Spiritualität ihrer Religionen werden im Westen hoch geachtet. Im religiösen und humanistischen Angebotsregal des Abendlandes wird immer weniger nach den Antworten auf die Fragen der Gegenwart und der Zukunft gesucht.

Der moderne Mensch gründelt in der Ferne. Nordamerika hat diesbezüglich wenig Nahrhaftes zu bieten. Schamanen in Afrika und Indio-Stämme in Südamerika wecken da schon eher das Interesse bei den überreizten Europäern. Wenn nicht nur der Wunsch nach fremder Kultur befriedigt werden soll, sondern auch noch deutlicher der Hunger nach dem Besonderen, dem philosophisch oder esoterisch Entrückten gestillt werden soll, dann ist Asien gefragt. Der Dalai Lama wirkt dabei wie ein Magnet.

Kommen die modernen Pilger deshalb nach McLlo, weil es in ihren Augen der Sehnsuchtsort unerfüllter religiöser und esoterischer Phantasien geworden ist? Hat sich hier das politisch unverdächtigere, weniger belastete Mekka herausgebildet, seit der Dalai Lama 1959 hier mit einer Handvoll Begleiter Quartier bezogen hatte, um seine wenigen Habseligkeiten in ein paar Räume zu verteilen und politisch wie militärisch unverbrauchte Luft zu atmen? Quirin hatte gespöttelt, McLlo sei ein spirituelles St. Moritz. Hier treffe sich die Welt, etwa so wie in den frühen 70er Jahren des 20. Jahrhunderts in Amsterdam. Es gilt als cool, nach McLlo zu gehen, ob spirituell, sozial, friedensaktivistisch oder alternativ motiviert.

In den 70ern habe man hier wie wild gekifft, erinnerte er sich. In den 80er Jahren seien die Aussteiger, die Wehrdienstverweigerer und die Rocker gekommen. Schon in den 90ern habe sich alles verändert, weg vom Wilden und Unangepassten und hin zum politisch Korrekten und Esoterischen. Denn seitdem rückten die Sozialpädagogen, die Neubuddhisten, die Veganer und die Nichtraucher an.

Vielleicht sollten sich die Leute hier einmal fragen, warum so viele Westler zu ihnen kommen, warum sie aus ihrer Welt aussteigen und was sie hier zu finden versuchen. Sie tun es nicht etwa, weil sie geisteskrank sind, sondern weil sie glauben, hier noch die wahren Antworten auf die Fragen des Lebens aufzuspüren. Heute kommen vermehrt die Neobuddhisten, die spirituell Dürstenden, die ewigen Nirwana-Hungrigen und die Enttäuschten. Ist die Temple Road von McLlo tatsächlich schon ein Teil des Weges zum ersehnten Seelenheil? Wenn ja, dann wäre die Frau, deren Gesicht verrunzelt und sonnengegerbt ist, deren Finger und Zehen abgefault sind, schon ein gutes Stück in die richtige Richtung gegangen, denn sie sitzt täglich darauf. Sicher muss man sie deshalb nicht beneiden.

Ein wichtiges Argument für die Sinnsuche in McLeodganj ist mir in den Sinn gekommen: die Milde und Friedensliebe der Tibeter. Sie sind mehr als nur eine Antwort auf eine Sinnfrage.

Wenn sich die Tibeter und die Buddhisten gen Westen öffnen, frage ich mich, ob der Westen sie nicht auch irgendwann verdirbt? Wird sich hier demnächst ein Ringen um das Miteinander zwischen der Menschlichkeit und dem Fortschritt abspielen?

Vielleicht.

Der Thron ist weg

Anfangs mochte ich das Namgyal-Kloster überhaupt nicht. Ich fand es unansehnlich, weil es verbaut und heruntergekommen war. Doch mit zunehmender Zeit begann ich, es immer mehr zu mögen. Wie kam es zu dieser Veränderung meines Empfindens? Immer öfter führten mich meine Wege hierher.

Ich war gerade noch rechtzeitig zum Debating der Mönche auf dem Tempelhof angekommen. In den noch verbleibenden Minuten wollte ich ihnen einen Augenblick zuschauen und setzte mich auf die Bank, die ganz nah bei den Diskutanten stand. Der Wechsel zwischen Fragen und Antworten fand mit einer erstaunlichen Geschwindigkeit statt. Jedenfalls waren diese Diskussionen sehr viel lebendiger als jene, die ich in meinem Theologiestudium erleben durfte. Hier spürte ich mehr Herzblut. Bei den westlichen Philosophen und Theologen dauert anscheinend alles etwas länger. Manche Disputationen liefen über Jahre oder Jahrzehnte. Natürlich kann man das eine nicht mit dem anderen vergleichen, denn hier handelt es sich um eine spezielle Form des wissenschaftlichen Disputs. Es ist keine auf lange Zeit angelegte hochwissenschaftliche Korrespondenz. Auch in der christlichen theologischen Literatur finden sich zahlreiche Zeugnisse fruchtbarer und manchmal auch sehr hart geführter Dialoge. Jedoch wurden sie teilweise über Jahrzehnte hinweg geführt.

Das Debating der tibetischen Mönche erinnerte mich an die Überlieferungen von den öffentlichen Diskussionen der Gelehrten im Areopag. Nun weiß ich nicht, wie lautstark die Debatten vor dem griechischen Ältestenrat verlaufen waren. Hier allerdings diskutierten sie ziemlich laut, und das traditionelle Händeklatschen verstärkte die Geräuschkulisse ungemein. Beim Debating scheint es darauf anzukommen, möglichst kurze und klare Argumente zu benennen. Dadurch lernen die Mönche, mit ihren Gedanken und Argumenten immer klarer zu werden, immer konkreter. Das ist der Weg der Mönche. Sie sind zunächst Lehrer, dann Geshe und schließlich, wenn sie die höchste Stufe erreicht haben, Lama. Doch bis zum Lama ist es ein sehr weiter und langwieriger Weg, den man wohl in einem Leben kaum schaffen kann.

Ich hatte ursprünglich nur kurz hinauf zum Tempel gehen wollen, war aber wieder einmal am faszinierenden Schauspiel eines Debatings hängen geblieben. Ich sah ihnen einfach zu und versuchte, ihre Technik zu ergründen. Jedoch musste ich feststellen, dass es nicht einfach war. Auf Grund meiner fehlenden Tibetischkenntnisse war es mir nicht einmal möglich, zu erkennen, welcher der Diskutanten fragte und wer die Antworten gab. Ich vermutete, noch einige Male herkommen zu müssen, um dieses Debating zu ergründen. Nach einigen Beobachtungen verließ ich die Reihen der Mönche und ging hinauf, um die Gebetsmühlen am Haupttempel zu drehen.

Am Kerzenhäuschen dachte ich kurz darüber nach, warum ich nun fast jeden Tag hier hinauf zum Tempel des Dalai Lama gekommen war. Wenn ich mich gerade in Rom aufhalte, gehe ich auch mindestens einmal am Tag über den Petersplatz. Dann bleibe ich ein paar Augenblicke dort stehen, schaue auf den Petersdom und hoch auf die Fenster des Papstpalastes. Dort allerdings kann man nur schauen. Hier kann man zumindest die Gebetsmühlen drehen.

Insgeheim hegte ich natürlich die Hoffnung, wieder den alten Mönch zu treffen. Vielleicht suchte er ja täglich diesen Ort auf, den ich gestern mit ihm teilen durfte. Vielleicht war es aber nur Zufall, dass er auf das Dach gekommen war. Vielleicht hatte er mich auch beobachtet und wollte ursprünglich nachsehen, was ich dort so lange anstellte. Was auch immer ihn bewegt hatte, auf dieses Fleckchen Beton zu treten, die Wahrscheinlichkeit, ihn heute hier wiederzutreffen, bestand durchaus.

Ich nahm die Runde um den Haupttempel, drehte die messingbeschlagenen Gebetsmühlen und warf noch einen kurzen Blick in den Tempel. Ich erschrak, weil auf dem Altarpodest kein Thron mehr stand. Bis auf den Buddha war der Raum leer. Was hatte das zu bedeuten? Ich ging näher heran und erkannte schnell, dass die beiden Männer, die auf dem Boden knieten, damit beschäftigt waren, den Lack von den Dielen zu schleifen. Mit kleinen Fetzen Schleifpapier kämpften sie gegen die alte abgewetzte Farbschicht an. Den Thron des Dalai Lama hatten sie in der Tempelhalle auf die Seite geräumt und mit weißen Tüchern abgedeckt. Man hätte das Bild auch anders deuten können, nämlich als Zeichen dafür, dass der Dalai Lama verstorben ist.

So ging ich beruhigt weiter und steuerte auf die Treppen zu, die zur Gittertür der Dachterrasse hinaufführten. Da sah ich einen Mönch, der ebenfalls die Stufen hinaufging. Anhand seiner Statur vermutete ich aber, dass es nicht der alte Mönch von gestern war. Ich blieb an dem kleinen Häuschen stehen, in dem die vielen Kerzen abgebrannt werden, und beobachtete, wohin er gehen würde. Er trug etwas Sperriges. Nach links, in Richtung der Toiletten ging er nicht, er stieg die nächsten Treppenstufen zu jener Terrasse hinauf, die auch mein Ziel war. Dann entschwand der Mönch hinter den gelblich getünchten Gemäuern meinen Blicken. Ich wartete ab, und das Warten lohnte sich. Endlich konnte ich klar erkennen, dass es nicht mein alter Mönch war, sondern ein anderer, der jetzt das Areal verließ. Also schlüpfte ich durch die Gittertür, die Treppen hinauf zur Dachterrasse. Nun konnte ich sehen, was den Mönch hierher geführt hatte. Über dem Geländer hingen zwei Bettdecken. Eine davon sogar im Bettbezug. Hier an der frischen Luft und in der prallen Sonne hingen sie natürlich gut. Vielleicht bewohnte er nur ein Zimmer auf der Schattenseite, so dass er alle Mühe hatte, die Feuchtigkeit aus den Betten herauszubekommen.

War es vielleicht doch zu unwahrscheinlich, dass dieser alte Mönch ausgerechnet jetzt, wenn ich hier auftauche, auch hierherkam? Hätte er einen Grund dazu? Hatte eventuell auch er über unsere gestrige Begegnung nachgedacht? Vermutete er vielleicht auch, dass ich zur gleichen Zeit wieder hierherkommen könnte, oder verließ er sich gelassen auf das Schicksal, getreu dem Motto: Wenn es passieren soll, dann passiert es auch?

Ich setzte mich, weil ich mich entschlossen hatte, eine Weile hierzu bleiben und zu warten. Aber sollte ich einfach nur warten oder ein wenig meditieren? So wie ich es damals im Priesterseminar eingeübt hatte und wie ich es gestern in ganz besonderer Weise getan habe. Mein Blick ging über die Bettdecke hinweg, rauf in den Himalaya. Keine einzige Wolke hatte sich über die riesigen Gipfel gelegt. Ich konnte jedes einzelne Schneefeld erkennen. Mein Blick wanderte von einem Grat zum anderen, von einer weißen Fläche zur nächsten, an Kanten und Steilwänden entlang. Und wieder wirkte es nach einiger Zeit so nah, als hätte mir jemand eine Weitsichtbrille aufgesetzt. Mein Blick verharrte an einem einzigen Punkt am Berg, ich weiß nicht wie lange.

Ich zuckte zusammen. Neben mir stand etwas Dunkelrotes. Der Mönch! Ich schaute auf, um sein Gesicht zu erkennen. Er war es nicht. Es war jener, der vorhin seine Bettdecken hier aufgehängt hatte und sie nun wieder abholen wollte. Mit beiden Händen gab er mir ein Zeichen, dass ich Ruhe bewahren solle und er mich nicht stören wolle. Dann zog er langsam die Decke zu sich und faltete sie noch auf dem Geländer hängend in mehreren Lagen übereinander, um sie dann schließlich wie ein Bündel über seinen Arm zu legen. Dasselbe tat er auf der anderen Seite mit der zweiten Decke. Ich war inzwischen aufgestanden und wollte das Dach verlassen, denn ich durfte mich hier ja eigentlich nicht aufhalten. Der Mönch bemerkte, dass ich gehen wollte, und reagierte, als wenn ihm die Störung leid tat. Er sagte etwas, aber ich konnte es nicht verstehen, weil es tibetisch war. Über seinem rechten Unterarm hing die erste Decke, aber dennoch riss er ihn nach oben, als wollte er mich mit dem Handzeichen aufhalten. Ich beschloss jedoch zu gehen, da ich vergebens auf meinen Mönch gewartet hatte. Vielleicht war es auch vermessen, davon auszugehen, dass er zur gleichen Tageszeit wieder hier auftauchte, nur weil ich hier war.

Dem Mönch mit den Bettdecken zeigte ich meine Geste des Dankes, verneigte mich und ging weg.

Die Residenz Seiner Heiligkeit

Das ist also der Raum, in dem um 4 Uhr 30 in der Frühe das Licht angeknipst wird, dachte ich. Die Küche des Dalai Lama. Auf rotbraunen, keramikgefliesten Arbeitsplatten bereiten um diese Zeit zwei Mönche das Frühstück für Seine Heiligkeit. Die Saftpresse und all die anderen Küchengeräte schienen noch aus den 80er Jahren zu stammen. Der Mönch, der mir in einer privaten Führung die Gebäude der Residenz zeigen wollte, sagte, morgens würden sie dort schon den Teig für das Fladenbrot aus Reismehl kneten. Seine Heiligkeit brauche nicht viel – nur Brot, Marmelade, einen Vitamintrunk aus Orangen und Limetten und vielleicht noch ein bisschen Obst. Durch eine verglaste Durchreiche in der Wand gelangt das Essen in den Wohnbereich. Er ließ mich nur durch das offene, bodenhohe Fenster ins Innere schauen. Betreten durfte ich auch die anderen Räume seines dreistöckigen Wohnhauses nicht. Weil der Chef noch im Krankenhaus war, nutzte das Hauspersonal die Gelegenheit für einen Großputz. Alle Fenster standen sperrangelweit offen, so dass ich mir einen Einblick verschaffen konnte, wie der Dalai Lama wohnt und wo er arbeitet. Vor noch nicht allzu langer Zeit habe das Gebäude neue Fenster erhalten, erzählte der Mönch, der mir nur etwa bis zur Brust reichte, in gebrochenem Englisch. Ich bewunderte die neuen Fenster mit breiten weißen Rahmen und großen Scheiben. Doch dahinter folgte ein weiteres Fenster. Er erklärte mir, dass man jetzt zwei Fenster habe. Die alten und die neuen – zumindest in den oberen Etagen. Unten sah ich nämlich zwei exakt gleiche Fenster im Abstand von etwa einem halben Meter hintereinander. Das habe den Vorteil, erklärte er mir, dass es im Innern wärmer bliebe, wenn sich der Winter über McLeodganj legt. An einer Hausecke stoppten wir vor den nächsten offenen Fensterflügeln. Der Mönch schob mich ein Stück weiter in das Zimmer, so dass ich nun zwischen den Fenstern stand. Das ist das Wohnzimmer seiner Heiligkeit, sprach er und warf sich sogleich zu Boden. Ich hatte Sorge, dass er sich an den scharfkantigen Stufen verletzen könnte oder einen der unzähligen Blumentöpfe umwarf, die rings um das Haus aufgereiht waren. Ich erkannte schnell den Grund seiner Verehrungsgeste, denn dieser Raum war voll von Buddha-Altären. An zwei Wänden fanden sich riesige cremefarbene Schränke mit Kassettentüren im unteren Bereich. Darüber türmten sich Buddha-Figuren, Gemälde, Vasen mit großen Kunstblumensträußen, unzählige Schüsseln mit Öl und kristallene Schalen, in denen Räucherstäbchen standen. Gegenüber der einen Altarwand erblickte ich einen flachen, langen Holztisch und dahinter einen niedrigen Sitz. Es war eigentlich nur eine Matte, die auf dem grün-bunten Perser-Teppich lag. Die halbrunde hölzerne Lehne war an der Wand befestigt. Das schien der ganz private Arbeitsplatz Seiner Heiligkeit zu sein, denn in einem Fach unter der Tischplatte lagen einige Bücher, aber auch verschiedene Kultgegenstände, die ab und zu bei Riten des Dalai Lama zum Einsatz kamen. Auf dem Tisch drängelten sich Becher mit Stiften, Bücher, bauchige Schatullen, Bilder von Buddhas und eine stilisierte Weltkugel aus Edelstahl. Der Mönch bestätigte meine Vermutung, dass Seine Heiligkeit dort arbeite und meditiere. Zur Anbetung würde er sich allerdings weiter vorn auf den Boden werfen. Ich nahm an, der Mönch meinte die einzige freie Stelle im Zimmer, die ich zwischen den modernen Deckenflutern aus gebürstetem Edelstahl sehen konnte, dort, wo der Boden vom Teppich zum Mosaik-Parkett übergeht. Die Fülle der Gegenstände im Raum erschwerte es mir, alles mit wenigen Blicken zu erfassen. Ich verstand sehr wohl die Funktion seines Wohnzimmers. Es war so eingerichtet, dass er hier alles Wichtige erledigen konnte: Beten, Arbeiten, Räucherstäbchen und Butterlampen anzünden und sich auch mal neben einem flachen Bücherregal am Fenster in den Ohrensessel fallenzulassen. Und bei alldem hatte er immer die Buddhas im Blick. Ich muss zugeben, ich war erstaunt, wie hübsch der Dalai Lama hier wohnte. Ich hatte, nach allem, was ich bisher von McLlo gesehen hatte, einen weniger ansehnlichen Raum erwartet. Außerdem war von der Wandverkleidung aus Holz bis zu den von innen beleuchteten Schränken alles mit soliden Materialien ausgebaut. Sonst sieht man ja in McLlo eher nur Pressspanplatte mit Plastikdekor.

Durch einen hinteren Eingang führte mich der Mönch eine Treppe hinauf in das Obergeschoss. Wir traten auf eine Veranda, die um das halbe Haus verlief. Das grüne Geländer mit Maschendrahtfüllung hatte offensichtlich schon lange keinen Maler mehr gesehen. Aber vielleicht hat man hier oben auch eher den Blick für das Wesentliche: den Himalaya zur einen Seite und das indische Tal zur anderen. Hier sei das Schlafzimmer, sagte der Mönch und deutete auf ein Fenster mit feinen weißen Sprossen. Und daneben befände sich ein Meditationszimmer, in dem Seine Heiligkeit manchmal auch kleine Pujas abhalte. Dazu käme nur ein einziger anderer Lama und sie würden sich dann gegenübersitzen. Er zeigte durch das Fenster an der Ecke auf eine flache Sitzbank. An dieser Stelle waren die cremeweißen Gardinen beiseitegezogen. Auf dem flachen Tisch davor lag ein längliches Gebetbuch, wie ich es schon oft auch bei den anderen Mönchen gesehen hatte. Drum herum war die Tischplatte vollgestellt mit kleinen Buddhas, Andachtsgegenständen, Steinen, kleinen Kelchen und einer goldverzierten Vase in Form eines Vogels, in der ein streng gebundener schmaler Strauß von Pfauenfedern steckte. Gegenüber sah ich den Sitz für den anderen Lama, der dann mit ihm die Zeremonie vollziehen würde. Wie ein Eisenbahnabteil mit Mitteltisch wirkte die flache Sitzgruppe in der Ecke des Raumes. Eine alte Stehlampe stand direkt am Tisch. Ihr cremeweißer Stoffschirm, dessen beste Tage lange zurücklagen, könnte vom Stil her aus den 60er Jahren stammen. Gleich hinter der heiligen Sitzgruppe lagen auf Tischchen und Beistelltischchen allerlei Gegenstände, von Büchern über eine Thermosflasche, Teller und Mönchsgewandteile bis hin zu einem Kästchen mit Räucherstäbchen. Hier oben also fanden die exklusivsten Gottesdienste statt.

Sein Chef meditiere jeden Tag mindestens vier Stunden, erzählte mir der Mönch ganz unvermittelt. Deshalb stehe er jeden Morgen auch schon um halb vier auf. Um etwa 18 Uhr ziehe er sich schon zurück, meditiere noch etwas und würde seine Nachtruhe dann meistens gegen 20 Uhr beginnen, fuhr der Mönch fort. Auch wenn er im Ausland sei, verabschiede er sich meistens um diese Zeit von seinem Gastgeber oder seinen Gästen, um noch meditieren zu können. Länger bliebe er grundsätzlich nicht, egal ob ein König, ein Präsident oder auch Journalisten noch gerne mit ihm gesprochen hätten. Seine Ausführungen beendete er mit der Feststellung, sein Chef arbeite noch immer viel zu viel und schone sich zu wenig.

Er komplimentierte mich nun vom Fenster weg. Ich befürchtete deshalb zunächst, ich hätte zu lange und zu neugierig ins Innere gespäht. Aber er wollte mir anscheinend lediglich von hier oben noch eine

Orientierung über das Gelände geben. Das Wohnhaus lag auf dem höchsten Punkt des Hügels. Ich konnte von hier aus das gesamte Areal überblicken. Erst jetzt erkannte ich, dass sich innerhalb der gepflegten Gartenanlage mehr Gebäude befanden, als ich von außerhalb der Zäune hatte sehen können. In diesen Häusern wohnten Lamas, Mönche, Hauspersonal und auch die Leibwächter, erklärte mir der Mönch. Ein schmaler, asphaltierter Weg führte von dort aus recht steil nach unten zu einem von Blumenbeeten gesäumten Mini-Kreisverkehr. Gleich daneben stand das langgestreckte gelbe Haus mit den Büros des Dalai Lama und seiner Sekretäre. Kurz zuvor hatte ich dort das offizielle Büro Seiner Heiligkeit besichtigt. Inmitten von ozeanblauen Wänden und rötlich gemusterten Teppichen empfängt er einzelne Gäste und gibt gelegentlich auch Interviews. Dann sitzt er auf einem breiten Sessel vor einem riesigen, reichverzierten und mit Intarsien-Kassetten ausgestatteten Schrank, der auch gleichzeitig als Altar für einen großen goldenen und viele kleine Buddhas dient. Die offene Loggia hinter einer Netzpergola, die wie eine Markise dichte Weinranken trägt, führt an einem größeren Audienzsaal vorbei, der dem Dalai Lama auch als Besprechungsraum dient, zu den Büros der Privatsekretäre. Das Mobiliar ihrer Zimmer ist zweckmäßig und äußerst schlicht gehalten. Die Computer, die ich auf den Schreibtischen sehen konnte, hatten bereits die Jahrtausendwende miterlebt. Seine engsten Mitarbeiter sind aber auch ohne hochmoderne Computer als hocheffizient arbeitende Personen bekannt. Das sind Tenzin Geyche, der erste Privatsekretär, der eigentlich schon seit ein paar Monaten im Ruhestand ist, Tenzin Taklha, der jüngere, neue Privatsekretär und der Sondergesandte und Berater Seiner Heiligkeit, Lodi Gyari. Zu ihnen stößt oft auch Samdhong Rinpoche, der Ministerpräsident der tibetischen Exilregierung.

Das weiße Haus dahinter beherbergt einen größeren Saal, in dem der Dalai Lama kleinere Kongresse oder auch Pujas mit den Mönchen seines Klosters abhält. Das auffälligste Merkmal dieses Gebäudes sind seine Fenster. Von außen sind die Rahmen schneeweiß, von innen gelb. Zu Zeiten des britischen Gouvernements sei dies die Residenz des britischen Leutnants David McLeod gewesen, erfuhr ich. Die Wintergärten, die zu beiden Längsseiten das Haus einfassen, zeugen tatsächlich vom britischen Landhausstil. Ich schätzte jedoch, dass die heutige –

eher bunt durcheinandergewürfelte – Möblierung nichts mehr mit der ursprünglichen Ausstattung zu tun hat.

Der freundliche Mönch hatte mir viel seiner Zeit geschenkt, um mir in dieser Führung die Residenz zu erklären und meine Fragen zu beantworten. Ich zeigte ihm von der Terrasse aus noch meinen Lieblingsplatz auf dem Dach des Klosters, dann bedankte ich mich bei ihm, denn ich war mir darüber bewusst, dass ich einen eher seltenen Einblick genießen durfte.

Auf meine letzte Frage konnte er mir jedoch nicht antworten. Er wusste auch noch nicht, wann Seine Heiligkeit zurück nach McLeodganj kommen würde.

Wiedergeburt als Tier

Im TseChokLing-Kloster kam mir der schwarze Hund mit der weißen Schwanzspitze entgegengetrottet. Er sah übel zugerichtet aus, am Kopf zerfetzt und blutüberströmt. Er schien wieder mit etwas Großem gekämpft zu haben. Vielleicht mit einem Leoparden oder mit einem Bären? Vielleicht beschützte er ja das Kloster. So hatten es die Mönche gemutmaßt. Jedenfalls schlief er nachts meist vor meiner Tür. Aber irgendwann in der Nacht schlich er sich dann weg und kämpfte irgendwo. Tagsüber lag er häufig auf der Terrasse und döste vor sich hin. Ich musste gerade darüber nachdenken, was die Mönche noch über die Hunde gesagt hatten. Sie meinten, man wüsste nie genau, ob in den Hunden eine Wiedergeburt verborgen sei. Vielleicht ein Mensch im letzten Stadium. Deshalb lassen sie den Hunden fast alle Freiheiten. Ich hatte schon des Öfteren einen Mönch dabei beobachtet, wie er mit den Hunden sprach, sie streichelte, ihnen aber auch mal einen Klaps auf das Hinterteil verabreichte, wenn sie sich allzu arg danebenbenahmen.

Dieser schwarze große Hund benahm sich meistens erstaunlich ruhig, fast apathisch. Die Verletzungen an seinem Kopf deuteten aber auch darauf hin, dass er sich auch so verhalten konnte, wie es mehr seiner Natur entsprach. Ein Hund beschützt. Er kämpft auch, wenn es nötig erscheint.

Dass er krank war, wusste ich bereits. Ab und zu konnte man es auch sehen, wenn dünne schwarze Würmer aus seinen Nasenlöchern herausschauten. Wie die Zunge einer Schlange züngelten sie dann für kurze Augenblicke ein paar Zentimeter außerhalb seines Körpers, bis der Hund seine Nase leckte und sie wieder im Inneren verschwanden. Ab und zu schien er auch unter Atemnot zu leiden. Dann röchelte und hustete er, als würde er gleich sterben. Einmal, als es ihm ganz schlecht ging, hatten wir einen Tierarzt kommen lassen. Der hatte ihn allerdings nur angesehen und ohne eingehende Untersuchung behauptet, dass ihm nichts fehle. Ich denke, vom bloßen Hinschauen kann man keine Würmer diagnostizieren, wenn sich nicht gerade zufällig einer von ihnen zeigt. Wir waren machtlos, denn der Tierarzt war genauso schnell wieder verschwunden, wie er den Hund »untersucht« hatte.

Ich hatte ihm eine Schale mit Wasser geholt. Sie stand am Außenwaschbecken des Gästehauses immer für Hunde bereit. Während er kurz daran schleckte, tropfte Blut von seinem Kopf herunter. Sein Ohr sah aus, als wäre es fast herausgerissen. Im Bereich der Kehle lief Sekret aus den Wunden. Dann legte er sich wieder ganz still hin und döste weiter. Die Buddhisten sagen, man solle das Leiden nicht verkürzen, weil das Leiden untrennbar zum Leben dazugehört. In Deutschland würde dieser Hund jetzt vermutlich eingeschläfert werden. Vielleicht hätte er eine Chance, in einer Tierklinik behandelt zu werden, aber hier in Indien sieht die Welt etwas anders aus.

Die Suche nach dem geheimnisvollen Mönch

Übermorgen werde ich von hier weggehen. Das stand nun für mich fest. Mein Zimmer mit eigener Dusche und Toilette war schon seit längerer Zeit von einem neuen Gast gebucht, wie ich erfahren hatte. Und derjenige habe wohl auf seiner Reservierung bestanden. Deshalb müsste ich in das Zimmer vom ersten Tag umziehen, hatte mir Sonam mit Bedauern mitgeteilt. So richtig wohl war ihm dabei nicht. In seinem Gesicht fand sich auch keine Spur seines gewohnten Lächelns.

Nein – und genau das werde ich nicht tun, dachte ich. Ich werde am besten dem Angebot des Ministeriums folgen und in das Gästehaus des Dalai Lama und seines Klosters ziehen. Der Vorschlag klang vernünftig und bot einige neue Perspektiven. Obwohl ich eigentlich gedacht hatte, dass ich nur hier bleiben wollte, hier im TseChokLing-Kloster, denn in den vergangenen Wochen hatte sich bei mir schon fast ein familiäres Wohlgefühl eingestellt.

Heute hatten mich sehr viele Mönche gefragt, wie es mir geht. Komisch. Vielleicht war es Zufall. Vielleicht spürten sie aber auch etwas. Oder sah man mir an, dass ich begonnen hatte, innerlich Abschied zu nehmen? Im Spiegel konnte ich jedenfalls keine Veränderung in meinem Gesicht ausmachen, auch wenn seit zwei Tagen die Entscheidung gereift war. Das Namgyal-Kloster übte eine immer größere Anziehung auf mich aus. Immer öfter führten mich meine Wege dorthin. In diesem Punkt hatte sich etwas verändert. Die beiden Klöster waren recht unterschiedlich. Müsste ich den Unterschied beschreiben, würde ich sagen, das TseChokLing hat ein wenig das Gepräge eines Dorfes, im Gegensatz zum Namgyal, das man in diesen Begrifflichkeiten als Großstadt umschreiben müsste. Allein als ich am Vormittag wieder dort oben war, hatte ich es spüren können. Alles ist etwas geordneter, konzentrierter, vielleicht auch ein wenig mehr wie ein klassisches Kloster. Vielleicht war dieser Unterschied nicht unerheblich für meinen Sinneswandel.

Aber ich denke, es waren weniger die baulichen Gegebenheiten als vielmehr die Personen, die einen Großteil meiner gewachsenen Sympathie zum Namgyal-Kloster ausmachten. Vielleicht war es jetzt auch einfach an der Zeit, einen neuen Schritt zu wagen, statt in der Gemütlichkeit des TseChokLing zu verharren.

Die ursprüngliche Idee, für ein paar Tage ein Frauenkloster außerhalb von Dharamsala zu besuchen, hatte ich verworfen. Sehr viel reizvoller fand ich noch die Einladung ins Kloster des Karmapa. Vielleicht sollte ich auch ihr noch für ein paar Tage folgen. Ich wollte zwar eigentlich nur hier oben in McLeodganj bleiben und nicht herumreisen, aber mittlerweile fand ich es gar nicht mehr so abwegig, auch einmal in den unteren Teil von Dharamsala zu gehen. Ich hatte mich in McLlo eingelebt, und die Welt hier war mir vertrauter geworden als anfangs erwartet. Vermutlich war ich deshalb nun eher dazu bereit, neue Horizonte zu entdecken. Im Namgyal-Kloster erwartete mich mehr Übung der Weisheit. Im Kloster des Karmapa mehr die Übung und die Kunst der Meditation. Vielleicht waren diese Stufen auch die nächsten, die notwendigerweise genommen werden mussten, um nicht auf der Stelle stehenzubleiben. Nach der Gemütlichkeit der Kinderstube und Schule folgen für gewöhnlich das Studium und die Erhebung in die verschieden beheimateten Sphären des Lebens.

Vom TseChokLing-Kloster aus habe ich die Welt des Dalai Lama und des tibetischen Buddhismus im Exil kennenlernen dürfen. Hier konnte ich mich langsam einfühlen und einiges lernen. Nun war ich bereit und gut gerüstet für Neues.

Ich setzte mich ein paar Minuten zu Nima, dem Tempelverantwortlichen, auf die Bank im Tempelhof. Ich dachte, ich frage ihn einfach mal, ob er zufällig etwas über Tharpa Gyaltsen weiß.

»Ja!«, kam prompt zurück. »Er ist unser Protektor. Oben im kleinen Tempel hinter dem großen, da ist er.«

»Wie, da ist er?«

Nun grinste er verschmitzt und erklärte mir, dass sein Englisch jetzt nicht mehr ausreichen würde, um zu erzählen, was er erzählen wollte. Zufällig steckte Thupten sein halbkahles Haupt durch die Tempelpforte, ließ seinen Kontrollblick durchs Revier schweifen und winkte uns, als er uns auf der Bank sitzen sah. Nima rief ihm etwas zu, woraufhin ihm Thupten antwortete und eifrig nickte. Der Mönch nahm mich bei der Hand und zog mich von der Bank. Ich dürfe den Tempel sehen, wo sich Tharpa Gyaltsens Schrein befände, sagte er in einem leicht singenden Tonfall. »Komm, ich zeig ihn dir!«, lautete seine Verheißung. Ich war entzückt, zumindest den Schrein des geheimnisvollen Mönches sehen zu dürfen.

Wir stiegen diverse winklig zueinander verlaufende Treppen zu einer Art Turmzimmer hinauf, das freistehend auf einer Reihe von Gebäudeteilen errichtet war. Am Eingang tat ich es dem Mönch gleich und zog meine Schuhe aus.

Drinnen sah es aus wie in einem Minitempel. Der Raum war vielleicht sechzehn Quadratmeter groß. Ich erkannte den Thron für den Dalai Lama und an der Stirnwand die üblichen Schränke mit Figuren und Bildern hinter Glas. Zwischen Schrankwand und Thron stand ein großer Glaskasten. Er sah aus wie eine überdimensionale Telefonzelle. Die Rippen, die das Glas hielten, waren in hellem Azurblau gestrichen. »Ist das der Schrein von Tharpa Gyaltsen?«, fragte ich Nima, und der warf sich augenblicklich vor Lachen fast auf den Parkettboden. Es dauerte eine Weile, bis er sich wieder beruhigt hatte, dann erklärte er mir prustend, dass dies das Mandala-Haus sei. Dort würden die großen Bilder aus farbigem Sand gelegt. Dabei deutete er auf eine Ansammlung von Kaffeegläsern mit Schraubverschlüssen, die auf einem flachen Schrank an der Wand dahinter standen. Und tatsächlich waren die Behältnisse mit Sand in den verschiedensten Farben gefüllt.

Aber wo war Tharpa Gyaltsen oder, besser gesagt, sein Schrein, wollte ich nun etwas ungeduldig wissen. »Da ist er«, sagte er und nahm augenblicklich eine andächtige Haltung an. Er deutete mit der flachen Hand in Richtung Schrankwand.

»Wo?«, fragte ich ehrfürchtig.

Er ging ein paar Schritte nach vorn und legte seine Hand auf eine gläserne Tür, die von innen mit einer einfachen Gardine verhängt war. Mir wurde augenblicklich etwas unheimlich. Aber ich traute mich dann doch, näher heranzutreten.

Die Gardine fand ich etwas eigenartig, schließlich konnte ich wegen ihr nicht direkt ins Innere sehen. Aber es würde mich brennend interessieren, wie es drinnen aussah und was sich überhaupt hinter der Gardine verbarg. Ich hatte allerdings auch so etwas wie heiligen Respekt.

Der Mönch schob mich näher heran und sagte: »Schau hinein!«

Und tatsächlich, als meine Nase fast das Glas berührte, verschwammen die feinen Gitterstrukturen des Gardinenstoffes und gaben einen milchigen Blick frei. Ich ließ meine Augen nach Tharpa Gyaltsen suchen, doch ich wusste gar nicht, wonach ich Ausschau halten sollte.

Mein Blick wanderte zwischen Buddha-Figuren, Thanka-Bildern und kleinen Flaschen hin und her aber ich wusste nicht, wo er zu finden war, der Mönch, der manchmal als alter Mann daherkam und manchmal als Jüngling.

Würde mich vielleicht gleich ein Gesicht anschauen, in dem ich die wildhonigfarbenen Augen wiedererkenne? Oder nur ein Behälter mit Asche? Oder gar eine Reliquie seines Körpers. Oder etwas Salz, was aus seiner Körperflüssigkeit gewonnen wurde, so wie es manchmal bei hohen Lamas gemacht wird? Vielleicht war etwas in den Flaschen? Nein, die waren leer.

Zwei sorgfältig mit Schrankpapier verkleidete Regalböden beherbergten kein Gefäß und keinen wirklich deutlichen Hinweis auf den, der da vor mir gehockt und mit mir gesprochen haben soll.

Ich konnte allerdings auch nur das Areal einsehen, das die Gardine freigab. Und das reichte etwa von meiner Brust bis eine Handbreit über meinen Kopf.

Darunter schien es aber weiterzugehen, dort war der Schrank nicht zu Ende, da führte er ins Dunkel.

WUMM!

Es krachte so dermaßen laut hinter mir, dass ich fast zu Tode erschrak und einen Satz schräg zur Seite machte, als müsste ich vor irgendetwas in Deckung gehen. Mein Herz schlug mir im Halse. Total konfus sah ich mich um, um zu ermitteln, was diesen ohrenbetäubenden Schlag ausgelöst hatte.

Doch bevor ich überhaupt etwas erfassen konnte, hörte ich das kreischende Lachen von Nima, in dessen Händen ein großer Paukenschlägel prangte. Er verschluckte sich fast vor Lachen und hob den Schlägel wie einen Golfschläger und drosch nochmals gegen eine riesige Trommel. Ich hatte sie in der hinteren Ecke des Raumes bis dahin überhaupt nicht wahrgenommen.

Wumm, krachte es wieder. Der Ton ging mir wiederum durch Mark und Bein, auch wenn ich die Quelle des Schlages nun direkt ausmachen konnte.

Sein gellendes Lachen durchschnitt den wummernden Nachhall. Für den Moment hatte ich erst einmal genug. Die jähe Unterbrechung der Suche nach einem Hinweis auf den geheimnisvollen Mönch nutzte ich, um den kleinen Tempelraum zu verlassen. Der Schock steckte mir etwas in den Knochen.

Als ich zur Terrasse zurückkam, spürte ich Regentropfen im Gesicht. Tatsächlich zogen über mir kleine Regenwolken dahin. Vor mir allerdings stand die Sonne am fast blauen Himmel. Nur seitlich über dem ansteigenden bewaldeten Bergrücken hing ein leichter Schleier. Darin zeichnete sich langsam ein Regenbogen ab, zumindest der Anfang eines Bogens. Ich folgte seinem imaginären Verlauf und konnte nun auch ganz schwach das Gegenstück weiter unten im Tal erkennen. Aber das war nicht alles. Da zeigte sich noch ein kleinerer Regenbogen und ein Stück weiter plötzlich noch ein viel größerer, der den ersten großen schnitt. Und daneben war noch einer, ein halber. Nach ein paar Minuten hatte ich sieben Regenbögen gezählt. Tatsächlich sieben. So viele hatte ich noch nie gesehen. Jedenfalls nicht auf einmal.

Langsam erholte ich mich auch von dem Schreck kurz zuvor und genoss das phantastische Schauspiel aus Licht und Farben, das sich vor meinen Augen abspielte. Ich sollte es fotografieren, dachte ich und eilte zu meinem Zimmer. Tür aufschließen, rein, Fotoapparat nehmen, raus, zurück auf die Terrasse, und die Regenbögen waren nicht mehr zu sehen. Wie schade! Wäre ich doch nur etwas eher auf die Idee gekommen, die Kamera zu holen, dachte ich bei mir. Aber zumindest hatte ich sie gesehen, die sieben Bögen, fünf kleine und zwei größere. Ich kenne keinen, der Regenbögen nicht bewundert. Selbst die Geschichte der Menschheit ist voll von mystischen Verbindungen zum Regenbogen.

Die realen Lichterscheinungen am Himmel konnte ich sehen, der neuerliche Anblick Tharpa Gyaltsens war mir nicht vergönnt gewesen. Vielleicht sollte ich auch besser gar nicht nach ihm suchen, egal auf welche Weise. Vielleicht sollte ich auch einfach aufhören, ständig darüber nachzudenken, was da war und ob er sich noch einmal zeigen wird.

Trompeten im Wald

Heute reiste Quirin ab. Er hatte ganz überraschend einen Flug nach Delhi gebucht. Schon um zwei Uhr am Nachmittag war Abschied angesagt. Da blieben nur noch ein paar Minuten, bis ihn Sonam zum Flughafen bringen sollte. Er stand vor mir und sagte, die Zeit würde nur noch für einen gemeinsamen Whiskey reichen. Die Flasche, die die letzten Wochen im Wandregal seines Zimmers gestanden hatte, wies nur noch einen Bodendecker auf. Er reichte gerade noch für zwei Schlucke. Als wir anstießen, wollte ich es noch immer nicht so ganz glauben, dass die gemeinsame Zeit hier nun so abrupt enden sollte. Es kam schon etwas plötzlich, dass er in Richtung Heimat aufbrechen wollte. In den vergangenen Tagen hatte er zwar des Öfteren darüber nachgedacht, entweder sehr bald zurückzugehen oder aber noch deutlich länger hierbleiben zu wollen. Nun war es wohl entschieden. Mir wurde etwas flau in der Magengegend, denn damit veränderte sich jetzt auf einen Schlag sehr vieles. Quirin war mir zu einem Freund geworden, den ich regelmäßig traf, mit dem ich viel gesprochen hatte und auf dessen Informationen ich anfangs in hohem Maße angewiesen war. Er hatte mir diese Welt ein enormes Stück näher gebracht. Nach manchen Erklärungen musste ich nicht lange suchen, sondern ich musste nur ihn fragen. Ich weiß nicht, wie ich die ersten Wochen erlebt hätte, wenn er nicht gewesen wäre. In den letzten Tagen hatte ich zwar manchmal das Gefühl, ich bräuchte seine Hilfe nicht mehr, denn ich hatte mich an diese Welt hier schon ganz gut gewöhnt und kam in ihr zurecht. Jedoch sollte man Freunde und Wegbegleiter nicht nur an ihrer Hilfe messen.

Zum Abschied musste ich ihm versprechen, dass ich, solange ich noch hier in McLlo sein werde, täglich einmal für ihn die Gebetsmühlen drehen würde. Dann vernahmen wir auch schon ein Hupen, das anscheinend vom Jeep des Klosters kam.

Als der Wagen die Camel Track Road entlangschaukelte und langsam im Wald entschwand, löste ich sofort mein Versprechen ein. Es wäre ja schön, wenn es ihm nützte. Vielleicht wird er zu Hause eine gereifte Entscheidung in sich spüren und wissen, was nun aus seiner Ehe werden soll und was nicht. Das war ja ursprünglich der Grund, weshalb er hierher nach Nordindien gereist war.

Am späten Nachmittag schleppten einige der kleineren Mönche riesige Trompeten die Treppen des Klosters herunter. Ein paar andere kamen mit etwas kleineren Trompeten und ein paar Flöten dazu. Also fragte ich einen von ihnen, wohin sie damit gingen und was sie machen wollten. Er erzählte, dass sie in den Wald gingen, um dort ihre Musikstunde abzuhalten. Sie gingen deshalb in den Wald, weil die großen Trompeten sehr laut seien und hier jeden stören würden. Das interessierte mich, und ich ging ihnen nach. Plötzlich war auch Sangay an meiner Seite und wanderte fröhlich summend mit mir die Camel Track Road hinunter. Ich überlegte, ob ich ihm davon erzählen sollte, dass ich in zwei Tagen sein Kloster verlassen würde. Aber ich wusste nicht, ob er mich verstand und ob es gut wäre, es ihm jetzt schon zu verraten. Als die Straße wieder leicht anzusteigen begann, sah ich hinter einer Kurve rote Gewänder. Das würden sie wohl sein. Und da waren sie auch. Sie hatten die Riesentrompeten rechts und links jeweils an den Aststummeln eines Baumes aufgehängt und waren gerade dabei, die dicken Teile wie eine Teleskopantenne in die Länge zu ziehen. Sie erreichten letztlich die Länge eines durchschnittlichen Alphorns. Und dann begann auch schon der Spaß. Mehrere Mönche versuchten sich nacheinander an diesen riesigen Trompeten, auch der kleine Sangay. Er bekam sogar einen relativ guten Ton heraus. Doch irgendwann war die Spaßrunde vorbei, und der ernsthafte Teil begann. Zwei jugendliche Mönche entlockten den langen Instrumenten abwechselnd supertiefe Töne. Sie klangen wie röhrende Elche. Nun gesellten sich die nasalen Melodien aus den kleineren Trompeten dazu, und auf dem satten Klangteppich tänzelten die silbrigen Laute der Flöten. Noch war es nur ein beeindruckendes Klangerlebnis, weil sich die einzelnen Töne noch nicht zu einer gemeinsamen Melodie zusammengefunden hatten. Die ganz jungen Mönche kauerten auf dem Waldboden und bestaunten mit leuchtenden Augen die Künste der Großen.

Als sie langsam etwas Erträgliches zusammenbrachten, trat ich auch wieder meinen Rückweg zum Kloster an, denn ich wollte noch ein wenig die frühabendliche Sonne genießen. Und als hätte ich es geahnt, hörte ich auch alsbald rhythmisches Pantoffelgeklapper hinter mir. Sangay kam angeflogen und gesellte sich zu mir. Als wir auf gleicher Höhe waren, wäre ich beinahe auf eine Schlange getreten. Aber sie war schneller als ich und wich mir aus. Erschrocken hatte ich mich dennoch, auch wenn das Tier nicht mal ganz einen Meter lang war. Das amüsierte den kleinen Mönch, und er stellte der Schlange nach, die jedoch schnellstens das Weite suchte und sich bald im Wassergraben neben der Straße unsichtbar machte. Dann zeigte Sangay rechts des Weges den Berg hinunter in den Wald und redetet etwas von »Tiger«. Also von Leoparden hatte ich ja nun schon gehört, aber von Tigern bisher noch nichts. Vielleicht meinte Sangay einen Leoparden und kannte nur das Wort noch nicht.

Am späteren Abend hatte ich mich in den Tempel zurückgezogen. Im schwachen Gegenlicht der Lampen des Schranks mit den Buddhas erkannte ich ein paar Mönche, die ebenfalls die Ruhe gesucht hatten, um zu meditieren. Ich musste schon wieder an den geheimnisvollen Mönch denken. Es ist vertrackt. Natürlich gibt es Dinge zwischen Himmel und Erde, die man nicht erklären kann. Dazu bräuchte ich nicht mal die Esoterik zu bemühen.

Auch im Bereich der katholischen Kirche berichtet man seit Jahrhunderten immer wieder von Ereignissen, die manche als Wunder bezeichnen. Sowohl innerhalb als auch außerhalb der Kirche schenkt man den Wunderereignissen weniger Beachtung und verwehrt ihnen den Anspruch der allgemeinen Gültigkeit. Man sollte auch niemals etwas überbewerten oder eine Deutung im Übermaß betreiben. Ignoranz ist aber ebenso wenig eine Lösung.

Auch der Erklärung von Thubten kann man einige sachliche Argumente entgegensetzen. Der Mönch könnte schlicht und ergreifend ein Mitbruder aus einem anderen Kloster gewesen sein, der hier nur zu Besuch war. Vielleicht hatte ich sein Gesicht auch falsch in meinem Gedächtnis abgespeichert und erkannte ihn deshalb nicht wieder. Und sicher gibt es noch sehr viel mehr Erklärungen dieser Art, um die Begegnung als ein reguläres und natürliches Ereignis bewerten zu können. Einiges daran war mir dennoch nicht als normal vorgekommen. Mir ging immer wieder die Frage durch den Kopf, warum er mich überhaupt angesprochen hatte. Es gab hierfür keinen Grund. Die Mönche hier sind eher zurückhaltend und warten fast schon schüchtern ab, bis sie von jemandem angesprochen werden.

Und dann war da auch noch die Frage, woher er um den Ausdruck meiner Augen wissen konnte, wenn ich sie doch geschlossen gehalten hatte, bevor er bei mir saß. Das war nahezu unmöglich.

Jedes Für und Wider trieb mich gedanklich um. Wenn es eine übernatürliche Begegnung gewesen sein sollte, dann hätte sich dieser junge

Mönch doch diese Fragen auch selbst beantworten können. Gute Ratschläge und tröstende Worte wären in der Situation eher hilfreich gewesen. Allerdings wirken Fragen manchmal länger nach – dessen bin ich mir schon bewusst.

Ich fand keine abschließende Erklärung und konnte keiner Version endgültigen Glauben schenken – sowohl den nüchternen Betrachtungen meinerseits als auch den Ausführungen Thubtens. Konnte ich diese Grübelei nicht einfach mal stoppen? Einfach nicht dran denken. Ich hatte das Gefühl, ich befand mich gerade in einem gedanklichen Kreisverkehr. Immer und immer wieder ging mir diese Begegnung durch den Kopf. Jedem Mönch in ungefähr seinem Alters versuchte ich die Farbe seiner Augen zu entlocken – auch ganz alten.

Für heute sollte es aber genug sein. Im Tempel konnte ich diesem Thema nicht entfliehen. Es schien hier auf mich zu warten. Aus dem Buddha-Schrank sahen mich immer wieder diese markanten Augen an.

Vielleicht könnte ich mir zur Ablenkung ein Buch von Ephraim Kishon schnappen und mit ein paar lustigen Geschichten im Bett verschwinden.

Oder – das fiel mir gerade wieder ein – ich könnte ja mal eine von den Wunderpillen nehmen, die mir der Karmapa bei der Audienz geschenkt hat, und schauen, was passiert. Nein, das tat ich wohl besser zu einem anderen Zeitpunkt. Ein kurzer Anruf in die Heimat war vielleicht das Allerbeste. Da weiß ich genau, mit wem ich spreche, und muss mich zu keinem Zeitpunkt fragen, ob mein Gesprächspartner auch wirklich existiert.

Aufstieg zur Wochenwäsche

Herr Jeshongtsang vom Ministerium für Religion und Kultur verkündete mir am Telefon, dass für mich am nächsten Tag das Appartement im Gästehaus bereit sei. Nun war alles geregelt. In einigen Stunden sollte ein neuer Abschnitt dieser Reise beginnen. Was mich dort genau erwarten und wie sich mein Aufenthalt hier verändern würde, konnte ich noch nicht ermessen. Jedoch hatte ich ein gutes Gefühl dabei, den nächsten Schritt zu machen. Der Staatssekretär teilte mir noch die Adresse mit und dass ich mich dort gegen zwölf Uhr melden solle. Er habe alles vorbereiten lassen und prophezeite mir, dass dort ein schönes Appartement auf mich warten würde. Diese Ankündigung konnte viel bedeuten, aber ich ging davon aus, dass sich die Qualität meiner Unterkunft nicht unbedingt verschlechtern würde. Schließlich wusste ich, dass in diesem Haus auch die Gäste des Klosters des Dalai Lama untergebracht werden. Herr Jeshongtsang hob nochmals lobend die Nähe zum Kloster und zur Residenz des Dalai Lama hervor und wies auch darauf hin, dass ich nunmehr nicht mehr die wilden Tiere um McLeodganj fürchten müsse. So richtig wohl war mir beim Gedanken des Weggangs von hier noch nicht, aber ich scheute mich auch nicht davor. Im Gegenteil, mein Aufenthalt hier schien nun in eine entscheidende Phase zu kommen.

Mit Chimi hatte ich mich zu einem Ausflug verabredet. Er hatte mich gefragt, ob ich zu den Wasserfällen mitkommen wolle. Da fügten sich zwei Gedanken zusammen, denn ich hatte sie auch schon seit Wochen aufsuchen wollen. Also wanderten wir gemeinsam die Bagsu Road entlang, bis wir einen Ortsteil von McLeodganj passierten, der – wie Chimi sagte – als die Hochburg der Hippies gilt. Vorbei an einem Freibad, das vom kalten, aber klaren Nass aus den Bergen gespeist wird, erreichten wir den schmalen Weg zu den Wasserfällen. Schon bald hatten wir eine Schlucht erreicht, deren Ausläufer bis weit nach oben zu einem Sattel im Vorgebirge reichte. In der Ferne konnte ich die Kaskaden erkennen, von denen der Bergfluss herabstürzte. Dunkelgraue Felsen und Geröll kleideten die Schlucht aus. Zwischen ihnen tauchten immer wieder Stromschnellen und kleine natürliche Bassins auf. Jedoch konnte ich, so weit mein Auge reichte, zwischen den Felsen und Steinen auch immer wieder unzählige kleine rote Punkte entdecken. Als wir höher gewandert waren, erkannte ich in den roten Flecken Mönchsgewänder, die auf Steinplatten in der Sonne trockneten. Mit uns waren Ströme von Mönchen unterwegs, um hinauf zu den Wasserfällen und den Senken im Fluss zu gelangen. Dort wuschen sie ihre Wäsche und erledigten bei der Gelegenheit auch gleich die wöchentliche Körperreinigung. Auf halber

Höhe musste ich aufgeben, denn meine Beine schafften den Aufstieg nur bis hierher. Der Weg war zusehends unwegsamer und steiler geworden. Und seit meiner Wirbelsäulenverletzung und der daraus resultierenden Querschnittlähmung stellten solche Aufstiege für mich ein größeres Problem dar als für einen gesunden Menschen. Die Rehabilitation hatte mich zwar vom Rollstuhl auf die eigenen Beine gestellt, jedoch hatte meine Gehfähigkeit Grenzen – und die waren nun erreicht. Chimi wollte aber bis nach ganz oben klettern.

So ließ ich ihn allein weiterziehen und stieg ins Flussbett hinab. Ich hatte vom Ufer aus einen großen flachen Fels erspäht, auf dem wollte ich warten, bis der sportliche Chimi wieder zurück war. Um dorthin zu gelangen, musste ich einen Hindernisparcours über Felsen und Steinplatten hinweg absolvieren, Wasserläufe übersteigen und schließlich ein wenig klettern. Dann saß ich, glücklich über meine Kletterfähigkeiten trotz fast vollständig überwundener Lähmungen, auf meinem Stein in der Sonne. Rechts und links von mir strömten dicke Adern von klarem Wasser den Berg hinunter. Ich betrachtete die Steine und erkannte in ihnen Schiefer, der in mehr oder weniger dicken Brocken vom Hang abgebrochen sein musste. Einige Meter entfernt von mir lagerten vier Mönche. Auf den umliegenden Schieferplatten hatten sie die Einzelteile ihrer Gewänder, einige Handtücher, Strümpfe und Decken ausgebreitet. Sie hatten die Wäsche schon erledigt und mussten nur noch warten, bis alles trocken war. In der Zwischenzeit stiegen sie nur mit Badehosen bekleidet in die eiskalten Fluten des Flusses, um sich zu waschen. Ich hatte bereits mit den Händen die Temperatur geprüft und war fest entschlossen, maximal einen Fuß in das eisige Nass zu stecken. Den Mönchen schien die Kälte nichts auszumachen. Sie tauchten sogar ganz unter, wenn sie die Seife vom Körper waschen wollten. Auch die Familie, die etwas weiter unten ihr Waschquartier aufgeschlagen hatte, war anscheinend abgehärtet. Von Oma bis Enkel verschwanden sie alle im Wasser, wuschen sich, färbten ihre Haare und schrubbten ihre Wäsche. Die Großmutter allerdings hatte sich recht schnell wieder ein Plätzchen in der Sonne gesichert und verharrte nun unter einem Sonnenschirm, während sie einen Vertreter der mittleren Generation beim Bau der Feuerstelle beobachtete. Wahrscheinlich unternahmen sie jeden Samstag diesen Familienausflug und waren schon bei der Standortsuche recht erfahren – auch darin, was man alles mitnehmen muss, um waschen und sich mit Essen versorgen zu können.

Ich beobachtete die jungen Frauen, während sie ihre langen Haare wuschen und färbten. Weil ich davon ausging, dass sie damit nicht die Einzigen hier waren, stellte ich mir vor, wie das Wasser mit jedem Meter flussabwärts schmutziger wird. Wer sich weiter unten wusch, benötigte vielleicht schon keine Seife und auch kein Waschmittel mehr.

Die Mönche taten das, was man auch an einem Sandstrand tut. Sie bauten Burgen, Dämme und Kanäle, jedoch mit dem Unterschied, dass ihre Bauwerke aus kleinen Schieferstückchen errichtet wurden. Mit kunstvoll aufgetürmten Mauern leiteten sie das Wasser mal in die eine und mal in die andere Richtung und ließen es dann über ein kleines Wasserrad laufen. Einer der Mönche hatte es aus ein paar Zweigen des Brennnesselbaums gebastelt und auf eine Achse gesteckt, die von zwei Schiefermauern gehalten wurde. Dabei stand er so lange im Wasser, dass er schon vor Kälte zitterte. Ich badete zumindest meine Füße darin.

Die seitlichen Hänge zum Fluss hin sahen bedrohlich aus, denn das Geröllfeld bestand nur aus Schieferplatten, die so lange aufeinandergerutscht waren, bis sie irgendwann Halt fanden. Jedoch schätzte ich, wenn sich weiter oben auch nur eine größere Platte in Bewegung setzt, weil sich darauf vielleicht ein Vogel gesetzt hat und damit die Waage zum Kippen bringt, dass dann eine ganze Lawine von dunkelgrauen Schieferbrocken herunterstürzt.

Drei Mädchen kletterten in meine Richtung und beäugten lauernd meinen Platz. Oder mich? Ich denke, eher meinen Steinblock, weil er groß und attraktiv gelegen war. Aber noch residierte ich darauf und beobachtete von hier aus, wie Hunderte Leute ihren Waschtag absolvierten.

Bald darauf war Chimi zurück. Stolz erzählte er, dass er ganz oben in einem Wasserloch am Fluss gebadet habe. Wie einen Pool hatte das herabstürzende Wasser eine Senke in das Gestein gespült. Zum Beweis hielt er mir seinen digitalen Fotoapparat vor die Nase. Da war tatsächlich ein Bild von ihm im klaren Wasser. Wie kalt es gewesen sein musste, wollte ich mir gar nicht erst ausmalen, denn schließlich hatte es mir schon völlig gereicht, nur die Füße hineinzuhalten.

Meditation mit dem alten Mönch

Ich denke, man tut viele Dinge zumindest im Unterbewusstsein nicht unabsichtlich. Irgendeine Absicht, ein Grund, ein Wille oder eine Hoffnung ist mit all unserem Handeln verknüpft. Da gibt es eher selten eine Ausnahme. Daher denke ich auch, dass ich ganz bewusst eine bestimmte Uhrzeit gewählt habe, in der ich den Tempel des Dalai Lama aufsuche. Natürlich ist es mittlerweile schon zu einer Art Gewohnheit geworden, hierherzukommen, eine Runde um den Tempel zu gehen, dabei die Gebetsmühlen anzuschieben, danach die Hände zu waschen und auf meinen Meditationsplatz zu gehen. Doch seit ich dem alten Mönch hier oben begegnet bin, habe ich noch einen Grund mehr, immer wieder herzukommen, und auch noch einen Grund mehr, es zur möglichst gleichen Zeit zu tun wie bei unserer ersten Begegnung.

In den nächsten Tagen würde es noch einfacher sein, denn dann werde ich nur noch einige Meter von diesem Ort entfernt wohnen. Dann kann ich herüberkommen, wann immer ich will, und brauche nicht erst 360 Stufen zu steigen und durchs Dorf zu laufen. Nun stand ich also hier, allein, wie gestern. Ich setzte mich auf den Betonboden beim Wasserfass und zog meine Jacke zurecht, weil es wieder kälter geworden war. Die Sonne schaffte es nicht mehr, den Kampf gegen die Wolken zu gewinnen. Ab und zu kam sie zwar durch, aber das war nicht genug, um den Eindruck von sommerlichen Tageszeiten zu empfinden. Plötzlich hörte ich hinter dem schwarzen Wasserbehälter ein röchelndes Lachen. Dieses Lachen kannte ich zumindest vom Klang her. Und da kam er auch schon um die Ecke geschlichen, und aus Vermutung wurde Gewissheit. Es war mein alter Mönch. Ich sprang sofort auf und lief ein paar Schritte auf ihn zu. Als würde ich ihn schon lange kennen, gab ich ihm sofort die Hand und führte ihn mit weit ausladenden Armbewegungen zu dem Platz, an dem wir vor zwei Tagen gesessen hatten. Er lachte immer noch halblaut, als würde es ihn unbändig freuen, dass wir uns wiedersehen. Ich lachte auch, aber eher lautlos. Wir standen nun neben dem Wasserfass am Geländer, als er mit seiner Rechten meinen linken Unterarm umfasste. Mit der linken Hand hielt er sich am Geländer. Seit ich die Erfahrung der Querschnittlähmung machen musste, weiß ich, dass menschlicher Halt – und das ist an dieser Stelle ganz wörtlich, also im körperlichen Sinne gemeint – etwas ganz Besonderes ist, denn er ist persönlicher als eine orthopädische Gehhilfe. Er lachte immer noch abgehackt wie eine meckernde Ziege, aber in sein Lachen hatte sich auch schweres, nach Luft ringendes Atmen gemischt. Ich machte mir Sorgen, ob für ihn der Weg hierher vielleicht zu anstrengend war. Der alte Mönch hielt den Atem an, schluckte mehrmals sehr mühevoll und schickte dann wieder ein halblautes Lachen zu mir herüber. Aber es klang nicht unbedingt nur so, als wollte er mich damit aufmuntern oder unterhalten, sondern auch sich selbst. Er schnaufte ein paar Mal tief durch und richtete sich dann so entschieden auf, als wollte er mir zeigen, welche körperliche Größe ihm ehemals zu eigen war.

So verharrte er.

Mein Mönch wirkte nun wie ein großer stattlicher Mann, der über allem erhaben und im Vollbesitz seiner Kraft war. In seinem Gesicht konnte ich zudem genau diesen tatendurstigen Ausdruck erkennen. Er ließ von meinen Arm ab und legte seine Hand auf meine linke Schulter. Dann klopfte er leicht, als wollte er mir sagen: Setz dich, Stephan. Ich sah ihn fragend an. Er nickte und klopfte weiter auf meine Schulter. Ich deutete nun an, mich setzen zu wollen, und er nickte deutlicher.

Der alte Mönch sah nun von oben auf mich herab und lächelte wohlwollend. Ich sah zu ihm hinauf. Und als hätte ich es geahnt, beschrieb sein rechter Arm wieder einen weiten Bogen durch die Luft, um mir die Weite, den Himmel und den Himalaya zu zeigen. Sein Blick selbst folgte ebenfalls seiner Hand und verharrte an einem bestimmten Punkt in der Ferne. Dabei beobachtete ich ihn genau. Ungewöhnlich war dieses Mal allerdings, dass er stand und ich saß. Das machte die Angelegenheit etwas komplizierter, denn ich wusste nicht so genau, worauf ich mich nun mehr konzentrieren sollte, auf einen Punkt im Gelände, auf die Meditation oder auf ihn und das, was er mir sagen wollte. Also versuchte ich, beides im Blick zu behalten. Und als wenn er genau das bemerkt hatte, wandte er sich nun mir zu, beugte sich leicht vor, drückte mir seine Fingerspitzen auf die Stirn und zwang mich damit sanft, mich mir selbst zuzuwenden. Dann löste er seine Finger von meiner Stirn, setzte sie einige Augenblicke lang auf mein Kinn und schließlich auf mein Brustbein. Dabei musste er sich aber anstrengen, so weit herunterzukommen, schließlich stand der alte Mann neben mir, und ich saß.

In dem Moment, als er mein Brustbein berührte und seine Fingerspitzen draufdrückte, spürte ich wieder dieselbe Intensität wie beim ersten Mal. Es war wie frische Luft, wie tiefes Atmen, wie klareres Sehen, wie das Vergessen der Zeit.

Es klopfte. Das war der alte Mönch, der noch immer neben mir stand und mit seinen Fingern gegen das Metall des Geländers pochte. Als hätte er mich aufgeweckt, so fühlte ich mich. Aber ich hatte nicht geschlafen. Lediglich das Frischegefühl und die Entspannung erinnerten an das Befinden nach einem erholsamen Schlaf. Allerdings hatte ich die ganze Zeit auf einen Punkt im Himalaya gesehen. Es waren einige Bilder und Gedanken, die mich beschäftigt hatten. Jedoch war die Beschäftigung nicht schwer, nicht anhaftend, nicht belastend, sondern wie ein Vorüberflug.

Mein Mönch lächelte mich von oben an. Er hatte die ganze Zeit neben mir ausgeharrt. Das war mir eine Ehre und eine Freude zugleich, denn ich hatte mit meinen Gedanken gestern nicht so ganz falsch gelegen, dass er eventuell zur gleichen Zeit herkommen könnte wie am ersten Tag. Der Mönch schien es nun eilig zu haben, denn er zeigte mir mit seinen Gesten, dass er sich verabschieden wollte. Doch er ließ es nicht zu, dass ich zum Abschied aufstand, denn er drückte seine Handfläche auf meinen Kopf. Dann lächelte er, sagte etwas und ging langsam davon. Ich sah ihm nach und bemerkte, dass ihm das Gehen sichtlich schwerfiel. Augenblicklich überkam mich der Gedanke, dass ich ihn morgen wiedertreffen wollte. Aber ich hatte Sorge, dass sein Körper es, wie es wahrscheinlich am Tag zuvor der Fall gewesen war, nicht zulassen könnte.

Du gehörst zu uns

Thubten stand auf der Terrasse vor seiner Wohnung und ließ seinen Kontrollblick über das Gelände schweifen. Ich hatte ihn öfter dabei beobachten können, wie er nach dem Rechten sah. Zwischen den Mönchsresidenzen wartete ständig Arbeit.

Der Garten musste gepflegt, die Bäume und Büsche beschnitten und die Wege instand gehalten werden. Heute hatte er die kleinen Mönche mit Papierkörben durch das Kloster geschickt. In kleinen Trupps grasten sie die Grünflächen ab und sammelten alles auf, was nach Unrat aussah. Weiter unten konnte ich auch den Straßenbautrupp entdecken, die Leute luden gerade Zementsäcke von der Ladefläche eines LKW. Sollten die Baumaßnahmen an der Camel Track Road etwa tatsächlich weitergehen? Gestern hatte ich mir ja ein Bild vom Fortschritt der Arbeiten machen können. Ich hatte allerdings feststellen müssen, dass noch nicht sonderlich viel passiert war. Wenn sie in diesem Tempo weitermachten, würde ich wohl den Abschluss der Straßenflickerei nicht mehr miterleben.

Thubten hatte mich entdeckt und bestand darauf, mit mir einen Tee zu trinken.

Ich ging zu ihm hinauf. Er hatte in der Zwischenzeit schon eine Teekanne und Tassen auf die Terrasse gebracht. Während er mir Tee einschenkte, informierte ich ihn über meine neue Unterkunft. Ich hatte ihm zwar in den vergangenen Tagen schon davon erzählt, aber bisher wusste er noch nicht, dass nun alles perfekt war. »Morgen gehst du? Oh nein!«, jammerte er. »Du wirst uns fehlen. Die Mönche werden dich vermissen.« Das wollte ich jetzt gar nicht hören. »Du gehörst doch schon zum Kloster dazu«, legte er nach. Darauf wusste ich nichts zu entgegnen. Er bot mir sogar noch sein privates Gästezimmer an, was mich aufrichtig freute, aber nicht umstimmen konnte.

Behutsam brachte ich dem Direktor bei, dass mein Entschluss feststand, ich aber natürlich dem Kloster und den Mönchen weiterhin verbunden bleiben würde. Thubtens Aufmerksamkeit schien auch während unseres Gesprächs nichts auf dem Gelände zu entgehen. Während er den Leuten vom Straßenbau neue Anweisungen nach unten rief, dachte ich darüber nach, wie es sein würde, morgen »mein« Kloster zu verlassen. Ich würde die Mönche hier zurücklassen. Und dann war da auch noch dieser andere Mönch, nach dem zu suchen ich die ganzen letzten Wochen nicht aufgegeben hatte. Wenn er tatsächlich der Protektor, also der Beschützer dieses Klosters war, dann verließ ich ja auch seinen Wirkungsbereich. Das war im Grunde nichts Schlimmes, aber es beschäftigte mich dennoch.

Thubten kehrte zum Tisch zurück und schien sich in der Zwischenzeit damit abgefunden zu haben, dass ich ab morgen weiter oben in McLlo wohnen würde. »Du bist jeden Tag zum Essen eingeladen. Es wird immer ein Teller für dich bereitstehen«, versicherte er mir. »Du gehörst zu uns, weil wir dich hier gern haben!«, schloss er. Dann entschuldigte er sich, weil er zu den Bauarbeitern müsse, damit die Straße kein Jahrhundertprojekt werde. Dafür hatte ich bestes Verständnis. Er kündigte an, morgen noch einen Kaffee mit mir trinken zu wollen, um mich danach mit meinem Gepäck nach oben ins Dorf zu bringen.

Am späten Nachmittag kam Sonam in mein Zimmer. Diesmal lächelte er nicht, wie ich es eigentlich von ihm gewohnt war. Etwas unsicher musterte er den Raum, aus dem meine persönlichen Sachen schon verschwunden waren, und fragte dann, ob ich nicht doch in das Gästezimmer des Direktors ziehen wollte. Sie machten es mir wirklich schwer, zu gehen. Jetzt versuchte auch noch Sonam, mich umzustimmen. Also erklärte ich ihm ebenfalls, dass es doch keine Tragödie sei, wenn ich nicht mehr direkt hier im Kloster wohnte. Mein Versprechen, mich mindestens alle zwei Tage sehen zu lassen, stimmte ihn fröhlicher. »Wir halten heute Abend eine Puja für dich. Wir wollen, dass du beschützt bist.« Ich war beeindruckt und wusste gar nicht, wie ich ihm dafür danken sollte. »Morgen ist der Neunzehnte«, stellte er nüchtern fest. Daran hatte ich überhaupt nicht gedacht. Natürlich, die »Neun« galt ja als Unglückszahl. Wie konnte ich das vergessen. »Aber ihr feiert doch jetzt nicht extra wegen mir eine Puja? Es passiert doch nichts Schlimmes, wenn ich das Quartier wechsele.« Sonam lachte und erklärte, dass ohnehin eine Puja geplant gewesen sei, aber nun wolle man sie mir widmen.

Er vergewisserte sich, ob ich weiterhin Interesse an unseren gemeinsam geplanten Unternehmungen hätte. Wir hatten unter anderem geplant, den Einsiedler zu besuchen, und auch ein Ausflug in die Umgebung per Jeep stand noch auf der Liste der Dinge, die wir vorhatten. Es munterte mich auf, dass Sonam sofort wieder so konstruktiv dachte. Also verabredeten wir, dass wir alle diese Vorhaben noch umsetzen würden.

Am Abend verfütterte ich die Reste der Dosenwurst an den Hund, der noch immer blutend auf der Terrasse lag. Schlapp und langsam näherte er sich ihr, fraß aber alles auf, was ich ihm hingelegt hatte. Weil das Abendessen im Kloster heute ausfiel, hatte ich mir selbst ein kleines Mahl zubereitet. Ich genoss Ölsardinen auf Toastbrot beim Sonnenuntergang auf der Terrasse. Dazu ein Bier, das mir Quirin noch dagelassen hatte.

Der Charme des Heiligen

Die Puja sollte heute wieder lang werden. Noch einmal ging ich nach oben zum Tempel, beobachtete einige Augenblicke lang die flackernden Flammen der Wachslichter im Tempelhof und setzte mich drinnen auf meinen Platz gegenüber dem großen Buddha. Mich erfüllte ein Gefühl der Melancholie, aber auch der Entschlossenheit. Ich hatte mir das hier alles nicht so vorgestellt, nicht das Unwohlsein während der ersten Tage, nicht die Innigkeit der letzten Wochen. Ich hatte nicht erwarten können, dass man mich hier so freundschaftlich, ja fast brüderlich annehmen würde. Deshalb betrachtete ich es als Geschenk, das mir zuteil geworden ist. Sie hatten mir ihre Tür geöffnet, sehr weit geöffnet. Sie baten mich, hereinzukommen, obwohl sie nicht ahnen konnten, wer ich bin und wie ich bin.

Ich hatte das Gefühl, einen Vorschuss an Wohlwollen erhalten zu haben, den ich fast nicht aufzubrauchen vermochte. Ich brauchte ihn mir nicht zu erarbeiten. In der Heimat gestaltet sich das anders. Da muss man sich so gut wie alles erarbeiten. Ganz selten erhält man einen Vertrauensvorschuss, trotz der Tatsache, dass man einem anderen noch gar nicht bekannt ist. Wie schwer wiegen dann aber mögliche Enttäuschungen. Hier war schon etwas Besonderes zu spüren – Wärme und Offenheit. Manches von dem, was ich erlebt hatte, war nicht alltäglich. Vielleicht ist das der Charme der Welt der buddhistischen Mönche, die mir hier die Tür zu ihrer Welt offenhielten. Hier ist zwar nicht Lhasa, hier ist nicht Tibet. Hier sind nicht die heiligen Berge und die anderen Kultstätten. Das ist nur McLeodganj. Also warum sollte das Heilige, das Besondere nicht auch hier in diesem Bergdorf sein? Gilt es auch im Exil? Nimmt sich das Wunderbare, das Heilige eine Auszeit von Tibet und wirkt vorübergehend in Indien? Oder sind es auch die Menschen, denen es anhaftet, die es mitbringen, die etwas zum Heiligen Ort machen, weil sie es leben? Ich denke, das habe ich bisher hier so erfahren können.

Ich hatte das TseChokLing-Kloster recht lieb gewonnen, gegenüber den anderen Klöstern wusste ich seine Vorzüge sehr zu schätzen und in meinem Appartement fühlte ich mich sogar wohl.

Abschied vom TseChokLing

Am nächsten Morgen stand das große Kofferpacken auf dem Programm. Während ich meine Sachen faltete und die Wäschestapel verstaute, die ich auf dem zweiten Bett gelagert hatte, beschlich mich das Gefühl, als würde ich so etwas wie eine Existenz auflösen. Das hört sich bei dieser Wortwahl erst einmal etwas dramatischer und übertriebener an, als es tatsächlich war. Natürlich löste ich hier nicht mein Leben auf und auch keine Ära. Aber ich hatte mich heftig mit dieser Welt hier arrangieren müssen – auch mit dem Kloster, mit der Umgebung und mit dem Zimmer, die mich anfangs schockiert hatten. Bei den Menschen war es deutlich weniger. Vielleicht verändert intensives Arrangieren die Wahrnehmung eines Ortes. Man macht ihn sich irgendwie intensiver zu eigen, wenn man sich hat eingewöhnen müssen, mehr, als wenn man sich von Anfang an relativ wohl gefühlt hat. Jedenfalls habe ich das so erlebt. Schließlich war mein Zimmer einige Wochen lang meine Zuflucht – mein Zuhause. Wenn es draußen gestürmt und wie verrückt geregnet hatte, war ich hier in Sicherheit. Draußen war es kalt, hier drinnen um einiges gemütlicher und wärmer. Je mehr ich meine Sachen ausgebreitet hatte, je mehr ich die Wände dekoriert und meinen kleinen Schreibtisch mit persönlichen Dingen bestückt hatte, desto heimischer fühlte es sich an.

Auch der Schmutzfaktor hatte sich mit jedem Tag meiner Anwesenheit reduziert. Irgendwann hatte ich auch die letzte Ecke meines Badezimmers geputzt. Der Boden meines Zimmers war mittlerweile so sauber, dass ich mich sogar barfuß oder in Strümpfen durchs Zimmer bewegen konnte. Die Hotelschlappen zu benutzen, die immer bereitstanden, war nur noch reine Gewohnheit. Selbst die Fenster hatte ich einer Grundreinigung unterzogen. Lediglich die Gardinen ließ ich so grau, wie ich sie vorgefunden hatte.

Als all meine Habe im Koffer verstaut war, fühlte ich mich sogar ein wenig fremd in meiner Residenz. Nun war es an der Zeit, mich zu verabschieden, auch wenn es jetzt noch kein Abschied für immer werden würde. Dennoch hatte mich ein leichtes Gefühl der Traurigkeit beschlichen. Schließlich hatte ich das hier alles liebgewonnen. Da war nichts mehr vom entsetzlichen Gefühl des ersten Tages zu spüren.

Ich ging ins Office, um meine Rechnung zu bezahlen. Sonam war dort und mit ihm Tenzin, der Mönch mit dem ehemals bösen Gesicht. Über die Übernachtungskosten samt Frühstück und Abendessen brauche ich gar nicht zu reden, denn sie waren für deutsche Verhältnisse ein Hauch von nichts.

Die Formalitäten waren schnell erledigt, und dann standen wir alle drei etwas unschlüssig herum. Keiner wollte so richtig den Startschuss für einen Abschied geben. Durch das Fenster sah ich Sangay draußen vor dem Tempel herumsitzen. Die Mönche hatten ihn auch bemerkt. »Dein kleiner Freund ist sicher gekommen, um sich zu verabschieden«, mutmaßte Tenzin. Ich lächelte nachdenklich und sagte: »Mag sein. Dann gehe ich mal zu ihm.« Er war mir in den letzten Wochen tatsächlich zu einem kleinen Freund geworden. Wann immer er mich sah, winkte er mir aus den verschiedensten Ecken des Klosters zu. Mit ihm und seinen Mitbrüdern hatte ich so manche Englisch-Stunde auf der Gästeterrasse erlebt und mit ihnen die eine oder andere Schokolade verdrückt. Ich hatte für den Kleinen eine Tüte mit ein paar Geschenken gepackt. Ohne ein Abschiedsgeschenk wollte ich nicht gehen. Als ich auf Sangay zuging, stand er auf und sah mich mit versteinerter Miene an. Er wirkte etwas nervös, wie er da mit hängenden Armen vor mir stand und an den Falten seines Untergewandes herumnestelte. Die Tüte nahm er schüchtern und, wenn man das so sagen kann, nüchtern entgegen. Sonst hatte er immer sofort neugierig nachgesehen, was es war, wenn er etwas bekommen hatte, doch diesmal versteckte er das Geschenk sofort hinter seinem Rücken. »Sangay …«, rief ich und wusste nach seinem Namen nicht so richtig weiter. Also sagte ich nur »Bye bye« und winkte ihm so, wie wir es immer getan hatten. Sangay schaute auf den Boden. Zwischen uns lag nur verwitterter Beton. Sonst nichts. »Sangay – bye bye!«, versuchte ich es noch einmal. Keine Reaktion. Ein kurzer, blitzender Blick war mir vergönnt, dann perlten augenblicklich Tränen. Sangay drehte sich weg und rannte los, noch bevor ich irgendetwas zu seinem Trost tun oder sagen konnte. Er lief hinter den Tempel, aber er drehte sich nicht mehr um.

Eine halbe Stunde später stand ich mit meinem Gepäck am Brückchen zur Gästeterrasse. Mein Taxi war für zwölf Uhr bestellt. Ich wollte ein Taxi nehmen und hinauffahren, weil Thubten mit dem Straßenbau beschäftigt war und Sonam erst am Nachmittag Zeit gehabt hätte. Nun stand ich aber mutterseelenallein im Kloster herum. Kein Mönch war irgendwo zu sehen. Nicht einmal mein kleiner Freund Sangay. Ein eigenartiger Abschied war das. Oder sollte mir das verdeutlichen, dass es keinen Abschied gibt, dass ich gefälligst wiederkommen soll, weil ein echter Abschied vielleicht auch einen ritualisierten Abstand bedeutete. Es liegen ja nur zweihundert Meter Luftlinie und 360 Stufen zwischen uns und nicht Gebirgsmassive oder Ozeane.

Die schönste Suite von McLlo

Im Gästehaus ganz oben auf dem Berg begrüßten mich drei Männer und ein großes Bild des Dalai Lama an der Wand gegenüber der Eingangstür. Unter dem breitgerahmten Bild standen ein kleiner Buddha und Vasen mit Kunstblumen auf einer Konsole, die in die Wand eingelassen war. Jemand hatte Räucherstäbchen angezündet und damit einen sakralen Duft im ganzen Haus verbreitet. Ich vermutete, dass das nichts mit meiner Ankunft zu tun hatte, sondern eher üblich war. Auf den ersten Blick wirkte alles blitzblank. Im grünen Marmorboden des Flures spiegelten sich die schneeweißen Wände. Auch das Treppenhaus zur ersten Etage war ungewöhnlich schlicht und modern. Ein Laminat-Boden führte den Korridor entlang bis zu meinem Zimmer. Zu dritt hatten sie mich nach oben begleitet, mir das Gepäck abgenommen und die Tür aufgesperrt. Dann warteten sie anscheinend ab, was ich zu meiner neuen Bleibe sagen würde. Ich war überrascht, als ich ein riesiges Zimmer mit großen Fenstern, einer Sofagruppe und einem Bett betrat. Sogar einen Fernseher gab es. Einer der Männer stürmte nun durch mein neues Zimmer und riss eine weitere Tür auf. Das Badezimmer – hellblau gefliest. Und gleich daneben wartete hinter einer weiteren Tür noch ein Zimmer. Vor lauter Sonne konnte ich nicht so richtig sehen, was sich hinter der Tür verbarg. Ich sah erst einmal nur viele Fenster und dahinter eine gigantische Aussicht auf den Tempel, hinüber zur Residenz und hinunter ins Tal. Sie schoben mich ins zweite Zimmer. Das Klacken unserer Schritte auf dem Laminat-Boden hallte durch das Appartment und vermittelte mir ein ganz neues Raumgefühl. Erst jetzt bemerkte ich einen schönen großen Schreibtisch, den Schrank und eine Chaiselongue mit geschnitzten Lehnen aus dunklem Holz. Ich konnte so viel auf einmal gar nicht erfassen. Vielleicht war ich von der Größe und der Schönheit sogar etwas überfordert. Ich hatte mit einem ordentlichen Zimmer gerechnet, aber nicht mit einer großen Suite. Noch konnte ich nicht ausschließen, dass es sich um einen Irrtum handelte und sie mich eventuell mit jemandem verwechselt hatten. Die drei Männer jedoch ließen keinen Zweifel daran, dass ich hier nun wohnen sollte, denn sie verteilten meine zwei Gepäckstücke nach ihrem Gutdünken auf die beiden Zimmer. Dann stellten sie sich in Reih und Glied vor mir auf und warteten ab. Ich brauchte einen Augenblick, um mich zu besinnen und zu überlegen, was nun zu tun war. Zuerst äußerte ich mein Erstaunen über die schönen Zimmer und dann drückte ich jedem von ihnen ein gutes Trinkgeld in die Hand. Von Quirin hatte ich gelernt, dass die Höhe des ersten Trinkgeldes entscheidenden Einfluss auf die folgenden Aufmerksamkeiten ausübt.

Als sie gegangen waren, ließ ich mich zunächst einmal auf die Chaiselongue fallen. Ich genoss den wunderbaren Ausblick, den mir das Eckzimmer bot. Vor mir stand der Schreibtisch, an dem ich wohl in den nächsten Tagen öfters sitzen würde. Ein würdiges Möbelstück. Dann sprang ich fröhlich und voller Elan auf und schob die langen hellen Vorhänge beiseite, um keinen Quadratzentimeter Fenster verdeckt zu lassen. Das wird also mein Schreibzimmer sein, legte ich in Gedanken fest. Und dann schritt ich hinüber in den großen Raum. Erst jetzt realisierte ich, dass dort ein riesiges Bett stand. Ich prüfte es sofort. Es war weich und bequem. Augenblicklich meldete sich der Hotel-Reflex bei mir. Ganz automatisch wollte ich umgehend den Fernseher einschalten. Doch dem Hotel-Reflex war sogleich ein inneres Nein gefolgt. Der Fernseher blieb ausgeschaltet.

Diese Überraschung war gelungen. Ich hatte nicht ahnen können, was die Ankündigung von Lobsang Jeshongtsang bedeuten sollte, als der Staatssekretär mir von meiner neuen Unterkunft erzählte und dass sie mir sicher gefallen würde. Dieses Appartement war für nordindische Verhältnisse eine Präsidenten-Suite. Für mich allein war sie möglicherweise ein bisschen zu groß. Aber ich wollte mich auf keinen Fall darüber beschweren. Was werden die Mönche sagen, wenn sie mich hier besuchen kommen? Was soll ich sagen? Sie gefiel mir. Hier wollte ich bleiben.

Die neue Nähe zum Namgyal-Kloster wollte ich sofort nutzen. Bis zum verabredeten Mittagessen mit Paljor und zwei anderen Mönchen war noch etwas Zeit. Jedoch könnte ich bis dahin den kürzesten Weg herüber zum Kloster ausfindig machen und schauen, ob ich oben auf der Dachterrasse meinen alten Mönch treffen kann.

Na also! Ich konnte doch von hier aus hinüber auf das Dach schauen und damit auch auf meinen Lieblingsplatz! Das waren ja ganz neue Perspektiven.

Da war tatsächlich ein rotgekleideter Mann zu sehen. Jedoch erkannte ich nicht sein Gesicht. Aber ich war mir sicher, dass er es war – mein lieber alter Mönch.

Der Platz zwischen der Residenz und dem Tempel des Dalai Lama war heute seltsam leer. Nicht mal eine Handvoll Menschen war heraufgekommen. Ich stürmte die Treppen hoch und eilte nach hinten zur kleinen Dachterrasse. Die Gittertür über den Stufen war heute geschlossen. Mein Schreck legte sich aber recht bald, als ich merkte, dass die Tür nicht verschlossen war. Ein paar Schritte, und ich war da. Jedoch war dort kein Mönch mehr zu sehen. Ich lief die Stufen nach unten und umrundete die beiden Tempel auf der oberen Ebene. Vielleicht erwischte ich ihn noch, denn es waren vielleicht vier oder fünf Minuten vergangen, seit ich den Mönch auf dem Dach gesehen hatte. Aber hier war auch kein einziger Mönch zu finden. Von der Brüstung zum Platz hin überblickte ich das Areal bis zur Residenz. Auch da fand sich keine rote Robe. Ich musste ihn also um wenige Augenblicke verpasst haben. Leider hatte ich auch keine Ahnung, wohin er gegangen sein könnte, weil ich ja auch nicht wusste, wo er wohnte.

Enttäuscht ging ich zu meinem Lieblingsplatz zurück, um zumindest kurz die Ruhe zu genießen und vielleicht die Fenster meines Appartements zu entdecken. Die Fenster hatte ich recht schnell gefunden. Und ich tröstete mich mit der Gewissheit, von jetzt an jederzeit hier herübersehen zu können.

Ich blieb noch eine Weile und dachte darüber nach, wie sehr mich doch die Begegnungen mit dem alten Mönch gefesselt hatten. Noch konnte ich nicht abschätzen, was er mit mir vorhatte, wenn er mich mit wenigen Handgriffen auf eine meditative Reise schickte. War das Hypnose? Oder hatte er die Kraft, mich augenblicklich zu beruhigen und meine Gedanken auf nur einen einzigen Punkt zu konzentrieren? Was immer es war, er beherrschte es gut.

Schokoladenkuchen und Riesenspektakel

Paljor war mit einem anderen Mönch auf seinem Zimmer. Er begrüßte mich freundlich und stellte mich seinem Cousin vor. Als ich seinen Namen vernommen hatte, blickte ich etwas konsterniert in die Runde.

Dieser Name klang zu schwer, um ihn sich sofort merken zu können. Paljor lachte, denn er schien dieses Problem bereits zu kennen. »Sag James zu ihm. Wir rufen ihn alle so.« »James«, sprach der andere und verneigte sich leicht, als wolle er sich jetzt noch einmal richtig vorstellen. Paljor entschuldigte sich sofort bei mir, aber ich wusste noch nicht, wofür. Erst ein paar Sätze später verstand ich, dass sie mit mir nur einen Kaffee trinken wollten, weil die beiden keinen Hunger hatten. Mir ging es nicht anders: Kein Hunger! Nun rückte James zaghaft mit der Begründung heraus: »Wir hatten schon ein Mittagessen.« Paljor fiel ihm ins Wort: »Ehrlich – ich hatte vergessen, dass wir essen gehen wollten.« Und dieser Information folgte eine neuerliche Serie von Entschuldigungen. Beide sahen mich nun mit großen Augen und schuldbewussten Mienen an. Ich hatte anschließend einige Mühe, sie davon zu überzeugen, dass dies für mich kein Problem darstellte und ich ihnen in keiner Weise böse war. Da wir drei aber dennoch der Meinung waren, etwas unternehmen zu wollen, beschlossen wir, Kaffeetrinken zu gehen.

Im Straßencafé an der Temple Road orderten wir Schokoladenkuchen mit Schlagsahne und große Tassen Milchkaffee. Auf drei wackligen Stühlen platzierten wir uns direkt an der Straßenkante, von der nach kniehohen Steinbarrieren sofort ein steiler Hang ins Tal abfiel.

»Oh, da fällt mir ein, dass dich das interessieren könnte«, merkte Paljor auf, »morgen kommt Seine Heiligkeit zurück. Das ist nun definitiv!« Auf diese Information hatte ich gewartet. Für indische Verhältnisse nannte er sogar eine relativ genaue Ankunftszeit: »Morgen also zwischen fünfzehn und sechzehn Uhr! Du musst kommen, Stephen. Das wird ein Riesenspektakel, wenn er hier auf der Temple Road entlangfährt.«

Dann erzählte er, dass die Einwohner von McLlo heute Abend schon mit dem Schmücken der Straße beginnen werden. Entlang der Fahrstrecke würden bunte Wimpelketten gespannt, und morgen sollte es dann zugehen, wie auf einem Volksfest. Die alten Tibeter würden in ihren Trachten kommen. »Du kannst auch hierher zu uns kommen. Wir machen Musik, und es werden tibetische Tänze aufgeführt«, schlug James stolz vor. »Ja, wir Mönche werden in gelben Roben am Tempel auf ihn warten«, ergänzte Paljor. Sie wirkten richtig aufgeregt, und ich versuchte mir anhand ihrer munteren Beschreibungen auszumalen, was hier morgen passieren würde. Ich war den beiden sehr dankbar für diese Informationen und teilte ihnen allerdings auch gleich meine Entscheidung mit, auf der Straße bei den Leuten zu warten, denn ich erwartete mir von dort ein vielfältigeres Bild und eine weniger klösterlich geprägte Atmosphäre. Später könnte ich ja noch zum Kloster hinaufkommen und schauen, ob da noch gefeiert würde. Paljor meinte, das ginge dann alles erfahrungsgemäß recht schnell vonstatten. Ich müsste mich schon entscheiden, wo ich mitmachen wolle, denn auch vor der Residenz wäre das nur eine Sache von wenigen Minuten.

Die Sache mit dem Fleisch

Ich glaube, obwohl ich meine Kindheit und Jugend in der DDR verlebt habe, bin ich verwöhnt. Denn ich bin es nicht gewohnt, dass Warmwasserboiler einfach nicht so reichhaltig Wasser abgeben wie eine normale Warmwasserleitung. Man durfte hier nur minimal am Kaltwasserhahn drehen, um nicht zu heiß oder doch zu kalt zu duschen.

Es verlangte einiges an Fingerspitzengefühl, um jenen minimalen Punkt von vielleicht nur einem hundertsten Bruchteil einer ganzen Wasserhahnumdrehung zu finden, dass es weder zu heiß noch zu kalt herausströmte. Während dieser Zeit stand man zitternd und mit Gänsehaut im Badezimmer, hoffte auf die Abwesenheit von kleinen Tierchen, ärgerte sich ein wenig darüber, dass sich das Fenster nicht schließen ließ, und hoffte darauf, dass das Warmwasser nicht gleich wieder zur Neige ging. Also schnell duschen, Haare waschen und fertig.

Aber mindestens einen Vorteil hatte dieses Bad zu dem im Kloster: Das gleichmäßig über den Badezimmerboden verteilte Duschwasser lief tatsächlich von allein in den Siphon am Boden. Hier hatte man wohl an die erforderliche Bodenneigung gedacht.

Als ich das Kondenswasser vom Spiegel gewischt hatte, musste ich lachen. Hatte ich mich doch dabei ertappt, herumzumosern. Dabei fand ich mein neues Appartement eigentlich toll. Es war groß und hell. Ich hatte ohne Ende Platz. Es war sauber und recht gepflegt. Jedoch hatte ich auf den zweiten Blick schnell einige Mängel festgestellt. Die Holzfenster hatte man anscheinend nicht fachgerecht eingesetzt, so dass sich einige breite Spalten zeigten, durch die nicht nur Sonnenlicht drang. Ich hatte mir vorgenommen, eine Rolle Paketklebeband zu kaufen, um die Fenster abzudichten. In einem Moskauer Hotel der gehobenen Kategorie hatte ich das auch einmal tun müssen. Dort jedoch, um mich gegen mehr als minus zwanzig Grad kalte Luft zu verteidigen, die von draußen hereindrang. Also konnte ich doch hier noch mehr als zufrieden sein. Und ich nahm mir auch vor, die Vorzüge meiner neuen Bleibe zu genießen.

Paljor hatte mir eine SMS aufs Handy geschickt. Er und sein Cousin James schlugen vor, gemeinsam Abendessen zu gehen.

So kam es, dass die beiden Mönche und ich schon wieder an einem Tisch saßen. Diesmal war er aber etwas größer und weiß gedeckt. In großformatigen Speisekarten mit unglaublich vielen Gerichten drauf suchten wir nach Fleischgerichten. Ich war froh, dass die zwei auch gern Tierisches essen wollten. Deshalb bestellten wir ordentlich – von Huhn bis Schaf. Sie merkten mir an, dass ich über ihre Wahl etwas verwundert war. Bislang war ich tatsächlich davon ausgegangen, dass die Mönche des Dalai Lama vorwiegend vegetarisch aßen. Nur am Neujahrsfest kommt Fleisch auf die klösterlichen Teller, hatten mir die Mönche vom TseChokLing gesagt. James erzählte, dass der Dalai Lama als Kind verrückt nach Schweinefleisch gewesen sei. Es sei jedoch für einen Dalai Lama zu dieser Zeit verboten gewesen, Schweinefleisch, Eier und Fisch zu essen. Da das Haus des Dalai Lama, das man eigens für die Zeit seiner Kindheit und Jugend gebaut hatte, nur vis-à-vis zum Haus seiner Eltern gelegen war, sei er öfters zum Essen zu ihnen hinübergelaufen. Seine Heiligkeit soll es selbst einmal so beschrieben haben, dass er wie ein kleiner Hund am Teller seines Vaters auf einen für ihn abfallenden Bissen wartete, wenn es Schweinefleisch gab.

James betonte noch einmal, dass der Vergleich mit dem Hund original aus dem Munde des Dalai Lama stamme. Paljor fügte hinzu, dass ihm seine Mutter auch ab und zu und vor allem verbotenerweise Eier gekocht hätte. Und nicht nur das sei illegal gewesen, sondern schon allein die Tatsache, dass er heimlich ins Haus seiner Eltern geschlichen war.

Während wir Schaf mit Paprika, Huhn in Gemüse und Teigtaschen, die hier Momo heißen, aßen, sprachen wir über das Mönchsein. Paljor hatte schon mit fünf Jahren Mönch werden wollen. Das hatte er seinen Eltern immer wieder angekündigt. Mit zwölf kam er dann als Kindermönch in die Klosterschule, und mit siebzehn musste er sich nochmals entscheiden – dann eben für das Leben im Namgyal-Kloster. Diese besondere Entscheidung müsse dann schon noch fallen, erklärte er. Man bleibt nach dem Ende der Schulausbildung nicht automatisch im Kloster. James hatte einen ähnlichen Weg, jedoch begann seine monastische Ausbildung bereits im Alter von zehn Jahren.

Am Nachmittag beim Kaffee hatte er noch nicht so viel gesprochen. Jetzt zeigte er sich umso redseliger. Er sah gar nicht so typisch tibetisch aus. Sein Gesicht hätte man auch gut und gern nach Europa einordnen können. Paljor wollte gerne, dass wir uns kennenlernen, weil James offenbar an Europa sehr interessiert war. Er sprach auch ein hervorragendes Englisch. Beim folgenden Thema kam es sprachlich auch auf Nuancen an, denn das Gespräch drehte sich um Sexualität und Zölibat. Zuerst forderten sie mich auf, über das Zölibat bei katholischen Priestern zu erzählen. Vornehmlich ging es ihnen aber wohl um den Begriff des Zölibats, nicht um Sexualität. Jedoch ließ sich jener Trieb des Menschen bei diesem Thema naturgemäß nicht ganz heraushalten.

Paljor wollte irgendwann abrupt das Thema wechseln, weil er es ganz plötzlich seltsamerweise nicht mehr erörtern mochte. James hatte aber gerade angehoben, eine der Weisheiten wiederzugeben, die er sicher von einem älteren Lehrer oder einem Lama gehört hatte. Und dabei ließ er sich nun auch nicht mehr ausbremsen. Sexualität sei wie ein Pickel am Arm, sagte er. Ich staunte über den Vergleich und war gespannt, wie er fortfahren würde. »Lässt man ihn in Ruhe, dann vergeht er irgendwann. Rührt man daran, also kratzt und drückt, dann entzündet er sich meist«, war seine Auflösung. Ich dachte darüber nach, dass hierzulande das mit dem Pickel und dem Entzünden allemal stimmt, denn hier ist es eben weit weniger steril als bei uns. Viele tragen dicke Furunkel im Gesicht und am Hals. Ein plastischeres Bild hätte er zum Essen nicht wählen können.

Zurück zum Pickel und der Sexualität: Sicher mag das ein interessantes Bild sein. Ich respektiere es auch gern, wenn das jemand so leben kann, wie es die Weisheit von James nahelegte. Dazu gehören dann Selbstbeherrschung und Kraft. Aber was ist, wenn einem die Kraft eben auch mal von anderen Dingen und Geschehnissen oder Problemen geraubt wird. Ich habe das sehr oft von zölibatär lebenden Priestern gehört, die oft gerade dann der Versuchung erlegen waren, wenn sie sich von Problemen niedergedrückt fühlten. Auch das könne vorkommen, gab ich den beiden zu bedenken. Dann entsteht oft der Effekt, dass der Mensch nach Nähe, nach Wärme sucht und vielleicht als zölibatär Lebender diese Nähe in der Sexualität sucht, obwohl er sie eigentlich in der Liebe und Zuneigung suchen müsste. Beide Mönche atmeten nun tief durch. Dann folgte eine lange Pause. Ich erzählte ihnen, dass es bei den Zölibatären in der katholischen Kirche leider manchmal nicht nur zu der Entscheidung käme, diese Lebensform aufzugeben, sondern sie auch manchmal auf deutlichen Abwegen landeten. Von Missbrauchsfällen innerhalb der katholischen Kirche, wie sie vor allem in letzter Zeit immer wieder in der Öffentlichkeit bekannt geworden sind, hatten sie noch nichts gehört.

Sie erschraken etwas, als ich ihnen die Lage veranschaulichte. Natürlich ist das keinesfalls ein Ruhmeskapitel in der Kirchengeschichte, aber es zeigt eben auch, wozu der Mensch fähig sein kann.

Paljor und James wollten es kaum glauben. Sie wussten zwar davon, dass es hin und wieder auch mal den einen oder anderen buddhistischen Mönch gegeben habe, der beim Sex mit einer Frau erwischt worden ist, jedoch kannten sie bisher keinen Missbrauchsfall gegenüber Minderjährigen. James war in diesem Punkt anscheinend etwas aufgeklärter und informierter, denn er wandte nun ein, dass es wohl schon solche Fälle gegeben habe, aber das sei schon sehr lange her und vor allem in den Klöstern in Tibet geschehen. Ich wollte nicht weiter auf der Geschichte der Missetaten herumreiten und beließ es nun auch dabei, denn schließlich wollten wir weder die Morallehre der katholischen Kirche noch das Thema Zölibat und auch nicht den gleichen Part beim buddhistischen Mönchtum bis ultimo diskutieren. Paljor hatte ja schon vor geraumer Zeit signalisiert, dass ihm eher nach anderen Gesprächsthemen war. Die fleischlichen Speisen auf unseren Tellern genossen wir dagegen sehr.

Auf dem Nachhauseweg wollte Paljor aber dennoch einen Punkt unter das Thema Mönche und Sexualität setzen. Er sagte, es stünde jedem Mönch jederzeit frei, das Kloster zu verlassen. Dabei käme es nicht einmal auf die Höhe der Gelübde an, die derjenige zuvor abgelegt habe. In Deutschland und Europa ist das ein bisschen schwieriger. Man kann zwar die Mönchskutte und die Priestersoutane einfach an den Nagel hängen, jedoch hat man dann mit der Kirche ein Problem, weil man automatisch exkommuniziert ist. Es sei denn, man durchläuft ein langwieriges Laisierungsverfahren, an dessen Ende der Papst selbst seine Unterschrift setzen muss. Das wäre dann das geordnete Verfahren, um vom Weihestand des Priesters entbunden zu werden. Außerdem ist es nicht immer so einfach, den Weg zurück in die Gesellschaft zu finden, auch wenn sich die Haltung in der Bevölkerung zu abgesprungenen Priestern schon bedeutend verbessert hat.

Deshalb fragte ich nach, was hier aus den ehemaligen Mönchen würde.

Paljor sagte wie selbstverständlich, dass sie dann ganz normal weiterleben, wie jeder andere auch. Sie seien im Volk auch als ehemalige Mönche sehr geschätzt. Man könne ja außerdem das Modell »Kloster auf Zeit« wählen und für Monate oder Jahre als Mönch oder Nonne leben. Das sei im Buddhismus auch üblich. Auf meine Frage, wie oft jemand aus ihrem Kloster austreten würde, schätzte James die Zahl auf ein bis zwei pro Jahr. Manchmal auch keiner. Ich hielt das für wenig.

»Oh Stephen, was hatten wir heute für ein Thema«, seufzte Paljor, als wir am Klostertor angekommen waren. James schaute ganz unschuldig drein. »Weißt du, ein Buddhist sollte einmal – also in einem seiner Leben – ein Mönch gewesen sein. Das ist gut für sein Karma. Und dieses eine Leben kann man vielleicht auch zölibatär leben.« Dieses Statement leuchtete mir ein und ich ließ es als Paljors Wort zum Sonntag stehen.

Am späteren Abend saß ich noch eine Weile an meinem Schreibtisch und starrte auf die Lichter vom Namgyal-Kloster. Ich hatte ein flaues Gefühl im Bauch bemerkt und fühlte mich total erschöpft und müde. Aber ich fragte mich, von was.

Ich hatte so gut wie gar nichts getan. Nur Aufstehen, Frühstück, Kofferpacken, Umzug, Kaffeetrinken, Mittagsschlaf, wieder Kaffeetrinken,

Abendessen mit den Mönchen, und das war es dann auch schon. Egal, das war hier eben so. Hier war man schon vom Fast-nichts-Tun völlig kaputt. Natürlich war dieser Tag emotional anstrengend gewesen. Allein der Abschied hatte mich beschäftigt. An das neue Appartement musste ich mich nun ebenfalls gewöhnen. Selbstverständlich würde mir das leichter fallen, als in den Tagen nach meiner Ankunft in McLeodganj. Vielleicht mussten nur erst einmal genügend meiner Sachen herumliegen, dass ich mich auch hier zu Hause fühlte. Ich liebäugelte mit der Idee, den Fernseher einzuschalten. Doch irgendwie begeisterte mich der neue Luxus wenig. In den letzten Wochen hatte ich ihn nicht vermisst, also warum sollte ich jetzt? Außerdem vermutete ich in der Flimmerkiste ohnehin nur skurile indische Fernsehprogramme.

Im Bett musste ich an die Mönche im TseChokLing-Kloster denken, an ihre Gesichter, ihr Lachen und an so viele Erlebnisse mit ihnen. Wieder fragte ich mich, was sie wohl sagen würden, wenn sie mich hier einmal besuchen kämen. Vielleicht würden sie nur staunen und eher nichts sagen.

Ja, Sir! Nein, Sir!

Im neuen Zimmer aufzuwachen bedeutete vor allem, ausschlafen zu können. Die magische Fünf-Uhr-Marke hatte ich störungsfrei überstanden, denn da war im TseChokLing das Ende der Nachtruhe. Jedoch deutete sich in meinem Bauch eine Störung an. Sofort nach dem Aufwachen spürte ich, dass da etwas nicht in Ordnung war.

Ich hatte natürlich Sorge, dass ein fremdes Bakterium meinen Darm befallen hatte und nun auch ich das durchmachen müsste, was einem Großteil der Touristen hierzulande widerfährt. Nach der Erstversorgung im Badezimmer stieg ich dennoch die Stufen nach unten, um nach einem Frühstück zu fragen. Im Erdgeschoss trieb sich niemand herum. Ich durchstreifte einige Flure und Räume, die allesamt mit grünem Marmor ausgelegt waren. Doch hier waren weder Menschen noch Mobiliar zu finden. Zaghaft rief ich »Hallo« durch die Flure und Fluchten. Keiner antwortete. Seltsam. Alles wirkte wie verlassen oder ausgestorben. Auf dem Rückweg zum Zimmer entdeckte ich einen jungen indischen Mann vor der verglasten Eingangstür. Als er mich ebenfalls bemerkt hatte, stürzte er sofort auf mich zu. »Sir, guten Morgen!«, salutierte er freudig erregt und fragte sogleich, womit er mir helfen könne. Vorsichtig deutete ich den Gedanken über ein mögliches Frühstück an. »Oh, Frühstück! Ja!«, bestätigte er schnell, doch dann verzog er mitleidig sein Gesicht, »Nein, Sir. Kein Frühstück!« Ich war verwirrt. Natürlich hatte ich hier keinen Hotelservice erwartet, aber dieser Mann ließ mich nun gänzlich im Dunkeln tappen. »Das ist kein Problem«, antwortete ich, »ich hatte keine Ahnung, ob es hier vielleicht Frühstück gibt.« Jetzt sah er mich ganz erschrocken an und suchte nach Worten. Ich hatte bis heute Morgen auch nicht darüber nachgedacht und fand mich gedanklich gerade damit ab, in den nächsten Tagen auswärts nach einem Kaffee und ein paar Scheiben Toast mit Marmelade zu suchen; da hatte er sich gesammelt. Die Küche werde umgebaut und es gebe deshalb erst wieder in zwei oder drei Tagen etwas zu essen, sagte er. Ich überschlug kurz die Zeit. Es würde mich nicht wundern, wenn aus dieser Ankündigung in der Realität zwei oder drei Wochen würden. Dann allerdings würde ich nicht mehr hier weilen. Der Mann bat mich, auf der Terrasse zu warten. Ich wusste zwar nicht warum, aber ich tat, was er mir geheißen hatte, und genoss derweil die morgendliche Sonne und die frische Luft. Ein herrlicher Morgen und ein verändertes Lebensgefühl. Ich dachte darüber nach, dass ich mir auch auf dem Zimmer selbst einen Kaffee kochen könnte, denn ich war diesbezüglich bestens ausgerüstet.

Nach wenigen Minuten erschien der Mann auf der Terrasse. Vorsichtig balancierte er in Höhe seines Kinns ein Tablett. »Sir, bitte!«, lautete seine Erklärung, und er stellte eine Tasse Milchkaffee und ein Glas mit weißem Saft auf einen der runden Tische. Flugs angelte er mir noch einen Stuhl und bat mich nochmals um Verzeihung, dass er mir nicht mehr offerieren könne. Vergnügt trank ich trotz der dicken Milchhaut meinen Kaffee und den Saft, der sich als Litchinektar entpuppte. Der Tag hatte gefühlt gut begonnen. Alles bis auf meine rumorende Verdauung schien zu stimmen. Gut, das mit dem Frühstück hier hatte nicht geklappt. Um mich herum war es ein bisschen steriler geworden, aber ich begann jetzt ein Leben ohne 360 Stufen und 52 Kuhhaufen. Hier leben auch nicht sieben Hunde, die nachts ständig bellen und den Tag bereits um fünf Uhr morgens einläuten. Ich sah nur eine kleine Horde Affen, die auf einem Zaun herumturnte.

Elefanten am Pilgerweg

Da ich nun dem Dalai Lama fast bis ins Esszimmer sehen konnte, sollte ich vielleicht einmal die Umgebung etwas genauer erkunden. Damit meine ich natürlich nicht die Residenz, das Kloster und den Tempel, sondern eher den Pilgerweg, um den Hügel, auf dem die Gebäude des Dalai Lama stehen, die seinen Sitz darstellen.

Ich wusste zwar nicht, ob meine angeschlagene Verdauung diesen Ausflug zulassen würde oder, besser gesagt, ob die Zeitstrecke zwischen zwei nötigen Toilettengängen ausreichte, um die Erkundungstour zu rahmen, aber ich wagte es dennoch. Ein paar Stufen und Schrägen abwärts, und ich war schon am Beginn des Pilgerweges angelangt. Allerdings nicht allein. Die kleine Stadt des Dalai Lama schien wieder etwas voller geworden zu sein. Ich vermutete, dass dies an der angekündigten Rückkehr Seiner Heiligkeit lag. Langsam begann sich meine Vermutung zu bestätigen, dass der Empfang doch eine erheblich größere Angelegenheit werden könnte, als ich es mir bisher vorgestellt hatte. Von weitem erkannte ich, dass auf der Temple Road riesige Torbögen aufgebaut und mit farbigen, gerafften Tüchern behängt wurden. Es sah auch so aus, als würden sie die Straße bemalen. Neben mir, hinter mir und vor mir liefen ein paar ältere tibetische Frauen auf dem schmalen betonierten Pfad durch den Wald. Es war eine fast romantische Atmosphäre, denn die recht tiefstehende Wintersonne beleuchtete die Bäume sehr effektvoll, so dass ich einem paradiesisch wirkenden Bild entgegensteuerte.

Rechts des Weges steigt der Berg steil an. Wie aus dem Erdreich aufsteigende Straßenpoller leiten weißgetünchte Steinhaufen, spitz zulaufende Felsstücke und farbig beschriftete Flusskiesel die Pilger. Ich schätzte, dass es sich dabei nicht um Wegmarken handelte, sondern um symbolische Berge oder vielleicht auch um Stupas. Mani-Steine heißen sie, hatte ich gehört.

Sanft, ganz sanft krochen Töne den Berg herunter. Ein tiefes Brummen und wenig später gedämpftes Trompeten, als würden weiter oben Elefanten auf dem Dach der Residenz stehen, die Laut geben wollen, aber nicht zu heftig, auf dass keiner erschrickt. Als die Bäume kurz den Blick nach oben freigaben, konnte ich auf einem Dach drei Mönche erkennen. Einer blies ein langes Horn, zwei andere entlockten gebogenen Hörnern jene Töne, die mich an Elefanten erinnerten.

Die Szenerie wirkte ein wenig, als würden sie dort oben auf der Terrasse stehen und die lockenden und einladenden Töne hinunter ins Tal schicken, Richtung Delhi, wo sich der Dalai Lama in der kleinen Residenz jetzt sicher langsam vorbereiten würde, um in seine Exilheimat aufzubrechen. So, als würden sie ihn rufen. Und es hatte wirklich etwas von sanft rufenden, sehnsüchtig klingenden Elefanten.

Der Weg war rechts und links gesäumt von langen Gebetsfahnenketten. Sie waren in ungeordneter Folge von Baum zu Baum gespannt. Da waren alte, verblichene und ganz neue mit kräftigen Farben. Sie waren fast schon zu grellfarbig. So wandelte ich den Rundweg entlang, genoss die Elefantentöne, die nun langsam auch immer verklärter klangen, und bewunderte immer neue Steinhaufen in Weiß, zu denen sich jetzt auch Schrifttafeln aus grauem Schiefer gesellten. Die eingemeißelten und in Farbe herausgearbeiteten Worte in tibetischer Sprache waren für mich nicht lesbar, aber es schienen Gebete zu sein.

Der Wald linker Hand wurde lichter und gestattete mir einen freien Blick auf die Berge und auf den steil herabfallenden Hang zu meiner Linken. Zur Rechten nahm die Zahl der Gebetsfahnen stetig zu. Auch die Votivtäfelchen und weißen Steinhaufen standen immer dichter aneinander. Es war, als würde sich langsam ein Höhepunkt ankündigen, denn nun befanden sich auch lange Wände und Nischen mit bunten Gebetsmühlen am Wegesrand. Zwischendrin ein paar Bäume, von deren Ästen aus die Fahnenketten in alle Richtungen hundertfach ihre Wege nahmen. Es verdichtete sich noch mehr, so dass es fast schon zur Reizüberflutung gereichte. Und zwischen allem bunten Gewimmel und

Geflatter ragten nun mächtige und prächtig verzierte Türme einer ganzen Ansammlung von strahlend weißen Stupas empor.

Von der Straßengrenze aufwärts türmten sich ganze Treppen von Gesimsen, Gebetsmühlen und ganze Wände mit kleinen Buddha-Statuen. Wie ein Gebetswall schirmten sie die Stupa-Anlage ab. Ich ließ den Anblick des Ensembles auf mich wirken und bemerkte die alten Tibeterinnen, die ich längst überholt hatte. Sie kamen nun des Weges, lächelten und winkten mir zu. Ich hatte mich ja schon daran gewöhnt, dass man hier ständig äußerst liebevoll gegrüßt wird. Manchmal wird man mit einem Lächeln, manchmal mit herzlichen Gesten bedacht, manchmal signalisierten die Tibeter auch, dass wir uns schon einmal dieser Tage begegnet seien. Jedes Mal war ich erstaunt über ihr Gedächtnis – ob Taxifahrer, Mönch oder wer auch immer. Diese fünf tibetischen Pilgerfrauen taten allerdings geradewegs so, als würden sie einen alten Bekannten nach langer Zeit wiedertreffen. Sie kamen schnurstracks auf mich zu und begrüßten mich überschwänglich. Zwei fassten meine Hände an. Eine rechts, eine links. Eine von beiden strich mir sogar über die Wange. Und ich – ich wusste gar nicht recht, wie mir geschah. Vor allem ahnte ich nicht mal, warum. Vielleicht sollte es so sein.

Auch wenn es vermutlich verboten war, kletterte ich die verschlungenen Treppen zwischen den Stupa-Türmen nach oben, bis ich grünen Rasen erreicht hatte. Dort fiel mein Blick als Erstes auf eine Kuh, die sich mit ihren Beinen in herabhängenden Gebetsfahnen verheddert hatte. Nach längerem Gezerre schaffte sie es aber, sich loszureißen, und trottete weiter. Und erst dann entdeckte ich ein phantastisches Bild. In meinen Vorstellungen vom Sitz des Dalai Lama hatte ich es mir so ähnlich ausgemalt: rechts von mir ein riesiger weißer Stupa mit Elefanten und Rankenwerk, links von mir der Hang mit unzähligen Gebetsfahnen und vor mir ein gigantischer Blick über das Tal hinweg hinauf zu den Riesen des Himalaya unter dem blauen Himmel. Das Bild erschien so magisch, dass man den Dalai Lama um diesen Ausblick beneiden könnte. Denn nur ein paar Meter höher begann sein von Stacheldraht umzäunter Garten. Ich weiß wohl, dass dieser Blick nur eine marginale Entschädigung für sein Zwangs-Exil zu sein vermag. Aber immerhin ist dies der Blick hinauf in seine alte Heimat, hinauf ins Hochland von Tibet.

Der alte Mönch singt

Da stand er schon – mein alter Mönch. Diesmal war ich nach ihm hier oben angekommen. Er hatte mich nicht bemerkt, denn ich hatte mich die Stufen am Toilettentrakt vorbei heraufgeschlichen. Mein Augenmerk fiel auf seine Beine, insbesondere auf seine Unterschenkel. Jedenfalls waren diese zu sehen, weil er wohl sein Untergewand heute etwas zu hoch geschnürt hatte. Was ich da sah, erschreckte mich. Da waren dicke blaue und schwarze Beulen an seinen Beinen, die eindeutig nach gestauten Venen aussahen. Krampfadern, die bereits bedrohliche Ausmaße angenommen hatten. Seine Füße steckten angeschwollen in braunen Gummipantoffeln. Der alte Mann müsste eigentlich sofort behandelt werden, denn Thrombosen und Embolien würden sicher nicht mehr lange auf sich warten lassen. Ich würde ihm auch gern helfen, aber das stellte sich allein wegen des Sprachproblems ein bisschen schwierig dar. Sollte ich ihm dennoch klarzumachen versuchen, dass er zum Arzt gehen sollte? Ich war mir ziemlich sicher, dass seine Mitbrüder dies bereits getan hatten. Es gab ja auch unten im Innenhof zwischen dem Laden für Devotionalien und dem für Brokatstoffe ein kleines medizinisches Zentrum. Das war nicht weit entfernt von hier, und eine Untersuchung müsste für die Mönche sicher erschwinglich sein – wenn nicht sogar kostenlos. Aber je mehr ich drüber nachdachte, desto mehr wurde mir klar, dass alle weiteren Maßnahmen, die ihm helfen könnten, wahrscheinlich kaum ergriffen werden könnten, zumindest nicht hier vor Ort. Denn sollte ein Arzt etwas Krankhaftes oder Bedrohliches feststellen, dann müsste er den alten Mönch in eine Klinik nach Delhi oder gar noch weiter in den Süden nach Mumbay schicken, denn hier könnte man ihm vermutlich medizinisch wenig helfen.

Leider konnte ich mit meinem alten Mönch nicht darüber sprechen.

Jetzt hatte er mich bemerkt, obwohl ich mich ganz leise angeschlichen hatte. Er drehte sich leicht ein und lachte. Er strahlte mit einem Ausdruck im Gesicht, dass ich das Kind in ihm sehen konnte. Mit einem weiten Bogen beschrieb seine Hand sofort wieder einmal das, was er mir zeigen und sagen wollte. Ich kannte diese Geste nun schon, und ich ahnte auch in etwa, was sie bedeuten könnte. So richtig sicher war ich mir aber noch nicht, ob er mir einfach den Punkt zeigen wollte, der das Objekt der Meditation sein sollte, oder ob er auf den heiligen Berg und seine Magie verwies. Nun blieb auch sein Blick in den Bergen hängen. Seine rechte Hand bedeutete mir mit einer flatternden Bewegung seitlich der Hüfte, dass ich wieder meinen gewohnten Platz einnehmen sollte. Ganz dicht bei ihm.

Ich setzte mich und sah zu ihm hinauf, als wäre er mein Lehrer. Und irgendwie wurde ich auch den Gedanken nicht los, dass er es vielleicht sein wollte: mein Lehrer.

Der Mönch sah nicht zu mir hinab, sondern starrte weiter auf das ferne Bergmassiv. Also machte ich es mir im Schneidersitz so bequem es eben ging und harrte der Dinge, die da kommen mochten. Ein paar Mal atmete ich ganz tief durch, sog die Luft in mich ein, als hätte ich lange nicht ausreichend geatmet. Dann rührte sich das Gewand neben mir leicht, und es erklangen von oben Töne, als würde ein australisches Didgeridoo gespielt.

Mein alter Mönch sang. Oder sang er nicht? Er betete. Er sang die Verse der Gebete, die alle Mönche hier beteten. Das klang so tief, so sonor und vibrierend, dass es fast betörend wirkte. Wie ein Didgeridoo. Aber auch so beruhigend wie ein Schlaflied. Weil ich wusste, dass er neben mir betete, bescherten mir die Ehrfurcht und die Heiligkeit des Moments eine Gänsehaut der Rührung. Nun blickte er zu mir hinab. Ich konnte sein Gesicht sehen, seine Augen und auch Tränen. Mein alter Mönch sang weiter und lächelte dabei über das ganze Gesicht. Als wollte er mich in Trance singen, reihte er Worte in kaum variierenden Melodien aneinander. Seine rechte Hand löste sich vom Geländer und wandert langsam hinüber zu meinem Kopf. Ich fragte mich, was er jetzt wieder vorhatte, senkte aber meinen Kopf, um es in aller Gelassenheit abzuwarten. Die Spitzen seiner mittleren Finger landeten dort, wo am Kopf die Fontanelle ist, und drückten mich sanft. Die Bewegungen seines Körpers, die Mechanik seiner Atmung setzten sich in seinen Fingern fort und ließen mich all diese Vollzüge seines Organismus spüren. Das war unbeschreiblich. Ich spürte, wie er die Töne erzeugte und hörte sie. Sie klangen selbst in mir.

Mein Mönch hatte lange gesungen, und ich hatte es tiefbewegt genossen. An den Rändern meiner Augen hatte sich Salz abgelagert. Die Spuren der Rührung brannten etwas in der Sonne, aber ich wollte sie nicht wegwischen. Ich saß regungslos da.

Doch er hatte meinen Kopf losgelassen, noch einmal draufgetippt und war brummelnd betend weggegangen. Ich blieb, weil er es so wollte. Der Tipper auf den Kopf war das Zeichen dafür. Ich sah ihm nach, doch er schaute nicht zurück. So saß ich noch einige Zeit allein auf unserem Dach – ganz ruhig und in Gedanken versunken.

Protokoll einer Rückkehr

Vor dem Tor zur Residenz hielt eine Gruppe von zwölf indischen Soldaten eine Parade ab. Sie waren schwer bewaffnet. Es wirkte fast schon befremdlich, wie sich die uniformierten Männer mit todbringender Ausrüstung vor dem Wohnort Seiner Heiligkeit in zackiger Formation bewegten. Im Vergleich dazu wirken die Schweizergardisten im Vatikan richtiggehend folkloristisch in ihrer bunten Montur. Soldaten in typischen Militäruniformen sieht man dort nicht und auch keine Maschinengewehre.

Unten im Dorf wurde die Temple Road gefegt. Ein ungewöhnliches Bild. Und welch Wunder: Sogar die ewig stinkende Gosse befreiten emsige Männer von Unrat und Stauungen, so dass das Brackwasser abfloss. Es roch kaum noch unangenehm. Ich erlebte jetzt das untrügliche Anzeichen dafür, dass sich der Mensch an alles gewöhnt. Und im Speziellen bedeutete das, dass mir erst jetzt der vorherige Gestank wieder bewusst geworden war. Das kleine Dörfchen McLeodganj schien ganz aus dem Häuschen zu sein. Lautsprecherwagen fuhren durch die Straßen. Auf den gefegten und gespülten Asphalt malten junge Männer mit weißer Schlämmkreide große Figuren. Ältere begutachteten ihre Künste. Ich erkannte buddhistische Glückssymbole wieder, die ich auf Thangkas oder in Wandmalereien gesehen hatte, wie etwa einen Schirm, eine Lotusblüte oder ein Muschelhorn.

Überall patrouillierten Polizisten und Soldaten. Sie gaben den Straßenhändlern letzte Anweisungen, ihre Stände abzubauen. Riesige Torbögen aus Metallgestellen überspannten die Straße. An manchen prangten farbenprächtige Stoffverkleidungen und ausladender Schmuck. Etwa zwei Stunden bevor der Dalai Lama mit dem goldbronzenen Jeep durch diese Straße rollen sollte, polterte eine gelbe Straßenwalze die Temple Road herunter. Viele Passanten zeigten auf das Ungetüm und dachten sicher das Gleiche wie ich: In letzter Minute werden die Unebenheiten und provisorischen Aufschüttungen noch platt gewalzt, auf dass Seine Heiligkeit – frisch operiert – nicht zu starken Erschütterungen ausgesetzt sein möge. Während ich das Treiben bewundernd beobachtete, sprach mich unvermittelt ein Polizist an. Er erzählte mir, dass das Flugzeug des Dalai Lama in Delhi bereits gestartet sei. Die Fahrt vom neuen Kangra-Airport bis hier herauf würde etwas mehr als eine Stunde in Anspruch nehmen, und er erläuterte mir, dass man demnächst im Garten der Residenz einen Hubschrauberlandeplatz bauen wolle. Er erwähnte auch, dass es auf dem Hügel gegenüber im Bereich der Kasernen einen Landeplatz gäbe, jedoch müsste dann in jedem Fall jemand den Helikopterflug bezahlen. Dann wären es nur zwei Kilometer Fahrstecke für den Dalai Lama. Anscheinend wollte er mit seinem Wissen glänzen.

Bis es hier richtig losgehen sollte, zog ich mich noch einmal in mein Appartement zurück, um einen kleinen Mittagsschlaf zu halten. Dabei bemerkte ich, dass mein Magen nicht mehr rebellierte.

Gegen 14 Uhr hatte eine wahre Völkerwanderung eingesetzt. Alles was zwei Beine hatte, schien auf selbigen unterwegs zu sein. Scharen von Mönchen, Schulklassen, Tibeterinnen und Tibeter in Trachten, Jugendliche mit Tibet-Fahnen, Touristen, Fotografen und Polizisten strömten aus allen Richtungen auf der langen Temple Road zusammen. Ich ging einige Meter in die eine und in die andere Richtung, um einen Überblick zu erhalten, denn wegen der Kurven und Hügel konnte ich die Fahrstrecke seiner Heiligkeit nicht sehr weit einsehen. Überall glommen Weihrauchstäbchen. Ganze Bündel hielten die Leute in den Händen. Das veränderte den allgemeinen Umgebungsgeruch zusätzlich. Mich bewegte ein frecher Gedanke, weil ich mich fragte, ob der Dalai Lama nicht jeden Tag hier durch den Ort fahren könnte. Denn dann wären die Straßen sauber, die Gossen gepflegt, und es würde nicht unangenehm riechen. Ich hatte mir hinter der Kreuzung am Beginn des unteren Teils der Temple Road eine Stelle ausgesucht, an der nicht zu viele Menschen standen. Weiter oben und weiter unten war die Straße bereits zu beiden Seiten sehr dicht gesäumt. Seine Heiligkeit, der 14. Dalai Lama, musste schon auf dem Kangra-Airport gelandet sein, wenn er gegen 15 Uhr hier eintreffen sollte.

Es ging ein wenig zu wie auf einem Volksfest. Alle hatten prächtige Laune, die Sonne stand hoch am strahlend blauen Himmel, die Straßen waren geschmückt und alle warteten nur auf die Hauptattraktion. Eine Freundin hatte mir davon erzählt, dass die Tibeter die Straße zur Residenz säumen würden, wenn der Dalai Lama von einer Reise zurückkäme. Ich hatte gehofft, dass ich während meiner Zeit hier einmal in den Genuss eines solchen Ereignisses kommen würde, jedoch konnte ich nicht ahnen, dass es die Rückkehr des Dalai Lamas nach einer Zeit des Bangens werden würde. Ich fragte mich allerdings, ob jedes Mal, wenn das Oberhaupt der Tibeter mit dem Wagen über diese Straße rollt, solch ein immenser Aufwand betrieben wird. Im Grunde war halb McLeodganj seit den frühen Morgenstunden mit Vorbereitungen, Schmücken und Großreinemachen an der Fahrstrecke beschäftigt. Und da Seine Heiligkeit des Öfteren verreist, müssten sie darin geübt sein. Aber diesmal war es vielleicht anders, weil er aus dem Krankenhaus zurückkam.

Langsam kam etwas Ordnung in die wartende Menge. Fast jeder hatte anscheinend seinen Platz gefunden, von dem aus er glaubte einen guten Blick auf Seine Heiligkeit erhaschen zu können. Ich hatte mich im Geschäft gegenüber mit Wasser und Schokoladenriegeln versorgt, denn ich hatte keine Ahnung, wie lange sich die Ankunft noch hinauszögern würde. Es war schließlich schon einige Minuten nach 15 Uhr. Zwei buddhistische Nonnen versuchten, mir meinen Platz am Eingang zu einem Textilgeschäft streitig zu machen. Die Stufe neben mir hatten sie schon erobert. Somit hatten sie mir meine Sitzgelegenheit genommen, aber ich hatte – strategisch gesehen – einen sehr guten Standort. Zu beiden Seiten konnte ich recht weit die Straße einsehen. Das einzige Manko dieses Platzes war die Straßenseite. Sie lag nämlich in der Sonne – und die brannte unbarmherzig vom Himmel. Das war mir erst jetzt aufgefallen und ich vermutete, dass es vielleicht deshalb hier etwas leerer war, als auf der gegenüberliegenden Straßenseite. Dafür war hier die Beifahrerseite. Da der Dalai Lama nicht selbst am Steuer saß, würde ich ihn von hier aus also besser sehen können als von gegenüber.

Um 15.20 Uhr bemerkte ich eine Veränderung in der Stimmung, so als würde es gleich losgehen. Aber außer einem Rudel Hunde zeigte sich niemand auf der Temple Road. Sie liefen etwas irritiert an den Menschenreihen vorbei und sahen sich verwundert nach beiden Seiten um. Heute konnten sie ungestört die Straße entlangflanieren, ohne dass sie vor heranbrausenden Autos flüchten mussten. Die Bettler witterten an diesem Tag ein gutes Geschäft. Meter für Meter liefen sie die Reihen ab und hofften zur Feier des Tages die eine oder andere Rupie mehr zu erhalten. Ihre Gefäße, in denen sie das Geld sammelten, hatten sie heute mit goldenen Flittergirlanden verziert.

Es war bereits 15.30 Uhr, als über Lautsprecher Mönchsgebet mit Becken und Flöten erschallte und eine große Gruppe von Schülerinnen und Schülern in Schuluniformen die Straße herunterströmte. Sie waren fröhlich und alberten herum. Ihren Gesichtern nach mussten sie in der ersten oder zweiten Klasse sein. Tibetische Schüler kann man ganz leicht an ihren blau-weiß karierten Hemden, einem dunkelroten Pullunder und den stahlblauen Hosen oder Röcken erkennen. Zwei Frauen hatten sich frech vor mich geschoben. Jedoch waren beide so klein, dass ich allemal über sie hinwegsehen konnte.

Jedes Taxi, das nun um die Kurve gebogen kam, erregte kurzzeitig Aufmerksamkeit. Manche Fahrer und Insassen schienen diesen unerwarteten Auftritt zu genießen. Wann fährt man schon einmal mit dem Auto einen von Menschen gesäumten Korridor entlang?

Der Dalai Lama sollte eigentlich schon lange hier eingetroffen sein. Es war bereits zwanzig vor vier. Ich konnte auch noch kein Anzeichen dafür erkennen, dass er bereits den Ortseingang erreicht hatte. Die Schulkinder, die sich etwa hundert Meter weiter unterhalb gesammelt hatten, begannen nun langsam unruhig zu werden. Wie ein aufgeregter Vogelschwarm, der des Wartens überdrüssig geworden ist, schwirrten sie umher.

Um 15.50 Uhr musste ich mich in die Hocke begeben, denn ich

konnte nicht mehr stehen, und ich versuchte, in den Schatten des gegenüberliegenden Gebäudes zu tauchen, denn die Sonne brannte mir langsam das Hirn weg. Vielleicht hätte ich mich doch mit den vielen anderen im Schatten drängeln sollen. Aber ich wollte meinen Standort nicht aufgeben. Nebenan begann der Verkäufer des Ladens für Kaschmir-Textilien und Handarbeitsprodukte seine Auslagen zu entstauben. Er klopfte Mützen, Decken und bestickte Kissen aus und hüllte so die Wartenden in eine unangenehme Staubwolke. Sicher konnte er es – wie so viele hier – nicht mehr erwarten, dass der Dalai Lama endlich kam, denn bis dahin durfte er keine Verkäufe tätigen.

Gegen vier Uhr kam Bewegung in die Menge. Den Grund dafür konnte ich nicht erkennen, ich stellte lediglich fest, dass alle Haltung annahmen und ihre Gespräche einstellten. Aber es handelte sich wohl um einen Fehlalarm. Aus den Lautsprechern tönte jetzt sanfte Flötenmusik. Eine indische Reisegruppe lief die Straße hoch, entgegen der Fahrtrichtung, und vor meinen Füßen reihte sich eine Gruppe von tibetischen Kindermönchen auf. Ehrfürchtig hatten sie Khatas über ihre gefalteten Hände gelegt. Manche von ihnen hielten Räucherstäbchen. Sie wirkten aufgekratzt, wirkten aber sichtlich darauf bedacht, sich ruhig und andächtig zu verhalten. Jeder ihrer kleinen Köpfe war frisch geschoren, so dass ich mir Sorgen machte, dass ihnen die brennende Sonne vielleicht nicht guttun könnte. Die Volksfestlaune hatte sich in der letzten halben Stunde allmählich zu einer andächtigen und feierlichen Stimmung gewandelt. Der Duft des Weihrauchs konnte sicher auch weniger den Gedanken zur Aufgeregtheit begünstigen als vielmehr Besinnung stiften.

An der Kurve weiter oben konnte ich sehen, wie ein fliegender Händler pausenlos Seidenschals verkaufte. Dieser Tag brachte ihm sicher ein gutes Geschäft ein, denn er verkaufte die Khatas – aus gegebenem Anlass – für fünfzig anstatt für sonst zwanzig Rupies. Um fünf nach vier waren die ersten Räucherstäbchen bereits abgebrannt. Der Hühnersuppenverkäufer rührte in seinen Töpfen, schichtete den Reis um und sah verzweifelt auf seine Armbanduhr. Es half nichts. Er musste weiter warten, bis jemand bei ihm ein Essen ordern würde. Mit ihm warteten einige tausend Menschen gemeinsam auf die Rückkehr des Dalai Lama. Wie der Einzug Jesu in Jerusalem kam es mir vor. Es fehlten nur Palmzweige, die die Menschen auf die Straßen legen, dass der Messias über sie hinweggehen kann.

In McLeodganj dienten Fähnchen und Wimpelketten, Ornamente auf dem Asphalt, weiße Streifen an den Straßenrändern bis hoch zur Residenz und Leute in ihren besten Anzügen und Kleidern der Wegstrecke als Schmuck. Eine Nonne hielt einen Blumentopf im Arm. Die Pflanze zeigte zwar nur eine einzige rote Blüte, aber sie wollte mit ihr den obersten Mönch des tibetischen Buddhismus begrüßen, wenn er in seinen Exil-Ort zurückkehrt.

Nur wenige Menschen dieser Welt erhalten solche Aufmerksamkeit, nur wenige sehen Tausende Freiwilliger am Straßenrand, wenn sie in verminderter Geschwindigkeit an ihnen vorüberfahren. Keine bestellten Fähnchenschwenker, keine Claqueure oder Parteisoldaten.

McLeodganj wollte seinen kranken Dalai Lama nach dem überraschenden medizinischen Eingriff zu Hause willkommen heißen. Nur ließ jener seit einiger Zeit auf sich warten. Die Strecke vom Flughafen bis hier herauf ins Dorf kann man in einer guten Stunde bewältigen. Rechnet man ein paar Minuten hinzu, weil Seine Heiligkeit noch geschont werden musste und nicht allzu starken Erschütterungen ausgesetzt sein sollte, dann wäre es dennoch weit über die Zeit.

Plötzlich ging alles ganz schnell.

Die Menschen verstummten. Ein Auto bog um die Kurve. Es war ein goldbronzener Jeep. Keiner bewegte sich mehr. Keiner sagte etwas. Totenstille. Der Jeep kam näher, und ich erkannte auf dem Beifahrersitz einen Mönch mit einer Brille, wie sie der Dalai Lama trägt. Das war er. Gleich im ersten Wagen saß Seine Heiligkeit. Keine Eskorte vorweg, keine Polizei, kein Anzeichen, das ihn ankündigte.

Kameras blitzten entlang der Strecke. Es dauerte nur wenige Augenblicke, da fuhr der Jeep mit dem lächelnden und winkenden Mönch auf dem Beifahrersitz vorbei. Ich versuchte, durch die leicht verspiegelten Scheiben in seinem Gesicht zu lesen, wie es ihm gehen mochte.

Ich sah ihn nur für einen kurzen Augenblick und konnte in diesem lediglich erkennen, dass er abgemagert und schwach wirkte. Die kleinen Mönche vor mir standen regungslos wie Zinnsoldaten. Einzig ihre Köpfe folgten dem zügig vorbeifahrenden Wagen. Ich hatte erwartet, dass die Kolonne langsamer unterwegs sein würde. Jedoch hatte ich mich da getäuscht. Vielleicht war ich davon ausgegangen, dass Seine Heiligkeit mit der Geschwindigkeit des Papamobils auf dem Petersplatz chauffiert würde. Das war ein Trugschluss. Dem Jeep folgten noch etwa zehn weitere Fahrzeuge. Als die letzte Achse unsere Höhe passiert hatte, regte sich sofort wieder Leben in den Reihen. Die Menschen bewegten sich wieder und sprachen miteinander. Manche verharrten zwar noch in ihrer Stellung, aber sie wurden bald gestört von denen, die sofort aufbrachen, um den Tag weiterlaufenzulassen. Die Kolonne konnte ich zu diesem Zeitpunkt sogar noch weiter unten auf der Temple Road sehen. In Windeseile war aber eine Betriebsamkeit ausgebrochen, als wäre gerade nichts gewesen.

Vielleicht war das auch das Zeichen dafür, dass in dem kleinen Bergort McLeodganj in diesen Minuten der normale Alltag zurückgekehrt war. Normal deshalb, weil Seine Heiligkeit wieder zu Hause war.

Mein Handy vibrierte. Paljor! Ich rief ihn schnell zurück. Wir hatten das so vereinbart, um ihm Kosten zu sparen. »Ist er schon da?«, rief er. Im Hintergrund hörte ich Musik. Ich musste lachen und erklärte ihm, dass er in vielleicht einer Minute auf dem Tempelberg ankommen müsste. Paljor legte sofort auf. Ich vermutete, dass es jetzt für ihn stressig werden würde, denn nun begann das Empfangsprogramm der Mönche des Dalai Lama.

Gute Aussichten

Mein selbstgebrühter Kaffee war zwar etwas stark geworden, weil mir der Löffel zum Portionieren fehlte, aber mit etwas mehr Zucker sollte er genießbar sein. Ich hatte es mir in meinem neuen Arbeitszimmer bequem gemacht und ließ mich von der Morgensonne, die direkt auf die Chaiselongue fiel, wärmen und wach machen. Am Wohnhaus des Dalai Lama war viel los. Einige Mönche und Männer in Anzügen liefen herum. Autos fuhren vor und wieder weg. Seitdem Seine Heiligkeit wieder zu Hause war, ist auch das Leben in die beiden Häuser zurückgekehrt, in denen er lebte und arbeitete.

Paljor hatte mich am Abend noch angerufen, dass er in den nächsten sieben Tagen voraussichtlich täglich eine Puja feiern werde. Die Gebete würden morgens beginnen und am Abend enden. Als Grund dafür gab er an, dass die Mönche für die weitere Genesung des Dalai Lama beteten. Er hatte mir erzählt, dass er das große lange Horn blasen müsse und deshalb unverzichtbar sei. Damit war auch klar, dass wir uns in den nächsten Tagen nicht sehen konnten. Paljor bedauerte das ebenso wie ich, denn für diese Woche hatten wir eigentlich gemeinsam mit seinem Onkel Sonam einen Ausflug geplant. Daraus und auch aus so manchem Treffen würde wohl jetzt nichts mehr werden.

Paljor hatte gesagt, die Puja fände im Audienzsaal statt. Ich öffnete das Fenster meines Zimmers zur Residenz hin und konnte tatsächlich Trompeten, Pauken und Becken hören. Von hier aus klang der Rhythmus wie die Geräusche einer großen alten Dampflock – satt krachende und zischende Schläge. Einzig die Hörner und Flöten verliehen der Musik ein orchestrales Gepräge. Einer der tiefen schmetternden Töne stammte aus dem langen Horn von Paljor.

Nach dem pompösen Empfang gestern empfand ich es als eine schöne Ergänzung, den Dalai Lama bei seiner Genesung per Gebet zu unterstützen.

Im Ministerium für Religion und Kultur war die Stimmung ausgelassen. Alle witzelten und unterhielten sich über die halbhohen Wände ihrer Bretterverschläge hinweg. Staatssekretär Jeshongtsang hatte mich zu einer Unterredung gebeten, ich musste jedoch auf ihn warten und vertrieb mir die Zeit, indem ich mit seinen Mitarbeitern plauderte. Ich hatte den Eindruck, dass alle hier Arbeitenden laufend über die Rahmenbedingungen meines Aufenthaltes informiert wurden. Jedenfalls wollten sie gleich wissen, wie mir mein neues Domizil gefiel. Von ihnen erfuhr ich auch, dass dieses Gästeappartement womöglich sogar das beste im Bereich des Namgyal-Klosters und der Residenz war.

Bald kam auch Herr Jeshongtsang. Er führte mich lächelnd in sein Büro und erkundigte sich ebenfalls, ob ich mit der neuen Bleibe zufrieden sei. Ich zeigte mich mehr als zufrieden und brachte zum Ausdruck, dass es mich sehr froh stimmte, dieses Appartement bewohnen zu dürfen. Herr Jeshongtsang strahlte und kam dann sofort auf die anstehenden Themen zu sprechen. Wir tauschten uns zunächst kurz über das Treffen mit dem Sekretär des Karmapa aus. Er schien bereits bestens über dessen Verlauf informiert zu sein und zeigte sich erfreut darüber, dass alles so gut gelaufen war und auch darüber hinaus noch die Aussicht bestand, in einer anderen Gelegenheit zusammenzuarbeiten.

Ich sprach fast schon automatisch den ausstehenden Termin beim Dalai Lama an. Natürlich war ich mir darüber im Klaren, dass es auch jetzt, wo sich Seine Heiligkeit wieder in der Residenz aufhielt, nicht einfach sein würde, ein Treffen zu organisieren. In der laufenden Woche, so der Staatssekretär, bliebe Seine Heiligkeit ganz privat. Für die folgende Woche seien noch keine Informationen aus dem Büro seiner Privatsekretäre nach außen gedrungen. Da müssten wir noch abwarten.

Herr Jeshongtsang wurde feierlich und eröffnete mir, dass er mir aber eine andere frohe Botschaft verkünden könne. Auch wenn es unüblich sei, so erhielte ich dennoch die Genehmigung, für drei Tage zusammen mit den Mönchen im Namgyal-Kloster zu leben. Er machte mich darauf aufmerksam, dass sich außerhalb der öffentlich zugänglichen Räumlichkeiten normalerweise kein Fremder im Kloster aufhalten dürfe. Die Genehmigung schließe auch die Teilnahme an den Mahlzeiten und den Lehrveranstaltungen mit ein. Ich war begeistert und wusste nicht so recht, wie ich meiner Freude angemessen Ausdruck verleihen sollte. Mit solch einer großartigen Möglichkeit hatte ich nicht gerechnet. Im Gästehaus war ich zwar gut untergebracht, aber im Vergleich zu meinem Aufenthalt im TseChokLing-Kloster war ich jetzt etwas weiter vom unmittelbaren Klosteralltag entfernt. Ich konnte zwar jederzeit die paar Schritte hinüberlaufen, aber mir fehlte etwas an unmittelbarer Nähe. So würde ich die Gelegenheit haben, den gesamten Tagesablauf eines Klosterlebens noch sehr viel intensiver als bisher miterleben zu können.

Herr Jeshongtsang schien meine Freude bemerkt zu haben – ich denke, sie war mir auch überdeutlich anzusehen. Er bedauerte es deshalb, mir noch keinen verbindlichen Zeitraum nennen zu können, weil im Kloster in den nächsten Tagen kein normaler Tagesablauf stattfinden würde.

Ich ahnte den Grund hierfür. Und der Staatssekretär bestätigte auch gleich meine Vermutung, dass wegen der Gebete für Seine Heiligkeit unter anderem auch die Vorlesungen ausfielen. Somit würde man dieses Vorhaben auf meine letzte Woche verschieben müssen, sagte er. Ich signalisierte ihm sogleich, dass ich damit kein Problem hätte. Ich war ja über die grundsätzliche Entscheidung des Abtes hocherfreut. Der Zeitpunkt ließe sich ja später klären.

Dann sprachen wir noch über eine Führung im tibetischen Exil-Parlament, über ein Interview mit seinem Minister und diverse andere Gespräche, die er und seine Mitarbeiter noch für mich organisieren wollten. Alles in allem warteten in den nächsten Tagen noch einige Programmpunkte auf mich.

Glücklich verließ ich das Ministerium.

Der Mönch und die Zeitmaschine

Es war wieder dieser herrliche Sonnenschein, der zwar durch die gelblichen, verwitterten Wellplastikdächer am Haupttempel leider etwas gedämpft wurde, mir aber dennoch einen zusätzlichen Schub an guter Laune verschaffte. Ich war in den letzten Tagen nunmehr täglich hierhergekommen, um den Tempel zu umrunden und die Gebetsmühlen zu drehen. Der Haupttempel war noch immer wegen der Renovierungsarbeiten gesperrt, deshalb betrat ich heute einmal den kleineren Tempel direkt nebenan. Zu meinem Erstaunen musste ich feststellen, dass er sehr viel prächtiger ausgestaltet war, als der eigentlich wichtigere Thekchen-Choling-Tempel des Dalai Lama. In einem mittleren verglasten Schrein thronte eine vielgliedrige, reich verzierte Buddha-Statue, umgeben von einigen kleineren Figuren. Ein Schild an der Rückseite des Glaskastens verriet mir, dass ich mich im Kalachakra-Tempel befand. Gleich darunter wurde erklärt, das Kalachakra-Tantra sei ein heiliger Text, der in etlichen Schulen des tibetischen Buddhismus gelehrt wird. Kalachakra sei ein Begriff aus dem Sanskrit und bedeute »Rad der Zeit«. Es war ebenfalls der Name des höchsten tibetischen Zeitgottes. Das Kalachakra-Tantra aus dem 10. Jahrhundert gilt als der letzte und jüngste aller offenbarten Tantra-Texte und wird von den Lamas als das höchste aller buddhistischen Systeme angesehen. An der prächtigen Altarwand entdeckte ich einen kleinen alten Mönch. Er stand auf einer kleinen Klappleiter, um unterhalb der mehrere Meter langen Reihe von goldenen Buddha-Figuren zu arbeiten. Mit einer alten, zerbeulten aluminiumfarbenen Kanne goss er offenbar Öl in zwei riesige silberne Kelche, in denen jeweils zwei Flammen brannten. Ich sah ihm dabei zu, wie er das klare Öl in einem dünnen Faden aus der Schnepfe der Kanne laufen ließ. Er hatte mich bemerkt, aber er goss in aller Ruhe weiter. Dann stutzte er mit einer kleinen Schere die Dochte auf eine Länge, so dass bei der Verbrennung weniger Ruß entstand. Es dauerte einige Minuten bis er seine Arbeit beendet hatte. Jedoch schien er Spaß daran zu haben, mir zwischendrin immer mal wieder einen kurzen Blick zuzuwerfen, weil ich bei ihm stehengeblieben war, um ihn zu beobachten.

Als der Mönch von seiner zweistufigen Leiter heruntergeklettert war, lachte er durch seine Zahnlücken und sagte: »Time machine.« Ich sah ihn fragend an und er wiederholte das Wort, »Zeitmaschine«. Dabei zeigte er auf zwei Papierzylinder, die sich über den Flammen in den silbernen Kelchen drehten. Er lachte noch immer, und ich versuchte mir vorzustellen, wie ich die gleiche Situation als Kind verstanden hätte, wenn mir ein alter Mönch erklären würde, wir stünden vor der Maschine, die die Zeit machte. Die großen, geheimnisvoll beleuchteten Zylinder wären die Motoren, welche die Zeit auf der Erde antrieben. Überall auf der Welt wäre man von der Funktion dieses Apparates abhängig. Und der Mönch wäre derjenige, der dafür sorgen muss, dass er niemals stehen bliebe. Damit kein Windhauch die Flammen zum Erlöschen bringen konnte, hatte man extra eine gläserne Einhausung um die Zeitmaschine gebaut. Würde einer der Zylinder stillstehen, wäre der jeweils andere alleinig für die Fortdauer der Zeit verantwortlich. Als Kind würde ich es als eine Katastrophe empfinden, wenn beide ausfielen, weil dann augenblicklich alle Sekunden, Minuten und Stunden sterben würden. Was wäre dann mit der Welt?

Mir ist klar, diese Apparatur und die Aussage des Mönches wären ein guter Stoff für ein Märchen. Der Schauplatz wäre sehr illuster und der kleine alte Mönch ein berühmter Mann. Mit jedem Schluck des Lampenöls, das er in die Kelche goss, sicherte er die Bewegung der Welt.

Ich hatte wohl erkannt, dass die beiden Zylinder sich ewig drehende Gebetsmühlen waren. Dem Wärmeströmungsprinzip, wie bei einer Weihnachtspyramide, verdankten sie die Energie für ihre Bewegung. Ich hatte nämlich oben auf den Zylindern die Propellerplatten entdeckt. Auf ihren seitlichen Papierflächen erkannte ich umlaufende Gebetstexte, die in kleiner Schrift zu mehreren Dutzend untereinander aufgereiht waren. Es handelte sich bei der vermeintlichen Zeitmaschine also um zwei Gebetsmühlen, die in nicht endenden Bewegungen ihre Mantren hinaus in die Welt trugen. Der Mönch sorgte dafür, dass rund um die Uhr gebetet wird. Noch ein letzter Guss mit der Kanne, und er lachte mich wieder an. Woher ich komme, wollte er nun von mir wissen. »Germany«, antwortete ich ihm kurz. Während er mehrfach gurgelnd und lachend »Germany« wiederholte, schloss er den Glaskasten um die Zeit-Gebets-Maschine, die sich auch für Deutschland weiterdrehte.

Es zog mich zu meinem mittlerweile liebsten Ort hier auf dem Tempelberg: auf die Dachterrasse, die schöner und besonderer nicht hätte sein können. Das große schwarze Wasserfass nahm ich schon gar nicht mehr wahr. Anders als unter den halbtransparenten gelben Dächern rings um den Tempel konnte die Sonne hier ungebremst ihr Werk verrichten. Ich mag es sehr, wenn sie mich durchwärmt, wenn sie ein wenig auf der Haut brennt und, ohne dass man das bemerkt, dabei jene Vitamine erzeugt, die den Menschen glücklich bleiben lässt. Diese wenigen Quadratmeter betonierter Fläche waren in mehrfacher Hinsicht wie ein Paradies. Denn paradiesisch war die Freiheit, die ich hier oben atmen konnte. Die Adler am Himmel zeigten sich wie eine Demonstration jener Freiheit und Leichtigkeit. Paradiesisch war auch die Weite, die ich fühlen konnte, wie sie sich von den Hängen des Himalaya hinaus in das weite Tal zog. Paradiesisch war die Ruhe, die nicht nur darin bestand, dass ich nichts hörte. Nichts vom Lärm des Dorfes drang bis hierher. Keine lauten Gedanken, die mich in Beschlag nahmen. Paradiesisch war auch die Wärme, die ich hier riechen konnte. Warme Luft riecht anders als kalte. Warme Haut riecht anders als kalte. Doch es war nicht nur die Wärme der Sonne und der Luft; auch die Wärme des Ortes, die diesen Platz auf dem höchsten Punkt des Tempels und des Klosters ausmachte, tat mir gut. Vielleicht ist es ein wenig übertrieben, wenn ich es als paradiesisch bezeichne, denn der Begriff Paradies würde eine uneingeschränkte und unermessliche Schönheit bedeuten. Hier durfte ich selbstverständlich nicht so genau hinsehen, nicht nach unten oder zur Seite schauen. Sollte ich es Glücksgefühl nennen? Vielleicht würde ich es endgültig so bezeichnen, aber nur wenn jetzt noch der alte Mönch angeschlurft käme, um sich zu mir zu gesellen.

Wenn man sich in die eine Ecke des Geländers stellt und in die nach unten abfallende Weite sieht, könnte man Leonardo DiCaprio spielen, wie er sich im Film »Titanic« in die Bugreling stellt und mit großer Geste dem Ozean verkündet, er sei der König der Welt. Der Dalai Lama hat an seiner Residenz, die nur ein paar Meter entfernt liegt, ein ähnliches Geländer, das seine Terrasse umfängt. Dort könnte er das Gleiche tun. Ich vermutete, dass er dort manchmal eher wehmütig stand und dachte: Wäre ich der König der Welt, dann müsste ich nicht hier stehen, um hinaufzusehen zum Himalaya, sondern ich würde dort oben sein. Dort, wo ich herkomme. Ob er dennoch dieses Gefühl der Freiheit, der Weite, der Ruhe und der Wärme genoss? Jenes Glücksgefühl, das ihn vielleicht überkommt, wenn er sich an die Ecke seiner Veranda stellt und seinen Gedanken freien Lauf lässt? Könnte dieses erhebende Gefühl den quälenden Umstand des Exils überflügeln? Schafft es ein Löwenzahn, dem Häftling auf dem betonierten Gefängnishof einen Hauch von Freiheit und Wärme zu geben? Schafft es ein Häftling, das zu sehen? Der Dalai Lama und die Tibeter waren hier in McLeodganj keine Gefangenen, aber sie sind ausgesperrt. Ausgesperrt aus ihrer Heimat. Eingesperrt in eine politische Situation, aus der sie offenbar aus eigener Kraft nicht ausbrechen können. Wenn ich in die Gesichter der Tibeter sah, glaubte ich aber daran, dass sie sich davon nicht brechen lassen würden. In ihren Augen spiegelten sich erstaunlicherweise keine Traurigkeit und auch kein Hass. Selbst als mir die alte Frau, Ama Adhi, von der Folter im chinesischen Gefängnis erzählte, zeigten ihre Augen Weite, Ruhe und Wärme.

Auch der Jugendliche, der sich nun mit dem Exil und dem Stillstand in seiner Entwicklung abfinden musste, hatte mich mit dem gleichen »tibetischen« Blick angesehen.

Hieß das also, man kann alles überwinden? Vielleicht nicht wirklich alles, aber zumindest so viel, dass man nicht nach unten stürzen muss, weil die Dunkelheit der Tiefe manchmal so anziehend ist. Brauchte es, um der Tiefe widerstehen zu können, manchmal diese Orte, die einem das Glücksgefühl des Daseins erleichtern, oder eben auch jene Menschen, die einem Freiheit, Weite, Ruhe und Wärme schenken?

Mein konzentrierter Blick in die Berge ließ mich diese Fragen denken und das Gefühl einer Antwort in mir aufsteigen: Ja, ich brauchte diese Plattform auf dem Dach, die Glücksgefühle und die besonderen Begegnungen. Leider blieb mir heute wieder einmal eines verwehrt, worauf ich mich gefreut hatte: Mein alter Mönch war nicht gekommen.

Zu Besuch in der alten Heimat

Mir war fast ein bisschen eigenartig zumute, als ich die Treppen hinab zum TseChokLing-Kloster ging. 360 Stufen, die nicht mehr zur täglichen Askese gehörten. Vielleicht konnte man nach zwei Tagen nicht unbedingt von Nostalgie sprechen, denn die riesigen »Tretminen«, die von einem regen Kuhverkehr zeugten, erweckten in mir keinerlei nostalgische Gefühle.

In dem schmalen Streifen des Waldes, den ich zu durchqueren hatte, vernahm ich plötzlich laute Geräusche. Ich erschrak, weil ich natürlich an die Erzählungen über wilde Tiere denken musste. Ich sah mich um, konnte aber rechts und links des Weges kein Tier entdecken. Nach einiger Suche in den Ästen der Bäume entdeckte ich ein dunkles Gesicht, das von einem Kranz aus weißen Haaren umgeben war.

Ich ging vorsichtig und leise ein paar Schritte weiter und erkannte den dazugehörigen Körper. Er war auch weiß. Von ihm hing ein ebenfalls weißer langer Schwanz hinab. Das musste ein White Monk sein. Jemand hatte mir von diesen eindrucksvollen weißen Menschenaffen erzählt. Sie sollen schon bei McLlo gesichtet worden sein. Ich ging noch weiter und hatte damit wohl den berühmten Schritt zu viel getan, denn nun sprangen aus allen möglichen Baumkronen der unmittelbaren Umgebung Affen auf und suchten das Weite. Es waren mindestens zwanzig Tiere.

Als ich das Kloster erreicht hatte, war nur ein einziger Mönch zu sehen – und der stand mittig auf dem Platz vor dem Eingang zum Tempel. Mit weit ausschweifenden Armbewegungen und einem breiten Lächeln begrüßte mich Nima 2, ich hatte ihn deshalb Nima 2 genannt, weil er wie der andere Nima für den Tempel verantwortlich war. Er umarmte mich, nahm meine Hände, drückte sie ab und zu an seine Wange und stammelte tibetische Worte der Begrüßung. Er war so herzlich und lieb wie immer und schien sich über das Wiedersehen außerordentlich zu freuen. Ich war gerührt. Eine Rückkehr nach zwei Tagen und dann solch ein warmer, herzlicher Empfang. Was gab es Schöneres? Als Nächstes traf ich auf Direktor Thupten. Er stand etwas zerstreut und niedergeschlagen wirkend zwischen dem Eingang zum Büro und dem Aufgang zu seiner Wohnung. Sofort legte er den Arm um meine Schultern und lud mich zum Tee ein. Mit schwarzem, reichlich gezuckertem Tee standen wir in der Nachmittagssonne und beobachteten zwei ältere tibetische Frauen dabei, wie sie neue Blumen in die tönernen Töpfe pflanzten. Eine von ihnen fragte mich, ob ich aus Amerika oder aus Germany komme. Als sie »Germany« hörte, leuchteten ihre Augen, und sie bat mich, neben ihr auf dem Mäuerchen Platz zu nehmen. Dann erzählte mir die fremde Frau, während sie meine Hand festhielt, dass ihre zwei Söhne in Deutschland lebten und dort studierten. Sie hatte Tibetisch gesprochen, aber gespickt mit einer Handvoll deutscher und englischer Vokabeln, dass auch ich im Bilde war. Sie blühte augenblicklich auf. Vielleicht weil sie meinte, mit diesem Deutschen neben ihr und seiner Hand ein bisschen mehr mit ihren Söhnen in der Ferne verbunden sein zu können.

Thupten brachte mir eine suppentellergroße Schüssel mit Obstsalat. Der sah so lecker aus, dass meine Speicheldrüsen fast schon explosionsartig darauf ansprangen. Ich aß die Obststücke mit großem Appetit, denn außer ein paar Bananen hatte ich in den letzten Wochen kein Obst genossen. Glücklich wie ein kleiner Junge unter dem Weihnachtsbaum nach der Bescherung, saß ich nun neben zwei tibetischen Frauen in schönen Kleidern unter einem großen Rhododendron-Baum und gabelte Stück für Stück den köstlichen Obstsalat. Mandarinen, Honigmelonen, Bananen, Papaya und Mango. Ich erinnerte mich an die römische Portion Obst, die ich noch wenige Tage vor meiner Reise hierher serviert bekommen hatte. Diese tibetische Variante konnte sich sehr gut damit messen. Thupten stand vor mir und sah zu, wie ich es genoss. Es war kurz vor 19 Uhr, und ich dachte daran, dass die schrille Glocke in wenigen Augenblicken die Mönche zum Unterricht rufen würde.

Was Sangay wohl sagen wird, wenn er mich sieht, überlegte ich. Kurz nachdem die Glocke erklungen war, kam der kleine Mönch tatsächlich als Erster die Treppe heruntergeschlendert. Als er näher kam und mich sah, stoppte er, winkte kurz, sah sich um und rannte auf mich los. Dabei verlor er fast seinen roten Überwurf.

Etwa einen Meter vor mir stoppte er abrupt und sah mich an. Sein Blick wirkte fast schon ein bisschen vorwurfsvoll; so als wolle er mich fragen, warum ich weggegangen sei.

Von hinten kam Thubtens Stimme: »Oh, dein kleiner Freund Sangay freut sich, dich zu sehen.«

Der Kleine erschrak und lugte an mir vorbei, um nachzusehen, wer da etwas gesagt hatte. Dann sah er mich an. Zuerst ganz ernst, dann wechselte sein Gesichtsausdruck in leichte Scham und endetet schließlich in einem Grinsen. In diesem Augenblick fiel mir auf, dass ich ihm nicht einmal etwas mitgebracht hatte.

Ich fragte ihn: »Class?« und er nickte. »Yes!« Das bedeutete, er musste nun auch gleich weiter in den Klassenraum zum Unterricht, denn nach und nach flatterten auch schon seine Mitbrüder an uns vorbei. Sie winkten fröhlich und liefen weiter.

Sangay drehte sich um, und auch ich sah, dass sich weiter oben sein strenger Lehrer bereits auf den Weg gemacht hatte. Er ging einen Schritt nach hinten und winkte. Dann lief er langsam seitwärts, bis er hinter der Hausecke verschwunden war.

Der 50-Dollar-Hahn

Die Männer, die für die Versorgung des Gästehauses zuständig waren, hatten recht behalten. Ab heute gab es wieder Frühstück. Im Untergeschoss waren zwar immer noch nicht, wie angekündigt, Möbel aufgestellt, aber dafür servierten sie mir das Frühstück auf dem Zimmer. Frischer Bohnenkaffee, heiße Milch, einige Scheiben Toast, Yak-Butter, Marmelade, zwei gekochte Eier und einen Mangosaft brachte der junge Mann auf einem Tablett herein.

Der Tag begann kulinarisch.

Bei meinem morgendlichen Spaziergang durchs Dorf stellte ich fest, dass es wieder wie eh und je stank. Die Reinlichkeit, die bei der Ankunft des Dalai Lama geherrscht hatte, war von diversen Flüssigkeiten, Essensresten, Fäkalien und Müll die Gossen heruntergespült worden. Nun präsentierte sich McLlo wieder im altgewohnten Bild. Einzig die weißen Zeichnungen und Striche, die mit Schlämmkreide auf die befestigten Straßen gemalt waren, zeugten noch von etwas Besonderem. Es war aber auch dafür nur eine Frage der Zeit, bis sie verschwanden.

Noch etwas war anders. An den meisten Geschäften und Cafés ratterten die Motoren von irgendwelchen Aggregaten. Langsam erst verstand ich, was das bedeutete. Das war die Notstromversorgung, weil mal wieder keine Elektrizität zur Verfügung stand. Und erst jetzt kapierte ich, warum mir einer der Angestellten vom Gästehaus zugerufen hatte, ich könne aus meinem Boiler im Badezimmer ab sofort wieder Warmwasser erhalten. Mir war das nicht aufgefallen, weil ich kein Licht gebraucht hatte.

Die Notstromaggregate, die vor den Eingangstüren der Geschäfte aufgestellt waren, hatten nicht nur den Nachteil, dass sie laut waren, sondern auch, dass sie mit Diesel betrieben wurden und sich ihre Abgase gleichmäßig in der Straße verteilten. Das Thema Feinstaub wie in Deutschland kannte man hier nicht. Es schien auch keinem aufzufallen, dass es eher unangenehm war, in einer Abgaswolke Kaffee zu trinken.

Mittlerweile wurde ich von vielen Tibetern und Indern gegrüßt. Es war hier offenbar üblich, Leuten, die man schon einmal gesehen oder gesprochen hatte, einen lächelnden Blick zuzuwerfen oder einen Guten Tag zu wünschen. Auch die Bettler grüßten, weil sie mein Gesicht langsam kannten. Die Freundlichen von ihnen wussten, dass sie ab und zu etwas Kleingeld von mir erhielten.

Am Wohlfahrtsbüro der Exil-Regierung warteten Tibeter in einer langen Schlange. Vormittags konnten sie subventionierte Lebensmittel kaufen und sich Sachspenden abholen, die aus dem Ausland eingetroffen waren. Ich bewunderte, wie geduldig sie anstanden – ohne zu murren. Sie lächelten mir zu, als sie bemerkt hatten, dass ich sie beobachtete.

Kurz bevor ich den Hauptplatz erreichte, irritierte mich ein krähender Hahn, der auf den Auslagen eines Gemüsehändlerstandes herumstolzierte. Weit kam er allerdings nicht, weil eines seiner Beine am Stand angebunden war. Das Preisschild, das ihn eindeutig als Ware auszeichnete, war mit einem Ring aus Klebestreifen um seinen Hals gelegt. Ich ging näher heran, um zu lesen, wie viel das Tier kosten sollte. Auf dem Papierfetzen stand auf Englisch: Preis 300 Rupies, einmal fotografieren 50 Dollar. Der Hahn krähte unaufhörlich, als wolle er auf sich aufmerksam machen. Viele Passanten waren stehengeblieben, jedoch hatte niemand ihn oder etwas vom Gemüse gekauft.

Auf dem Platz fuhr gerade der Bus nach Dharamsala ab und hinterließ auf dem Schotter eine riesige Öllache. Ich fragte mich, ob er es bis runter in die Stadt schaffen würde. Es ging zwar von McLlo fast nur bergab ins Tal, aber zwischendurch gab es auch Steigungen. Notfalls müssen die Fahrgäste aussteigen und schieben.

Blumengießen im Gebirge

Sonam gabelte mich mit seinem großen dunkelroten Jeep in der Stadt auf. Wir hatten uns vor dem Gebäude der indischen Staatsbank verabredet, um von hier aus zu dem geplanten Ausflug in die Berge zu starteten.

Wir fuhren einmal durch McLlo hindurch und dann auf eine ganz schmale, stark ansteigende Straße. Hier war ich noch nie gewesen.

Wir hielten auf einem großen Hof, der von recht hübschen und frisch gestrichenen Häusern umgeben war. Auf dem betonierten Platz tanzten etwa zwanzig Leute. Sonam sagte, sie übten für das tibetische Kulturfestival, das am Wochenende stattfinden sollte. Auf einem Schild las ich »Institut für tibetischen Tanz«, und mir dämmerte, dass ich hier doch schon einmal gewesen war, allerdings bei Dunkelheit. Vielleicht zweitausend Tibeter waren damals um eine ziemlich große Bühne versammelt, um die diesjährige Miss-Tibet-Wahl zu verfolgen. Zwei langhaarige junge Damen posierten abwechselnd mit etwas eigenwilligen Sängern. Nicht die Tatsache, dass die Gewinnerin bereits vorher festgestanden hatte, verlieh der Veranstaltung eine eigenartige Note, sondern auch eine Schlägerei zwischen Jugendlichen.

Unser Jeep quälte sich weiter über immer dürftiger werdende Wege und löchrige Schotterpisten hinauf. Ich sollte besser keinem zu Hause erzählen, wie unsicher es hier war, zu fahren, denn »Straße« bedeutete hier nicht, dass sie noch vollständig vorhanden sein musste. Die Abbruchkanten führten geradewegs einige hundert Meter nach unten ins Tal. Leitplanken kannte man hier nicht. Ab und zu fanden sich am Straßenrand Ölfässer, die man in die Erde eingegraben hatte. Sie waren weiß getüncht und mit Erde gefüllt. Sie könnten für Autos durchaus einen effektiven Rammschutz gegen das Herabstürzen bilden, wenn sie im regelmäßigen Abstand von etwa drei Metern stünden. Das taten sie natürlich nicht. Und so sah ich durch das Fenster des Beifahrers geradewegs steil in die Tiefe und wollte fast schon beten, dass wir da nicht hinabstürzten. Sonam war an sich ein guter Fahrer und an das Verkehrssystem und die Straßenverhältnisse hier gewöhnt. Aber sein häufiger ausgestoßenes »Upsa« verlieh mir nicht gerade das Gefühl der Gelassenheit und Sicherheit. Ich war froh, dass uns bisher kein Auto entgegengekommen war, dem wir quasi ins Nichts hätten ausweichen müssen.

Nach einer endlos erscheinenden Fahrt, die uns an manchen Stellen einen phantastischen Blick herunter auf McLeodganj bescherte, kamen wir an einer Gabelung an. Hier parkte Sonam den Wagen. Er sagte, wir müssten unseren Weg jetzt zu Fuß fortsetzen. Ein Auto hätte auch unmöglich weiterfahren können, denn es war zu Fuß schon nicht einfach, den steilen Pfad, der mehr aus Felsbrocken, als aus Erde bestand, hinaufzugelangen.

»Mal schauen, ob er zu Hause ist«, bemerkte Sonam beiläufig. »Wer?«, fragte ich erstaunt. Sonam ächzte leicht, weil der Aufstieg immer mühseliger geworden war. Er ließ sich mit seiner Antwort Zeit und zog es vor zu lachen. »Der Mönch, den wir besuchen wollen?«, hakte ich nach. Sonam stammelte jetzt, dass er Dagpa auf dem Handy nicht erreicht habe. Es wäre also durchaus denkbar, dass er irgendwo anders sei. Sonams Lachen konnte mich nicht wirklich erheitern. Ich wollte es nicht so recht glauben, dass wir hier eine Klettertour nach irgendwo unternahmen und nicht einmal wussten, ob der einsam in einem Hüttchen lebende Mönch überhaupt zu Hause ist.

Trotzdem musste auch ich lachen, denn diese Expedition erhielt mit dieser Information leicht absurde Züge. Ich hielt mich deshalb an das Prinzip der Hoffnung, dass der Mönch, der erzählt hatte, er meditiere den lieben langen Tag, auf der Schwelle seiner Tür sitzen würde. Nach etwa zwanzig weiteren Minuten erspähte ich etwas weiter höher zwischen Rhododendren ein Häuschen.

»Ist es dort?«, fragte ich den Mönch, der vor mir kraxelte. Der aber schüttelte den Kopf, ohne zu mir nach unten zu sehen, und sagte, es sei noch weiter oben.

Na, herzlichen Glückwunsch. Auf was hatte ich mich hier eigentlich eingelassen? Sonam hatte zwar angekündigt, dass wir eine kleine Strecke zu Fuß zurücklegen müssten, aber ich hätte ahnen können, dass eine Strecke, die per Jeep nicht mehr passierbar war, schlimm sein musste. Sonam hielt sich nun an einem Baum fest und beruhigte seine Atmung. Er wirkte etwas angestrengt, und ich konnte nun auch kein Lächeln in seinem Gesicht erkennen. Er erklärte mir, dass hier mehrere solcher Einsiedeleien seien, in denen Mönche lebten. Und tatsächlich. Als wir das erste Haus erreicht hatten, erblickte ich im Rhododendron-Wald weitere Häuser. Rote Mönchskleidung und Handtücher leuchteten uns entgegen. Sie waren offenbar zum Trocknen über die brusthohen Mauern gelegt worden, die vor den Häusern einen kleinen Hof von vielleicht vier oder fünf Quadratmetern umgaben. Fenster sah ich nicht. Als der Pfad etwas flacher verlief, gelangten wir zu einer Lichtung, auf der ein großer weißer Stupa stand. Ich brauchte erst mal eine Pause. Ich kann zwar ganz gut gehen, doch bleibt Bergwandern für mich eine schwierige Angelegenheit. In der Stupa sei die Asche des Lehrers des

Dalai Lama bestattet, sagte Sonam etwas atemlos. Der Form halber betrachtete ich das Bildnis des Lama, das auf einem Absatz der schneeweißen bauchigen Skulptur aufgestellt war.

Die Besichtigung des Grabtempels verschaffte mir eine wohltuende Atempause, denn schon bald wanderten wir weiter, vorbei an vielleicht zehn Häuschen, in denen jeweils ein Mönch saß und den ganzen Tag mit Meditation verbrachte. Es mag vielleicht sogar ein romantisches Leben in der selbstgewählten Einsamkeit sein, aber es war sicher auch sehr karg. Romantisch war es aber vor allem in der Vorstellung. Ich denke, sich dafür zu entschließen setzt eine spirituelle Reife voraus, die man im normalen Leben eher weniger erreichen kann.

Es war wirklich idyllisch ruhig hier. Die Sonne warf kleine Lichtflecken durch die immer spärlicheren, ausladenden Baumkronen, und selbst Zikaden zirpten nur noch vereinzelt. Natürlich verirrte sich kaum jemand nach hier oben. Außer vielleicht so neugierigen Journalisten wie mich störte kaum etwas die kontemplative Ruhe der Einsiedler. Sonam flüsterte nur noch, was dem ungeschriebenen Gesetz Tribut zollte, dass hier absolute Ruhe herrschen sollte, um die Eremiten nicht zu stören. »Da ist es«, sagte er und zeigte weiter nach oben auf ein Häuschen, das auf einem rundlich herausstehenden Felsabsatz gebaut war.

Wir kletterten auf einem fußbreiten Pfad in langgezogenen Serpentinen heran. Da war es, ein kleines Haus ganz aus Naturstein gemauert, umgeben von einer flachen Mauer. Das kniehohe Törchen klemmte und sprang erst nach einigem Würgen laut blechern krachend auf. Wir mussten lachen. Ich dachte mir, dass jetzt jeder hier mitbekommen hatte, dass beim Einsiedler Dagpa das Tor aufgegangen war. Wahrscheinlich war der Mönch jetzt vor Schreck von seinem Meditationskissen gekippt. Dies könnte sogar der Fall sein, weil er anscheinend zu Hause war. Darauf hatte ich messerscharf geschlossen, weil der Riegel seiner Tür nicht mit einem Vorhängeschloss verrammelt war.

Na, welch ein Glück.

Sonam ging vor. An der Tür klopfte er äußerst sacht. Nach dem Krach von eben würde ein bisschen mehr Schwung überhaupt keine Rolle spielen. Dann zog er die Tür auf, deren Füllung nur aus einer Fliegengaze bestand. Dahinter erblickte ich eine weitere Tür. Und die war verschlossen. Sonam klopfte noch einmal, diesmal fester, doch drinnen tat sich nichts. Damit war uns nun beiden klar, dass der Eremit, den wir mal eben unangekündigt besuchen wollten, wohl doch nicht in seiner kleinen Residenz weilte.

Sonam dreht sich zu mir um und lachte aber über die gesamten Zahnreihen seiner breiten Kiefer. Das sah ihm ähnlich. Wir waren vergebens einen Berg hinaufgeklettert, und Sonam wusste zunächst nichts anderes zu tun, als sich über die Situation lustigzumachen. »Und was machen wir jetzt?«, fragte er mich. Das wollte der grinsende Mönch ausgerechnet von mir wissen. Ich wusste es wohl am wenigsten. Insgeheim bewunderte ich seine Gelassenheit. Sie hatte mich anscheinend angesteckt, denn normalerweise hätte ich mich jetzt mächtig geärgert. Ich schlug deshalb vor, uns auf der kleinen Bank am Haus niederzulassen, die sogar eine Sitzauflage aus Wolldecken bot.

Da saßen wir nun, der Mönch und ich, und ließen unsere Blicke über die bizarren Kronen der Rhododendron-Bäume in den Himmel schweifen. Wir lehnten an der Wand, die in Teilen lehmverputzt war. Über uns an der Dachkante hatte Dagpa einen alten roten Überwurf als Sonnenblende aufgespannt. Ich betrachtete fasziniert das aus verschiedenen großen Steinen sorgsam zusammengepuzzelte Mäuerchen. Es muss lange gedauert haben, bis die passenden Steine dafür gefunden waren. Keine einzige Fuge der mörtelfreien Mauer war breiter als ein Finger. Hier also saß Dagpa bei gutem Wetter, um zu meditieren. Ich meditierte nun seine Mauer, genoss die Ruhe und die saubere Luft in etwa 2300 Metern Höhe.

Nach einer Weile machten wir uns auf die Suche nach Wasser, denn nach der Klettertour hatten wir beide Durst. Wir gingen um die Hausecke und fanden ein Regenfass. Den kurzen Weg dorthin säumten ein paar Blechtöpfe. Sie waren bepflanzt, aber die Blumenpflanzen standen im Trockenen.

Nun musste ich lachen und sagte zu Sonam: »Sehen wir es doch einfach mal so: Der Mönch ist auf Reisen und hat uns gebeten, zwischendurch mal nach seinen Blumen zu schauen. Also, so wie wir es auch in Deutschland mit der Nachbarschaft halten.« Sonam amüsierte der Gedanke. Natürlich wäre es ein bisschen viel verlangt, gleich eine Bergtour veranstalten zu müssen, um Blumen zu gießen. Aber vielleicht sollten wir das einfach positiv sehen.

Die Regentonne war gut gefüllt. Ganz unten hatte sie einen Wasserhahn. Also trugen wir die Pötte zur Tonne und ließen Wasser auf die Pflänzchen laufen.

Ob der Mönch es wohl bemerken wird, wenn er wiederkommt, fragte ich mich. Dann tranken wir aus unseren Händen von dem Wasser.

Eigentlich hatte ich mir ja vorgestellt, dass ich mich neben den Einsiedler setze, den Blick zur Tür hinaus ins Tal, um vielleicht eine Stunde lang mit ihm gemeinsam zu meditieren. Vielleicht hätte er ja noch ein paar Tricks draufgehabt, die mich automatisch in eine Art Trance brächten. So stellt man sich das eben mal vor. Aber so war es nicht gekommen. Auch nicht so ähnlich. Stattdessen studierte ich noch immer aufmerksam das kleine Mäuerchen und bewunderte, wie exakt die größeren und kleineren Steine ineinanderpassten. Die Betrachtung kam fast einer Meditation gleich. Sonam war neben mir ganz ruhig geworden und starrte regungslos an den Himmel. Vermutlich meditierte er auch kurz. Er hatte mir erzählt, dass er öfter am Tag eine solche Pause einlege.

Ich versuchte mir vorzustellen, ich würde hier Tag für Tag als Eremit leben. Ich glaube, irgendwann würde mir sicher zu langweilig werden. Außerdem stand ich nicht so sehr auf diese extreme Einsamkeit. Es käme natürlich auf den Versuch an. Doch ich denke, ohne Ausbildung würde es unerträglich werden. Natürlich werden die Mönche hier bestens in der Kunst der Meditation geschult. Nach einigen Jahren erst sind sie fähig, die höheren Stufen dieser geistlichen Übung zu erreichen. Es soll ihnen möglich sein, sich innerhalb von ein paar Sekunden auf eine dieser hohen Stufen zu begeben. Sie klinken sich dort einfach ein wie ein Flugzeug in den Jet-Stream in 11000 Metern Höhe, der es wie eine Feder von Amerika herüber nach Europa trägt. Das waren unglaubliche Fähigkeiten, die diese Mönche hatten.

Nach etwa einer Stunde traten wir den Rückmarsch zum Auto an. Wir verließen die Eremitage von Dagpa zumindest mit gewässerten Blumen. Das war der einzige Trost für die Anstrengungen der halbtägigen Bergwanderung mit Sonam.

Tsampa und Yak-Fleisch

Wir kamen gerade noch rechtzeitig in McLlo an, um den besten Cappuccino des Dorfes bei den letzten dunklen Farben des Sonnenuntergangs zu trinken. Nach der Tour hatten wir beide Hunger und Durst.

Sonam fragte mich, wie es mir in McLeodganj gefiel. Nach einigen Wochen war diese Frage sogar berechtigt. Ich tat mich aber dennoch schwer mit der Antwort und stellte zunächst fest, dass ich hier nicht leben wolle. Für ein paar Wochen ließ es sich hier gut aushalten, aber nicht länger. Auch wenn die Welt hier so wunderbar unnormal erschien und das Dorf durch seine Menschen fast zu einem liebenswürdigen Ort geworden war, ich mochte nicht alles an McLlo.

Sonam zeigte sich mit der Antwort zufrieden, doch meine Gedanken kreisten weiter um das Besondere, das Liebenswerte und den Zauber mancher Begegnungen hier. Ich befand mich im Spannungsfeld zwischen Härte und Herzlichkeit. Auf der einen Seite erlebte ich den Zorn der Wettererscheinungen, die Bitterkeit der Realität der Vertreibung der Tibeter, die allgegenwärtige Armut. Auf der anderen Seite kannte ich die Herzlichkeit des Wohlwollens der Menschen, den Zauber mancher Begegnungen, die Wärme der lächelnden Gesichter. Irgendetwas war hier. Etwas Heiliges vielleicht? Dennoch hinderten mich die Gegensätze daran, diesen Ort vollends zu mögen.

Gestern hatte ich noch darüber nachgedacht, heute lud ich Lobsang, den jungen Tibeter aus dem kleinen Haus am TseChokLing-Kloster, und seine Freundin zum Abendessen ein. Ich lotste die beiden zum Restaurant im Hotel Tibet. Ich gebe zu, es war purer Egoismus, weil ich noch einmal das Gericht vom letzten Mal essen wollte. Es hatte so köstlich nach den Rindsrouladen geschmeckt, wie sie meine Mutter immer kochte. Hier war das Fleisch nur nicht gerollt, sondern in Streifen geschnitten, und es hieß »Deep fried Mutton dry pepper«, also lange an Zwiebeln durchgebratene Ziege mit Pfeffer. Vielleicht mochte ich es deshalb so gern, weil es nach zu Hause schmeckte. Lobsang und seine Freundin, Dölma, suchten sich erstaunlicherweise chinesische Gerichte auf der Speisekarte aus. Ich fragte die beiden, ob sie immer noch chinesisches Essen mochten. Sie sagten, dass sie selbstverständlich auch die Gerichte aus ihrer Kindheit gern aßen. Dass sie mit China als solches ein Problem hätten, beeinträchtigte doch ihren Appetit auf die Speisen des Landes nicht.

Lobsang erzählte von seiner Flucht und dass von den 56 Leuten aus seiner Gruppe sechs von der chinesischen Polizei verhaftet worden waren. Die Polizisten seien zu wenige gewesen, um sie alle gefangen zu nehmen und aus den Bergen zurück ins Landesinnere zu bringen. Alle anderen waren um ihr Leben gerannt. Seiner Gruppe hatten neben Männern und Frauen auch sieben Kinder angehört. Während er aß und erzählte, hielt er ab und zu inne, als würde er die Bilder seiner Flucht wieder lebendig vor Augen haben. Hätte er nicht Angst vor der Geheimpolizei und der Polizei gehabt, bekannte er, wäre er wieder zurückgekehrt, weil der Weg durch das lebensfeindliche winterliche Hochgebirge so hart gewesen sei. Er habe oft daran gedacht, aufzugeben, obwohl er sehr sportlich war. Lobsang hatte mir erzählt, dass er im Sommer bei der Olympiade der Exil-Tibeter Erster geworden sei. Einen Monat und sieben Tage hätten sie aber für die Flucht gebraucht. Da denke selbst der Sportlichste ans Aufgeben. In Chamdo, seinem Heimatort, seien sie gestartet, dann über Lhasa und Rikazi nach Nepal gelaufen. Die übrigen Stationen waren die gleichen wie bei allen anderen Flüchtlingen, mit denen ich bisher gesprochen hatte. Sein Vater hatte ihm zwar gesagt, dass es ein langer Weg bis nach Indien sei, aber weil er studieren wollte, hatte er sich dazu entschlossen, dahin zu gehen, wo der Dalai Lama lebt. Zu essen hatten sie nur Tsampa, eine tibetische Nationalspeise, die in Konsistenz und im Geschmack an Plätzchenteig erinnert, und gedörrtes Yak-Fleisch.

Ich wollte von ihm mehr darüber erfahren, wie eine solche Flucht in der Gruppe organisiert wurde. Lobsang erzählte, dass man die Information über den Start einer neuen Gruppe nur über Mundpropaganda erhalte. Ihm hatte ein guter Freund gesagt, dass in einigen Tagen eine losziehen würde. Dann sei alles sehr schnell gegangen. Sie hatten einen Führer, dem jeder dreitausend chinesische Rupies zahlen musste. Von manchen hatte er auch mehr verlangt. Der habe sie dann bis zur Staatsgrenze von China und Nepal geleitet.

Seine Freundin Dölma konnte nicht viel von ihrer Flucht berichten, weil sie zu dem Zeitpunkt noch ein kleines Kind gewesen war. Die junge Dame mit dem Puppengesicht, das von langen schwarzen Haaren gerahmt war, konnte sich auch deshalb wenig an unserer Unterhaltung beteiligen, weil sie bislang noch kein Englisch gelernt hatte.

Bei allen Fluchtberichten blieb bei mir immer ein schaler Nachgeschmack zurück. Ich war mir nicht sicher, ob sich ein jeder mit seiner Flucht einen Gefallen getan hatte, denn hier erwartete sie zwar eine gewisse Freiheit, jedoch waren die Zukunftsaussichten auch nicht sonderlich vielversprechend. Von den Problemen wie Jobsuche und Reisepass habe ich schon zu Anfang meines Buches berichtet. Gerade weil ich aus der ehemaligen DDR stamme, kann ich allerdings auch den Drang in eine freiere Welt nachvollziehen. Nur hatten die Ostdeutschen Glück, weil ihnen nach der unsicheren Zeit der friedlichen Revolution der Westen wirklich mit einem Übermaß an Vorteilen offenstand. Kommt man aus dem Bereich des kommunistischen Chinas ins Exil nach Indien, sieht das Leben nur marginal besser aus.

Zur Feier des Abends gab es Crème Brulée, die der Kellner – aus welchem Grund auch immer – mit Wunderkerzen servierte. Die beiden Tibeter wollten nun noch weniger glauben, dass dieser Abend kein Traum war.

Es waren mit dem heutigen Tag noch zehn Tage, die mir in McLeodganj verblieben. Und es war noch einiges zu erkunden, und außerdem wartete ich noch auf das Treffen mit dem Dalai Lama. Ich hoffte doch, dass man es mir ermöglichen werde. Als er im Auto an mir vorbeigefahren war, hatte ich seinen Zustand schlecht einschätzen können. Dafür war die Wagen-Kolonne viel zu schnell gewesen.

Sonnenaufgang mit Musik

In der Nacht wurde ich von Lärm geweckt. Ich war mir nicht sicher, ob ich ihn nur träumte oder ob es dafür eine reale Geräuschquelle gab. Ein oder zwei Mönchstrompeten und eines der langen Hörner dröhnten quasi neben mir. Mir war, als wären sie in meinem Zimmer gewesen. Im Halbschlaf versuchte ich, dem Lärm zu entkommen, jedoch war ich dazu nicht in der Lage. Ein Wachtraum konnte es nicht sein. Entweder waren es Tiere oder Mönchsmusik, die von der Residenz des Dalai Lama herüberkam. Die Affen von McLlo verursachen zwar auch Krach, aber weniger durch Schreie, als durch das Poltern auf den Blechdächern. An Schlafen war nicht mehr zu denken, deshalb stand ich auf, um der Herkunft der Töne auf den Grund zu gehen. Schon im Schreibzimmer wurde mir klar, dass die Mönche gegenüber auf ihren Instrumenten spielten. Sie saßen auf der Veranda eines der Residenzgebäude und bliesen aus Leibeskräften in ihre Hörner und Trompeten. Die Schalltrichter waren exakt so ausgerichtet, dass sie hierher zeigten. Ich vermutete, dass die Mönche im Rahmen der Puja für den Dalai Lama spielten. Die Uhr zeigte kurz nach fünf an. Am Himmel über der Residenz hatte das Morgengrauen gerade eingesetzt. Der Tag hatte zwar begonnen, aber ich beschloss dennoch weiterzuschlafen.

Wenig später weckte mich wieder ein Geräusch, diesmal ein vertrauteres. Auf dem Dach tobten die Affen. Also fügte ich mich dem Schicksal und stand auf. Das Frühstück kam bald aufs Zimmer. Mit dem Kaffee und der fahrbaren Heizung hatte ich mich an meinen Schreibtisch verlagert und bewundere aufs Neue die traumhafte Landschaft, die sich mir hinter dem breiten Fenster eröffnete. Die langen Schnüre mit Fahnen, auf denen die Gebete geschrieben waren, hingen still vor dem rötlich violetten Sonnenaufgang. Es schmiegten sich noch Schleier des Morgennebels ins Tal. Zwei Rauchsäulen stiegen weiter unten in den Morgenhimmel. Das werden wohl zwei Totenverbrennungen sein, die hier in der Regel recht früh am Morgen beginnen.

Im Garten der Residenz des Dalai Lama zeigte sich ein Pulk von Rotröcken, der sich langsam fortbewegte. Ich erkannte auch ein paar andersfarbig gekleidete Personen. Das könnte der Dalai Lama sein, der mit seinen engsten Mitarbeitern samt Bodyguards einen morgendlichen Spaziergang unternahm. Immer wieder behinderten Bäume und Büsche meinen Blick, so dass ich es nur vermuten konnte.

Weihrauch und Orangenplätzchen

Ich war gerade auf dem Rundweg um die Residenz des Dalai Lama unterwegs. Die ausgetretenen Pfade weiter vorn hatte ich schon absolviert und überquerte den betonierten Platz unterhalb der großen Stupas. Da meldete sich Paljor auf meinem Handy. Er klang etwas niedergeschlagen. Zunächst bedauerte er, dass er wegen der Pujas keine Zeit hatte, sich mit mir zu treffen. Noch bis Sonntag würden sie vom frühen Morgen bis zum Abend in der Residenz beten. Und am Abend sei er sogar zu müde, um für seine Examensprüfungen zu lernen. Ich signalisierte ihm Verständnis dafür, dass er dann nicht auch noch für mich Zeit erübrigen könne. Dann erfuhr ich, dass auch er am morgendlichen Konzert beteiligt gewesen war. Als ich ihm erzählte, dass sie mich damit aus dem Bett geworfen hatten, amüsierte es ihn.

Er kündigte aber keine weitere Ruhestörung zu solch früher Stunde in den nächsten Tagen an. Ich fragte ihn, wie es dem Dalai Lama ginge, ob er gestärkt aussehe oder ob man ihm den operativen Eingriff noch anmerken würde. Paljor sagte, dass Seine Heiligkeit noch zu keiner der Pujas erschienen sei. Sonst würde er immer zumindest für ein paar Stunden zu den Gebeten dazustoßen. Doch diesmal hätten sie ihn nicht einmal für einen kurzen Augenblick zu Gesicht bekommen. Natürlich wollte ich Paljors Einschätzung zum Gesundheitszustand des Dalai Lama wissen, doch damit tat er sich schwer. Seine Stimme hörte sich traurig an, als er bemerkte, er sei froh, dass Seine Heiligkeit nicht zu den Pujas gekommen sei. Das konnte ich nun gar nicht verstehen. Paljor erklärte sein Empfinden damit, dass er diesmal so schlecht das lange Horn spiele, dass sogar schon der Abt gefragt habe, was denn mit ihm los sei. Er sprach noch weiter darüber, wie sehr ihn die Qualität seines Spiels ärgerte und es ihm die Laune vermieste. Ich versuchte ihn aufzumuntern und fragte, ob der Dalai Lama denn Fehler in der Musik hören würde. Da lachte Paljor und behauptete, dass der so etwas sehr wohl mitbekäme und in solchen Fällen den betreffenden Mönch immer angesehen und gelacht habe. Das sei Paljor dann umso peinlicher gewesen, wenn es ihn selbst betroffen hatte.

Er verabschiedete sich zügig, denn in der Audienzhalle sollte es für ihn gleich weitergehen. Ich schlug ihm vor, ihn auf ein Essen mit Fleisch einzuladen, wenn die Pujas vorüber seien.

Ich hatte mich während des Gesprächs vor dem Eingang zu einem kleinen Tempel am Rundweg aufgehalten und registriert, dass mich ein älterer Mönch beobachtete. Sobald mein Handy in der Hosentasche verstaut war, kam er mit einem Satz unter dem halbhohen Vorhang in der Tempeltür vorgesprungen und lud mich mit seinen Gesten ein, einzutreten. Ich folgte ihm in einen kleinen Tempelraum, der nicht sonderlich mondän ausgestattet war. Der Altar für mehrere kleine Buddha-Figuren bestand nur aus einem Gestell, das mit Tüchern verkleidet war. An den braun und orange gestrichenen Wänden hingen fast nur gedruckte Thangkas, und die Fenster waren mit verschiedensten Gardinen verhängt. Der gesamte Raum war nicht größer als eine Garage für zwei PKW. Der Mönch lief aufgeregt um mich herum und bot mir schließlich auf einem Sitzkissen gleich neben der breiten doppelflügeligen Tür einen Platz an. Es schien ihn zu freuen, dass ich da war, denn er lächelte mit verschränkten Armen zufrieden zu mir herunter. Dann huschte er ständig zwischen einem Nebenraum und dem Tempel hin und her, stellte mir eine Tasse vor die Füße, eine große Thermokanne mit Pumpausgießer und reichte mir zu guter Letzt einen Teller mit verschiedenen Plätzchen. Dann erst setzte er sich zu mir und pumpte heißes Wasser in die Tasse. Heißes Wasser ist in Indien ein übliches Getränk. Es tut dem Körper gut und hat den Vorteil, dass beim Kochen die Keime abgetötet werden.

Der Mönch forderte mich auf, von den Plätzchen zu essen. Ich nahm ein mittelgroßes mit gelber Cremefüllung vom Teller. Aus seinem hageren, sonnengebräunten Gesicht strahlten mich jetzt große warme Augen an. Zu meiner Überraschung schmeckte die Creme nach Orange.

Ich versuchte mit ihm zu sprechen, doch er machte mir mit Zeichensprache klar, dass er kein Englisch könne. Also fragte ich ihn mit den wenigen Worten, die ich auf Tibetisch sprechen konnte nach dem Namen des Klosters und nach seinem Namen. Mein Interesse freute ihn sichtlich. Mit dem Zeigefinger malte er die Buchstaben auf den Linoleumboden und sagte: »Tsangba Gompa«. Dann zeigte er auf sich und nannte einen Namen, der mir bereits vertraut war: »Phuntsok«. Mit meinem Namen hatte er die gleichen Schwierigkeiten wie die meisten hier. Er lachte und wiederholte Stephan in den verschiedensten Varianten. Dann erfuhr ich noch, das sie insgesamt nur vier Mönche in dem kleinen Kloster waren, dass sich seitlich an den Tempelraum anschloss. Damit hatte ich das bisher kleinste Kloster hier in McLeodganj kennengelernt, denn alle anderen waren nicht nur baulich größer, sondern konnten auch mit stattlicheren Mönchszahlen aufwarten. Über das Dorfgebiet verteilt konnte man ungefähr dreißig Klöster zählen. Manche von ihnen befanden sich in einem normalen Gebäude, das aus einer Häuserzeile kaum hervorstach.

Ich musste noch ein paar Mal zugreifen und Kekse essen. Er selbst aß und trank nichts. Vielleicht hatte er nur selten Gäste hier bei sich, so dass er mir alles aufbot, was er zur Verfügung hatte. Nach einigen Minuten des kommunikativen Lächelns stand er auf und warf sich mehrmals vor dem Buddha-Altar nieder. Dann kam er mit ein paar Räucherstäbchen zu mir, die ich an einer Butterlampe entzünden sollte.

Ich stellte sie in ein kupferfarbenes bauchiges Gefäß auf dem Boden vor dem Altar und verabschiedete mich von dem Mönch.

Auf dem letzten steil ansteigenden Stück des Rundwegs dachte ich über den Alltag in einem kleinen Kloster wie diesem nach. Sicher erhielten die Mönche für ihren Unterhalt nur wenige Spenden. Ihr Leben war deshalb vermutlich eher von Einfachheit geprägt. Ihre Tage verbrachten sie bestimmt mit Hausarbeit, Meditation und Gebet. Für Buddhismus-Touristen bot das kleine Kloster sicher weniger Attraktivität als die lebendigeren Klöster, in denen Mönche jeden Alters lebten. Ich fragte mich, wer in ein Kloster dieser Art und Größe eintreten wollte. Hätte es einen Reiz für junge Mönche? Oder besäße es vielleicht Anziehungskraft für Mönche auf Zeit? Es gibt die Möglichkeit, für dreißig Tage, für ein Vierteljahr oder auch für ein ganzes Jahr als buddhistischer Mönch zu leben. Natürlich würde man in dieser Zeit keine höheren Gelübde ablegen. Jedoch könne man sich in Mönchsgewänder einkleiden lassen, hatte man mir vor meiner Reise erklärt. Ich hatte zwar grundsätzlich über diese Möglichkeit nachgedacht, aber sie sofort verworfen, weil ich nicht ein Experiment mit mir selbst starten wollte, sondern hier war, um das Leben im Umkreis des Dalai Lama kennenzulernen. Ich kann mir aber sehr gut vorstellen, dass man die Besonderheit des kleinen Tsangba-Klosters gut für eine solche Zeit der Einkehr oder gar des temporären Mönchseins nutzen könnte.

Der alte Mönch und die Blüte

Mein alter Mönch, dessen Namen ich nicht mal richtig kannte, hieß anscheinend Sangay. Genau wie mein kleiner Freund aus dem TseChok-Ling-Kloster. Wie aus heiterem Himmel kam mir die Erleuchtung. Er hatte mir zwar einmal seinen Namen gesagt, und es hatte wie »Saji« oder »Saje« geklungen, nur bisher war ich noch nicht auf die Idee gekommen, dass es Sangay sein könnte. Ich traute mich einfach ihn mit »Sangay« anzureden, als er kurzatmig vor mir stand. Da lächelte er selig. »Buddha … Buddha, Sangay – Buddha«, flüsterte er angestrengt. »Ja, ich weiß, Sangay heißt Buddha!«, plapperte ich drauflos, ohne daran zu denken, dass er es vielleicht nicht verstehen könne. Aber er verstand es und bestätigte sogleich: »Sangay – Buddha.« Dann lachte und hüstelte er. Mein alter Mönch schien heute nicht gut zuwege zu sein. Er atmete schwer und kurz. Horst Schlämmer alias Hape Kerkeling würde es mit »Schnappatmung« umschreiben. Nur vergeht einem jeglicher Spaß, wenn man den anderen leiden spürt. Sangay war heute mit einem Gehstock gekommen. Es war genau so ein Stock mit einem rundlich gebogenen Griff, wie ich ihn von meinem Opa gekannt hatte. Nur hatte der Stock des alten Mönches am unteren Ende weder eine metallene Spitze noch einen Pfropfen aus Gummi. Als er herkam, stakste er mit dem blanken Holz auf dem Beton herum, so dass es zu den schlurfenden Schritten immer noch ein oder zwei Mal stumpf hölzern klackte, als wäre er in Begleitung einer Frau mit hohen Absatzschuhen. Eigentlich hatte ich um diese Uhrzeit überhaupt nicht mit ihm gerechnet, denn die Sonne stand schon recht tief am Himmel. Ich war ohne Grund hierhergekommen. Einfach so, wie seit einiger Zeit mehrfach am Tage.

Jetzt war die Stunde der Affen auf dem Berg des Dalai Lama angebrochen. In kleineren und größeren Gruppen trotteten oder tobten sie über die Wellblechdächer des Klosters und des Tempels. Deshalb hatte ich das klackende Geräusch seines Stockes erst einmal gar nicht registriert.

Die Sonne war mit ihm gekommen. Sie stand hinter ihm wie ein Bühnenscheinwerfer, der die Person im Schattenriss zeigte und mich dabei blendete. Seine kurzen grauen Härchen leuchteten wie ein Strahlenkranz um den Kopf herum. Wie eine Heiligenfigur stand er etwa einen Meter vor mir, stützte sich beidhändig auf seinen Stock und blickte mich an. Es ging ihm heute wirklich nicht gut, denn aus der Schnappatmung war langsam eine tiefe, schwere Atmung geworden, als wenn er dramatisch nach Luft rang und sich dabei aufregte. Doch dann hörte er abrupt auf zu atmen, schmatzte ein paar Mal, seufzte einmal kurz und noch einmal lang auf und wurde dann ganz ruhig. Was war jetzt? Brach er jetzt hier vor mir zusammen? Meine Hände hatte ich leicht angehoben, als müsste ich mich bereithalten, ihn jeden Moment aufzufangen. Mit einem tiefen Zug kam die Atmung nun wieder in Gang. Ich war erleichtert.

Sangay, der liebe alte Mönch, hatte mich zwar schon die ganze Zeit, seitdem er hier vor mir stand, angesehen, aber jetzt steigerte er die Intensität seines Blickes noch. Seinen Kopf hielt er nur ganz minimal angehoben, seine Brauen vielleicht etwas hochgezogen, so dass seine Augen etwas weniger von den faltigen, tief hängenden Lidern verdeckt wurden. Aber das war nicht alles. Da war noch etwas in seinem Blick, was mich mehr ansah als zuvor, mich mehr fixierte, mir mehr Aufmerksamkeit demonstrierte. Sollte das etwa bedeuten, dass er sich jetzt besser fühlte und mir deshalb nun seine volle Aufmerksamkeit schenken konnte? Er griff nach seinem roten Überwurf und zog das lange Ende, das über der linken Schulter geruht hatte, herunter und streckte mir das Tuch entgegen. Da entdeckte ich, dass er in der langen Querfalte über dem Bauch etwas versteckt gehalten hatte, das jetzt im Licht der Sonne seinen Auftritt haben sollte. Wie auf einer tiefen Theaterbühne, die einzig aus einem langen abfallenden roten Tuch bestand, lag eine Blüte, die fast handtellergroß war. Sie erstrahlte im Licht, das über seine Schultern auf einen Teil des Überwurfes fiel. Blütenblätter aus sanftem Hellblau mit kleinen orange-roten Pünktchen fassten einen violett-roten schiffsbugartigen Körper mit gelblich weißen Samenständen ein. Es war eine Orchidee. Eine, wie ich sie noch nie gesehen hatte. Ich freute mich, eine solch schöne Blume zu sehen. Der Inszenierung verhalf die feuerfarbene Abendsonne zu einem unerwarteten Glanz. Die hochstehenden samtigen Blätter wirkten fast geheimnisvoll illuminiert. Nun straffte er das Tuch seines Überwurfes, als solle ich etwas tun. Ein prüfender Blick in sein Gesicht verriet mir jedoch nicht, was er von mir wollte. Der Mönch verlagerte sein Gewicht auf den anderen Fuß und stützte sich nun schwerer auf seinen Stock. Den Überwurf hielt er mir immer noch entgegen. Jetzt nickte er, lächelte und sagte irgendetwas. Also sollte ich handeln. Mit beiden Händen hob ich vorsichtig die Blüte vom Tuch. Seinen Überwurf wollte ich nicht halten, denn vor der Mönchskleidung hatte ich zu großen Respekt. Er ließ augenblicklich seinen Überwurf fallen, als die Blüte in meinen Händen lag. Nun setzte ich die Inszenierung fort. Langsam hob ich meine Hände, die wie eine Schale die Blüte trugen, dass wir sie beide direkt vor uns sehen konnten. Sangay, der alte Mönch, lachte nun zufrieden glucksend. Dieses Lachen erinnerte mich sehr an den Dalai Lama, der manchmal genauso gluckste, wenn er lachte. Als hätten es sich beide in ihrer Kindheit voneinander abgeschaut. Wer die Szenerie – ein alter Mönch, ein junger Mann und eine Blüte auf dem Klosterdach – beobachtete, könnte sich vielleicht über sie wundern. Jedoch glaubte ich mittlerweile sogar, dass man sich hier kaum über etwas wundern sollte, denn anscheinend gehörten ungewöhnliche Geschehnisse und seltsame Dinge zum Alltag der Mönche und der Buddhisten. Ich zähle nicht gerade zu den typischen Esoterikern oder Mystikern. Was so viel bedeuten soll wie, dass mir solche Situationen zwar nicht befremdlich erscheinen, aber ich sie auch nicht für selbstverständlich halte. Hier in McLlo suchte ich weder nach ihnen, noch organisierte ich Begegnungen, die mystisch, geheimnisvoll oder esoterisch wirken sollten. Dazu bin ich wohl eher zu nüchtern.

Aber es gab sie immer wieder, die Augenblicke, in denen mich etwas packte, in denen ich etwas nicht ganz Gewöhnliches fühlte, die mir Gänsehaut über den Körper jagten. Augenblicke, die eben anders waren. Anders als erwartet, anders als man es fassen kann, anders als einem möglich erscheint. Das sind die Sekunden oder Minuten, für die man offen sein sollte. Und auch wenn sie nur einen Wimpernschlag lang dauern, man sollte sie dankbar für sich bewahren. Wo auch immer.

Genauso dankbar empfand ich die Situation, die Blüte und das Lächeln von Sangay. Plötzlich pustete er, so dass das hellblaue Kunstwerk der Natur fast von meiner Handfläche abhob. Er pustete noch einmal und grinste verschmitzt. Dann drehte er sich um und ging weg. Ich fragte mich, warum mich der Mönch jetzt so unvermittelt verließ. Ich sah ihm nach, wie er im Schatten der Dachaufbauten verschwand. Das hallende Klacken seines Stockes ließ mich schmunzeln.

Meine Hände hielt ich noch immer vor mir, die Blüte noch immer im Sonnenlicht. Doch ich hatte keine Ahnung, was er mir heute sagen wollte. Mir gingen einige Fragen durch den Kopf. Was sollte das Pusten? Hatte es eine Bedeutung? Und wenn ja, welche? Und außerdem: Warum hatte er mir eine Blume mitgebracht? Oder war es nur ein Zufall gewesen, dass er sie bei sich trug? War sie ursprünglich nicht für mich gedacht, oder wollte er sie mir dennoch schenken, weil er eben gerne etwas verschenkt? In Deutschland schenkt man einem Mann keine Blumen. Hier vielleicht schon. Hier kennt man solche Etikette nicht. Vielleicht hatte er sie ja tatsächlich für mich gepflückt. Es könnte durchaus möglich sein, dass er mich beobachtet hatte, wie ich hier auf unseren Platz hinaufgegangen bin. Dann war auch er mit seiner Blume losgezogen. Warum auch immer er mir diese hellblaue Blüte geschenkt hatte, ein bisschen geheimnisvoll benahm er sich schon manchmal, der alte Mönch. So auch heute.

Ich blieb noch einige Minuten auf der Dachterrasse, lehnte mich gegen das Geländer und hielt die Orchidee stolz in die Sonne. Ich genoss ihren Anblick und ihre Schönheit. Sollte ich darüber vielleicht meditieren? Wollte er mir das sagen, als er sie mir in zeremonieller Inszenierung überreichte? War das Pusten vielleicht so ähnlich wie das, was ich bei einem Lama beobachtet hatte, als er kleine Buddha-Statuen und Andachtsgegenstände segnete? Manche hatte er an seine Stirn gehalten, über manche mit der flachen Hand gestreichelt, aber einmal hatte er auch eine kleine Figur angepustet.

Als ich gehen wollte, überlegte ich, was ich mit der Blüte anstellen solle. Ich könnte sie mitnehmen und ins Wasser stellen, ich könnte sie aber auch zum Buddha über dem Thron des Dalai Lama bringen. Ich entschied mich für Letzteres. Aber bevor ich sie neben den Stapel aus Plätzchenschachteln legte, roch ich noch einmal an ihr. Herb wie Tulpen und süß wie Mango war ihr Duft.

Der Schlachter von McLlo

Immer wieder hatte ich nach der einzigen Fleischerei von McLeodganj gesucht, von der ständig geredet wurde, aber ich hatte den Laden nicht finden können. Nun aber stand ich mitten davor. Sehr viel weiter rechts oder links hätte ich mich auch nicht befinden dürfen, weil ich sonst bereits daneben gestanden hätte. Dieses kleine Bretterhäuschen mit den Ausmaßen einer Telefonzelle bisher übersehen zu haben war keine große Kunst. Die größere Kunst – nämlich die, eine Metzgerei auf engstem Raum zu unterhalten – erblickte ich im Innern. Fangen wir mal von unten an. Der Boden des Ladens befand sich in Hüfthöhe. Darauf lagerten diverse Stücke eines Tieres. Inmitten dieser blutigen Fleisch- und Knochenteile kauerte ein barfüßiger Mann in langer, vielleicht grauer Hose und dunkelrotem Hemd. Er war gerade dabei, mit einem Beil einen Tierschädel zu zerhacken. Wenige Zentimeter neben seinen Füßen befand sich der Hackklotz. Die abgetrennten Teile warf er hinter sich auf eine kleine Waage. Er musste sich ziemlich verrenken, um das Gewicht ablesen zu können. Seitlich am Fenster, das auch eine Tür sein konnte, das über die gesamte Breite des Ladens verlief, wartete eine Frau auf die Kopfstücke. Sie verlangte aber noch ein Stück Muskelfleisch. Der Schlachter drehte den ausgeweideten Körper einer Ziege, die von einem Haken in der Ecke dicht neben ihm herabhing, und suchte nach einem muskulösen Strang. Die besten Stücke der einzigen Ziege waren jedoch schon verkauft. Ich beobachtete mit offenstehendem Mund die Szenerie, als er um seine Beine und Füße herum weiter nach geeignetem Fleisch suchte, um dem Wunsch der Frau zu entsprechen.

Sie sah mich kurz an, als ich gerade das Stück erblickte, welches er ihr anbot. Ich fürchte, sie konnte meinen entsetzten Gesichtsausdruck nicht so recht deuten, aber ich fand sowohl das Fleisch als auch den gesamten Laden nicht gerade erquicklich und das alles so weit von dem entfernt, was ich als Metzgerei kannte, dass mir kurzfristig die Gesichtszüge entglitten waren. Schließlich ließ sie sich ein Stück Ziege mit dünnen Muskelstreifen, viel Fett und Bindegewebe in Zeitungspapier einschlagen.

Das war also die so oft erwähnte Fleischerei von McLeodganj.

Drei Finger

Eigentlich wollte ich mir ja im Institut für tibetische Medizin und Astrologie Seiner Heiligkeit nur die Pillen ansehen und eventuell auch welche kaufen. Also ging ich erst einmal hinein und staunte, wie hell, weißgestrichen und sauber hier alles war. Gleich rechts hinter einem Fenster, das einen breiten Schlitz waagerecht über einem Ladentisch freigab, standen zwei Frauen in traditionellen tibetischen Kleidern. Sie grüßten mich. Rechts und links von ihnen reichten Regale vom Boden bis zur Decke. Dicht an dicht standen Gläser mit Schraubverschlüssen. Ich erkannte sogar große Nutella-Gläser in den Reihen. In jenen Gläsern – es mögen insgesamt hundert gewesen sein – entdeckte ich die kugelrunden, meist bräunlichen Pillen. Manche so groß wie Erbsen, manche so groß wie Kaugummikugeln. Ich schlich ein bisschen herum, weil ich nicht recht wusste, wie ich es anstellen sollte, mehr über diese Wunderpillen zu erfahren. Einige Leute hatten mir erzählt, ich sollte mich hier unbedingt untersuchen und mich mit Medikamenten versorgen lassen. Nun, eine Untersuchung hatte ich nicht geplant. Ich wollte lediglich wissen, wie die Pillen hergestellt werden, wie sie wirken und gegebenenfalls einige für alle Fälle kaufen. Vielleicht hätte ich das vor ein paar Wochen wegen meiner Erkältung tun sollen. Vermutlich hätte sich die Erkrankung dann nicht so lange hingezogen.

Eine der beiden Frauen bemerkte mich und fragte freundlich, wie sie mir helfen könne. Ich sagte, ich interessiere mich für diese Medikamente, und fragte, ob ich ein Foto von den Regalen machen dürfte. Sie erlaubte es mir. Dann fragte ich sie, ob ich hier Medikamente kaufen könnte. Sie lächelte, legte beide Hände auf ihren hervorstehenden Bauch, in dem sie ein Baby trug, das nicht mehr lange brauchen würde, bis es das Licht der Welt erblickte. Dann zeigte sie auf den Flur hinter mir und sagte: »Ja, können Sie. Aber Sie müssen erst zum Doktor, der sagt dann, was Sie brauchen.« Das klang so weit logisch und war an sich auch der klassische Weg. Aber ich wollte ja nur was für eventuellen Schnupfen oder Bauchschmerzen und hatte auch gehofft, eine Liste zu erhalten, auf der ich anhand der Angaben verschiedenster Beschwerden per Fingerzeig eine ordentliche Anzahl von diesen Pillen ordern konnte.

Aber ganz so einfach war es hier wohl nicht. Zum Arzt sollte ich gehen. Und so wähnte ich mich unverhofft in den Fängen des exiltibetischen Gesundheitswesens, ohne zu wissen, was mit mir passieren könnte, wenn ich mich erst einmal darauf eingelassen habe. Ich sah auf den Flur hinaus und fand dort drei Türen vor, die die Namen der Ärzte trugen. Patienten sah ich keine. Da waren nur zwei lange, weiße Holzbänke auf einem weißen Fliesenboden, weiße Wände, ein Bild vom Dalai Lama, ein paar Plakate zur minimalen Gesundheitsvorsorge und sonst nichts.

»Kann ich zu einem Arzt gehen? Bekomme ich einen Termin?«, fragte ich spontan und wunderte mich selbst über meine plötzliche Sinneswandlung. »Ja«, sagte die schwangere Frau, »gehen Sie dort hinein!«, und wies mir mit der Hand die erste Tür zu. Ich kann doch nicht einfach so ins Behandlungszimmer hineinmarschieren, dachte ich und zierte mich sichtlich. Natürlich war es unsinnig, sich noch einmal zu vergewissern, ob ich alles richtig verstanden hatte, aber ich tat es dennoch. »Ja, bitte gehen Sie dort hinein«, erklang es hinter der Glasscheibe. Ich bewegte mich langsam zur Tür von Doktor Yeshi Dorjes und sah, dass diese nur angelehnt war. Vorsichtig klopfte ich. Von drinnen kam eine Stimme. Ich schob die Tür auf und erblickte in dem kleinen Raum zwei Männer, die rechts und links an einem Tisch saßen, mich groß ansahen und nichts sagten. Ich schloss aus dem, was ich sah, dass der etwas ältere Herr rechts der Arzt sein musste und links der Jüngere ein Patient ist. Also bat ich sofort um Entschuldigung und zog mich zurück. Da rief der ältere Herr nach mir. Ich solle doch hereinkommen. Auf einem Plastikstuhl nahm ich Platz. Vor mir der Tisch, auf dem an der Stirnseite ein hellgrünes Handtuch ausgebreitet war. Ich sah abwechselnd nach rechts und links und überlegte, was nun passieren sollte: zwei Patienten und ein Arzt. Der ältere Herr, der anscheinend Dr. Yeshi Dorjes war, trug ein helles kariertes Hemd, weiße Hosen und hatte sorgsam gekämmte weiße Haare. Er rückte seine Brille zurecht und sah mich an. Dann kam lange nichts, bis er mich fragte, was ich von ihm wollte. Ich antwortete, ich wolle mich von ihm untersuchen lassen, weil ich gehört hätte, dass hier ein Arztbesuch anders sei als bei uns im Westen. Nun bat er mich mit einer Geste, ihm meinen rechten Arm entgegenzustrecken, streifte den Ärmel meines Sweatshirts etwas zurück und setzte die Kuppen seiner Zeige-, Mittel- und Ringfinger in einer Reihe entlang meiner Pulslinie beim Handgelenk. Und dann passierte erst einmal gar nichts. Er sah auf irgendeinen Punkt im Raum und hielt weiter seine Finger auf die Stelle an meinem Unterarm. Ich hingegen begann, in mich selbst hineinzufühlen und zu horchen, um zu ergründen, ob sich bei mir gerade etwas veränderte. Es war absolut still in dem kleinen Raum, und ich konzentrierte mich auf eine Liste, die auf dem Tisch lag, die so etwas wie eine Patientenakte sein musste. Dann fragte er mich mit sanfter leiser Stimme, ob ich manchmal Verdauungsprobleme hätte. Als Nächstes stellte er fest, dass es Probleme an der Halswirbelsäule gäbe. Also, Moment mal, dachte ich. Verdauungsprobleme zählen noch zu den üblichen Zivilisationskrankheiten, die bei gestresst lebenden Völkern wie den Deutschen recht häufig vorkommen. Aber wie kann der Mann bitte mit seinen drei Fingern – nicht mal fünf oder zehn – herausfinden, dass mit meiner Halswirbelsäule etwas nicht stimmte?

Ich erklärte ihm, dass ich vor einigen Jahren eine Halswirbelverletzung erlitten hatte und auch eine Verletzung des Rückenmarks. Der Arzt sah mich nun mit großen Augen an. In Stichworten berichtete ich von der inkompletten Querschnittlähmung als Folge eines Autounfalls im Jahre 1991. Dazu sagte er aber nichts weiter. Er blieb stattdessen im Geheimnisvollen, denn wie er darauf gekommen war, verriet er nicht. Wer nichts davon wusste, sah es mir nicht an. Dann fragte er nach meinem Alter. Als ich es ihm sagte, meinte er, dass ich jünger sei und er das fühlen könne. Was sollte das nun wieder bedeuten? Diese Frage zu stellen, hätte ich mich bei allem Respekt getraut, aber dazu kam es nicht, denn sein Telefon klingelte. Während er telefonierte, ließ er meinen

Arm los. Nun wurde der junge Mann, der ja auch noch im Raum war, aktiv. Er griff im Schneckentempo nach meinem linken Arm und tat es dem Doktor gleich. Ich ahnte, was ihn dazu bewegte, ebenfalls drei Finger auf meinen Unterarm zu legen, doch der Beweis erfolgte erst, als der Arzt das genauestens beobachtete und nicht einschritt. Der Jüngere war offenbar ein angehender tibetischer Mediziner. Allein, dass er nicht sofort die korrekte Stelle mit seinen Fingern fand, verriet mir, dass er noch ein wenig üben musste.

Doktor Yeshi Dorjes hatte zu Ende telefoniert, schnappte sich sofort wortlos meinen rechten Arm und setzte seine drei Finger. Es vergingen vielleicht drei Minuten, dann flüsterten sie miteinander. Sie hätten gar nicht zu flüstern brauchen, denn ich hätte ohnehin nichts verstanden. Dann übergab der Jüngere meinen Arm an den Doktor. Der hatte nun beide Arme unter Kontrolle. Er drückte sie leicht nach unten, so dass meine Ellbogen auf dem Handtuch lagen. Nun begriff ich auch die Rolle des Handtuchs auf dem Tisch. Es sollte die harte Tischplatte polstern.

Dann fühlte er wieder eine Zeit lang die Pulslinien, flüsterte mit seinem Gegenüber und ließ schließlich meine Arme los. Ich hatte in der Zwischenzeit völlig vergessen, dass ich ihn zu der Aussage nach dem Alter fragen wollte. Stattdessen sah ich ihm fasziniert dabei zu, wie er in unglaublicher Schrift etwas auf eine Art Rezeptblock kritzelte. Es waren gleich mehrere Dinge, die er da notierte. Im Gegenzug durfte ich meinen Namen aufschreiben, den der junge Mediziner Buchstabe für Buchstabe in eine Liste übertrug. Doktor Yeshi Dorjes erklärte mir noch, dass ich zu den Medikamenten, die ich draußen erhalten werde, nichts Saures und nichts Süßes zu mir nehmen solle. In einer Woche würde er mich dann hier wieder erwarten. Und damit entließ er mich, und ich bekam draußen tatsächlich zweierlei Medikamente. Mit warmem Wasser sollte ich sie einnehmen, sagten mir die Damen, nachdem ich eine absurd niedrige Rechnung für die Untersuchung und die Medikamente bezahlt hatte.

Was immer das für Medizin war, ich hatte das Gefühl, diesem tibetischen Arzt vertrauen zu können. Schließlich hatte er meine Wirbelsäulenverletzung ohne äußerlich erkennbare Anzeichen diagnostiziert. Ich war auf die folgende Woche gespannt.

Die Blume am Wasserfass

Am Tempel des Dalai Lama war Hochbetrieb. Eine große indische Kindergruppe umkreiste mit viel Lärm den inneren Tempelraum. Die alten Tibeterinnen, die sich mit Lappen an den Händen immer wieder auf ein langes glattes Brett warfen, um die Anbetungs- und Unterwerfungsrituale zu praktizieren, schien das nicht zu stören. Sie vollzogen ein ums andere Mal den typischen Niederwerfungsritus, der den Geist befreien und den Hochmut stürzen soll. Bei den Lappen für die Hände handelte es sich um ein probates Hilfsmittel, in einer gleichmäßigen und eleganten Bewegung nach dem Kniefall mit den Händen voran nach vorn zu rutschen, bis der ganze Körper flach auf dem Boden liegt. Ich weiß nicht, wie viele hundert Male sie die Niederwerfung ausführten. Jeder Fitness-Trainer würde sie dafür bewundern.

Nachdem die Schulgruppe sich auf den Tempelhof verzogen hatte, drehte ich die Gebetsmühlen und ging hoch auf meine Dachterrasse. Ich hatte zwar gehofft, ich würde Sangay, den alten Mönch, antreffen, jedoch war mir auch klar, dass ich nicht immer das Glück haben könnte. An sich war es genau die Zeit, zu der ich ihn hier meistens vorgefunden hatte. Heute jedoch war die Betonfläche hinter dem Wasserfass leer.

Hatte ich ihn verpasst, oder war er noch nicht da?

Ich setzte mich an meinen gewohnten Platz, um ein wenig die Ruhe und den Blick zu genießen. Links neben mir entdeckte ich auf dem Beton eine violette Blüte, deren kurzer Stiel mit einem Stein beschwert war. Sie lag am hinteren Fuß des Ständers vom Wasserfass. Ich musste kurz überlegen, aber ich war mir schnell sicher, dass sie von meinem alten Mönch stammen musste. Er war offenbar hier gewesen und hatte sie für mich als Nachricht hinterlassen. Ich war gerührt.

Um sie besser betrachten zu können, nahm ich sie auf. Die feinen Strahlen ihrer Blütenblätter deuteten auf eine Margeritenart hin. Violett waren ihre Blätter, und der knopfartige Samenstand in der Mitte leuchtete in einem hellen Blau.

Das war eine der schönsten Nachrichten, die ich je erhalten hatte. Ich hielt sie noch eine Weile in den Händen und ließ meine Gedanken schweifen.

Dieser alte Mann faszinierte mich. Bei jedem unserer Treffen hatte er etwas Besonderes parat. Jedes Mal ließ er mich erstaunen. Auch wenn wir uns nicht unterhalten konnten, so hatten wir doch mehr von einander erfahren, als es im Rahmen eines gewöhnlichen Smalltalks möglich gewesen wäre.

Ich überlegte, was ich mit der Blüte tun sollte. Falls sie doch nicht für mich gedacht sein sollte, wäre es besser, ich ließe sie hier. Aber ich wollte nicht gehen, ohne ein Zeichen zu hinterlassen, dass ich sie gefunden hatte. Deshalb legte ich die Blüte in die entgegengesetzte Richtung etwas weiter unter den Ständer. Mit dem rot-weiß gestreiften Stein beschwerte ich sie wieder, damit sie der Wind nicht fortblasen konnte. Freudig beeindruckt und ergriffen verließ ich das Dach.

Mit dem kleinen Sangay saß ich am Nachmittag auf einer Bank im Tempelhof des TseChokLing-Klosters in der Sonne. Diesmal war er fröhlich und gelassen, ließ die Füße baumeln und kramte in der Tüte herum, die ich ihm gegeben hatte. Ich war einkaufen gewesen und hatte einige Drogerieartikel, Bonbons und Schokolade mitgebracht. Jedoch nicht nur für Sangay. Das verstand er sehr schnell, denn was sollte er auch mit zehn Zahnbürsten anfangen. Jeder der Bürsten teilte er einen Namen der anderen jungen Mönche zu. Ich war mir sicher, dass er alles gerecht aufteilen würde.

So blieben wir noch eine Weile auf der Bank in der Sonne sitzen. Zu unserer freundschaftlichen Zweisamkeit gesellte sich später Nima 2. Mit langen bedächtigen Schritten war er auf uns zugekommen. Mittig vor uns blieb er stehen und lächelte. Sangay griff sofort in die Tüte und überreichte ihm jeweils eines der Teile, die für die Allgemeinheit gedacht waren.

Es dauerte nicht lange, da schossen auch die anderen Kleinen um die Ecke. Ich verabschiedete mich und beobachtete vom Torbogen aus, wie Sangay alle Mühe hatte, die Verteilung im Griff zu behalten und darauf zu achten, dass ihm sein Anteil auch noch blieb. Er schaffte es sogar noch, mir zu winken.

Ein Lama klärt auf

»Karma kommt aus dem Sanskrit und bedeutet Rad«, begann der Lama ganz unvermittelt unser Gespräch. Ich hatte im Ministerium und im Namgyal-Kloster darum gebeten, mit jemandem über Wiedergeburt und Auferstehung sprechen zu dürfen. So war dieser abendliche Termin zustande gekommen. Ich musste selbst erst einmal die eigentliche Bedeutung des Begriffes Karma kennenlernen, weil er oft fälschlicherweise für »Schicksal« oder »göttliche Vorsehung« gebraucht wurde. Gutes oder schlechtes Karma war keine Frage der Kondition. Davon hing also nicht ab, ob wir eine Pechsträhne erleben müssen, von einem Auto überfahren werden oder beim Pokern viel Geld verlieren. Allerdings hält aus buddhistischer Sicht das Karma Impulse als Resultate des vorigen Lebens bereit, die das Verhalten beeinflussen oder denjenigen sogar bestrafen, wenn er im vorigen Leben andere Menschen oder Lebewesen gequält hatte. Deshalb versucht der Buddhist auch zu vermeiden, kleine Tiere im Gras zu zertreten.

Der Lama zeichnete immerfort Kreise in die Luft und suchte eine bequeme Sitzposition auf seinem breiten abgewetzten Sessel. »Das Karma zwingt uns, immer und immer wieder zu inkarnieren, um die Probleme, die wir uns selbst geschaffen haben, endlich alle zu lösen.« Noch immer kreiste seine Hand. Sein faltiges Gesicht zeigte indes keinerlei Regung. Mit jeder neuen Inkarnation erhalte ein gläubiger Buddhist eine neue Möglichkeit zu lernen, denn jeder werde immer aufs Neue mit seinen noch unbewältigten Problemen konfrontiert, führte er die Grundmechanik der Wiedergeburt aus. »Bewältigung heißt«, sagte er und hob beide Hände, »dass man den Problemen nicht ausweicht, sondern sie annimmt und löst.« Lachend fügt er hinzu, dass man es manchmal kaum glauben könne, aber die meisten lösten sich schon von selbst, wenn man sie erst einmal erkannt und angenommen habe. »Das geht wohl den meisten Menschen so«, hielt ich dagegen, »dafür braucht man kein Buddhist zu sein.« Der Einwurf schien ihm nicht zu gefallen, denn er sah mich nun eindringlich an und schüttelte den Kopf. »Warum fällt es dann den Menschen schon seit Jahrtausenden ungeheuer schwer, ihre Probleme zu lösen? Sie kommen immer wieder ins Leben und scheinen dennoch nicht viel weitergekommen zu sein. Manche verstricken sich sogar immer tiefer in ihr Karma.« Das hörte sich nach einem ewigen Kreislauf an, ohne dass sie es schaffen, die Stufe der Erleuchtung zu erreichen. Deshalb fragte ich ihn, ob man dann nicht auch irgendwann aussteigen könne oder ob sie nicht richtig angeleitet würden. Der Ausstiegsgedanke belustigte ihn. Er räusperte sich und griff dann aber den Gedanken der Anleitung auf: »Dafür gibt es das Dharma«, belehrte er mich, »eine Ethik, die eine Anleitung zum guten Handeln ist.« »Ethiken gibt es überall. In jeder Religion. Und dennoch bleibt der Mensch ein Mensch und handelt eben nicht immer nach den Maximen. Das Problem kennen wir auf der ganzen Welt«, antwortete ich und provozierte beim Lama Widerspruch, als ich weitersprach: »Das ist doch die Freiheit des Menschen. Er kann sich frei entscheiden, ob er mehr als das Nötigste tun will oder aber ob er sogar aus der Karma-Praxis aussteigt.«

Der Mönch korrigierte nun den Sitz seines Überwurfs auf der linken Schulter und geriet in Fahrt. Wie ein Dozent hielt er mir stellvertretend für die Menschheit vor, dass der Himmel immer wieder Hilfestellung gegeben sowie Propheten und Weise zur Erde gesandt habe. Diese hätten nur eine Aufgabe gehabt, und die lautete: die Menschen zu lehren, worauf es ankommt. »Worauf kommt es denn an?«, fragte ich nach. »Auf bedingungslose Liebe«, rief er aus, »und sich selbst zu lieben!«

Das kam mir bekannt vor, und ich konfrontierte ihn mit dem identischen Grundsatz im Christentum. Damit hatte ich ihm wohl ein Stichwort geliefert. Er habe darüber gelesen, referierte er, dass Jesus Christus den Menschen vor zweitausend Jahren diese Liebe gezeigt habe. Jedoch sei es bei den meisten vergeblich gewesen, weil sie seinen Worten nicht gefolgt waren. Ich war mir sicher, dass genügend Menschen gelebt haben, die sich an die christliche Ethik, an die Zehn Gebote und an Hinweise der Bergpredigt gehalten haben. Und ich glaubte auch, dass sie das ewige Leben erlangt haben. Der Lama nahm einen großen Schluck aus seiner kunstvoll verzierten Teetasse und gab zu, dass er vielleicht ein wenig übertrieben hatte.

Ich legte nach und behauptete, dass man meinen könnte, dass es bei den Buddhisten wegen der ständigen neuen Versuche weniger streng zuginge, weil man die Erfüllung des Karmas ja auch gut und gerne auf das nächstfolgende Leben verschieben könnte. »Nein«, widersprach er mir energisch, »man darf nicht nachlassen. In keinem Leben!« Ich musste grinsen und fragte ihn, ob man sich auf diese Weise auch Minuspunkte auf dem Karma-Konto einhandeln könnte. Er lachte und setzte ein Gesicht auf, als wolle er Louis de Funès imitieren. Das buddhistische Konzept der Wiedergeburt sei nicht einfach zu verstehen, gab er zu. Es sei sehr ausgefeilt. Im Grunde könne man es mit einem Konto bei der Bank vergleichen. Nur ginge es nicht darum, irgendwann eine bestimmte Summe zu erreichen, sondern das Konto auf null zu bringen. Ein erfülltes Karma wiege mit den positiven Handlungen die Minuspunkte aus den vergangenen Leben auf und schaffe so den Ausgleich und damit erreiche man erst die Stufe der Erleuchtung. Menschen würden so lange reinkarniert, bis sie diese Stufe auch tatsächlich erreichten.

»Wie läuft das ab mit der Reinkarnation? Steuert die jemand?«, bohrte ich nach.

»Unser Karma-Konto wird immer wieder von kosmischen Wesen, den zwölf Weisen und zwölf Richtern geprüft und gemessen. Sie hüten das Karma, sie lenken die Kräfte des Universums und führen die Seelen durch ihre Inkarnationen.«

Der Lama ließ seine Hand nun über imaginäre Wellen gleiten. Seine Finger zeichneten einzeln jede Bewegung nach. Er sah seiner Hand nach und fuhr fort: »Nach dem Ende einer Inkarnation wird die Seele des verstorbenen Menschen von den Weisen und Richtern darüber informiert, was der Sinn und die Lernaufgabe der vergangenen Existenz war. Was bewältigt wurde und was noch auszugleichen ist.« »Ein Kassensturz im Karma-Konto?«, warf ich ein. Er nickte und flüsterte eine Bestätigung. »Die Seele wird dann für eine Weile unterrichtet und lernt weiter. Dann kommt die Zeit, wieder zu inkarnieren.« Der Mönch kramte in seinem Gewand und zog seine Gebetskette heraus. Sogleich ließ er die orangefarbenen Halbedelsteinkugeln durch die Hand gleiten. Ich verstand nicht recht, warum er jetzt augenblicklich beten musste, aber vielleicht hatte er ja in unserem Gespräch einen dringenden Anlass dafür entdeckt.

Nach dem Gespräch über Lebenskonten kamen wir zum Vergleich von Christentum und Buddhismus. Sofort beklagte er, dass die christlichen Kirchen das Wissen von Reinkarnation und Karma ablehnten, obwohl das noch zur Zeit des Jesus weit verbreitet gewesen sei. Er hatte sich entweder gut vorbereitet, oder sein Wissen über das Christentum war jederzeit abrufbar, denn er erzählte, dass das Konzil von Nizäa im Jahre 325 in den Evangelien alle Hinweise auf die Reinkarnation gestrichen habe. Er warf den verantwortlichen Bischöfen und Kirchenvätern sogar posthum vor, die Lehren der Evangelien bewusst verfälscht zu haben. Wenn das stimmen würde, könnte ich die Konzilsergebnisse nur als Bereinigung und Konzentration der Kirchenlehre verstehen. Soweit mir aber bekannt ist, behandelte man in Nizäa eher solche Themen wie Bischofs- und Priesterweihen sowie das Glaubensbekenntnis. Meines Wissens unterstellt man immer wieder dem Konzil von Konstantinopel, dass es die Reinkarnation verurteilt habe. Dort hatte die Kirche aber in der Tat die sogenannte Prä-Existenz der Seele verurteilt. Das könnte man auch als eine Ablehnung der Wiedergeburt umdeuten. Nun waren wir an einem Punkt angekommen, den ich so nicht weiterführen wollte, denn dazu müssten wir die Konzilsdokumente aus dem 4. und dem 6. Jahrhundert vorliegen haben, um seine These beweisen bzw. widerlegen zu können. Er ließ sich auf meinen Vorschlag ein, eine Diskussion über das Konzil der katholischen Kirche ruhen zu lassen. Der Lama wollte aber trotzdem noch einen Satz dazu loswerden. Mit erhobenem Finger und gespitzten Lippen sagte er: »Jesus hat auch die Reinkarnation und das Karma gelehrt.« Ich versuchte nun, sein Verständnis dafür zu wecken, dass man manches vielleicht sinngemäß so deuten könnte. Karma und Dharma kennt der Christ genauso wie der Buddhist, allerdings nennt er es nicht so. Und die Erfüllung des Dharma und die Möglichkeit, ein gutes Karma zu erlangen, beschränkt sich auf nur ein einziges irdisches Leben. Das akzeptierte mein Gegenüber. Jedoch merkte ich noch an, dass Reinkarnation nicht zur Heilsökonomie Jesu Christi passe. Gerade weil Jesus Christus die Beliebigkeit und Selbstgerechtigkeit in der Gestaltung des Lebens beenden wollte und auf die ehrliche Einhaltung der Ethik drängte. Die Erlösung, so seine Verkündigung, erhalte der Mensch dann im ewigen Leben, aber nicht im Neuversuch.

Der Lama erhob sich vom Sessel und lief auf den knarzenden Holzdielen hin und her. Dabei entwickelte er eine weitläufig bekannte Kirchenkritik. Der Mensch könne nicht in einem einzigen Leben seine sämtlichen Belastungen und die Probleme mit sich selbst überwinden.

Deshalb, so meinte er, übergebe sich der Christ voller Angst der Kirche, in der Hoffnung, als ewiger Sünder dennoch des ewigen Lebens für würdig befunden zu werden. Das sei dann abhängig vom Wohlwollen eines kirchlichen Oberhauptes und vom Wohlwollen Gottes. Ich widersprach ihm und nannte ihm die Vergebung der Sünden, die nicht mehr kostet als das Bekenntnis, eine ehrliche Reue und die Umkehr zum Guten als ein klares Gegenargument. Der Lama konterte: »Warum aber werden die Menschen seit zweitausend Jahren in Abhängigkeit und Angst gehalten?« Ich musste zugestehen, dass es im Verlauf der Geschichte unzählige Male zu Missbräuchen gekommen sei. Nicht umsonst hatte sich der Widerstand gegen das Machtgebaren und den Missbrauch der Kirchenfürsten in der Reformation niedergeschlagen. Jedoch hatten ausgerechnet die Reformation und später die Aufklärung dazu beigetragen, dass die katholische Kirche von diesen Untugenden immer weiter Abstand genommen hatte. Ich fragte den Lama, ob er das moderne Gesicht der Kirche kenne. Er sagte, er würde es kennen, es sei ein schöneres Gesicht als das frühere. Ich fragte ihn auch, ob es nicht auch im Lamaismus des tibetischen Buddhismus, wie auch allgemein im Buddhismus oder Hinduismus, immer wieder Fälle von Machtmissbrauch gegeben habe. Der Lama hielt sich an einem kunstvoll bemalten Vertiko fest, blies lange zischend die Luft aus und nickte.

»Existiert Gott?«, fragte ich ihn, um vom Kirchenthema wegzukommen. »Ja!« Er überlegte noch einmal, ging zurück zu seinem Sessel und sagte: »Und Jesus Christus war ein Erleuchteter.« »Der Sohn Gottes?« »Ich weiß es nicht«, gab er nachdenklich zurück, »aber ein Erleuchteter.« Ich zeigte mich erstaunt darüber, dass er die Existenz Gottes so problemlos bejahte. Denn ich wusste zumindest, dass der Buddhismus lehrt, dass es keinen Anfang gibt. Ein Anfang sei unlogisch. Wenn Materie, Energie und Geist einen Anfang hätten, bliebe die Frage, woher dieser käme – und was vor dem Anfang läge. Die großen monotheistischen Weltreligionen setzten davor Gott.

Genau da unterscheide sich der Buddhismus von den anderen Religionen, antwortete er, denn damit müsste Gott auch einen Anfang gehabt haben. Daraus folgerte er, wenn es einen anfangslosen Gott gibt, müssten die Elemente der Materie, der Energie und des Geistes auch anfangslos sein. Deshalb gebe es für ihn auch so etwas wie Gott.

»Ist das derselbe Gott wie der der Christen, Moslems und Juden?«, fragte ich nach. Er überlegte einen kurzen Moment und fragte, was es für einen Sinn ergeben würde, wenn es verschiedene Götter wären. Damit war der Lama wieder beim Kirchenthema angelangt: »Aber warum beansprucht die katholische Kirche die ›Alleinrechte‹ an Gott und Christus? Und warum kann man, nach den Lehren der römischen Kirche, nur durch diese eine Institution zu Gott gelangen?«, fragte er mich mit wehklagendem Tonfall.

Ich vertrat die Meinung, dass es sicher nicht nur *den* einzigen, von der katholischen Kirche beschriebenen Weg zu Gott gäbe. Damit folgte ich zumindest in etwa den neueren Lehraussagen Roms. Der Lama akzeptierte ohne Widerspruch, wollte aber nun von mir wissen, warum die Menschen diesen Gott fürchten, anstatt ihn zu lieben. Die Menschen würden ja von jeher davon abgebracht, ein inniges persönliches Verhältnis zu Gott aufzubauen. Auch da konnte ich ihm von Besserungen berichten. Meiner Erfahrung nach wird vor allem von der Gottesliebe gesprochen. Ich vermutete, bei ihm ein leicht ältliches Kirchenbild anzutreffen. Als Argument führte ich das erste der zehn Gebote an und verwies darauf, dass man heutzutage die zugehörigen Begrifflichkeiten mit »ehren«, statt mit »fürchten« beschreibt.

Über den Begriff der Seele wollte ich noch mit ihm sprechen. Im Christentum beschreibt es die unbestimmbare innere Persönlichkeit eines Menschen, die nach dem Tod in das ewige Leben befreit wird. Deshalb fragte ich ihn, ob der Begriff Seele und deren Auferstehung eine gewisse Ähnlichkeit mit dem Karma und der Reinkarnation habe. Der Lama atmete tief durch, sah mich eindringlich an und begann zu erklären, dass das Ich in den verschiedenen Leben nicht als das gleiche Ich wiedergeboren werde.

Er verglich es mit einer Filmrolle. Egal wie lang sie sei und wie viele Bilder stellvertretend für ein Leben auf ihr enthalten wären, der Film als solcher sei das Ich. Die Bilder wären jedoch nicht von Person zu Person austauschbar, sondern stünden in einer eigenen Kontinuität, die man auch Seele nennen könne. Das Leben, das Ich, die Seele ginge von einem Bild zum nächsten, ohne dass die nächstfolgenden Bilder schon längst seit Urzeiten klar wären. Keiner weiß, wie die nächsten Leben aussehen, weil sie sich erst aus dem jeweils vergangenen entwickeln. Er zeigte mit den Händen immer wieder die Abschnitte eines langen Films. Manche unserer Eigenschaften, Gewohnheiten und Instinkte würden in die nächsten Leben übertragen und seien deshalb wiedererkennbar. »Aber wir werden nicht als dieselben leben – nicht als unmittelbare Fortsetzung«, schloss er.

Der Lama hatte mir für unser Gespräch eine volle Stunde Zeit gewährt. Die war bereits überschritten, aber ich wollte zum Ende doch noch einmal kurz auf die Reinkarnation zu sprechen kommen und auf seine Behauptung, die Kirche hätte Hinweise darauf in den Evangelienschriften ausradiert. »Würde die Kirche eine andere sein, wenn Jesus Christus die Lehre von der Reinkarnation tatsächlich verkündet hätte?«, fragte ich ihn. Der Lama ließ sich mit der Antwort sehr lange Zeit. Die Fingerspitzen seiner gefalteten Hände ruhten auf seiner Stirn. Ich wartete seelenruhig ab, bis er wieder aufschaute. »Ich glaube, dass das Wissen von Reinkarnation und Karma eine Gesellschaft verändern muss, und zwar hin zur Annahme der Selbstverantwortung, zum Mitgefühl und zur Rücksichtnahme auf andere und schließlich zur Liebe. Ich denke, deine Kirche tut das Gleiche.« Er zeigte gütig lächelnd auf mich. »Ja, das Gleiche«, bestätigte er nochmals seine Einsicht. »Du erntest, was du säst.«

Festival im Kinderdorf

Eigentlich hatte ich nicht geahnt, auf was ich mich da einlasse, wenn ich einfach nur das Haus mit der Nummer »4« im Tibetischen Kinderdorf (TCV) suche. Diese Suche gestaltete sich nicht so ganz einfach. Das lag nicht nur daran, dass hier mittlerweile etwa tausend Kinder in mehr als vierzig Häusern leben. Die Häuser waren nämlich nicht gleichmäßig wie auf einem flachen Schachbrett verteilt und übersichtlich angeordnet, sondern willkürlich über eine steilhügelige Landschaft verstreut. Also blieb mir als Ortsfremden nur übrig, nach dem Weg zu fragen. Heute sollte das eigentlich besonders leicht sein, denn im Kinderdorf war

Volksfest. Tausende Tibeter und viele Gäste waren nämlich zum TCV-Geburtstag gekommen, der wie jedes Jahr als tibetisches Kulturfestival gefeiert wurde. Die morgendliche Großveranstaltung auf dem Sportplatz mit Musik- und Tanzvorführungen in prächtigen Kostümen war gerade zu Ende gegangen. Der Dalai Lama hatte die riesige Tribüne am Sportplatz bereits verlassen. Er hatte eine recht lange Rede gehalten. Natürlich konnte ich sie nicht verstehen, weil ich eben des Tibetischen nicht mächtig bin. Aber mich wunderte, dass die meisten den Heimweg antraten. Der Dalai Lama müsse wieder ins Bett, weil er sich noch nicht genügend regeneriert habe, hieß es. Es war schließlich sein erster öffentlicher Auftritt nach der Operation. Aber auch der Karmapa und sein Gefolge hatten sich bereits zurückgezogen. Die allgemeine Aufbruchstimmung hatte offenbar auch die meisten Tibeter erfasst, obwohl für den Nachmittag noch einige Veranstaltungen angekündigt waren.

Wenn der Dalai Lama geht, scheint das Volksfest nur noch halb so beliebt zu sein. Diejenigen, die blieben, steuerten ihrem Picknick entgegen. Sie lagerten auf den Wiesen, aßen zu Mittag, spielten und ruhten sich aus. Ich wollte aber nicht nach Hause, nicht picknicken, sondern jenes Haus mit der Nummer vier suchen. Ich fragte einige Tibeter, bis ich Auskunft erhielt. Jedoch gestaltete sich die Suche unerwartet schwierig. Ich hatte nach einer Weile bestimmt das halbe Dorf besichtigt und zahlreiche, steil ansteigende Hügel und Treppen erklommen. Auf dem höchsten Punkt im Gelände befand sich der Tempel, der heute besonders bunt geschmückt war. Ich war seiner mehrfach ansichtig geworden, weil ich anscheinend dauernd im Kreis gelaufen war. Meine Rettung war Chimi. Immer wenn ich ihn traf, erinnerte ich mich sofort an den Nachmittag mit Buttertee im Kreise seiner Familie. Er nahm sich nun meiner an, auch wenn er nicht genau wusste, wo sich Haus Nummer vier befand.

Aber er wirkte überzeugender als alle bisher, und er ließ den festen Entschluss erkennen, Haus Nummer vier für mich zu finden. Zu unserem Suchtrupp gesellte sich nun auch noch ein Dritter. Nima 2 aus dem TseChokLing-Kloster hatte ich unterwegs aufgegabelt. Irgendwie tauchte er öfter wie aus dem Nichts auf. Mir tat er leid, weil er allein, relativ orientierungslos und erschöpft wirkend, durch das bergige Gelände stapfte. Ich dachte, es könne nicht falsch sein, ihn einfach mitzunehmen, egal, wo er eigentlich hinwollte, denn im Zweifelsfall kannte er sich hier auch nicht sonderlich gut aus. Da könnte Sonam vielleicht ein gutes Ziel sein, denn der hatte mir im Vorbeifahren durch das Autofenster zugerufen, ich solle zu Haus Nummer vier kommen, weil sich dort alle Mönche des TseChokLing einfinden würden. Unsere Suche wurde tatsächlich von Erfolg gekrönt, denn wir hatten ein Haus erreicht, vor dem Direktor Thupten stand. Er war in eine feine tibetische Männerrobe in Anthrazit gehüllt. Er nahm mich sofort bei der Hand und zog mich nervös, aber wortlos in das gesuchte Haus. Ich bedankte mich bei Chimi und wünschte ihm viel Glück, denn er wollte nun seine Familie auf dem Gelände suchen. Im Haus führte mich Thubten, vorbei an vielen tibetischen Kindern in Schuluniformen, mitten hinein in einen Saal, in dessen Mitte Kübel und Kisten mit Speisen aufgebaut waren. Ringsherum an den Wänden saßen Mönche an niedrigen Tischen. Im ersten Moment dachte ich, ich wäre mitten in eine Puja hineingeraten. Ich würde Thupten auch zutrauen, dass er mich kommentarlos einer betenden Gemeinschaft überlässt. Erst einmal verschaffte ich mir einen kurzen Überblick und bemerkte Sonam, der bereits aufgesprungen war und auf mich zueilte. Neben ihm erkannte ich auch nach und nach viele alte Bekannte: die Mönche aus dem TseChokLing-Kloster. Ehe ich mich versah, hatte mich Sonam schon auf ein Sitzbänkchen hinter einen der flachen Tische geschoben. Von meinem Platz aus begrüßte ich nun die Runde. Ich war neben Nima 2 gelandet. Sofort eilte der junge Mönch herbei, dem an der linken Hand drei Finger fehlen. Er stellte mir einen großen Plastikteller voller Essen vor die Nase. Zwei runde Fladenbrote, ein ordentlicher Schlag Currykartoffeln, ein Berg mit Gemüse und ein schrumpelig gebratenes Ei, das zuvor gekocht wurde. Der bloße Anblick des vollen Tellers ließ mich vermuten, dass ich das alles niemals aufessen könnte. Nima 2 schmatzte längst genüsslich neben mir. Sein langes Kinn wippte bei den Kaubewegungen auf und ab und wirkte dabei wie die Verlängerung der Pleuelstange eines Motors. Ich wollte auch beginnen, den Berg auf meinem Teller abzutragen, aber ich fand kein Besteck. Ein Blick in die Runde verriet, dass keiner der Mönche mit Besteck aß. Damit war mein Schicksal auch geklärt. Also begann ich einen Brocken der Currykartoffeln mit zwei Fingern aufzupicken und mir in den Mund zu schieben. Dabei überlegte ich, wie viel ich seit dem letzten Mal Händewäschen mit meiner rechten Hand berührt hatte. Nichts weiter außer dem Geld, das ich dem Taxifahrer gegeben hatte. Und das war – meiner Erinnerung nach – ein druckfrischer Hunderter. Das beruhigte mich etwas, und die nächsten Brocken folgten per Hand. Dann ein Stück Brot. Das zweite Fladenbrot legte ich kommentarlos auf den Brotstapel von Nima 2, denn ich befürchtete, nicht mal eins ganz zu schaffen.

Da er das mit nickendem Schmatzen bewertete, wanderte das seltsame Ei ebenfalls herüber auf seinen Teller. Seit meiner Zeit als Kleinkind hatte ich wohl nicht mehr mit den Fingern gegessen. Eine Scheibe Brot oder ein Stück Pizza esse ich schon mit der Hand, aber nicht ein normales Mittagessen. Auf dem Teller von Nima 2 war jetzt Hochbetrieb. Seine großen Hände und Finger erlaubten es ihm nämlich, sie wie eine Baggerschaufel in den Berg von Essen zu schieben, um dann mehr als nur ein Bröckchen in seine Futterluke zu befördern. Das machte er eindrucksvoll gekonnt. Ich imitierte seine Kunst, fuhr mit meinen Fingern zwischen Gemüse und Kartoffeln, um galant eine ordentliche Portion auf den Teller meines Nachbarn herüberzubaggern. Es war aus meiner Sicht kein Spiel mit dem Essen, sondern nur der verzweifelte Versuch, meinen Teller zu leeren. Nima 2 lächelte. Tapfer aß ich den verbliebenen Rest an Kartoffeln und Gemüse weiter und hatte mittlerweile meine Scheu, mit den Händen zu essen, überwunden. Dann kam plötzlich der dreifingrige Mönch, und ich konnte im letzten Augenblick verhindern, dass eine ganze Kelle voll Kartoffeln auf meinem Teller landete. Ich verwies ihn auf Nima 2, aber selbst der winkte mit beiden Armen ab. Dabei gab er einen laut aufheulenden, summenden »M«-Laut von sich, weil er gerade den Mund voll hatte. Ich nutzte die Gelegenheit, um noch ein halbes Fladenbrot ungesehen auf seinen Teller zu bugsieren, denn ich war bereits gesättigt. Plötzlich krachte es neben mir. Nima 2 hatte geniest. Um Himmels willen …! Ich überprüfte kurz die Lage. Glücklicherweise war sein Mund gerade leer. Gar nicht auszudenken, was alles hätte passieren können.

Nach einigen Minuten hatte ich meinen Teller geleert. Schwungvoll landeten ein Joghurtbecher und gleich danach ein großer gelber Apfel auf meinem Platz. Den Joghurt gab ich sofort nach links weiter. Nima 2, dieser ewig freundliche Mönch, hatte es wahrscheinlich bereits aufgegeben, dagegen zu protestieren. Ich verzichtete freiwillig auf die Erfahrung, Joghurt mit den Fingern zu essen. Da einige der Mönche bereits aufgestanden waren, wertete ich das als Signal, ebenfalls die Essensausgabe in Haus vier zu verlassen. Ich schnappte mir den Apfel, obwohl ich keine Äpfel mag, bedankte mich mit einer Geste in die Runde und verzog mich. Ich war noch nicht ganz durch die Tür, da hörte ich hinter mir eine hochtönende Explosion, gefolgt von schallendem Gelächter der Mönche. Nein, ich hatte mich nicht umgedreht, denn ich hatte vernommen, was passiert war: Nima 2 hatte wieder genießt.

Ich gesellte mich einfach zu den Kindern, die dieses Haus bewohnten und aß meinen Apfel. Der schmeckte zu meinem Erstaunen so süß und so gut, wie mir schon seit Jahrzehnten kein Apfel mehr geschmeckt hatte. Es war schön, zu beobachten, wie fröhlich die kleinen TCV-Bewohner waren. Viele Eltern geben ihre Kinder hierher, weil sie von der Organisation gut versorgt werden und außerdem eine hervorragende schulische Ausbildung erhalten. Jedoch haben nicht alle der kleinen Bewohner des Kinderdorfes Eltern. Etwa ein Zehntel seien Waisen, sagt die Statistik. Manche würden auch von ihren Familien mit Flüchtlingstrecks aus Tibet herausgeschleust, um ihnen hier im Exil ein besseres Leben ermöglichen zu können. Bald nach der Flucht aus der Heimat gründete der Dalai Lama im Mai 1960 die »Tibetan Children's Villages«, und 1962 entstand die »Tibetan Homes Foundation«. Beide Betreuungsorganisationen setzten die österreichische SOS-Kinderdorf-Idee für tibetische Kinder in die Tat um. Aus einem notdürftig geschaffenen Heim für Flüchtlingskinder entwickelte sich 1971 das erste tibetische SOS-Kinderdorf. Zwei Schwestern des Dalai Lama, Tsering Dolma und Jetsun Pema, leiteten nacheinander die Einrichtung. Von einem befreundeten Musiker wusste ich, dass er derzeitig ein neues Haus für das Kinderdorf baute. An vielen Gebäuden hingen Tafeln mit den Namen ihrer berühmten Stifter.

Ich drehte noch eine Runde, beobachte kurz die Aufführung einer tibetischen Oper, traf noch ein paar Bekannte und plauderte mit Mitarbeitern aus dem Ministerium. Lobsang Jeshongtsang kam auf mich zu und forderte mich aufgeregt auf, ich solle mir die Übersetzung der Rede Seiner Heiligkeit, die er vor wenigen Stunden auf dem TCV-Festival gehalten hatte, besorgen. Sie sei wichtig. Mit dieser Information ließ er mich aber allein. Plötzlich kam Bewegung in die Menge. Schnell erkannte ich den Grund. Der Karmapa kam mit Gefolge die Treppe vor mir herunter. Augenblicklich wurde die Menge um ihn herum ganz still. Er segnete einige der Menschen, die sich vor ihm verbeugten, und sah dabei immer wieder über seine cool wirkende, rechteckige, rahmenlose Sonnenbrille hinweg. Bald hatte er mich entdeckt. Der Karmapa schob sich durch die Runde von Leuten in meine Richtung und reichte mir über die Köpfe der meist kleingewachsenen Tibeter die Hand. »Wir sehen uns morgen«, sagte er zu meinem Erstaunen, denn mit seinem Sekretär hatte ich lediglich vereinbart, mich heute Nachmittag noch einmal wegen eines Treffens zu melden. »Gut, bis morgen!«, erwiderte ich ihm. »Ich freue mich.« Dann schickte er mir noch einen ernsten, aber tiefen Blick über seine Brillengläser hinweg zu.

Die Botschaft des Dalai Lama

Im Internet-Shop versuchte ich, Informationen über die Rede des Dalai Lama abzurufen, doch ich fand dazu keine Meldung. Es konnte mir auch keiner weiterhelfen. Anscheinend war der Inhalt noch nicht überallhin durchgesickert. Allerdings hatte mich der Staatssekretär auch nur darüber informiert, dass die Worte Seiner Heiligkeit von besonderer Bedeutung gewesen seien. Mehr war mir nicht bekannt.

Es war schon dunkel, als ich zum Tempelberg spazierte und plötzlich neben mir ein Gesicht auftauchte. Ein Mönch war in die Straße eingebogen und lief parallel zu mir. Mönche sind an sich recht zurückhaltende Menschen, die gern Blickkontakte suchen und mit einem Lächeln kommunizieren. Dieser Mönch grüßte mich aber sofort. Dann folgte ein kurzer Smalltalk, der mit einer Mitteilung endete. Er erklärte mir nämlich umständlich, dass er gerade dabei sei, die englische Sprache zu erlernen. Im selben Augenblick fragte er sehr direkt, ob er mit mir nicht ein wenig sprechen könne, denn nur so würde er die Sprache besser lernen.

In Deutschland würden wir das als ›plumpe Anmache‹ bezeichnen. Aber es war ein Mönch – er wirkte vertrauenswürdig. Wahrscheinlich hatte er auch allen Mut zusammengenommen, um mir seinen Wunsch anzutragen. Nichts sprach dagegen, sich mit ihm zu unterhalten. Sein zaghaftes Englisch konnte eine Konversation auch gut gebrauchen. Mir kam die Idee, ihn zum Abendessen einzuladen. Er willigte erfreut ein, und wir verabredeten uns.

Um 19 Uhr saßen wir am rot-weiß kariert gedeckten Tisch im Restaurant »Lhasa« mit Blick auf den Hauptplatz und tauschten sogleich schriftlich unsere Namen aus. Das hatte zwar etwas von einer offiziellen Maßnahme, aber anscheinend hatte nicht nur ich die Erfahrung gemacht, dass es mit der mündlichen Namensübermittlung oft eine recht unsichere Sache ist. Das galt sowohl für unbekannte tibetische Namen wie auch für deutsche. Tsultrim, schrieb er auf, sprach aber das »u« als »i« und das »s« als Zischlaut aus. Tsultrim, ein Name, der mir bisher hier noch nicht begegnet war. Kelsang oder Tenzin wäre nichts Neues gewesen. So heißt hier jeder Dritte. Das nächste Drittel heißt Nima oder Pema. Tsultrim soll der Name eines früheren Dalai Lama gewesen sein, erklärte er mir.

Bei der Suppe, einer tibetischen Nationalspeise mit breiten Nudeln und Gemüse sowie Knoblauchhühnchen, stellte er mir eine Frage nach der anderen. Ich merkte, dass er ein recht schwaches Vokabelwissen hatte. Nun ist mein Englisch auch nicht wirklich gut, aber ausreichend. Er schien damit gut zurechtzukommen, besonders wenn ich langsam sprach. Doch dann begann ich zu fragen, denn Zuhören war nur das halbe Training. Der Mönch erzählte ein wenig über die wichtigsten Punkte und Stationen seines Lebens – so gut es eben ging. Er stammte aus Tibet, war 26 Jahre alt, hatte drei Schwestern und einen Bruder. Alle lebten noch mit den Eltern in der Heimat. Er sei allerdings, nachdem er schon einige Jahre im Kirti-Kloster in Tibet Mönch war, 2003 nach Indien geflüchtet. Erst sei er vierundvierzig Tage zu Fuß über die Berge des Himalaya nach Nepal gekommen, dann wie all die anderen Flüchtlinge nach Delhi und schließlich ist er hier im gleichnamigen Exil-Ableger seines Kirti-Klosters in McLeodganj gelandet.

Dann erzählte er mir, dass er die höhere Schule im Kloster mit einem Diplom beendet habe und jetzt ausgezogen sei, um Englisch zu lernen.

Ich verstand nicht, warum er nicht im Kloster einen Englischkurs belegen konnte. Im Kloster würde das nicht angeboten, sagte er. Ich erinnerte mich, dass ich das Kirti-Kloster vor ein paar Tagen besichtigen wollte. Als ich die Mönche dort dazu um Erlaubnis bitten wollte, konnte zu meinem Erstaunen keiner der vielleicht acht befragten Mönche meine englischen Fragen beantworten. Deshalb gab ich mein Ansinnen auf.

Tsultrim erzählte, dass er jetzt mit einem befreundeten Mönch in einer kleinen Wohnung am Rande der Stadt wohnte, und sie per Buch und Computer gemeinsam die englische Sprache erlernten. »In einem Mini-Kloster?«, fragte ich interessiert nach. Der Begriff gefiel ihm. Er lachte und schlug vor, ich könne ihn dort besuchen kommen. Ich hielt das für eine gute Idee, denn so würde ich noch eine ganz andere Form eines Klosters kennenlernen.

Gleich nach dem Essen zogen wir los. Alsbald hatten wir die mir bekannte und hinreichend beleuchtete Bagsu-Straße verlassen und steuerten nun abwärts der Dunkelheit entgegen. Ich brauche an dieser Stelle nicht zu erwähnen, dass der Weg nicht gerade dem europäischen Standard entsprach. Wir waren auch nicht in der Wildnis unterwegs, sondern in bewohntem Gebiet. Allerdings war es hier sehr ärmlich und auch löchrig. Das bedeutete: kleine Häuser und große Löcher in den Wegen; besser gesagt Schluchten. Wenn man nicht höllisch aufpasste, wo man hintrat, dann konnte man sich schnell mal in einem drei oder vier Meter tiefen Loch wiederfinden, das anstelle eines betonierten Weges hier klaffte. Das Gleiche galt natürlich sowohl für Stolperfallen wie Wasserleitungen und Steine als auch für Rutschfallen wie Kuhfladen, die einen Ortsfremden oder Nachtblinden ganz schnell in eine der Schluchten befördern konnten. Eine Taschenlampe hatte ich diesmal nicht dabei, denn dieser Ausflug war ja nicht geplant. Der Mönch, den ich erst vor wenigen Stunden kennengelernt hatte, schien meine Angst zu spüren. Er legte kurzerhand seinen Arm um meine Hüfte und fasste meine Jacke, so dass er mich gleichzeitig führend in der Spur hielt und mich notfalls aber auch festhalten konnte. Auch da dachte ich, diese recht vertraulich wirkende Geste wäre in Deutschland erklärungsbedürftig. Aber ich fühlte mich dabei nicht unwohl. Ich durfte nun auch einmal diese unbekümmerte Vertrautheit erleben, die ich hier tagtäglich beobachten konnte. Sie legen einander die Arme um die Schultern und gehen zusammen ihres Weges. Das ist ganz normal. Auch wenn es zwei Jungs oder zwei Männer sind. Oft hielt ein Mönch den anderen hinten am Gewand, oder sie hakten sich sogar ein, wenn sie sich intensiv unterhielten. Paljor hatte mir dazu erklärt, er würde dies wie eine zusätzliche Verbindung und als Zeichen der Freundschaft empfinden.

Auch ohne Straßenlaternen erreichten wir das Haus, in dem Tsultrim wohnte. Von außen wirkte es recht modern, innen war es hell, freundlich und aufgeräumt. Ein lächelnder, großgewachsener Mönch empfing uns. Das Mini-Kloster bestand nur aus einem Zimmer mit hellgrünen und hellblauen Wänden, einer Kochecke und einem kleinen Bad. Das war ihr Kloster, ihr Wohn- und Schlafraum und ihr Tempel zugleich. Jigmey hieß der zweite Mönch.

Was macht man mit einem unangekündigten Gast? Man trinkt gemeinsam grünen Tee. Wir saßen auf dem dunkelgrünen Teppichboden um einen einfachen flachen Holztisch herum. Beide Mönche vermittelten mir zu keiner Sekunde, dass ich eigentlich für sie ein Fremder war. Noch bevor der Tee eine angenehm trinkbare Temperatur erreicht hatte, fragte mich Jigmey, ob ich heute im TCV gewesen sei. Dann wollte er noch wissen, ob ich auch mitbekommen habe, was der Dalai Lama gesagt hatte. Da ich darüber bisher immer noch nicht informiert war, bat ich ihn, mir davon zu erzählen. Jigmey sagte mit sorgenvoller Miene, dass der Dalai Lama für sich selbst das Projekt »Free Tibet« aufgegeben habe. »Er hat was?!«, fragte ich geschockt zurück, denn ein McLeodganj ohne den allgegenwärtigen Schriftzug von FREE TIBET vor der ehemaligen Landesfahne konnte ich mir nicht vorstellen. Mit diesem Slogan definierte sich dieser Exilort – innerlich wie äußerlich. Jigmey suchte nach möglichst exakten Worten. »Seine Heiligkeit ist müde«, sagte er. Er sehe keine Hoffnung, in Gesprächen mit der chinesischen Regierung mehr Autonomie für das besetzte Tibet zu erreichen. Vom Aufgeben habe er gesprochen. Er könne aus gesundheitlichen Gründen nicht mehr.

»Und was nun?«, fragte ich den Mönch. Jetzt sollten die Tibeter selbst weiter agieren. Dafür gäbe es ja auch das demokratisch gewählte Exil-Parlament und die Exil-Regierung. Die sollten nun den Dialog mit

China weiterführen, habe Seine Heiligkeit in der Rede gesagt. Ich versuchte, mich bei Jigmey der Richtigkeit dieser nicht unbedeutenden Nachrichten noch einmal zu versichern. Aber egal, wie diese Nachricht interpretiert werden würde, alles deutete darauf hin, dass es sich um eine einschneidende Veränderung in der Politik des Dalai Lama gegenüber der chinesischen Regierung handeln würde. Da hatte ich Seiner Heiligkeit am Vormittag zwar zugehört, konnte aber nicht erahnen, dass seine Rede von einem solch gewichtigen programmatischen Inhalt war. Vor allem war es für einen Journalisten ein seltsames Gefühl, dabei gewesen zu sein, dennoch aber die Brisanz des Moments nicht verstanden zu haben. Diese Nachricht machte mich etwas unruhig. Ich wollte mehr darüber in Erfahrung bringen. Deshalb beschloss ich, bald den Rückweg anzutreten. Für einen ersten Besuch hielt ich es auch für ausreichend, eine Stunde zusammengesessen zu haben. Mir war klar, dass ich wiederkommen würde, denn ich wollte mehr über diese beiden Mönche in ihrem Mini-Kloster erfahren. Und Tsultrim wollte sich noch mehr in der englischen Sprache üben. Also genügend Gründe für ein Wiedersehen.

Tsultrim begleitete mich zurück in das Zentrum von McLlo. Allein wäre ich hilflos gewesen und hätte mich zumindest verlaufen. Er kannte die Hindernisse und Löcher aus Erfahrung, deshalb war ich froh über seine Begleitung. Sobald wir die vertraute Bagsu-Straße erreicht hatten, verabschiedeten wir uns, und ich suchte den nächsten Internet-Shop auf. Im Erdgeschoss des bei Rucksacktouristen beliebten Green-Hotels checkte ich an einem uralten Computer den Nachrichtenticker meines Heimatsenders. Da las ich auch schon die geschockten Reaktionen, die aus aller Welt gemeldet wurden. Der 14. Dalai Lama hatte tatsächlich von »Aufgeben« gesprochen. »Soweit es mich betrifft, habe ich aufgegeben«, hatte er am Vormittag im TCV-Kinderdorf gesagt. Nun müssen das tibetische Volk und die Exilregierung selbst entscheiden, wie der Dialog fortgesetzt werden solle, las ich in der Meldung. Auch die Agenturen werteten die Äußerungen des Dalai Lama als ungewöhnlich deutlich. Er habe sich im Umgang mit China jahrelang um einen Weg des Ausgleichs und des Kompromisses bemüht. »Aber es gab kein positives Entgegenkommen von der chinesischen Seite.« Tibet sei jedoch nicht nur eine Sache des Dalai Lama, es gehe alle sechs Millionen Tibeter an.

Nun solle die demokratisch gewählte Exilregierung den weiteren Kurs bestimmen. Sämtliche Überschriften der Nachrichtenmeldungen zeigten Sätze wie »Dalai Lama gibt auf«, »Dalai Lama resigniert« oder »Dalai Lama glaubt nicht mehr an Dialog mit China«.

Ich war gespannt, wie sich die Tibeter hier in ihrem Exil in den nächsten Tagen dazu äußern würden. Ich war überhaupt gespannt, was nun passieren würde. Sollte die stumme und zügige Abreise vieler Tibeter heute am Vormittag eventuell schon eine Reaktion auf die Worte ihres geistlichen und politischen Führers gewesen sein? Möglich wäre es, denn in ihren Gesichtern war recht wenig von Volksfest-Stimmung zu erkennen gewesen.

Ein Sonntagmorgen in McLlo

Tibetische Medizin schmeckt nicht wirklich gut. Stellen Sie sich vor, Sie beißen in Sand oder Bauschutt. So ungefähr schmeckte das Zeug – irgendwie nach Erde, Mineralien und Ziegelstein, leicht bitter und ansonsten undefinierbar. Auch das warme, abgekochte Wasser, mit dem ich die Medizin einnehmen sollte, vermochte das penetrant pelzige Gefühl im Mund nicht zu beseitigen oder zumindest zu lindern. Ich fühlte mich wie ein Betonmischer, in dem das Wasser die Zuschlagstoffe lösen und zu einem Brei verbinden soll. Das Erde-Sand-Wasser-Gemisch mischte sich aber nicht, sondern es klebte hartnäckig in allen Bereichen meines Mundes. Beim Kauen knirschte und knackte es gefährlich. Hatte ich irgendwas nicht richtig verstanden? Ich war mir sicher, mich richtig daran zu erinnern, dass ich morgens ein Tütchen mit kleinen Brocken in den Mund nehmen und den Inhalt herunterspülen sollte und abends eine braune erbsengroße Pille, die ich erst zerbeißen musste. Und genau das hatte ich getan. Auch wenn es Medizin war, die nicht schmeckte, und auch wenn ich etwa eine Viertelstunde damit zugebracht hatte, die Mörtelmischung in meinen Magen zu befördern, ich probierte es zumindest. Vielleicht waren diese Medikamente ja richtig gut.

An einem Sonntagmorgen zum Friseur zu gehen ist ein Vergnügen der besonderen Art, das man nicht alle Tage haben kann. Mein Kopf hatte es nötig, denn ich wollte nicht rumlaufen wie ein Zottel. Ein wenig Stil muss sein, dachte ich mir. Übertreiben musste ich es aber auch nicht. Ich muss ja nicht gleich hochgestylt im Anzug und Krawatte durch McLlo spazieren, denn hier nimmt man es mit einer Kleiderordnung nicht so genau. Selbst ins Ministerium bin ich in Cargo-Hosen und Poloshirt gegangen. Da hat keiner darauf geachtet, wie ich gekleidet war. Oder sie waren sehr geschickt darin, ihre musternden Blicke zu verbergen. Nein, ich denke, ich hätte es bemerkt. Aber bei meinen Haaren ist das etwas anders. Da ist die Meinung der anderen Leute nicht maßgeblich.

Also besuchte ich den Friseur, der auch Quirins Frisur ganz gut hinbekommen hatte. Außerdem hatte der Schweizer davon geschwärmt, nach dem Schneiden eine phänomenal gute Kopfmassage erhalten zu haben. Das gehöre wohl zum Service dazu, hatte er mir gesagt.

Ich trank noch schnell einen Mut-Cappuccino, denn bei fremden Friseuren bin ich immer vorsichtig und leicht ängstlich. Außerdem würde ich Ärger mit meinem Arbeitgeber kriegen, wenn ich in zwei Wochen im Fernsehstudio stünde und völlig verändert aussähe. Dann ging ich die gut fünfzig Meter die Tempelstraße hinunter zu dem blauen Hüttchen mit der großen Fensteraufschrift »Hairdresser«.

Der Laden war nicht groß. Er bot für zwei Stühle gerade genügend Platz. Da mussten die beiden Friseure schon zusehen, wie sie um ihre Kunden herumkommen, um alle Bereiche des Kopfes zu erreichen. Der etwa vier Quadratmeter große Laden wirkte ein wenig wie eine mexikanische Würfelbude. Man glaubt es kaum, was da alles herumlag, -stand und -hing. Flaschen über Flaschen, neben Tuben, Schüsseln, Saftkartons, Lockenwicklern und Bürsten. Unmengen Umhänge, Tüten und Gerätschaften hingen an rostigen Nägeln an der Wand. Da eine Flanke durchgehend mit einem einigermaßen klaren Spiegel versehen war, wurde das Chaos optisch noch verdoppelt. Man sollte ja niemals nur vom äußeren Anschein auf die Qualität des Friseurs schließen. Denn hätte ich das getan, hätte ich den Laden fluchtartig verlassen müssen. Dennoch verspürte ich ein wenig Nervenkitzel, als ich schließlich auf dem vordersten der beiden Sessel saß. Der himmelblaue Umhang war noch nicht ganz geschlossen und ich hatte kaum erklärt, dass er bitte schön nur die Spitzen kürzen möchte, da war die wilde Schnippelei bereits in vollem Gange. So richtig geschäftsfördernd konnte ein Spiegel in diesem Salon nicht sein, dachte ich, denn je weniger Rückbild der Spiegel liefert, desto beruhigter könnte man auf dem Stuhl sitzen und vielleicht nebenbei erraten, wie die Fläschchen auf dem Tisch vor dreißig Jahren ausgesehen haben mochten. Über den Kamm wollte ich erst gar nicht anfangen nachzudenken, weil allein schon die Schere den Anschein eines Modells aus der frühen Zeit Gandhis erweckte. Ich unterdrückte auch den Juckreiz, den ich immer beim Anblick solcher Dinge verspüre. Manchmal genügt auch schon ein bloßer Gedanke an Flöhe, und ich muss mich kratzen. Sollten Sie sich jetzt beim Lesen vom Juckreiz überwältigt sehen, dann denken Sie bitte daran, dass Sie diesen Kamm nicht gesehen haben. Ich schon! Und genau dieser Kamm fuhr gerade durch meine Locken.

Der ältere von beiden Friseuren kümmerte sich um mich. Es war ein dicklicher Mann in den Mittfünfzigern mit indischem Gesicht, schwarzem Schnurrbart und mit einem hellblauen Oberhemd gekleidet. Der Jüngere, der sich vom Alten äußerlich lediglich durch ein halbiertes Körpergewicht unterschied, sah interessiert zu. Und wie Friseure manchmal so sind, erzählten sie viel und stellten fortlaufend Fragen. Das ist wohl nicht nur eine Angewohnheit der deutschen Zunft. Quirin musste mich offensichtlich bereits angekündigt haben – es erweckte zumindest den Anschein. Sie wussten jedenfalls schon eine Menge über meine Person und redeten, als würden sie pro Wort eine Rupie verdienen. Ich schaffte es aber zwischendurch immer wieder, sie darauf hinzuweisen, dass nur die Konturen und Spitzen …

Sie lachten immer nur. Vier äußerst lange Minuten waren vergangen und der Maestro war fertig. Mit viel Schwung und einem langen Rasiermesser rasierte er mir noch den Nacken aus, dann klopfte er kräftig gegen eine der abgegriffenen Plastikflaschen, und es staubte gewaltig um meinen Kopf herum. Das sei Puder, erklärte mir der Ältere im Nebel stehend und lachte laut. Meine Ohren, mein Hals und eigentlich auch der halbe Kopf waren schneeweiß. Nicht nur, dass es nun erst einmal im gesamten Laden staubte, es roch auch noch entsprechend nach schwerem Rosenparfüm.

Das war spektakulär, würde ich sagen. Und ehe ich mich versah, wechselten die Akteure hinter mir. Der Jüngere, die halbe Portion mit dem jungenhaften indischen Gesicht, wirbelte jetzt mit seinen kleinen Händen über meinen Kopf. Erst als alle Haare von meinem Kopf abstanden, begann er mit der Massage. Und die war wirklich traumhaft. Der Schweizer hatte nicht übertrieben. Mindestens drei Minuten knetete er meinen Kopf wie einen Brotteig. Dann stoppte er abrupt. Er rieb nun seine Handflächen, als wollte er sie aufheizen, und klopfte dann mit dem Handrücken leicht gegen meinen Hinterkopf. Hätte er es mit beiden Händen getan, ich hätte spontan gesagt, er spielt mit mir pantomimisches Begrifferaten und hatte sich den Begriff »Defibrillator« ausgedacht. Ich musste lachen, obwohl ich ansonsten von seiner Massage ziemlich beeindruckt war. Noch ein paar Mal Heißreiben und Klopfen, dann war der Zauber zu Ende. Nun sprang wieder der ältere Inder herbei, strich mir die Haare zurecht und zeigte mir damit zum ersten Mal, wie ich nun endgültig aussehe. Eine erste Schnellanalyse erbrachte erst einmal kein negatives Ergebnis. Auch auf den zweiten Blick war alles gut. Mein dritter Blick galt einem recht großen Handfeger mit langen pinkfarbenen Borsten, der mich an die Federboas aus der Schlussrevue im Berliner Friedrichstadtpalast erinnerte. Jetzt näherte er sich mit diesem Gerät, um den Schlussakkord einzuläuten: Die Choreografie war recht einfach, aber nicht ohne Effekt, denn ich war puderfrei und auch die kleinen Haarstückchen mussten bei dieser Reinigungsintensität allesamt fort sein. Wie einen Bühnenvorhang riss er den himmelblauen Umhang hinfort. Dann stoppte er wieder abrupt, und ich befürchtete, dass nun noch ein weiterer ungeahnter Akt folgen würde.

»Brauchst du ein Taxi?« »Wie bitte?« »Willst du irgendwohin fahren?«, fragte er mich und zählte alle möglichen Reiseziele in der näheren und weiteren Umgebung auf, als hätte er zu viele Reisekataloge gelesen. Da sah er mich mit seinen dunklen indischen Augen an, als hätte er von gar nichts eine Ahnung, und wollte doch tatsächlich noch ein Geschäft mit mir machen. Wahrscheinlich würde er dafür eine Provision einstreichen. Aber eigentlich war das keine schlechte Idee. »Ja, ich brauche ein Taxi, aber einen Jeep!«, gab ich zurück. Ich wollte ja bald in Richtung des Klosters des Karmapa aufbrechen und auch noch in das vielgepriesene Nonnenkloster Norbulingka fahren. Außerdem wollte ich nicht weit davon entfernt die deutsche Nonne Melanie besuchen. Und da die normalen Taxis angesichts der Straßenbeschaffenheit fast eine Zumutung waren, wäre ein bequemer Jeep mit großen Rädern und guter Federung eine echte Erleichterung – nicht zuletzt für meine Halswirbelsäule.

Ein Jeep sei kein Problem, sagte der indische Friseur. Wenn ich wollte, könnte ich sogar mit einem ganz neuen fahren. Für 800 Rupies würde mir der Fahrer samt nagelneuem Auto bis zum Abend zur Verfügung stehen. Für umgerechnet etwa dreizehn Euro ist solcher Service in Deutschland nicht zu bekommen. Ein normales Taxi wäre zwar nur etwa halb so teuer, aber es war es mir dann doch wert, etwas bequemer und sicherer zu reisen. Also bestellte ich für 14 Uhr den Jeep samt Fahrer, zahlte meine hundert Rupies Schneidelohn plus zehn Rupies Trinkgeld und verließ die Friseurbude erleichtert in Richtung Namgyal-Kloster.

Glaubst du an Wunder?

Da ich noch etwas Zeit bis zur Verabredung mit Paljor hatte, wollte ich nachsehen, ob ich vielleicht den alten Mönch Sangay treffen würde. Aber als ich oben auf unserer Dachterrasse ankam, war er nicht dort. Es deutete auch nichts darauf hin, dass er heute schon hier gewesen war, denn hinter dem schwarzen Wassertank lag nur der Stein auf dem Betonboden. Weder die Hibiskus-Blüte von gestern noch eine neue. Ich war verwirrt, denn irgendjemand musste sie ja weggenommen haben. Wenn nicht der alte Mönch, wer dann? Außerdem wäre es ja nun schon fast eine Tradition, dass ich eine neue Blume vorfinden würde. Vielleicht hatten sich die Affen die Blüte geholt.

Am klaren blauen Himmel waren heute so viele Adler unterwegs, wie ich sie in den vergangenen Wochen noch nicht gezählt habe. Bestimmt achtzehn Adler vollführten ein bezauberndes Schauspiel in sanften Kreisbewegungen. Schade, der alte Sangay hätte auch auf diese großen Vögel gezeigt und ein begeistert klingendes Wort gehaucht. Heute war schon der dritte Tag in Folge, dass ich ihn nicht getroffen hatte. Aber es war der erste Tag ohne Blüte.

Wir hatten eineinhalb Stunden Zeit, also ließen es Paljor und ich langsam angehen. Um halb zwei wollte er mit seinen Mönchen in die Berge aufbrechen, um an den Wasserfällen zu baden und um die Wäsche der Woche zu erledigen. Das, was man eben sonntags hier so zu tun hat, während andere Leute zum Friseur gehen. Paljor hatte anscheinend nichts von meinem Friseurbesuch bemerkt. Folglich konnte das unter anderem bedeuten, dass meine Haare tatsächlich normal aussahen. Vielleicht lag es auch daran, dass wir uns relativ schnell in unser Gespräch vertieften, so dass ich auch vom Weg, von der Natur und von den Pilgern um uns herum nicht viel mitbekam.

Der Weg bot gerade mal zwei durchschnittlich großen Menschen nebeneinander Platz. So passierte es immer wieder, dass uns nachfolgende Pilger zum Weitergehen anregten. Nach einer Weile waren wir bei den Stupas angelangt, an denen der australische Fotograf Steven vor ein paar Tagen kurz vor dem Sonnenuntergang einige Fotos von uns gemacht hatte.

»Sollen wir noch kurz dort hinaufsteigen?«, fragte mich Paljor mit großen Augen. »Gute Idee. Lass uns hochgehen!«

Paljor hatte mich die ganze Zeit über mein Leben ausgefragt. Da er mir mittlerweile sehr vertraut war, erschien es mir auch nicht unangenehm, aus meinem Leben zu erzählen. Woanders wäre ich vorsichtiger gewesen. Wir hatten die bereits bekannte Stelle auf dem steinernen Absatz im Schneidersitz eingenommen und saßen uns gegenüber, da fragte er: »Glaubst du an Wunder?« »Wunder?«, fragte ich zurück. Er wollte jetzt mit mir über Wunder sprechen? Ich antwortete ihm, dass ich mittlerweile grundsätzlich nichts mehr ausschlösse und deshalb in gewissen Grenzen vieles für möglich hielte. Wir waren bei einem Thema angelangt, das mich seit ein paar Tagen in besonderer Weise beschäftigte. Aber das konnte Paljor nicht ahnen. Oder ahnte er es und sprach es deshalb an? Also erzählte ich ihm von dem Mönch mit den honigfarbenen Augen. Ich war gespannt, was er dazu sagen würde. Paljor lachte begeistert. Er hatte die ganze Zeit über seine Hände auf meine verschränkten Unterschenkel gelegt, so wie es die Mönche hier eben mit dem kommunikativen Körperkontakt halten. Nun nahm er seine Hände zusammen, als wollte er beten. Mit den Fingerspitzen berührte er seine Lippen. Während er eine Weile überlegte, ruhten seine Augen auf einem Punkt zwischen uns. Auch ich dachte nach und starrte auf den Beton, den ich zwischen unseren Beinen sehen konnte.

»Willst du das den Deutschen in deinem Buch schreiben?«, fragte er, ohne aufzusehen. Ich war erstaunt, dass gerade er, ein Mönch aus dieser buddhistischen Welt, mich das fragte. Journalistenkollegen, Lektoren und wer auch immer werden mich das fragen, aber Paljor müsste damit locker umgehen können. Wie etwa Thubten, der Direktor des TseChokLing-Klosters, oder Lama Phuntsok, der Sekretär des Karmapa.

»Ich werde es wohl schreiben, weil es zu den vierzig Tagen mit dazugehört«, sagte ich langsam und nachdenklich. »Aber ich weiß noch nicht, wie ich es formulieren soll. Ich muss es so aufschreiben, dass mich zu Hause keiner für verrückt hält.« Da lachte Paljor und sah mich mit seinen großen Augen an. Dann sprach er besonnen weiter: »Schreib es! Du wirst es richtig schreiben!« Seine Fingerspitzen hatten seine Lippen auch während dieser Worte nicht verlassen. »Ich weiß nicht, ob sie es verstehen werden, aber es ist ein Teil deiner Geschichte hier, was auch immer es mit diesem geheimnisvollen Mönch auf sich hat. Ich bin ja auch ein Teil deiner Geschichte.« Dann schloss er seine Augen und beugte sich nach vorn. Ich sah auf ihn, auf seinen Hinterkopf und seinen Rücken, und versuchte zu ergründen, was er tat. Paljor richtete sich langsam wieder auf, sah mich ernst an und sagte: »Manchmal sehe ich Lichter, so etwas mit Lichtblitzen, als würden sie aus dem Boden kommen.« Er breitete seine Arme aus und ließ seine Hände kurz über dem Stein die Blitze nachahmen. Ich war etwas verwirrt, denn ich hatte nicht damit gerechnet, dass er mir so etwas anvertrauen würde. »Zum Beispiel im Unterricht«, fuhr er fort, »bei einem bestimmten Lama sehe ich ab und zu diese Lichter. Anfangs habe ich gedacht, ich hätte was mit den Augen. Aber mit meinen Augen war alles in Ordnung. Ich brauchte auch keine Brille.« Nun strahlte er übers ganze Gesicht, als würde ihn die Tatsache, keine Brille zu brauchen, noch immer erfreuen. Sein fröhlicher Gesichtsausdruck wechselte ins Ernsthafte. Er sagte, er habe das mit den Lichtern erst keinem verraten wollen, sei dann aber zu seinem Lama gegangen und habe ihm davon berichtet. Der habe ihn dann getröstet und gesagt, es sei ein gutes Zeichen. Erst dann war Paljor beruhigt. Der junge Mönch erzählte mir das, als wollte er mich ebenfalls trösten.

Sein Handy klingelte, und in seinem Gesicht zeigte sich ein Anflug von Verärgerung. Er schnappte sich meinen linken Unterarm und drehte ihn, so dass er auf meine Uhr sehen konnte. Es war bereits halb zwei, und mir war genauso klar wie ihm, dass seine Mönche auf ihn warteten. Wir hatten wohl die Zeit etwas vergessen und auch die Sonne, die kräftig auf uns niederbrannte. Ich sprang sofort auf, denn ich wollte nicht schuld daran sein, dass er noch später kam. Paljor redete ganz ruhig mit dem Anrufer, sah zu mir hinauf, stand auf, nahm mich in den Arm und sagte: »Danke.«

»Für was danke? Du kommst zu spät. Wir müssen uns beeilen«, entgegnete ich und dachte an mindestens eine Viertelstunde steil ansteigenden Weges bis zur Vorderseite des Hügels. »Danke«, sagte er noch einmal, ließ mich los und meinte, wir sollten nicht hetzen, sondern diesen schönen gemeinsamem Weg in Ruhe weitergehen.

Der Chauffeur und der Karmapa

Der Taxifahrer im fein gebügelten dunkelroten Hemd machte eine tiefe Verbeugung vor mir, berührte meine Schuhe und meine Waden und umschloss dann mit seinen Händen die meinigen. Aber er kam aus der Verbeugung nicht nach oben. »Sir«, sagte er immer wieder leicht aufgeregt und wippte in seiner immer noch anhaltenden Verbeugung rauf und runter. »Sir«, ging es weiter. Mir schoss die Frage durch den Kopf, was der Friseur diesem armen Menschen erzählt haben könnte. Ich hatte ja nur einen Jeep als Taxi bestellt und keine Anbetungsstunde. »Sir«, kam es wieder von unten in gebrochenem Englisch. »Sir, Sie sind mein erster Fahrgast in diesem Auto. Das ist ein besonders wichtiger Moment.« Dann griff er aus der Verbeugung heraus nach der Tür des blitzblanken Toyota-Jeeps in strahlendem Weiß und öffnete sie. Ich sah hinein, und der Wagen sah auch von innen niegelnagelneu aus. An manchen Hebeln, etwa an denen, mit denen man den Sitz verstellen konnte, klebten sogar noch die Schutzfolien. Ich wollte dem Mann aufhelfen, doch das brachte keinen Erfolg. Er blieb in der Verbeugung und nahm mir in dieser Haltung sogar die Tüte ab, in der ich ein paar Utensilien verstaut hatte.

»Sir, ich bin Ihr Fahrer, und ich mache alles, was Sie wünschen. Was ist Ihr Wunsch?«

Über diese Situation war ich etwas erstaunt, denn ich hatte ja keinen Maharadsha-Service bestellt oder so etwas Ähnliches. Es dauerte einige Minuten, bis ich mich endlich auf den Beifahrersitzt setzen konnte. Unzählige Sirs und Erklärungen hatte ich bis dahin in Geduld ertragen und brachte auch noch ein gewisses Verständnis für ein initialisierendes Gebet im Inneren des Wagens auf. Aber ich war froh, als die Fahrt dann tatsächlich irgendwann begann. Jeder vermag sich vorzustellen, wie diese Taxifahrt der besonderen Art mit den amüsanten, aber in ihrer Häufung auch anstrengenden Verehrungsbekundungen munter weiterging …

Auf der Temple Road sammelten wir noch Steven, den Fotografen, ein. Der wollte mitkommen und ein wenig fotografieren.

Die Fahrt in dem großen Jeep war sehr angenehm. Schon nach einer halben Stunde waren wir am Kloster des Karmapa angekommen. Mein Fahrer fuhr einmal quer durchs Klostergelände und brachte das neue Gefährt vor den Treppen des Tempels zum Stehen. Dann sprang er in Windeseile um die Front des Wagens und riss die Beifahrertür auf. »Sir, bitte. Ich werde hier auf Sie warten.« Steven staunte. Ich hatte es bereits aufgegeben, dem Mann diese Ergebenheit abzugewöhnen, und ging mit Steven die Treppen hinauf. Aus dem Tempel hörten wir die Alphorntrompeten und das tiefe Wummern der großen Trommeln. Erst als wir näher kamen und unsere Schuhe ausgezogen hatten, konnte ich auch die scheppernden Becken hören. Wir lugten durch die weitgeöffnete Tempelpforte und sahen dort die Mönche des Klosters in parallelen Reihen zu zwei Blöcken rechts und links des Mittelganges einander gegenübersitzen. Direkt unter einem riesigen goldenen Buddha erstrahlte der Thron mit dem Bildnis des Dalai Lama. Der Karmapa saß nicht auf seinem Thron, der etwas seitlich davon stand. Ich wusste von seinem Sekretär, dass er heute ein ziemlich volles Tagesprogramm zu absolvieren hatte. Und so richtig verstand ich es auch nicht, warum ich dennoch auf eine Stippvisite eingeladen war. Ich schickte Lama Phuntsok, dem Sekretär, eine SMS, dass ich im Kloster angekommen sei und mir die Puja ansehe.

Es war eine prächtige, beeindruckende Zeremonie, wie ich es bisher weder im Tempel des TseChokLing-Klosters noch bei den Mönchen des Dalai Lama erlebt hatte.

Eine imponierende, geordnete Intensität und würdevolle Spiritualität. Die Mönche hatten sich in gelbe Überwürfe gehüllt. Zwanzig von ihnen schlugen mit langen, bogenförmigen und leicht federnden Schlägeln die großen Trommeln, die auf den kunstvoll verzierten Haltestangen über ihren Köpfen ruhten. Grüne Trommelfelle brachten die Luft zum Vibrieren. Sobald die langen Trompeten einsetzten, war es fast umwerfend.

Etwa eine halbe Stunde lang beobachtete ich dieses Gebet, die gleichmäßige Rhythmik der Instrumente und die litaneiartigen, tiefstimmigen Sprechgesänge der Mönche, die sich in das Wummern und Dröhnen mischten, als wären sie mit den Schlägen und Tönen verwandt.

Steven fotografierte ganz unauffällig – natürlich ohne Blitz, denn das hätten die Mönche bemerkt. Einige beobachteten uns und hatten scheinbar Freude an den beiden Eindringlingen. Wir hatten niemanden gefragt, ob wir überhaupt hineindürfen, wir ließen uns einfach etwas abseits von den Mönchen in einer Ecke im Tempel auf einer der Sitzmatratzen nieder.

Nach etwa einer halben Stunde kam die Puja zu ihrem Ende. Das rhythmische Wummern und Scheppern schwoll unaufhörlich an, bis ein Mönch mit einer silbrig klingenden Glocke das bombastisch tönende Gebet beendete. In der Kirche bei uns zu Hause ist das umgekehrt, dachte ich. Da klingelt ein Glöckchen, dann braust die Orgel los, und der Gottesdienst beginnt. Nun war der Moment gekommen, dass die gelben Hüte zum Einsatz kamen. Fast zeitgleich schossen sie aus dem weinrot-gelben Meer wie Hunderte Haifischflossen nach oben. Hätten sie es synchron getan, es wäre wesentlich weniger beeindruckend. Noch einmal erklang das Glöckchen und das Gebet war verstummt.

Nun standen die Mönche auf, und über hundert Gelbmützen verließen schnellen Schrittes und ohne großen Aufhebens den Tempel. Die Trommeln wirkten immer noch in mir nach, so dass ich bewegt den Auszug beobachtete.

Steven und ich verließen auch den Tempel und blickten den Gelbmützen hinterher, wie sie die Treppen heruntereilten und in den langen parallelen Flügelbauten rechts und links verschwanden.

Einen Treppenabsatz tiefer schaute ich nach oben zum Überbau des Tempels, wo sich die Wohnung und die Empfangsräume des Karmapa befanden.

Zwischen zwei goldenen Figuren, von denen eine ein Reh darstellte und die andere ein Karma-Rad in einem kunstvollen Medaillon, entdeckte ich einen Kopf. Ich überlegte kurz. Das war der Karmapa. Dieser Balkon konnte nur auf der Höhe seines Wohnbereiches liegen. Er war es tatsächlich. Ich winkte nach oben, weil ich es für angemessen hielt. Aber es war vielleicht auch ein bisschen profan, zu winken, dachte ich. Seine Heiligkeit winkte nämlich nicht. Er schaute weiter in unsere Richtung. Steven faselte etwas davon, dass er ein anderes Objektiv bräuchte, um ihn zu fotografieren. Aber das war mir gerade egal. Der Karmapa sah immer noch bewegungslos herunter. Es waren vielleicht zwei Minuten vergangen, dann faltete er seine Hände vor dem Gesicht, drehte sich um und ging weg.

Steven war ganz aufgeregt und hatte endlich das passende Objektiv auf die Kamera geschraubt. Er wollte gerade loslegen, als ich ihm sagte, dass da kein Karmapa mehr sei. Ich musste schmunzeln. Nach ein paar Minuten vibrierte mein Handy. Der Text der SMS verriet mir, dass der Karmapa mich gesehen habe und mich grüßen lasse.

Aber das Tagesprogramm sei schon in Verzug und es bliebe keine Zeit für eine neuerliche Begegnung. Ich war nicht traurig darüber. Im Gegenteil: Ich hatte Verständnis dafür.

Also beschlossen wir, sofort in ein nahegelegenes Nonnenkloster zu fahren, um die deutsche Nonne Melanie dort auf einen Kaffee mit Kuchen zu treffen. Ich war beeindruckt von der Schönheit des Klosters, denn die Außenanlagen waren im Stil eines japanischen Gartens angelegt. Hier sah ich schmuckreiche Pagoden, Wasserspiele, Laubengänge und Loggien, wie sie auch in meinen Vorstellungen von einem buddhistischen Kloster existiert hatten, bevor ich nach McLeodganj kam. In diesem Kloster befindet sich das Zentrum des tibetischen Kunsthandwerks. In den Werkstätten werden Thangka-Malerei, die Fertigung von Metallstatuen und Buddhas, die Holzschnitzerei und die Schreinerei gelehrt.

Einige hundert Meter weiter lag das Kloster von Melanie. Unser ehrerbietiger Fahrer konnte uns allerdings nicht sehr weit bringen, denn der Weg dorthin führte auf einem schmalen, aber sehr ordentlichen Betonweg durch flache Reisfeldterrassen. Zu schmal für einen Wagen.

Melanie erklärte mir das eigenartige Verhalten des Chauffeurs. Sie sagte, wenn beim ersten Fahrgast etwas schieflaufen würde, dann hätte das Auto von Anfang an ein schlechtes Karma. Die Hindus achteten sehr darauf. Sollte etwas Negatives passieren, würde der Besitzer den Wagen eher verkaufen, als das Schicksal herauszufordern.

Mitten in den Reisfeldern unter der malerischen Kulisse des Himalaya, lebte Melanie in einem Kloster mit modernen weißen Häusern. Hier studierte sie buddhistische Philosophie. Ich war vor allem beeindruckt vom äußeren floralen Schmuck des sonst eher schlicht gehaltenen Tempels, denn ich hatte noch nie so wundervolle und blütenreiche Bougainvillea-Ranken gesehen wie diese. Zu einem riesigen Torbogen aus roten und violetten Blüten hatten sich die Pflanzen aufgetürmt. Das gesamte Klostergelände schien ein Garten zu sein, der allerdings noch ein paar Jahre brauchte, bis er zur vollen Schönheit herangewachsen sein würde. Wenn Frauen die Verantwortung haben, dann sieht es eben ein bisschen schöner aus als in den Klöstern mit Männerwirtschaft.

Eine orangerote Sonne am Horizont verkürzte uns den Besuch, denn im Dunkeln nach McLlo zurückzufahren war um einiges komplizierter als im Hellen. Bei Dunkelheit wurde der Verkehr nämlich noch abenteuerlicher. Die unnachahmliche Freundlichkeit unseres Fahrers vermochte aber all den Verkehrsstress wettzumachen.

Offene Türen im Namgyal-Kloster

Ich saß im Büro des Leiters des Namgyal-Klosters, um über meinen geplanten Aufenthalt hier zu sprechen. Mit einem Milchtee versorgt, wartete ich auf ihn. Der kleine Raum bestand nur aus einer festen Wand, an der ein Buddha-Altar in Form eines Einbauschranks aufgestellt war. Die restlichen Wände bestanden aus Fensterfronten. Ein ruhiger, freundlicher Mönch in den Mittfünfzigern kam herein und setzte sich zu mir. Er entschuldigte sich bei mir, dass wir uns erst heute treffen konnten. Die speziellen Pujas in der Residenz des Dalai Lama, die noch bis einschließlich heute andauern würden, seien der Grund für die Verspätung.

Nun könnten wir aber planen. Er sagte, er wolle noch heute mit dem Leiter der Ausbildung sprechen und außerdem nach einem Mönch suchen, der mich in diesen Tagen begleiten könne. Die Voraussetzung dafür sei, dass derjenige auch über ausreichende Englischkenntnisse verfüge. Der Mönch wirkte sehr väterlich auf mich und vermittelte mir den Eindruck, dass ich willkommen sei. Nun druckste er etwas herum. Der Grund war die Übernachtung im Kloster. Etwas umständlich fragte er mich nach meiner bisherigen Unterkunft und nach meinen Vorstellungen, wie ich diese drei Tage hier im Namgyal wohnen wollte. Ich ahnte, dass es irgendein Problem gab, und bot ihm deshalb sofort an, im Gästehaus wohnen zu bleiben, denn es war meines Erachtens nicht von größter Bedeutung, in einer Mönchszelle zu schlafen. Der Mönch war erleichtert, dies zu hören, und erklärte mir, dass er momentan einfach kein freies Zimmer zur Verfügung hatte. Wenn ich also nicht darauf bestünde, wäre alles andere kein Problem. Wir legten fest, dass es in zwei Tagen losgehen solle. Zum Schluss erwähnte er noch mit einem Grinsen, dass ich mich selbstverständlich an die Klosterregeln halten müsse. Dann fügte er noch hinzu, dass sie im Grunde so ähnlich seien wie die in einem Priesterseminar. Der Mönch war anscheinend bestens über meinen Lebenslauf informiert. Er wusste, dass ich Theologie studiert und dass ich einige Jahre in einem Priesterseminar gelebt hatte.

Auf den Treppen nach oben zum Tempel traf ich Paljor am Eingang zum Trakt der Mönchszimmer. Mir fiel auf, dass ich es bisher versäumt hatte, ihm von den Plänen zu erzählen, dass ich ein paar Tage mit ihm und seinen Mitbrüdern im Kloster leben würde. Als ich es ihm freudestrahlend verkündete, wollte er es mir gar nicht glauben. Er sah mich mit großen Augen an. Ich erklärte ihm, wie das alles vonstattengehen sollte. Da sagte er: »Fein! Dann bist du ja einer von uns!« Damit hatte er wohl etwas übertrieben, denn ich würde dennoch nur Gast bleiben.

Paljor freute sich sichtlich, aber bedauerte auch sofort, dass wir uns dann zwar öfters sehen würden, aber er zurzeit so viel für sein Examen lernen müsse.

Ich bemerkte seine aufgerissene Unterlippe. Und er jammerte auch sofort, dass sie vom ständigen Hornspielen der letzten Tage so spröde geworden sei. Heute müsse er noch spielen, da würde die Lippe auch so schnell nicht zuheilen. Ich versprach, ihm einen Lippenbalsam mit Heilkräutern zu besorgen. Dann verabschiedeten wir uns, denn er musste wieder zurück in die Residenz Seiner Heiligkeit.

Ich ging weiter die Treppen nach oben und erinnerte mich daran, wie negativ ich in den ersten Tagen über das Namgyal-Kloster gedacht hatte. Jetzt freute ich mich über die Sondergenehmigung, den ganzen Tag mit den Mönchen hier verbringen zu dürfen.

Auf meiner Dachterrasse entdeckte ich am Fuß des Wasserfasses eine neue rote Blüte. Der alte Mönch war also wieder hier gewesen, um mir diesen Gruß zu hinterlassen. Er hatte abermals eine große Hibiskusblüte hergebracht. Jetzt fiel mir auf, dass sie eventuell von dem Hibiskusstrauch am Tor zur Residenz des Dalai Lama stammen könnte. Wohnte er etwa dort?

Ich nutzte den Augenblick, um einige Minuten zu meditieren, die Blüte anzusehen und nachzudenken. In den letzten Tagen hatte sich viel für mich verändert. Es erschien mir, als würde sich alles verdichten, als hätten die Begegnungen mit den Mönchen auch meinen Blick für das Umfeld verändert. Tageszeiten waren relativer geworden, die Äußerlichkeiten, die mich anfangs gestört hatten, waren nicht mehr wichtig, und ich selbst fühlte mich ausgeglichener und glücklicher.

Die rote Hibiskusblüte legte ich an eine andere Stelle und beschwerte sie wieder mit dem rot-weißen Stein. Wenn der alte Mönch Sangay wiederkommen würde, könnte er sofort sehen, dass ich da gewesen war. Ich beschloss, öfter herzukommen, um ihn vielleicht wiederzusehen. In zwei Tagen würde das zu jeder Zeit möglich sein, denn ich musste dann nur ein paar Etagen nach oben laufen.

Kochkurs im Mini-Kloster

Im Gästehaus roch es köstlich nach Essen. Spätestens jetzt empfand ich, dass ich mir auch auf die letzten Tage noch angewöhnen sollte, auch tagsüber etwas zu essen. Denn vom Frühstück gegen neun Uhr bis zum Abendessen, das nie vor zwanzig Uhr meinen Magen erreichte, verging doch etwas zu viel Zeit. Ein Schokoriegel in der Stadt war dann zwar eine gute Rettung für den abgesunkenen Zuckerspiegel, aber keine richtige Lösung im Sinne einer gesunden Ernährung. Einer der Angestellten hatte meinen neugierigen Blick in Richtung Küche bemerkt und fragte sofort, ob ich etwas von den gebratenen Nudeln haben wollte. Ich ließ mich nicht lange bitten und bestellte eine Portion.

Noch bevor das Essen kam, klopfte Tsultrim an meine Tür. Er fragte, ob ich in sein Mini-Kloster mitkommen möchte, weil sie dort heute Abend Momos kochen wollten. Das war eine prima Idee! Wir warteten noch die Nudeln ab, die mir in einer großen Schüssel ins Appartement geliefert wurden. Wir beschlossen, sie einzupacken und als Vorspeise für die Momos mitzunehmen.

Die Tür vom Mini-Kloster öffnete heute ein anderer Mönch. Jigmey tauchte hinter ihm auf und stellte ihn als Gyatso vor. Er stammte, wie die beiden, aus dem Kirti-Kloster und war für heute Abend zu Besuch. Tsultrim erzählte, dass er zusammen mit Gyatso aus Tibet geflüchtet sei.

Bevor wir uns der Zubereitung der kleinen gefüllten Teigbällchen – Momos genannt – widmeten, teilten wir zunächst einmal die Vorspeise gerecht auf. Nudeln hatten wir genügend, jedoch nicht ausreichend Teller und Bestecke. Tsultrim bestand darauf, dass ich mit Besteck essen durfte. Jigmey und Gyatso benutzten ihre Finger. Währenddessen ließ ich mir die Zutaten für die Momos erklären. Dann wurden die Aufgaben verteilt. Jigmey breitete eine Plastiktischdecke als Arbeitsfläche auf dem Boden aus. Tsultrim bereitete den Teig aus Reismehl und Wasser zu. Gyatso und Jigmey schnitten Zwiebeln, eine Art Spinat und diverse Kräuter, und ich versuchte mit einem kleinen Messer ein Stück Ziegenfleisch zu Gehacktem zu verarbeiten. Ich vermutete, sie hatten sich wegen meiner Anwesenheit in Unkosten gestürzt, denn gutes Fleisch war in McLlo nicht billig. Jigmey meinte, es sei nicht der Rede wert.

Wenn sie Gäste hätten, durfte es auch mal etwas Besonderes zum Abendessen sein.

Tsultrim war stumm in seine Arbeit vertieft. Er knetete und walzte den Teig, bis er geschmeidig wurde, formte dann lange Würste daraus, um sie mit geübtem Maß in gleichgroße Stücke zu reißen. Daraus formte er mit Gyatso handtellergroße Fladen.

Sie hatten nicht mal eine richtige Küche, sondern nur einen zweiflammigen Gaskocher auf einem Metallregal, darunter Küchenutensilien, Lebensmittelvorräte und Geschirr. Davor hatten sie einen zweiteiligen Vorhang aus rotem Spitzenstoff gehängt, wie er für Damenunterwäsche verwendet wird. Alles wirkte ein wenig improvisiert.

Ich war endlich damit fertig, das Fleisch in möglichst winzige Würfel zu schneiden. Jigmey vermischte nun Fleisch und Gemüse, gab Gewürze dazu, und schon begann der schwierigste Teil. Gyatso könne am besten Momos formen, versicherte mir Tsultrim. Er solle mir zeigen, wie man aus dem Fladen und einer walnussgroßen Füllung jene Teigbällchen formt, die als tibetische Nationalspeise gelten. Die Schwierigkeit bestand darin, den Teig freihändig um die Füllmasse zu formen und ihn oben kunstvoll ineinander verdreht zusammenzukleben. Die Besonderheit, die alles noch komplizierter gestaltete, war das Loch, das oben bleiben musste. Ohne Loch würden sie trocken, erklärte mir Gyatso, der sich viel Mühe gab, mir die Fingerfertigkeit beizubringen. Ich begann zu schwitzen, denn die Zubereitung der Momos war anstrengend. Die Mönche saßen nur noch in knielangen Shorts und den allseits bewährten ärmellosen T-Shirts, denn sie wussten, dass es sich um eine schweißtreibende Angelegenheit handelte. Auf dem zweiflammigen Gasherd kochte bereits das Wasser in einem Dampfgarer. Die ersten Teigbällchen aus meiner Produktion erregten allgemeine Heiterkeit. Nach dem neunten Versuch sah es dann tatsächlich nach einem Momo aus. Ich fühlte mich ein bisschen wie im Kindergarten, weil mich nun alle drei Mönche überschwänglich dafür lobten. Nach etwa einer Stunde waren mehr als siebzig Teigbällchen gefüllt, geformt und verschlossen. Auf mehrstöckigen Lochblechen versenkte Jigmey die Momos im Dampfgarer. Nun mussten wir zwanzig Minuten warten, bis sie fertig waren. Tsultrim holte ein Fotoalbum und zeigte mir Aufnahmen von der Zeremonie, als ihm und Jigmey die Examensurkunden überreicht wurden. Eigens dafür war ein hoher Lama angereist. In ihrem Kurs waren sie achtzehn Mönche gewesen.

Ich wollte wissen, ob es denn normal sei, dass sie aus dem Kloster ausgezogen waren. Jigmey erzählte, dass man sich entscheiden könne, weiter im Kloster zu leben oder allein. Er selbst hatte sich zum Ziel gesetzt, so gut Englisch zu lernen, dass er in ein paar Jahren Texte aus der tibetisch-buddhistischen Philosophie in Englische übersetzen konnte. Im Kloster hätte er aber weder die Sprache lernen können noch die Ruhe für das Studium gehabt. Außerdem wollte er nicht weiter unter den recht harten monastischen Regeln leben. Sein Leben und seine Person seien genügend geformt worden, so dass er als Mönch auch außerhalb der klösterlichen Gemeinschaft leben könne, sagte er. Tsultrim grinste jetzt etwas verschmitzt und bemerkte, dass er jetzt mehr Zeit zum Leben und zum Lernen habe. Jigmey konkretisierte seine Auffassung und beklagte, dass in manchen Klöstern nicht sehr viel mehr gelehrt würde als die Texte des tibetischen Buddhismus. Das sei aber von Haus zu Haus verschieden. In den Pujas würden meist nur die Texte rezitiert. Eine Puja sei nicht der ganze Buddhismus, das wären dann schon eher die Meditationen. »Pujas sind keine Gottesdienste, denn Gott ist in einem selbst, Buddha ist jeder Mensch. Man muss nur seinen inneren Geist, seine Seele verändern. Und wie man das macht, ist letzten Endes egal«, begründete er seine Haltung. Als Mönch zu leben, zu beten und zu meditieren, das könne er nun auch allein. Dazu habe er viele Jahre im Kloster gelebt und all das erlernt. Nun sei er gefestigt genug, um den Aufgaben dieses Lebens nachzugehen.

Während Jigmey sich nun um die Momos kümmerte, sagte Gyatso: »Jeder ist Buddha, er ist nur auf einem langen Weg unterwegs, um ganz Buddha zu werden – um ganz in der Weisheit und Vollkommenheit aufzugehen.«

Die Momos waren fertig gegart. Wir konnten endlich mit dem Essen beginnen. Sie schmeckten köstlich. Mit etwas scharfer Soße schaffte ich aber gerade so viele, wie ich selbst produziert hatte – also zwölf oder dreizehn. Die Mönche aßen ein paar mehr.

Ich fragte Tsultrim und Jigmey, wie sie ihr Leben im Mini-Kloster finanzierten, denn sie bezogen ja keine geregelten Einkünfte. Jigmey erklärte, dass beide Mönche ab und zu von ihren Eltern Geld geschickt bekämen und manchmal auch Spenden von anderen Leuten. Im Grunde sei es das gleiche Prinzip wie bei den größeren Klöstern, denn die würden auch nur von Zuwendungen leben. Dafür beten die Mönche für die Spender.

Zum Schluss waren noch etwa ein Viertel der Momos übriggeblieben. Tsultrim erklärte, dass sie diese morgen in der Pfanne braten wollten. Jetzt wusste ich auch, woher die gebratenen Momos kamen. Ich fand sogar, in Öl oder in Butter gebraten, schmeckten sie noch besser.

Als ich aufbrechen wollte und noch einmal den Namen »Mini-Kloster« aussprach, schlug Jigmey vor, ich sollte dem Klösterchen einen Namen geben. Vorgestern hatten wir schon darüber gesprochen und waren nur auf alberne Gedanken wie »Julia Roberts« gekommen. Ich versprach, mir einen Namen zu überlegen. Die beiden Mönche versprachen ihrerseits, ihn dann auf ein Schild zu malen und über der Haustür aufzuhängen.

Das Mitgefühl der Mönche

Am Schreibtisch sitzend hörte ich noch ein Lied von Udo Jürgens mit dem Titel »Was wichtig ist«, und ich musste an die Mönche denken, mit denen ich bisher am meisten zu tun hatte – ob jung oder alt. Jedes Mal, wenn ich ihnen begegnete, kamen sie auf mich zu und zeigten mir etwas, was ich als eine besondere Geste empfand: Respekt, Zuneigung, Wärme, Interesse und die Freude, mich zu kennen. Ihr Umgang mit meiner Person unterschied sich von dem, den ich sonst gewohnt war, in der Weise, dass ich ihn als offener und warmherziger empfand. Es war auch nie nur ein Händedruck. Anfangs waren die vielen Berührungen für mich ungewohnt. Ihnen schien es wichtig zu sein. Mittlerweile war es für mich fast schon zur Gewohnheit geworden. Ich weiß gar nicht, ob ich das in Deutschland vermissen werde. Mit Sicherheit muss ich mich dort aber wieder umgewöhnen. Schon wenn ich mich in Rom aufhalte, erlebe ich einen sehr viel körperlicheren Umgang der Menschen miteinander. Und ich muss sagen, ich finde das im Gegensatz zur oft schroff und kalt wirkenden Welt in Deutschland angenehm. Jedoch braucht es ein gesundes Maß für das Wechselspiel zwischen Distanz und Nähe. Wenn ich nur allein darüber nachdachte, wie sich Paljor gestern von mir verabschiedet hatte. Das waren mindestens drei Händedrücke; nur einer davon einhändig. Dazu eine Umarmung, ein Halten am Oberarm und ein Menge an verbindlichen Worten bei Augenkontakt. Völlig ungewöhnlich, aber angenehm.

War es die Atmosphäre, die trotz des teilweise widersprüchlichen Örtchens McLlo genügend Kraft besaß, die Menschen milder zu stimmen? Vielleicht auch etwas weicher. Ich habe an mir beobachtet, dass ich weicher und sensibler geworden bin. Weich zu sein ist schwierig, denn es bedeutet, verletzlich zu sein, nicht hart genug für die Welt, fürs Business, für die Karriere, für die Auseinandersetzungen und Herausforderungen des westeuropäischen Alltags. Aber wie viel vermag Milde in Deutschland und in Europa zu leisten? Welche Chance hat ein Lächeln gegen einen lauten und spektakulären Auftritt? Was kann eine milde Reaktion dem Neid, der Machtgier und dem Profitstreben entgegensetzen? Milde gilt als zu schwach. Milde ist nur dann und bei denen gefragt, die ihre Macht verloren haben, wenn sie gestürzt sind oder gestürzt wurden. Dann entdecken sie in sich die Wesenseigenschaft der Milde. Aber im normalen Alltag ist die buddhistische Milde oder auch das Mitgefühl allenfalls ein Exotikum, das in rote Mönchsroben gekleidet noch formal respektiert wird. Unter realen Bedingungen wird einem Menschen mit ausschließlich mitfühlendem Verhalten jedoch schnell die Durchsetzungsfähigkeit abgesprochen.

Mancher, der sich dem Buddhismus zuwendet, ist ein Aussteiger oder ein Suchender oder einer, der sein Leben wirklich geschafft hat und im Buddhismus nicht unbedingt eine neue religiöse Heimat sucht, sondern jene Nähe genießt, um von ähnlichen Dingen und Begegnungen zu zehren, wie ich es hier darf. Diese familiäre Weichheit hier zu erleben trägt auch zum Reiz des Buddhismus und im Speziellen von Dharamsala bei.

Und an dieser Stelle sei unbedingt erwähnt, dass es diese Dinge und Begegnungen nicht nur im Buddhismus gibt. Ich habe sie auch im jüdisch-christlichen Abendland erlebt. Also in Europa, in Amerika, in Deutschland, da wo ich zu Hause bin.

Ein Esel stand im Garten. Interessanterweise war es der Esel mit den verbogenen vorderen X-Beinen. Mitten in der Nacht verweilte er genau vor meinem Fenster und bewegte sich nicht mehr von der Stelle. Wenn jetzt noch der Hund mit dem halb abgerissenen Ohr erscheinen sollte, wollte ich nicht mehr an Zufall glauben. Der war nämlich vorgestern plötzlich neben mir aufgetaucht, als ich durch das Gelände des TCV gegangen war, und wich mir bis zum Taxi nicht mehr von der Seite. Ich hatte mich gefragt, wie er dort hingekommen war, wo er doch seine Bleibe im TseChokLing-Kloster hatte.

Ein Mönch als Begleiter

Auf einer der Terrassen des Namgyal-Klosters wartete ich auf den Abt, um mit ihm noch die letzten Absprachen zu treffen und um den Mönch kennenzulernen, der mir die nächsten Tage als Begleiter zur Seite gestellt werden sollte. Das Büro war geschlossen, und der Abt ließ auf sich warten.

Es gibt Tage, die verbringt man mit Warten. Mich regen ja manchmal schon rote Ampeln auf, wenn sie zu gehäuft und unsinnigerweise hintereinandergeschaltet sind. Hier ist das irgendwie nicht so tragisch. Man wartet eben, wenn das Büro geschlossen ist. Eine Stunde, zwei Stunden – egal. Das scheint hier keinem etwas auszumachen – mir gelegentlich schon. So ganz kann ich meine Art und Weise zu leben hier doch nicht ganz abstellen.

Ich vertrieb mir die Zeit, indem ich dem Spiel der kleinen Äffchen auf dem Flachdach direkt über mir zusah. Sie hatten sich an der Kante niedergelassen. Manche lagen einfach nur da und beobachteten mich. Andere kratzten mit Stöckchen auf der Dachhaut herum, jagten sich gegenseitig oder suchten nach Samenkörnern, die der Wind hierhergeweht haben könnte. Als Kind hatte ich mir – wie sicher sehr viele – einen Affen als Haustier gewünscht. Das war natürlich nicht möglich, denn sie sind schließlich Wildtiere und nicht so einfach zu halten wie Zierfische. Hier gehörten sie zum Alltag und zur Umwelt wie bei uns Vögel oder Katzen. Dabei fiel mir wieder auf, dass ich in McLlo noch keine einzige Katze gesehen hatte. Und in diesem Zusammenhang konnte ich mich auch nicht erinnern, jemals eine einzige Ratte gesehen zu haben. Angesichts des Müllproblems und der offenliegenden Abwassergräben war das fast schon verwunderlich. Gut, dass den Leuten hier ein Rattenproblem erspart blieb, dachte ich.

Nach einer Weile kam der Mönch und nahm mich mit in sein Büro. Es gäbe ein Problem, sagte er gleich zu Beginn. Heute und morgen seien alle Mönche seines Klosters zu einer ungeplanten Klausur-Sitzung gerufen. Deshalb fiele bis morgen Nachmittag der normale Betrieb aus. Er sah mich an, als wäre er selbst darüber enttäuscht. Aber er unterbreitete mir den Vorschlag, mich nicht von den festgesetzten Tagen abhängig zu machen, sondern einfach hier zu sein, wann immer es mir beliebte. Er griff zum Telefon und sprach kurz mit jemandem. Als er aufgelegt hatte, kündigte er an, dass gleich der Mönch Kelsang kommen würde, der mich begleiten sollte. Alle Verantwortlichen im Kloster wüssten Bescheid, ich müsse Kelsang nur meine Wünsche mitteilen und der würde dann alles in die Wege leiten.

Hinter der Glastür tauchte ein junger Mönch auf. Er klopfte an, obwohl ihn sein Oberer bereits gesehen hatte. Dann trat er schüchtern ein, kam auf mich zu und begrüßte mich. Kelsang sei sein Name, sagte er, und er freue sich, mir in den nächsten Tagen helfen zu können. Dann bemerkte er noch, dass er mich ja nicht mehr willkommen heißen müsse, weil er mich schon öfters hier gesehen hatte. Dem Abt gefiel offenbar, dass wir sofort miteinander redeten, denn sogleich schickte er uns beide zum Essen.

Kelsang wirkte etwas aufgeregt, weil er vielleicht noch nicht wusste, was in den nächsten Tagen geschehen sollte und wie er mit mir umgehen sollte. Wir setzten uns zunächst einmal auf den größeren Betonplatz vor den Mönchsgebäuden, um uns kennenzulernen. Er hatte ein feines Gesicht, glatte gebräunte Haut. Seine schwarzen Haare waren nicht kurz geschoren, wie bei den meisten seiner Mitbrüder. Am Kinn trug er einen kleinen schmalen Bart, der von der Unterlippe herabreichte. Er sei dreiundzwanzig Jahre alt, erzählte er und damit noch in der unteren Studienstufe, die auch Junior-Class genannt wurde. Zum Vergleich dazu nannte er Paljor, der mit seinen fünfundzwanzig Jahren in der Senior-Class war.

Wegen des Examens, das in knapp drei Wochen stattfinden sollte, habe der Abt entschieden, dass jemand vom unteren Kurs mich betreuen sollte. Nun wollte Kelsang wissen, welche Programmpunkte ich mir wünsche. Ich sagte ihm, dass ich keine besonderen Wünsche hätte. Ich würde mich ganz einfach nur am Tagesablauf der Mönche orientieren. Von der Vorlesung bis zur Puja wäre ich zu allem bereit. Kelsang schien sich über die unkomplizierte Vorstellung zu freuen. Um uns schnell verständigen zu können, tauschten wir unsere Handynummern aus. Dann genossen wir beide die erstaunten Gesichter, als wir in den Saal zum Mittagessen eintraten, denn Gäste, die keine Mönche waren, sah man hier wohl selten.

Der alte Mönch ist todkrank

Mein alter Mönch stand schon auf der Dachterrasse, als ich um die Ecke bog. Er stützte sich leicht nach vorn gebeugt auf das Geländer. Schon von weitem konnte ich erkennen, dass sich sein Körper bei jedem Atemzug aufbäumte. Ich ging zu ihm, legte meine Hand auf seine Schulter und rief seinen Namen. Er bewegte die Finger zum Gruß, aber ohne die Hände vom Geländer zu nehmen. Ganz leicht nur drehte er mir sein Gesicht zu. Sein röchelnder Atem bereitete mir Sorgen. Ich hatte das Gefühl, er war todkrank. Dennoch hatte er sich hier hinaufgeschleppt. Seinen Gehstock hatte er an das Wasserfass gelehnt. Daneben erblickte ich eine hellblaue Blüte auf dem Betonboden. Die rote von gestern lag noch daneben. Hatte er sich vielleicht dabei verausgabt, die Blüte auszutauschen, schoss mir durch den Kopf. Ich bückte mich und hob die blaue Blüte auf. Es war die gleiche Orchidee wie jene, die er mir vor ein paar Tagen mit großer Geste präsentiert hatte. Die heutige war jedoch nur halb so groß. Ich hielt sie in meiner Handfläche über das Geländer, dass auch er sie sehen konnte. Da lachte er, hustete und gab ein ungestümes Brummen von sich. Ich ließ ihm Zeit, sich zu erholen, da mich sein Gesundheitszustand ein wenig beunruhigte. Tatsächlich verließ das Zittern seinen Körper, und seine Atmung wurde von Minute zu Minute ruhiger. Er stützte sich auch immer weniger auf. Ich war erleichtert, dass es ihm wieder etwas besserzugehen schien.

Wie unterschiedlich die Momente des Lebens doch manchmal sein können. Sonst saß ich in Redaktionskonferenzen, stand im Fernseh-Studio, hielt Lesungen oder Vorträge, lebte ein Leben, das sehr bewegt war. Jetzt stand ich mit einem alten kranken Mönch auf einem liebenswerten Stückchen Dach und wartete darauf, dass er ruhiger atmete. Warum ich ihn kennengelernt hatte, wusste ich nicht. Ich wusste aber, dass unsere Begegnungen außerordentlich und anrührend waren. Seit unserem ersten Zusammentreffen wollte ich ihn unbedingt immer wiedersehen.

Der alte Mönch richtete sich nun langsam auf. Mit trippelnden Schritten drehte er sich mir zu. Dann sah er auf. Seine Augen waren rot vor Anstrengung. Er sagte etwas und lachte leise. Aber er hustete nicht mehr. Nun nahm er die Blüte, die noch immer in meiner Hand ruhte, berührte damit seine Stirn und seine Lippen und legte sie wieder in meine Hand. Er summte dabei etwas. Es klang wie ein Lied. Ein Adler kreiste so dicht über uns, dass ich jede einzelne Feder seiner Flügel erkennen konnte. Der alte Mönch hatte ihn nicht bemerkt. Er stand vor mir, summte noch immer und betrachtete die Orchidee. Plötzlich atmete er mehrmals tief und schwer durch. Dann richtete er sich noch mehr auf. Er schien fast zu wachsen. So wirkte er wie ein stattlicher Mann in den besten Jahren. Einzig die Falten seines Gesichts konnten sein fortgeschrittenes Alter nicht verbergen. Der alte Mönch hob nun seine Hände nach oben und legte sie auf meine Schultern. Er sah mich mit einem sehr intensiven Blick an und lächelte. Ich hingegen spürte das Gewicht seiner Arme auf meinen Schultern und ein leichtes Zittern in seinem Körper. Er hob seine rechte Hand und drückte sie mir vor die Stirn. Augenblicklich war mir, als würden mir die Knie weich. Wie in Bildern erinnerte ich mich an einige Situationen in meinem Leben, in denen mir jemand die Hand zum Segen auf die Stirn und den Kopf gelegt hatte. Zum Beispiel wenn Papst Johannes Paul II. mich segnete, als ich noch im Rollstuhl saß, oder Hugo Aufderbeck, der Heimat-Bischof während meiner Kindheit, der allen Kindern gern die Hand aufgelegt hatte. Das waren Momente wie dieser.

Der alte Mönch griff nach meinen Händen und stützte sich an mir.

Seine Rechte streckte er nach seinem Stock aus. Ich fasste hinter mich und holte ihn. Er nahm ihn und stützte sich mit beiden Händen darauf. Es wirkte so, als wollte er gehen. Vielleicht sollte ich ihn begleiten, dann könnte er sich auf mich stützen. Und gerade das schien er nicht zu wollen, denn er zeigte wieder mit einer flatternden Bewegung seiner rechten Hand an, dass ich mich auf den Platz setzen sollte, an dem ich immer gesessen hatte. Er deutete so lange dahin, bis ich mich schließlich niedergelassen hatte. Ich sah zu ihm hoch. Er stand wie ein Turm neben mir, wie bei unserer ersten Begegnung. In seinen Augen glaubte ich Tränen gesehen zu haben. Doch er gab mir nicht mehr viel Gelegenheit, ihn anzusehen und seinen Blick zu erforschen, denn er ging mit kurzen Schritten langsam von der Dachterrasse. Er summte wieder ein Lied. Als ich sah, wie er vor den Treppenstufen stoppte, sprang ich sofort auf und lief zu ihm. Da riss er einen Arm hoch, um mir zu signalisieren, ich solle dableiben. Ich blieb auf der Stelle stehen und beobachtete, wie er erstaunlich zügig die Stufen hinabstieg. Das beruhigte mich. Ich sah ihm von oben nach, bis er hinter der Hausecke verschwunden war. Heute bog er nach rechts ab. Sonst war er immer nach links zu den großen Treppen des Tempels gelaufen.

Ich rang mit mir, ob ich ihm folgen sollte, um zu erfahren, wo er wohnte. Denn ich hatte das Gefühl, ihn heute zum letzten Mal gesehen zu haben. Irgendetwas war heute anders als bei den anderen Begegnungen.

Die Geschwindigkeit der Zeit

Die Zeit begegnet mir hier in anderen Dimensionen. Fast möchte ich sagen, in anderen Aggregatzuständen, weil sich Zeit hierzulande anders anfühlt. Sie zeigt sich hier fließend, langsam dahinplätschernd wie ein seichter klarer Fluss. Keine Schwälle, keine Stromschnellen, keine Wasserfälle, die die Materie zerreißen. Zu Hause ist Zeit eine sperrige Stückgutfracht, die manchmal wie von einem Bulldozer in rollenden Haufen weitergeschoben wird. Oft sind die Stücke hart und schwer. Sie gehen sogar verloren. Buddhisten nehmen sich die Zeit, um sich auf eine lange Pilgerreise zu begeben. Wochenlang umrunden sie unter härtester Askese den heiligen Berg Kailash. Das ist normal. Einmal im Leben sollte man diese Reise unternehmen. In Europa gilt man schon als bewundernswertes Subjekt, wenn man auf dem Jakobsweg entlangpilgert. Das ist eine Ausnahme zur üblichen Überfrachtung vieler kleiner Wege, die man an nur einem Tag und am besten parallel erledigen muss.

Es gibt eine weitere Dimension der Zeit, die sich im Verhältnis des Menschen zu seinem Leben erkennen lässt. Das Verhältnis ist anders, als ich es von zu Hause gewöhnt bin. »Man lebt nur einmal!«, heißt es dort. Man spricht von der »Chance des Lebens« und von einem »vertanen Leben«. Das vertane Leben kennt auch der Buddhist. Nur kann er sich dies aufgrund seines Glaubens an die Wiedergeburt leisten – er sammelt allerdings negatives Karma an. Wir zu Hause nicht. Wir haben eine Chance, eine Strecke, und dann ist Schluss. Die Christen glauben an das ewige Leben und haben damit noch eine trostreiche Perspektive, die jedoch nicht irdischer Natur ist. Die Vertreter der Theorie von der unvergänglichen Materie mögen sich noch damit begnügen können, dass ihre Atome irgendwo auf der Welt in einem Stein, einer Pflanze oder einem Lebewesen wieder ans Tageslicht kommen. Jedoch erscheint auch das wenig vielversprechend. Die Buddhisten befinden sich in einem Kreislauf, den sie in mehreren Leben absolvieren können, bis sie in der Glückseligkeit aufgehen – im Nirwana. Daraus ergeben sich auch ganz zweckmäßige Einstellungen: Einmal in einem Leben sollte man Mönch oder neuerdings auch Nonne gewesen sein. Wenn man mehrere Leben hat, dann ist die Entscheidung dafür sicher ein weniger großes Problem – zumal das Seelenheil von dieser Form der Aufopferung profitiert. Eine weitere praktische Umsetzung zeigt sich in der Leidensfähigkeit des tibetischen Volkes. Die Hoffnung auf das nächste Leben gibt den Tibetern seit fünf Jahrzehnten Kraft, die gegenwärtige politische Situation auszuhalten. Es scheint fast so, als könnten sie fast alles ertragen. Bei diesem Argument müsste man allerdings die Revolten der Vergangenheit ausklammern, weil sie keine Massenbewegungen darstellen.

Noch ein Aspekt der Zeit ist mir aufgefallen. Man könnte es die Geschwindigkeit der Zeit nennen. Ich gebe zu, dass mich die Geschwindigkeit der Handlungen und Erledigungen hier manchmal rasend macht. Allein wenn ich beobachte, mit welcher Langsamkeit man hier Straßen baut oder Gäste im Lokal bedient, werde ich unruhig. Im Grunde quält mich diese Langsamkeit nur deshalb, weil mich die Eile und Hetze verdorben hat. Ich bin eben auch nur ein Produkt meiner Umgebung. Die Zeit ist hier freundlicher, weil sie keine Eile in sich birgt, weil der Zeiger der Uhr nicht drückt und drängelt. Hier schaut man mit Achtung und Ruhe auf den Augenblick, während die Zeiger der Uhr den nächsten festen Zeitpunkt ansteuern. Nun frage ich: Was ist gesünder?

Das Rad des Karma erscheint im Bezug zur Zeit menschenfreundlicher, weil sich das Karma nicht unbedingt nur auf ein Leben erstreckt. Die Mechanik der Wiedergeburt verschafft dem Geschöpf mehr Ruhe und bessere Konzentration auf das Wesentliche des Augenblicklichen.

Es gibt sicher größere Abenteuer, die man auf dieser Welt erleben kann, als meine vierzig Tage am Sitz des Dalai Lama. Ein paar Kilometer weiter, hoch oben in den Tausendern des Himalaya haben sich sicher weit spektakulärere Geschichten abgespielt. Oder in den Wüsten Afrikas. Aber ich finde das, was ich hier erlebe, schon aufregend und bewegend genug. Allein die Gegensätze, die ich in McLlo sehe, höre, rieche und fühle, sind beeindruckend genug für mich. Der Gegensatz von der Welt, aus der ich komme, zu der Welt, in der ich zu Gast bin, kommt noch dazu. Ich komme aus dem Westen, bin eine gewisse Ordnung und die Gesellschaft mit ihrer Alltäglichkeit gewöhnt, arbeite als Journalist, habe eine christlich geprägte Erziehung im Elternhaus genossen, sogar katholische Theologie studiert, und ich weiß nicht, was ich noch alles aufzählen soll, um meine Herkunft zu beschreiben.

Kälte und Feuchtigkeit

Irgendwie erwischte ich mich dabei, wie ein Freund von mir, der für seine Fürsorglichkeit bekannt ist, zu denken, denn ich machte mir ständig Sorgen um die Mönche. Vor allem um die im Kinder- und Jugendalter. Sie waren meistens sehr dünn. Ich vermutete, dass sie nicht genügend zu essen bekamen. Mir war zwar klar, dass sie zum Mittagessen und zum Abendessen riesige Portionen verdrückten, aber ich hatte dennoch immer das Gefühl, ich müsste ihnen Schokolade zufüttern, damit sie ein bisschen was auf die Rippen bekamen.

Außerdem wurde es langsam immer kälter. Die weißen Mönchsaffen waren die typischen Boten des Winters. Darüber konnte auch der Sonnenschein bei Tage nicht hinwegtäuschen. In den Wänden der Klosterzellen steckte noch immer die Feuchtigkeit aus der Monsunzeit, die erst im Herbst endete. Einige Mönche vom TseChokLing-Kloster hatten mir gelegentlich davon erzählt, dass ihre Zimmer langsam zu Eiskammern wurden. Ob sie sich drinnen oder an der frischen Luft aufhielten, ihre dünnen Mönchskleider waren da kein wirklicher Schutz. Wenn ich überlegte, wie ich im Winter gekleidet bin, wenn ich auf die Straße gehe, und dann an die Mönche hier dachte, fröstelte es mich. Und dann schaut ja auch immer noch der rechte Arm unbekleidet aus dem Umhang heraus. Sie haben mir zwar gesagt, dieser Arm hätte sich schon an die Kälte gewöhnt, aber ich vermute, Kälte wird vom Arm an den Körper weitergegeben. Ich nahm mir vor, in den nächsten Tagen noch einmal nach wollenen Pullundern Ausschau zu halten.

Man möchte ihnen am liebsten alles kaufen, was sie warm hält. Aber sie schienen ja glücklich zu sein und murrten überhaupt nicht. Sie nahmen die Dinge, wie sie eben kamen. So als wären sie Erwachsene. Aber gerade bei Kindern sorgt man sich schnell. Ich stellte mir vor, wie sie in ihren Mönchszellen im Winter frieren. Eine Heizung gibt es nicht. Jeder besaß zwei Decken aus Synthetik, die zwar recht dick waren, aber sie speicherten auch viel Feuchtigkeit. Dementsprechend rochen sie auch. Ich hatte ja auch die Unbehaglichkeit muffiger, kaltfeuchter Bettwäsche erfahren dürfen.

Mir war wohl bewusst, dass ich die Welt nicht retten und auch nicht allen helfen konnte. Aber ich dachte, denjenigen, mit denen ich hier am meisten zu tun hatte, ein bisschen was Gutes tun zu dürfen.

Weihrauch vor dem Frühstück

Fünf Uhr dreißig am Morgen. Unglaublich, aber ich war pünktlich. Jedoch schienen die Klosteruhren zwei Minuten vorzugehen. Ich stürmte die Ebene zur Sicherheitskontrolle hinauf. Der einzige Mann, der dort Dienst tat, begleitete mich direkt zu einem der Säle, die sozusagen im Bauch des Klosters lagen. Von drinnen drangen Licht und Gemurmel durch die Fenster und die halb geöffnete Tür nach draußen. Ich hatte mich extra so beeilt, war um fünf Uhr aufgestanden, hatte nur eine schnelle Runde im Badezimmer absolviert, mich mit Wasser und Schokoladenkeksen zum Frühstück begnügt, aber ich war dennoch nicht pünktlich genug. Im Saal hatte die Morning-Class bereits begonnen. Ich tauchte in die murmelnde Geräuschkulisse ein. Kelsang hatte mich entdeckt und war sofort aufgesprungen, um mich zu meinem Platz zu lotsen. Ich saß mitten zwischen den Mönchen auf einer überlangen Matratze, die mit rotem Tuch überspannt war. Weich fühlte sie sich nicht an, aber sicher weicher und wärmer als die schlichten Holzdielen des Saales. Wir saßen an den Wänden ringsum aufgereiht. Jeder der Studentenmönche hatte sein eigenes kleines gelbes Pult, das aus nichts anderem bestand als aus ein paar Brettern und ein wenig gelbem Tuch. Alles war so geschickt zusammengebastelt, dass die Konstruktion eine Arbeitszone mit Rückwand ergab.

Die Gestaltung des Pultes schien jedem selbst überlassen worden zu sein. Ich entdeckte an den Pulten rechts und links von mir verschiedene Buddha-Bilder und Fotos vom Dalai Lama. Das Hauptinstrument ihrer Lernarbeit war das längliche Buch, in dem uralte Texte in Sanskrit geschrieben standen. Pro Seite waren es zwar nur fünf oder sechs Zeilen untereinander, jedoch maß jede Zeile etwa vierzig Zentimeter. Ein Blick in die Runde zeigte, dass die Mönche zwar fleißig lernten, jedoch war ihnen die Müdigkeit anzusehen. Gerade ging einer der Mönche zum Lehrer, kniete an seinem Tisch nieder und sagte ihm den Text auf. Der Lehrermönch gähnte ausgiebig. Kein Wunder zu dieser Zeit, denn auch ich musste mein Gähnen unterdrücken. Der Pultsessel des Lehrers befand sich direkt mir gegenüber.

Morning-Class bedeutete, dass die Mönche Texte wiederholten, die sie vorher auswendig gelernt hatten. Oder sie lernten sie gerade auswendig. Die eineinhalb Stunden am Morgen wurden von den Mönchen auch als Memorizing bezeichnet, was nichts anderes bedeutete, als die gelernten Texte stets und ständig zu wiederholen, bis sie im Gehirn eingespeichert waren. Mit dem gespeicherten Wissen gingen sie zu ihrem Lehrer, um sich von ihm abfragen zu lassen. Jeder murmelte seinen Text für sich. Dabei schaukelten sie vor und zurück, manchmal auch nach rechts und links. Kelsang, der gleich neben mir saß, verhielt sich ganz ruhig. Ab und zu sah er nach mir. Er hatte für die Aufgabe, mich zu betreuen, keinen freien Tag bekommen. Wie alle anderen musste auch er lernen und die Vorlesungen besuchen.

Das gleichförmige, monotone Murmeln, mal lauter, mal leiser, ergab einen gleichmäßigen Tonteppich, der auch einschläfernde Wirkung haben könnte. Ich war wach und aufgekratzt, aber ich wusste nicht, wie lange ich es noch durchhalten würde, dieses Geräusch zu überstehen, ohne dabei einzuschlafen. Ein Mönch stellte mitten im Saal ein gelbes, rechteckiges Kästchen auf, aus dem Rauch aufstieg. So früh am Morgen zündeten sie tatsächlich schon die ersten Räucherstäbchen an. Das musste man gewohnt sein, um es gut zu finden. Bei mir löste es nämlich leichte Übelkeit aus. Vielleicht lag es auch am fehlenden Frühstück.

Der Lehrer wirkte noch etwas knurrig. Er zupfte sich immer wieder seinen roten wollenen Überwurf bis über die Ohren, so als wollte er noch nicht so viel hören. Einer der Mönche schien aber schon richtig wach zu sein. Mit etwas hellerer Stimme rezitierte er wesentlich lauter als die anderen, die sonst eher tief brummten. So hatte der Lehrer die Möglichkeit, von der Wand gegenüber zu testen, ob dieser Mönch seinen Text tatsächlich bereits auswendig konnte.

Ich saß auch im Schneidersitz, aber nicht aufrecht, sondern lehnte mich an die Holzverplankung der Wand hinter mir. Der Dalai Lama grinste mich von der gegenüberliegenden Wand an. Sein Bild hing direkt über dem Lehrermönch. Wahrscheinlich hatten sie meinen Platz mit Bedacht ausgewählt. Seine Heiligkeit kannte aber sicherlich nicht meinen profanen Gedanken an Kaffee. Vielleicht hatten sie auch nicht zufällig den Weihrauch direkt vor meiner Nase platziert. Nur gab es keinen Grund, ein sakrales Schutzschild um mich herum zu erzeugen, denn ich war ja froh, hier sein zu dürfen. Auch wenn es noch sehr früh war, so genoss ich es dennoch, inmitten der Mönche des Junior-Kurses zu sitzen. Auch wenn meine Beine und mein Gesäß bereits eingeschlafen und taub waren, es war einfach interessant, ihnen beim Lernen zuzuschauen. An sich konnte man da nicht viel sehen, aber ich hatte mit Kelsang verabredet, dass ich zumindest einmal am Memorizing teilnehmen werde. Ich hätte auch nach dem Frühstück noch einmal die Gelegenheit dazu gehabt oder auch am Nachmittag und am Abend, aber ich wollte bewusst so früh aufstehen, um mit ihnen den Tag zu beginnen.

Der Lehrermönch war eingeschlafen. Sein Kopf sackte langsam nach vorn. Ich glaubte, der Einzige gewesen zu sein, der das bemerkt hatte, denn die anderen waren so konzentriert bei der Sache, dass sie entweder auf ihren Textzettel schauten oder die Augen geschlossen hielten. Ihr Schaukeln soll der Beweglichkeit dienen, so dass man nicht einschläft, aber vielleicht machen sie es auch wegen der rhythmischen Konzentration auf die Metrik der Verse. Nun war er wieder aufgewacht. Erschrocken sah er zu mir herüber. Ich lächelte ihn an. Der Lehrermönch lächelte sogar zurück. Als ob es ihm peinlich war, eingeschlafen zu sein, setzte er sich ganz aufrecht hin und wirkte nun wie ein Buddha auf seinem Thron. Er war auch etwas fülliger als die meisten anderen hier, eine Eigenschaft, die ihn zusätzlich mächtiger erscheinen ließ. Ich sah mich weiter im Saal um, denn ich wollte ihm nicht das Gefühl vermitteln, er stünde unter Beobachtung. Ganz rechts an der Stirnwand entdeckte ich jetzt erst im Halbdunkel eine riesige Buddhawand im für hier typischen Einbauschrank-Stil. Im Grunde war dieser Raum auch nichts anderes als ein Tempel. Und da die Texte im Unterricht auch dieselben waren, die im Tempel rezitiert wurden, schloss sich der Kreis.

Gegen halb sieben hatte sich vor dem Pult des Lehrermönchs ein Stau gebildet. Zu viele auf einmal wollten nun ihren Text zu Gehör bringen. Ich betrachtete ihre Gesichter. Sie wirkten konzentriert, aber ich meinte auch eine gewisse Klugheit in den Blicken erkennen zu können. Die Mönche in der Warteschleife gingen nun teilweise zur Selbsthilfe über, indem sie sich gegenseitig abhörten. Damit konnten sie noch ein letztes Mal prüfen, ob sie die Textzeilen wirklich auswendig aufsagen konnten.

Um zehn vor sieben sah ich wieder auf meine Armbanduhr und war erstaunt, dass die Zeit schon so schnell vergangen war. Gerade hatte ich noch darüber nachgedacht, wie geehrt ich mich fühlte, hier bei den Mönchen auf den langen Matten sitzen zu dürfen. Ich fühlte mich teilweise sogar zurückversetzt in die Zeit, als ich noch im Priesterseminar lebte und studierte. Unser Tag hatte zwar nicht um halb sechs am Morgen begonnen, aber ich erinnerte mich auch an Gottesdienste, in denen ich mich ähnlich fühlte wie hier bei den Mönchen.

Bereits eine Minute später klatschte der Lehrermönch in die Hände. Augenblicklich klappten alle Mönche die Rückwände ihrer Pulte herunter und stimmten in ein gemeinsames Gebet ein. Um 6.55 Uhr indischer Zeit war meine erste Unterrichtsstunde im Namgyal-Kloster beendet. Ich eilte sofort zum Lehrer und bedankte mich, dass ich an seiner Lehrveranstaltung teilnehmen durfte. Er entgegnete nur lächelnd, er habe an mir bewundert, dass ich nicht eingeschlafen sei. Dann ging er weg.

Kelsang zog mich nun in einen Pulk von Mönchen, der in der Mitte des Saales zusammengekommen war. Er stellte mir jeden mit Namen vor. Und damit erhielt ich nun die Möglichkeit, alle einzeln zu begrüßen. In großer Gruppe zogen wir zum Refektorium, denn dort warteten bereits das Frühstück und noch sehr viel mehr Mönche. Ich hatte es zwar vermutet, jedoch nicht gehofft: Es gab Buttertee für jeden und ein halbes Fladenbrot.

Paljor erschreckte mich fast, als er mich von hinten begrüßte. Ich war ja auch nicht leicht zu übersehen in der roten Masse. Er hatte es nicht geglaubt, dass ich tatsächlich so früh aufgestanden war. Sogleich überkam ihn aber Mitleid, denn er wusste von meinem Erstlingserlebnis mit dem Buttertee. Ich sagte ihm, dass ich mit dem Kloster auch den Tee wollte. Er fragte, ob ich die nächste Stunde nicht noch einmal zum Mönchstanz dazukommen wolle, denn eine weitere Unterrichtseinheit lang beim Memorizing zuzuschauen könnte langweilig werden. Kelsang war ganz seiner Meinung und sagte, er würde auch lieber tanzen als Texte auswendig lernen.

Wir verzogen uns mit der Tasse und dem halben Brot in die Mönchszelle von Kelsang. Dazu tauchten wir noch tiefer in den Bauch des Klostergebäudes. Hier war kein Tageslicht mehr zu sehen. Wie ein dreistöckiger langer Gang in einem U-Boot erschien mir der Innenflur. Der architektonischen Anmutung nach hätte es auch der nach innen offene Flur eines Gefängnistraktes sein können. Er habe extra für mich aufgeräumt, gestand der Mönch und bat mich in sein Reich. Sein kleines Zimmer war Ozeanblau gestrichen und vermittelte vielleicht deshalb eine gewisse Weite. Jedoch war dieser Raum mit verschiedenen Utensilien so zugestellt, dass jede Aufräumkunst kaum Erfolg haben konnte. Wir saßen auf seiner Matratze, und ich beäugte die Einrichtung. Der einzige Unterschied zu Paljors Zimmer bestand darin, dass sich hier wesentlich mehr Gegenstände im Raum befanden. Mein Blick landete unter anderem auf einer provisorischen Kochecke mit Herd, Töpfen und einer sehr großen Propangasflasche.

Ich probierte meinen Buttertee und musste feststellen, dass er wesentlich genießbarer war als der bei Familie Gyamtso. Vielleicht war die Klosterküche etwas sparsamer mit Yak-Butter und Soda-Salz umgegangen. Ich hatte jedoch das Gefühl, dass ich bald einen Kaffee brauchen würde, denn der anfänglich wache Zustand ließ nun langsam nach. Es klopfte, und ein Mönch kam ins Zimmer. Er hatte beim Memorizing ganz links außen gesessen. Er hieß Tenzin. Vom Gesicht her sah er weder typisch tibetisch noch asiatisch aus. Einzig seine Schlitzaugen verrieten seine Herkunft, auch wenn seine Haare nicht schwarz waren, sondern dunkelblond. Kelsang forderte ihn auf, mit uns zu frühstücken. Er ließ sich nicht zweimal bitten. Freudig ließ er sich nieder, und so saßen wir zu dritt bei meinem ersten mönchischen Frühstück. Ich fühlte mich wohl. Wir besprachen noch die nächsten Tagesordnungspunkte, dann mussten wir auch schon wieder aufbrechen.

Die Übungen für den Mönchstanz fanden heute auf dem Betonplatz vor den Klostergebäuden statt. Durch die Bäume auf dem Gelände der Residenz des Dalai Lama blinzelte die Morgensonne in leuchtendem Orange. Wie auf einer kunstvoll beleuchteten Bühne wirbelten sie herum. Wai – Shi – Tan – Shi hallte ihr Sprechgesang von den hellgelben Wänden zurück. Jede Silbe war ein Schritt oder eine Drehung. Immer wieder lächelten sie zu mir herüber und ich befürchtete schon, sie würden mich bald auffordern, mit ihnen zu üben.

Die Stunde war schnell vorüber, und ich nutzte die nächste Pause, um auf der Temple Road im nächstbesten Café einen Cappuccino zu trinken. Die Teilnahme an der Vorlesung in buddhistischer Philosophie musste ich auf morgen verschieben, weil ich um halb zehn einen Interview-Termin mit dem Minister für Religion und Kultur hatte. Deshalb erlaubte ich mir jetzt auch die Stärkung und beobachtete den regen Pilgerverkehr, der vom Rundweg um den Tempelberg kommend nun wieder hinauf ins Dorf zurückströmte. Ich konnte sie an ihren Gebetsketten erkennen, die aus ihren Händen herabhingen. Mich erfreute, zu sehen, dass auch einige Jugendliche so früh am Morgen den Weg um den Tempel suchten.

Der Minister und die Religionen

Tseten Tigne, der Unterstaatssekretär im Ministerium für Religion und Kultur der zentraltibetischen Administration Seiner Heiligkeit war etwas aufgekratzt, als er mich in das Ministerbüro geleitete. Umgeben von Fenstern, durch die gleißende Sonnenstrahlen in den langen Raum an der Stirnseite des Gebäudes fielen, saß der Mönch Tsering Phuntsok auf einem langen Holzsofa. Etwas verkniffen sah er mich durch seine halbgetönte eckige Brille an und bat mich Platz zu nehmen. »Sie mögen bestimmt einen Kaffee«, eröffnete er das Gespräch und lachte nun herzhaft. Er sagte, er habe mit Journalisten die Erfahrung gemacht, dass sie immer lieber Kaffee als Tee tranken. Sogleich goss er aus einer Thermoskanne Kaffee in die bereitstehenden Tassen und verursachte einen kleinen braunen See auf dem langen flachen Holztisch. Er lachte laut auf und rief seine Mitarbeiter herbei. Nachdem zwei von ihnen mit einem Stapel Papierservietten das Malheur beseitigt hatten, sagte er ohne Umschweife, dass er jetzt gefragt werden wolle.

Meine erste Frage dazu, wie sich die Buddhisten im Miteinander mit den anderen Religionen sehen, verwunderte ihn nicht. Recht routiniert erzählte er, dass es aus ihrer Sicht kein Problem wäre, dass es verschiedene Religionen gebe. Sofort zitierte er den Dalai Lama, der diese Tatsache auch als wundervoll bezeichnet habe. Weil nicht jeder Mensch gleich sei und auch nicht jeder das Gleiche möge, erweise es sich als ein besonders günstiger Umstand, dass es eine Vielzahl unterschiedlicher Religionen gebe, unter denen man seine Wahl treffen könne. Eine Religion könne nicht die Bedürfnisse aller befriedigen.

Er verwies auch auf das größtenteils friedliche Miteinander der Weltreligionen. Heutzutage gäbe es zwischen hohen buddhistischen Lamas und den Führungspersönlichkeiten anderer Religionen einen wachsenden Dialog. Das Grundprinzip sei der gegenseitige Respekt voreinander. Der Minister hatte bisher auf seine Hände gesehen, während er sprach, nun sah er mich an und schwärmte vom großen Treffen der Vertreter aller Weltreligionen, zu dem Papst Johannes Paul II. im Oktober 1986 nach Assisi in Italien eingeladen hatte. Auch in den Konferenzen hätte große Einigkeit bei den geistlichen Themen wie Liebe, Moral und Ethik geherrscht. »Da empfanden wir alle eine große Harmonie«, schloss er seine Erinnerungen und ging über zu den Unterschieden. Man müsse sich aber über die Unterschiede, die zweifelsfrei bestünden, nicht streiten. Es sei wesentlich nützlicher, sich auf die Themen zu konzentrieren, die man miteinander teile. Im Grunde genommen befänden sich alle Weltreligionen vor der gleichen Aufgabe, nämlich das Schicksal der Menschheit zu verbessern und das Leben lebenswerter zu machen. Dazu gebrauchten die Religionen Ethiken, die sie den Menschen lehrten. Der Buddhismus nenne dies Karma. Nun prüfte der Minister in meinem Gesicht, ob ich mit dem Begriff etwas anfangen konnte, und fuhr damit fort zu erläutern, dass wir uns weltweit alle zwischen einem materiellen und einem spirituellen Fortschritt bewegten. Egal auf welchem Level, die Religionen suchten nach einem gesunden Gleichgewicht. »Wir brauchen auch spirituellen Fortschritt«, rief er aus und hob den Zeigefinger. Buddha habe zahlreiche Methoden, um den unterschiedlichen Menschentypen dabei zu helfen. Daher sei es wichtig, alle Traditionen zu respektieren, sowohl innerhalb des Buddhismus als auch unter den Weltreligionen.

Und dann ging er noch mal auf die Unterschiede ein, die sich vor allem in der Philosophie zeigten. Jedoch sei es nicht hilfreich, sich mit der Diskussion der Unterschiede aufzuhalten, sondern besser, gemeinsam zu arbeiten. Als Beispiel nannte er, dass sich Buddhisten und Christen noch mehr wissenschaftlich austauschen sollten. Vielleicht könnten sie zusammen Studien betreiben. Dann könnten alle voneinander profitieren. Er betonte ebenfalls das Gebot des Buddhismus, Wissen zu sammeln, weil es der Schlüssel zur Erkenntnis auf dem Weg zur Erleuchtung sei. Er schien von dem Gedanken selbst so begeistert zu sein, dass er eine flammende Rede darüber hielt, dass die Mönche in die Welt hinausgehen sollten, um sich alles anzusehen, zu studieren und mehr Wissen zu erhalten. Denn nur so würden sie dem Auftrag gerecht, Buddha zu werden. »Wir können lernen. Aber wir haben darüber hinaus noch die Möglichkeit, die Lern- und Lehrmethoden der anderen zu erlernen.«

Ich hatte ihm fast nur zuhören müssen, denn er spann selbst den roten Faden, dem ich gern folgte. Nun interessierte mich, was Buddhisten von Christen lernen könnten. Er lachte, denn er schien mit der umgekehrten Frage gerechnet zu haben. Deshalb schob ich nach, wir könnten auch damit beginnen, was das christliche Abendland vom Buddhismus lernen könnte. Darauf ließ er sich gern ein und begann über die Methoden zur Entwicklung von Liebe und Mitgefühl zu sprechen, von denen der Buddhismus viele aufzuweisen habe. Von diesen Erfahrungen könnten Christen profitieren. Er schmunzelte, als er nachsetzte, dass man dazu nicht einmal Buddhist werden müsse. »Liebe und Mitgefühl«, betonte er noch einmal, »sind unsere wichtigsten Exportgüter!«

Im Fenster hinter ihm sah ich auf den Hang, der steil bis zur Residenz des Dalai Lama aufstieg. Ich vermutete, man könnte sogar einen Sichtkontakt zwischen dem Minister und Seiner Heiligkeit herstellen. Die räumliche Nähe schlug sich anscheinend auch in seinen Äußerungen nieder, denn er betonte oft, dass er die Dinge nicht anders sehe als der Dalai Lama.

Nun kündigte er an, seine Gedanken diesbezüglich darzulegen, was Buddhisten von Christen lernen könnten. Er erzählte von seiner Zeit, als er in einem Kloster in Delhi gelebt hatte, um dort an der Universität zu studieren. Da habe er sehr viele Kontakte zu christlichen Ausländern gehabt, die dort Sanskrit studierten. Ein katholischer Pater habe ihn häufig zum Sonntagsgottesdienst in die Kirche eingeladen. Er sei gern dorthin gegangen und habe immer die Schönheit der Liturgie bewundert. Die Christen hätten sich für den Buddhismus interessiert und er für das Christentum. Damit seien alle auf einem guten Weg gewesen. Der Minister erzählte, dass oft christliche Priester, Mönche und Nonnen nach McLeodganj kommen würden, um vom Buddhismus Konzentrations- und Meditationstechniken zu erlernen. Mit diesen Fertigkeiten kehrten sie dann zurück in ihre Gemeinschaften, um sie dort weiterzugeben. Das sei doch das, was die Menschen im Westen an den fernöstlichen Religionen so sehr schätzten, resümierte er.

»Wir sollten vom Christentum die Soziallehre genau betrachten und davon lernen. Die Einstellungen sind weiter entwickelt als bei uns.« Der Minister verblüffte mich mit dieser Aussage. Er registrierte mein Erstaunen und erklärte, dass in den Kirchen und in den Klöstern der soziale Gedanke hervorragend funktioniere. Nicht umsonst habe der Dalai Lama Mönche und Nonnen in den Westen geschickt, um sich die Sozialarbeit dort anzusehen. Er selbst habe auch großen Respekt vor der christlichen Tradition, die Wert darauf legt, dass ihre Kirchenmitglieder, Priester, Mönche und Nonnen sich in Schulen, im Krankenhausdienst, in der Altenpflege, bei der Betreuung von sozial Gestrandeten und in der Sorge um Waisenkinder engagierten. Daraufhin hätten sich zwar in einigen buddhistischen Ländern diese Sozialdienste entwickelt, aber aus verschiedenen Gründen nicht in allen Ländern.

Der kleingewachsene ältere Mönch im Amt des Ministers war anscheinend zügiges Arbeiten gewöhnt und bat mich offenbar deshalb rasch um die nächste Frage. Jedoch begleitete all seine Aussagen und Gedanken mindestens ein Lächeln. Ich wollte nun von ihm wissen, was er jemandem antworten würde, wenn der zu ihm käme und sagte, er wolle Buddhist werden. Anscheinend hatte er meine Frage nicht richtig verstanden, denn nun zeigte er erstaunt auf mich und fragte, ob ich Buddhist werden wolle, da ich ja schließlich katholischer Theologe sei. Mich amüsierte dieses Missverständnis, und ich erklärte ihm, dass ich diese Frage abstrakter gemeint hatte. Der Minister setzte seine Brille ab und putzte sie mit dem Stoff seines Überwurfs, gurrte lachend und setzte sie so demonstrativ wieder auf seine Nase, als wäre die fehlende klare Sicht schuld an dem Missverständnis gewesen. »Wenn sie religiöses Leben suchen, dann sollen sie erst einmal richtig in ihrer Religion leben«, sagte er. »Aber wenn sie unbedingt wechseln wollen, dann können sie es tun. Das ist allen freigestellt.« Er überlegte kurz und führte den Gedanken weiter. Der praktizierte Glaube sei das Wichtigste, nicht die Dekoration. Viele ließen sich nur von der Dekoration, von den Gewändern und den Liturgien beeindrucken. Wenn sie sich tatsächlich den Inhalten zuwendeten, kämen sie nicht so schnell auf den Gedanken, die Religion zu wechseln, denn die Dekoration ersetze nicht die innere Fülle. Deshalb rate er jedem, sich seine eigene Kultur genau anzusehen und sich nicht nur an den Äußerlichkeiten zu orientieren. Denn wenn man auf die Äußerlichkeiten beim anderen achte, sehe man allzu oft nur die guten Attribute. Daraus entstünde dann die Unzufriedenheit mit der eigenen Kultur und Religion und der Wille zum Wechsel.

Ich wollte auf die negativen Attribute zu sprechen kommen und fragte, was die Religionen nicht voneinander lernen sollten. Der Minister-Mönch lehnte sich zurück und breitete seine Arme über der geschnitzten Holzlehne seines Sofas aus. Er blickte mich ernst an und sagte: »Es geht um Liebe und Mitgefühl. Was nicht geht, ist das, was teilweise Hindus und Muslime praktizieren: zu beten und zu töten. Religionen müssen dem eigenen Gebot der Friedfertigkeit folgen.« Ich warf die Zwischenfrage ein, ob alle tibetischen Buddhisten friedlich seien. Ohne lange zu überlegen, antwortete er: »Nicht alle. Als wir gegen die Chinesen gekämpft haben, waren wir nicht friedlich. Auch als noch viel früher die tibetischen Sekten gegeneinander um die Rechtmäßigkeit ihrer buddhistischen Lehre gekämpft haben, waren wir nicht friedlich.« Dann berief er sich auf die Forderung des Dalai Lama, wonach der tibetische Buddhismus der Gewaltfreiheit verpflichtet sei. Aber er wisse auch, dass die Tibeter lange Messer hätten, sie im Land auch Straßen blockierten, um abzukassieren. Er zählte noch ein paar Konflikte auf, deren er sich offenbar schämte. Die meisten seiner Landsleute seien jedoch friedlich.

Zum Schluss fragte ich ihn, ob er sich um die jüngeren Generationen seines Volkes Sorgen mache, weil sie vielleicht vermehrt auf den Westen schauten. Minister Tsering Phuntsok richtete sich auf dem Sofa auf und sagte: »Wir haben uns dem Westen geöffnet, also müssen wir auch damit leben, dass er uns verändert.« Seine klare Einschätzung der gesellschaftlichen Veränderung freute mich. Doch er beließ es nicht allein bei dieser Feststellung, denn er beklagte einen seiner Meinung nach gefährlichen inneren Zustand, wonach die jungen Mönche und die tibetischen Jugendlichen eher das Mobiltelefon in den Händen hielten als eine Gebetsmühle. Und als wolle er selbst an seinen Dienstauftrag appellieren, schloss er mit der Forderung, die jungen Generationen müssten mehr unterrichtet werden – die Alten brauchten es weniger.

Pünktlich zum Beginn des Debating der studierenden Mönche war ich wieder zurück im Kloster. Ich setzte mich auf eine Bank in der Sonne, die unweit von einer Dreiergruppe stand, zu der auch Kelsang und Tenzin gehörten. Tenzin war derjenige, der vor den beiden anderen hin und her lief. Kelsang saß zusammen mit Nima auf einem Mauerabsatz. Es war mir immer noch nicht ganz klar, wer die Fragen stellte und wer antwortete. Aber ich gab mir Mühe, dies herauszufinden. Sämtliche Gespräche verliefen bislang noch sehr ruhig. Ich beobachtete zwei ältere Mönche, die Geshe oder Lama sein mussten, die die Jüngeren die Kunst des Debating lehrten und immer wieder durch die langen Reihen wandelten, um ihren Diskussionen beizuwohnen. Ein recht alter, etwas fülliger Lehrer mit einem warmherzigen Gesichtsausdruck verkörperte für meine Begriffe aufgrund seines Aussehens und seines Verhaltens die Erhabenheit und Würde der Weisheit. Liebevoll beobachtete er die Diskutierenden, neigte immer leicht seinen Kopf, als könne er so besser das Gespräch verfolgen, und wanderte weiter, wenn anscheinend alles in Ordnung war.

Seine Hände hielt er auf dem Rücken verschränkt. Von seinen Fingern hing eine bernsteinfarbene Gebetskette herab. Rechts von mir war das Debating schon in die heiße Phase eingetreten, denn ein kleingewachsener Mönch verausgabte sich geradezu. Er schrie fast und schlug mit voller Wucht die Hände aufeinander. Der Lehrer gesellte sich zu den beiden und lauschte ihren Worten. Es dauerte eine Weile, dann griff er ganz ruhig ins Gespräch ein.

Links von mir war Tenzin auch etwas mehr in Fahrt gekommen. Anfangs hatte er sich vielleicht vor mir noch ein wenig geziert, doch jetzt diskutierte er fleißig, riskierte aber ab und zu einen Blick in meine Richtung. Kelsang hingegen saß ganz ruhig da, hatte die Arme auf die Knie gestützt und hielt die gefalteten Hände vor den Mund. Er wirkte äußerst konzentriert und sprach ganz ruhig. Neben ihm saß Nima. Das auffälligste an diesem Mönch war seine blasse, fast weiße Gesichtsfarbe, seine Segelohren und sein spitzbübisches Lächeln. Er hatte bisher nur dagesessen und den beiden zugehört. Ob es ihn langweilte oder amüsierte, konnte ich seinem Gesichtsausdruck nicht entnehmen. Zwei als Touristinnen erkennbare Damen näherten sich der äußersten Gruppe.

Tenzin klatschte nicht so laut in die Hände wie die meisten der Mönche. Er gebärdete sich insgesamt etwas erhabener und feiner. Nun mischten sich die beiden Frauen in das Geschehen ein und fragten die Mönche doch tatsächlich, warum sie in die Hände klatschten. Ich wollte es nicht glauben, denn ich hätte mich das niemals getraut. Kelsang sah kurz mit erstaunt aufgerissenen Augen zu mir herüber und grinste. Der kleine Nima nahm sich der Damen an und erklärte ihnen in aller Ernsthaftigkeit, dass sie damit kleine Moskitos beseitigen würden. Anderenfalls wären sie nach einer Stunde Debating völlig zerstochen.

Eine der beiden Damen sah sich nun sorgenvoll um, ob sich ihr nicht gerade eine solche Mücke näherte. Tenzin musste sich das Lachen verkneifen, als Nima nachlegte und den Frauen erklärte, dass sie sich keine Sorgen zu machen bräuchten, weil die Mönche schon so viele Moskitos wegfangen würden, dass für die Touristen nicht mehr viele übrigbleiben. Und außerdem, ergänzte er, stünden die Mücken auf die rote Farbe ihrer Gewänder. Jetzt war es auch bei mir vorbei, denn eine der beiden Frauen trug eine lange lockige Frisur, deren Farbe dem Dunkelrot der Mönchskleidung schon recht nahe kam. Sichtlich beeindruckt zogen die beiden weiter. Mir ging durch den Kopf, dass sie spätestens dann, wenn sie erfahren, dass Buddhisten keine Lebewesen – auch keine Mücken – töten, an Nimas Erklärungen zweifeln würden.

Das Debating konnte weitergehen. Tenzin war recht schnell wieder in Form und agierte intensiver. Er klatschte nun auch sehr viel heftiger in die Hände als zuvor. Zwischendurch rieb er sie, weil sie ihm im Eifer des Wortgefechts wohl manchmal doch etwas weh taten. Ich hatte bislang mehrere Erklärungen zum Klatschen gehört. Eine war, dass sie dem Argument ihrer Rede einen Energieschub verliehen, der dann auf den anderen überspringen soll. Andere hatten behauptet, es sei das Fragezeichen am Ende ihrer Frage, das per Händeklatschen mit Nachdruck ausgesandt würde. Die eigentliche Bedeutung sei aber die, dass sich die Mönche vorstellen, in der linken Hand, die als die böse Hand gilt, läge das Leiden der Menschen wie Sandkörner. Die rechte Hand kommt vom Himmel her und steht für das Gute. Also schlägt die Rechte, wenn sie von oben heruntersaust, auf die Linke, die wie ein Teller daliegt. Dabei schlägt sie die Leiden der Menschen weg. Und wenn man genau hinsieht, dann erkennt man anschließend das Aufklatschen als eine Art Wischbewegung. Paljor hatte mir das so erklärt und es mit einem Gebet verglichen. Mit diesem Händeklatschen verbanden die Mönche, während sie pointiert über philosophische Themen debattierten, gleich noch eine ordentliche Anzahl von Gebetshandlungen. Am Ende des Debating hatte ich aber immer noch nicht herausbekommen, wer die Fragen gestellt hatte. Kelsang klärte mich auf: »Der Läufer denkt und fragt. Der Sitzende gibt die Antworten.« Ich fragte ihn noch, was er als schwieriger empfand: zu fragen oder zu antworten. Das sagte er zu meinem Erstaunen: »Zu antworten ist leichter.« Tenzin und Nima stimmten ihm zu.

Nachdenken über die Zukunft

Zum Mittagessen trafen wir uns bei Kelsang. Ich war zuvor noch schnell hinaufgelaufen zur Dachterrasse, um nachzusehen, ob mein alter Mönch eventuell da gewesen sein könnte, bevor das Debating begonnen hatte, aber ich fand nur eine leere Terrasse vor. Nur der Stein lag noch an derselben Stelle, wo ich ihn hinterlassen hatte.

Kelsang und Tenzin hatten mir mein Essen mitgebracht. Heute gab es Nudelsuppe mit Gemüse. Die Suppe bei Kelsang zu essen stellte sich als äußerst praktisch heraus, denn so konnten wir seine Gewürze nutzen, um ihr zu etwas mehr Aroma zu verhelfen. Wir sprachen über die Äußerungen des Dalai Lama von vor einer Woche und was sie innerhalb der tibetischen Exil-Gemeinde ausgelöst hatten. Die Ankündigung seines Rückzugs aus den Gesprächen mit China und die Resignation angesichts der aussichtslosen Lage wurden überall diskutiert. Deshalb hatte der Abt des Namgyal-Klosters seine Mönche zu einer zweitägigen Klausur zusammengerufen, um zu beratschlagen, wie es weitergehen solle. Tenzin und Kelsang erklärten mir den Sinn der Klausur damit, dass sie eine große Konferenz, zu der bedeutende Exiltibeter aus aller

Welt anreisen sollten, vorbereiten wollten. Innerhalb der Mönchsgemeinschaft hätten sie Fragen und Gedanken entwickelt, die an diese Konferenz weitergeleitet würden.

Tenzin sagte, dass alle Klöster und auch die tibetischen Organisationen aufgerufen seien, ihre Fragen zu formulieren. Ich hoffte, von den beiden eine Tendenz im Umgang mit der neueren Entwicklung zu erfahren. Aber sie waren über die Inhalte der Klausur zum Schweigen verpflichtet. Generell könne man aber konstatieren, dass sie selbstverständlich auf der bereits bekannten Linie Seiner Heiligkeit blieben. Es müsse jetzt nur neu nachgedacht werden, inwieweit sich die gestaltende Rolle des Exilparlaments und der Regierung verändern müsse.

Ich fragte, ob sie befürchteten, dass die Gruppen, die den friedlichen Weg des Dalai Lama nicht mehr mitgehen wollten, sich jetzt vermehrt ins Tagesgeschehen einmischen und die Stimmung weiter in Richtung eines aktiven Widerstands drängen könnten. Beide sagten, dies sei wahrscheinlicher, als dass sie ruhiger würden. Sie schätzten die Lage so ein, dass das Leben des 14. Dalai Lama momentan ein sicherer Garant für eine gemäßigte Haltung sei. Deshalb müsse man jetzt damit beginnen, vorauszudenken. Die zukünftige Führung des tibetischen Volkes und deren Aufgaben müssen jetzt beraten werden, damit kein Machtvakuum entsteht, wenn der Dalai Lama einmal stirbt oder aus gesundheitlichen Gründen die Leitung abgeben müsse. Seine Heiligkeit habe dazu selbst das Zeichen gesetzt, denn so würde seine Äußerung, sich zurückzuziehen, jetzt intern verstanden.

Es war gemütlich, in der kleinen Zelle zusammen auf dem Boden zu sitzen und Suppe mit langen Nudeln zu essen. Im Grunde kannte ich Kelsang erst seit vorgestern und Tenzin sogar erst seit heute Morgen. Doch es war so, als würde die Zeit keine Rolle spielen. Zwischendurch fühlte ich mich sogar in die eigene Studienzeit zurückversetzt. Nach dem Auszug aus dem TseChokLing-Kloster, meiner ersten und langzeitigen Station, hatte ich mir gewünscht, noch andere Mönche kennenzulernen. Nun war ich umgeben von ihnen. Sie sind auf mich zugekommen, als wäre es das Normalste auf der Welt. Vor Mönchsgemeinschaften habe ich im Allgemeinen großen Respekt. Ich war der Gast, der Eindringling, ein Journalist, der von der Klosterleitung grünes Licht bekommen hatte. Ich bin ehrlich gesagt ein wenig zu schüchtern, um jeden einfach anzusprechen. Also war ich dankbar für ihre Offenheit.

Zur Feier des Tages wollten wir die Siesta ausfallen lassen und uns auf einen Kaffee und ein Stück Kuchen ins Dorf begeben.

Was bleibt von mir?

Ein Begriff aus der Englischstunde ging mir nach, denn er stellte die Frage: Was hinterlasse ich, wenn ich mal nicht mehr da bin? Was bleibt von mir? Die Frage entstammte einer Aussage des Dalai Lama in einer Dokumentation über seine Person. Ich hatte zwischen den Mönchen gesessen, als alle unsere Blicke auf einen Fernseher vor der Buddha-Schrankwand im Studiensaal gerichtet waren. Die Englisch-Dozentin, eine charmante und unkomplizierte Amerikanerin, die seit Jahren in Dharamsala lebt und unter anderem auch den Karmapa unterrichtete, zeigte den Film passagenweise und übte mit den Mönchen die Übersetzung der Texte. Mehrfach ließ sie die Szene vorspielen, in der Seine Heiligkeit mit zwei jungen Lamas sprach. Der eine war der junge Ling Rinpoche, der andere war der Karmapa. »Ihr seid zwei junge Lamas, ihr werdet, wenn ich nicht mehr da bin, dieses Erbe weiterführen.« Der Amerikanerin schien diese Aussage von besonderer Bedeutung zu sein, denn sie hielt sich nicht nur mit der Übersetzung auf, sondern erarbeitete mit den Mönchen auch eine Interpretation. Sofort fingen die Mönche an, untereinander zu tuscheln. Über der Runde schwebte eine Ahnung, dass sich bald vieles verändern könnte. Bald war das Tuscheln abgeflaut und einer stillen Ergebenheit gewichen. In ihren Augen spiegelten sich Sorge und Ungewissheit.

Die Dozentin ließ den Film weiterlaufen. Er stoppte an der Stelle, an der der Dalai Lama fragte: »Was hinterlasse ich?« Nima, der Mönch mit den eindrucksvollen Segelohren, hatte bislang immer noch ein wenig herumgealbert und sich ab und zu bei mir nach Vokabeln erkundigt, die gefragt waren. Doch jetzt war auch er ganz still geworden. Im Alter von dreiundzwanzig Jahren denkt man im Allgemeinen eher weniger über diese Frage nach. Wenn man vierzig Jahre alt ist, sicher auch noch nicht. Aber irgendwann kommt der Gedanke vielleicht.

Es gab aber noch eine zweite Dimension zu bedenken, die mit dem Alter an sich wenig gemein hatte. Sie orientierte sich mehr an der Aufgabe, vielleicht auch an der Lebensaufgabe an sich. Vor oder nach deren Beendigung durch Alter, Krankheit oder Tod stellt sich ebenfalls die Frage nach der Hinterlassenschaft, nach den Spuren und Prägungen. Der Dalai Lama blieb uns in der Dokumentation eine Antwort schuldig.

Am frühen Abend zogen Hunderte Tibeter mit Kerzen und kleinen Transparenten die Temple Road hinunter zum Rundweg um die Residenz. Erst kurz zuvor hatte ich erfahren, dass eine Demonstration geplant war. Die Tibet-Fahnen hingen heute Abend schlaff im Wind. Free-Tibet-Schilder und schmale Kerzen hielten die Exil-Tibeter in den Händen. Ich hatte Sprechchöre und Parolen erwartet wie »Nieder mit Hu Jintao« oder »Wir fordern unser Tibet zurück«. Ein paar Tage zuvor war es in einer Seitenstraße vom Hauptplatz zu angekündigten Verbrennungen von Porträts des chinesischen Ministerpräsidenten gekommen, in dessen Person die Exil-Tibeter die Personifizierung der Schuld an ihrem Unglück sahen. Die Stimmen, die den geplanten Genozid durch Massenumsiedlungen von Chinesen in die tibetischen Gebiete anprangerten, die Verhaftungen und Folterungen ihrer Landsleute durch die Polizei beklagten und die volle Autonomie für ihr Heimatland forderten, waren heute nicht zu vernehmen. Nur wenige trugen ein Bild des Dalai Lama vor sich her. Hatte er etwa als Galionsfigur für den Freiheitskampf ausgedient? »Om – Mani – Padme – Hum«, das allgegenwärtige Segens- und Pilgergebet, wälzte sich mit den Demonstranten in einer leisen Wolke die Straße entlang und suchte in den Häuserzeilen der Geschäftsstraße vergeblich nach Widerhall. Familien, Mönche, Nonnen und Jugendliche konnte ich in ihren Reihen sehen. Die Kerzen in ihren Händen erleuchteten viele junge Gesichter mit modernen Frisuren, ließen Augen glänzen, die alles das nicht gesehen hatten, was die alten Tibeter noch mit sich im Geiste und im Herzen herumtrugen. Vor allem Frauen, in deren faltige Gesichter sich Schmerz und Trauer tief eingegraben hatten, deren traditionelle Kleider ein einziger kultureller Verweis auf ihre Herkunft waren, trugen die Fahnen der Bewegung: den

Schneelöwen vor der aufgehenden Sonne, die rote und blaue Strahlen aussendet.

Mönche und Nonnen saßen um diese Zeit noch in ihren Unterrichtsräumen. Alle Rotgewandeten im Prozessionszug konnten nur außerhalb der Klöster leben, denn allein vom Namgyal wusste ich, dass zugunsten der Demonstration die Vorlesungen nicht ausfallen sollten.

War diese Demonstration bereits eine Reaktion auf die Rede des Dalai Lama vor gut einer Woche? »Om – Mani – Padme – Hum«, antworteten sie mir leise auf die Frage. Doch das älteste Mantra der Tibeter, in dem sie den Juwelen-Lotus anrufen und damit ihr Mitgefühl und dem Wunsch nach Befreiung aus dem Kreislauf der Wiedergeburt ausdrücken, taugt nicht zum Schlachtruf – weder gegen Peking noch für die Neuordnung des Widerstands. Aber da man dieses Mantra hier sowohl auf dem Pilgerpfad als auch beim Einkaufen murmelte, diente es anscheinend auch dem ritualisierten Akt der Identitätsdarstellung. Pema kam auf mich zu, als er mich am Tor zum Namgyal-Koster entdeckt hatte. Ich fragte nach dem Zweck dieser Demonstration. Es sei ein Friedensmarsch, sagte er, aber er wisse auch nicht so genau, was die Initiatoren beabsichtigt hätten. Eben ein Friedensmarsch, wie er auch sonst öfters stattfindet. Im Frühjahr 2008 waren die Tibeter wochenlang auf den Straßen, um mit Mahnwachen, Protestmärschen, Friedensgebeten und Aktionen wie Hungerstreiks auf ihre Situation aufmerksam zu machen. Vor den Olympischen Spielen in Peking war man sich der Aufmerksamkeit der Welt sicher. Pema sagte, er rechne heute nicht mit einem großen Augenmerk. Aber weil sie der Dalai Lama nun alleinließe, müsste man ja damit beginnen, eine klare Front aufzubauen. Ich machte ihn darauf aufmerksam, dass er mir selbst das Motto »Friedensmarsch« genannt hatte. Er wiegelte ab und meinte, es sei egal, wie man es nenne. Es gebe ja auch keinen, der die Kundgebung anführe, also könne man auch verschiedene Absichten hineininterpretieren. Ein anderer Jugendlicher stieß zu uns. Ich kannte ihn nur vom Sehen. Sie tauschten sich kurz aus, und dann forderte Pema ihn auf, mir zu sagen, was er dachte. Seine Worte waren noch sehr viel klarer und in der Intention differenzierter. Er vergaß nicht, die Liebe zum Dalai Lama voranzustellen. Doch dann erklärte er, dass viele wütend seien, wütend auf China und wütend auf den Dalai Lama. Er sei ohnehin schon immer mehr auf Reisen gewesen, als sich hier um sein

Volk zu kümmern. Daher würde er auch nicht mehr verstehen, wie sein Volk dachte. Nur deshalb sei es möglich geworden, dass er sich nun für einen Rückzug aus dem Kampf um Selbstbestimmung und um eine Rückkehr nach Tibet entschieden habe. Würde Seine Heiligkeit die Stimmen seiner Untergebenen kennen, könnte er nicht resignieren und sie nun ganz allein stehenlassen.

Das Ende des Zuges nahte, und die beiden wollten weitergehen. Pema zündete sich eine Zigarette an, hielt sie wie eine Fackel in die Luft und sagte lakonisch: »Räucherstäbchen.«

Es war in den letzten Minuten dunkel geworden. Die einende Romantik eines Lichterzugs täuschte anscheinend über die Vielfältigkeit der Interessen unter den Teilnehmern der Friedensdemonstration hinweg. Eine alte Tibeterin hatte sich an der Kreuzung beim Klostertor auf einem Steinabsatz niedergelassen. Neben ihr brannten zwei Kerzenstummel, die jemand auf die Steine geklebt hatte. In ihren verschränkten Armen steckte noch der Stab einer tibetischen Fahne. Ihre grauen Zöpfe rahmten ein Gesicht, das kaum Augen zeigte, denn die Furchen der Vergangenheit hatten sich kontraststark in ihr Antlitz gearbeitet. Sie betete mit einer Mala in den Händen unaufhörlich »Om – Mani – Padme – Hum«. Ich konnte sie nicht fragen, wie sie dieses Mantra heute Abend interpretierte.

Kochdunst im U-Boot

Schon wieder mal Bratkartoffeln. Aber andere deutsche Speisen kann man hier auch kaum kochen, weil dafür einfach die Zutaten fehlen. Bratkartoffeln brauchen nur den Kartoffelgrundstoff, ein paar Zwiebeln, etwas Olivenöl und Fleischeinlage aus einer der beiden Dosenwurstsorten, die man hier kaufen kann. Salz und Pfeffer, fertig war das einfache Gericht, das Kelsang und Tenzin bereits ungeduldig werden ließ. Ich sollte Tenzin sogar das Wort »Bratkartoffel« aufschreiben, obwohl er sie noch nicht probiert hatte. Außerdem passte er genauestens auf, wie man sie zubereitet. Der Duft hatte ihn wohl bereits genügend betört. Man könnte auch sagen, im kleinen Zimmer von Kelsang stand eine ganze Kochdunstwolke, die sich nur langsam durch das offene Fenster zum U-Boot-Flur hin verflüchtigte. In weiser Vorausahnung hatte ich deutlich mehr Zutaten eingekauft, als man tatsächlich für drei Esser brauchen würde. Paljor hatte sich auch angekündigt, denn die Geschichte der leckeren deutschen Kartoffelspeise war über seinen Onkel Sonam bis hierher zu ihm gedrungen. Doch Paljor war nicht der Einzige. Angelockt vom Duft, fanden sich immer mehr Mönche ein, so dass Kelsangs Zelle bald zu eng wurde. Als der erste Wok Bratkartoffeln fertig war, saßen bereits vier Mönche auf seinem Bett, drei im Zimmer und ein paar vor der Tür auf der Mauer. Ich stand im heißen Dunst und briet die nächste Ladung an, als Paljor lachend zu mir kam. Er stellte sofort verschiedenste Ideen an, wie man mich hier dauerhaft im Kloster halten könnte. Sie reichten vom Eintritt bis hin zu einer Mischform aus Philosophiedozent und Koch. Ich nutzte die Gelegenheit, um ihn schnell auf den alten Mönch anzusprechen. Im Telegramm-Stil erzählte ich ihm die wichtigsten Fakten in der Hoffnung, er könne mir sogleich sagen, wer dieser Mönch war. Paljor erklärte mir, dass in den Flügeln des Namgyal sehr viele alte Mönche lebten. Manche von ihnen kenne er auch kaum. Viele seien krank und würden gepflegt. Ich wusste, dass Paljor sich auch verpflichtet hatte, einen alten kranken Mönch zu versorgen, der sein Zimmer nicht mehr verlassen konnte. Paljor versprach, mit mir am nächsten Tag auf die Suche zu gehen.

Der zweite Wok war fertig, und ich achtete darauf, dass Tenzin und der Gastgeber Kelsang diesmal eine Portion abbekamen. Die Zutaten reichten auch noch für einen dritten Schwung. Wir alle hatten zwar zum Abendessen im Refektorium Reis mit grauer Soße und Möhren gegessen, aber offenbar hatten die jungen Herren in den dunkelroten Gewändern nach etwas mehr als drei Stunden wieder genügend Platz in ihren Mägen. Bratkartoffeln, die an und für sich nur eine ärmliche Bauernspeise sind, waren hier sehr begehrt.

Es war weit nach zehn Uhr, als das Nachtessen in Kelsangs Mönchszelle beendet war. Er tat mir jetzt ein bisschen leid, weil er gleich in einem Zimmer schlafen musste, in dem sich sehr viel Kochdunst abgesetzt hatte. Ich befürchtete, es würde hier noch einige Tage lang nach »German Bratkartoffel« riechen.

Der Lama im Bett

Der Junior-Kurs teilte sich für die Vorlesungen in buddhistischer Philosophie in mehrere Gruppen auf. Mit Kelsang und vier anderen Mönchen ging ich durch ein Labyrinth von Treppen und Fluren, bis wir vor einer offenstehenden Tür ankamen. Alle zogen die Pantoffeln aus. Meine schwarzen Lederschuhe fielen da etwas aus dem Rahmen. Ich betrat als Letzter den Raum, der auf den ersten Blick eine Küche, ein Schreibzimmer, ein Gästezimmer und ein Abstellraum in einem zu sein schien. Im nächsten Zimmer konnte ich sehen, wie sich alle Mönche nacheinander zu Boden warfen und dabei etwas verehrten, dessen Identität ich noch nicht erkennen konnte. Kelsang zog mich näher heran. Nun sah ich, wem sie sich vor die Füße geworfen hatten. Auf einer Matratze am Boden saß vor einer ordentlich zusammengerollten Bettdecke mit Blümchenmuster in Rosa ein Lama im Schneidersitz. Er erstrahlte im gleißenden Licht. Die Morgensonne stand in diesem Augenblick so günstig, dass sie durch das Fenster hinter dem Bett den Mönch illuminierte, als wäre er eine Lichterscheinung. Der Lama lächelte mich an. Ich bewunderte seine breiten Lücken zwischen den Zähnen. Sie waren der augenscheinlichste Unterschied zwischen seinem und dem Aussehen des Dalai Lama. Doch das war es nicht, was mich etwas verunsicherte, sondern die Tatsache, dass der Lama im Bett saß. Die Mönche hatten sich bereits ehrfürchtig an der Wand gegenüber dem Bett niedergelassen, als ich mir ein Plätzchen an der Tür suchte. Viel mehr hätten nicht mehr in den Raum hineingepasst, denn mit dem Bett, einem Metallschrank, einem halbhohen Bücherregal, fünf Mönchen und einem Gast war er voll. Der Lama warf mir ein dunkelblaues Kissen zu. Die Mönche kicherten. Kelsang flüsterte mir zu, ich solle mich darauf setzen, weil ich ein Gast sei. Die Mönche saßen auf dem braunen Filzboden.

»Thi – Tche – da – da – Tarde«, wiederholte der Lama mehrfach und sprach mit den Mönchen darüber. Ich hörte einfach nur zu und beobachtete sie. Alle schrieben sich Notizen in ihre Kladden. Ich schrieb auch, aber auf Deutsch. »Du-Da« war meine nächste Aufzeichnung. Kelsang hatte sie mir extra in lateinischen Buchstaben in sein Skript geschrieben. Der Lama hatte nun auch bemerkt, dass ich bei seinem Stoff nicht mitkam, weil mir die Übersetzung fehlte. Kelsang sollte mir erklären, dass sie gerade über Existenz und Nichtexistenz, über Permanenz und Impermanenz sprachen. Aber schon nach wenigen Augenblicken wechselte der Lama das Thema und sprach über die Philosophie der Farben. Er war nun auch dazu übergegangen, mich in den Unterricht mit einzubeziehen. Er wollte wissen, welche Farben in Europa die Grundfarben sind und was ihre jeweilige symbolische Bedeutung ist. Schlussendlich landeten wir bei der Diskussion, ob Weiß und Gold Grundfarben sind. Im Buddhismus sind sie es, lernte ich.

Der Name des Lamas im Bett war Jampa, das hatte mir Kelsang gerade in mein Büchlein geschrieben. Lama Jampa rutschte auf seinem weißen Bettlaken unruhig hin und her. Er lächelte nicht nur, wenn er den Antworten der Mönche lauschte, sondern auch, während er selbst sprach. Immer wieder betrachtete ich ihn und konnte es immer noch nicht fassen, dass er uns tatsächlich von seinem Bett – auch wenn es nur eine Matratze war – eine Vorlesung in tibetischer Philosophie hielt. Es schien ihn zu reizen, mich in seine Stunde einzubauen, denn er spielte darauf an, dass ich ja schließlich Philosophie und Theologie studiert hätte. Deshalb wolle er mir nun Fragen stellen. Die fünf Mönche amüsierten sich, denn die Vorlesung geriet damit völlig auf ein anderes Gleis. Lama Jampa fragte mich nun über die Auferstehung, das ewige Leben und die Reinkarnation aus. Kelsang kam langsam ins Schwitzen, denn er musste hin- und herübersetzen. Der Lama fand den Unterschied zwischen Auferstehung und Wiedergeburt nicht so gravierend. Im Gegenteil, meinte er, man sollte eher das Gemeinsame daran beachten. Das sei zum Beispiel der Augenblick des Todes, der im Gesamten gesehen damit keinen toten Punkt markiere, weil er nur ein Moment des Übergangs ist. Körperlich vielleicht, aber ansonsten sei es ein energetischer Punkt; sozusagen der Startpunkt zu etwas Neuem – ob zum ewigen Leben oder zur Wiedergeburt sei erst einmal nebensächlich.

Wir kamen auch noch auf die Seele zu sprechen. Er erzählte von einer interessanten Theorie, die keine rein buddhistische sei, wie er betonte. Jeder Mensch habe eine Seele, sagte er und fragte in die Runde, ob es sein könnte, dass diese Seelen zusammengenommen Gott ergeben. Seine Begründung klang logisch: »Wenn wir Menschen ein Teil von

Gott wären, müssten wir in der Summe dann Gott sein.« Ich brachte den Einwand, dass weder für die Seele des Menschen noch für Gott irgendein irdisches Maß oder Koordinatensystem zur Bemessung geeignet sei. Die Augen des Lamas leuchteten, als er die Übersetzung erfuhr. Er stimmte mir zu und fügte an, dass wir gar nicht erst versuchen sollten, zu messen, genau wie wir das Meer nicht messen könnten, wir aber sehr wohl wüssten, dass es Wasser ist. Damit waren wir mit unserer philosophischen Rundreise beim Gottesbegriff gelandet. »Gibt es für die Buddhisten einen Gott oder gibt es nur die verschiedenen Buddhas?«, fragte ich ihn. Es müsse wohl noch etwas über den Buddhas geben, sagte er nachdenklich. Sie seien sozusagen die beste Verbindung zu dem, was manche Gott nannten. »Also im Prinzip das, was die Christen mit dem Heiligen meinen?«, fragte ich nach. Der Lama lachte lange und gab an, keine Antwort darauf zu wissen. Nun waren wir richtig bei der Sache, und die Mönche waren mit einem guten Unterhaltungsprogramm versorgt. Ihr Lehrer schien seinen Spaß daran zu haben und wollte die Sondersituation anscheinend nutzen, denn nun forderte er mich auf, *ihm* Fragen zu stellen. Darauf war ich allerdings nicht vorbereitet. Ich erinnerte mich auch sofort wieder an Kelsangs Aussage, wonach es beim Debating schwieriger sei, zu fragen, als zu antworten. Wenn man aber erst einmal in ein Gespräch vertieft ist, ergeben sich die nächsten Fragen von selbst. Dieses Prinzip war auch das beste Rüstzeug für ein gutes Interview oder ein Gespräch im Fernsehstudio. Die einzig wichtigen Voraussetzungen sind: Man muss wissen, worum es geht, und man muss zuhören können. So stellte ich ihm all die Fragen, die mich in den vergangenen Wochen beschäftigt hatten.

Aber irgendwann ist eben jede Zeit abgelaufen; auch die einer Stunde in tibetischer Philosophie. Als wir aufbrachen, bedankte ich mich beim Lama im Bett, dass ich in seiner Vorlesung zu Gast sein durfte. Ich fand es richtig schade, dass es für die Konversation immer einer Übersetzung bedurft hatte, denn könnte ich Tibetisch sprechen, dann hätten wir viel mehr erörtern können.

Auf dem Tempelhof lief ich dem Sekretär des Dalai Lama in die Arme. Er fragte mich, ob ich vom Ministerium schon informiert worden sei, dass die angefragte Audienz mit Seiner Heiligkeit in nächster Zeit nicht stattfinden könne. Bislang hatte ich davon noch nichts gehört, aber ich war ohnehin davon ausgegangen. Er verwies mich auf die Bekanntmachung, die in einem kleinen verglasten Schaukasten neben dem großen Tor der Residenz ausgehängt war und mitteilte, dass der Dalai Lama bis auf weiteres keine öffentliche Audienzen abhalte und nur im Ausnahmefall private Audienzen erteile. Als Grund nannte der Sekretär den Gesundheitszustand, der Seine Heiligkeit zwinge, sein Arbeitsprogramm in Zukunft auf das Nötigste einzuschränken.

Er erzählte noch kurz, dass die verantwortlichen Ärzte den Dalai Lama schon seit einiger Zeit ermahnt hätten, nicht so verschwenderisch mit seiner Kraft umzugehen. Doch er habe nie auf sie hören wollen. Die letzten Ereignisse, nach denen er in Kliniken in Mumbai und Delhi behandelt werden musste, hätten bei ihm aber zu der Einsicht geführt, kürzertreten zu müssen. Der Sekretär bedauerte, dadurch nicht meinem Wunsch entsprechen zu können, aber ich solle mich damit trösten, dass bereits einige Reisen ins Ausland abgesagt worden seien. Mit dem Satz, das tibetische Volk brauche den Dalai Lama noch ein paar Jahre und vor allem bei guter Gesundheit, verabschiedete er sich von mir. Damit hatten sich die Bemühungen um eine ausführliche Begegnung für mich nun auch erledigt. Ich dachte kurz darüber nach, wie das Schicksal manchmal die Dinge anders leitet, als man sie sich vorgestellt und erhofft hatte. Zu Anfang meiner Zeit hier in McLeodganj war mir diese Audienz noch ein sehr wichtiges Anliegen, weil es allgemein immer als etwas Besonderes gilt, den Obersten einer Institution zu treffen. Wenn ich bedenke, wie viele Leute meinen, das Recht zu haben, eine Audienz beim Papst zu erhalten, dann kenne ich die Realität unter Benedikt XVI. ganz gut: Kaum einer darf zum Papst. Auch wenn es zu Zeiten von Johannes Paul II. sehr viel einfacher war, auf einer der kleineren oder größeren Audienzen in den Papstpalast zu dürfen, dann bedeutet das dennoch nicht, dass es auf ewige Zeiten so weitergehen kann.

Das Gleiche galt nun für den Dalai Lama. Früher hatte er ständig Leute empfangen. Einmal die Woche hielt er größere Audienzen ab, zu deren Ende jeder Anwesende ihm die Hand reichen durfte. Seit ein paar Wochen sah alles ein wenig anders aus.

Obama im Habit

Der sehr hagere, aristokratisch wirkende Lehrer saß an seinem Schreibtisch vor den Mönchen. Seine Augen waren groß und scharf. Seinem Gesicht fehlte ein Lächeln. Ich saß in der Vorlesung für tibetische Sprache in der mittleren von drei Reihen auf einem der langen Sitzkissen. Die Mönche um mich herum folgten seiner Aufforderung, einen Text zu lesen, während er langsam aufstand und mit einem roten Filzstift zwei Worte in Sanskrit an die weiße Flipchart-Tafel schrieb. Dann wandte er sich uns wieder zu und blieb starr stehen, als wäre er eine dunkelrote Heiligenfigur in einem gotischen Hochaltar. Bislang hatte er noch nicht viel gesprochen, doch nun erklärte er die Zeichen an der Tafel, allerdings ohne sich dabei zu rühren. Einzig sein Mund führte Bewegungen aus.

Die orange-gelben Türen zu diesem Raum hatte ich vom Tempelplatz her oft betrachtet. Ich ahnte jedoch nicht, dass es hier drinnen recht stilvoll und modern aussah. Die klaren Strukturen im Wandaufbau und in den schlichten Holzmöbeln erinnerten an Bauhaus-Architektur. Jetzt erkannte ich auch, dass hinter der Fensterfront noch ein vollverglaster Loggien-Gang lag. Als Lehrer hatte man hier während der Vorlesung den besten Blick auf die Gipfel des Himalaya. Viele Lehrer würden den strengen Mönch an der Tafel darum beneiden. Über der Tafel hing ein verblasstes Foto vom Dalai Lama. Gleich daneben eines, das ihn inmitten seiner zwei Lehrer zeigte. Die Metaphorik war nicht schlecht, zeigte sie doch große Lehrer und ihren Schüler, der sie irgendwann überragte.

Der rote Filzstift versagte seinen Dienst. Die Mönche wiesen ihn darauf hin, dass man von hier aus nichts mehr von dem lesen konnte, was er in kunstvoller und schnörkelreicher Schrift an die Tafel geschrieben hatte. Der Lehrer lachte nun zum ersten Mal. Dieses Lächeln stand ihm gut. Er suchte nach einem neuen Stift und schien nach dieser Gefühlsregung ein anderer geworden zu sein, denn fortan bewegte er sich flotter, wartete mit lockeren Gesten auf und sprach sehr viel schneller und betonter als vorher. Es war beeindruckend, die Verwandlung eines Menschen innerhalb so kurzer Zeit zu erleben. Er zeigte jetzt auch seine strahlend weißen Zahnreihen, die er zuvor noch verborgen hatte. Und jetzt wusste ich auch, wem er ähnlich sah. Sein langes, kantiges Gesicht, die Hautfarbe, die Augen, die großen Ohren und vor allem das Lächeln ließen ihn fast zum Ebenbild von Barack Obama werden. Den Amerikaner hatte ich zwar noch nicht in einer roten Mönchsrobe gesehen, aber ich war begeistert von der Entdeckung dieser Ähnlichkeit. Der Obama-Mönch bemerkte, dass ich ihn grinsend beobachtete und ständig Notizen in mein Büchlein schrieb. Er sah mich einen Moment lang scharf an und fuhr dann weiter in seinem Unterricht fort. Zu meinem Erstaunen wurde er mit der Zeit noch lockerer. Vom Unterrichtsstoff hatte ich naturgemäß nichts verstanden. Ich genoss es einfach, mit den Mönchen an den niedrigen Tischen zu sitzen, links war der Himalaya, rechts die Residenz zu sehen und vor mir der Obama-Mönch. Der lächelte nun ständig, flitzte zwischen Schreibtisch und Tafel hin und her und fläzte sich sogar auf dem Tisch herum. Die Heiligenfigur vom Hochaltar war zum Leben erweckt.

Als die Glocke zum Stundenschluss erklang, raunte mir Kelsang zu, dass er froh sei, nun endlich auf die Toilette gehen zu können. Bevor alle aufstanden, knipste ich noch schnell zwei Fotos von den Mönchen an ihren Tischen. Der Obama-Mönch bemerkte die Blitze, blieb stehen, drehte sich zu mir um und schickte mir ein perfektes Hollywood-Lächeln für das dritte Foto.

In der Mittagspause traf ich mich mit Paljor. »Na, Mönch Stephen!«, rief er mir zu und lachte laut. Ich sah ihn etwas misstrauisch an, weil ich nicht wusste, was er mir damit sagen wollte. »Willst du nicht doch noch ein bisschen länger hierbleiben?«, fragte er. Im Moment würde ich das sogar wollen, aber das verschwieg ich ihm und erwähnte stattdessen nur, dass mein Rückflug in zwei Tagen gehen würde. Paljor sah mich lange wortlos an, und ich ließ die Stille geschehen. Wir standen auf der obersten Plattform vor den Klostergebäuden in der Sonne. Ich betrachtete aus Verlegenheit die abgegriffenen Geländer des offenliegenden Treppenhauses.

»Wir fahren morgen weg«, platzte er nun heraus. »Du, Sonam und ich.« Ich verstand nicht recht, wie er das meinte. Dann erklärte er mir freudestrahlend mein Programm des nächsten Tages, denn er habe schließlich frei und wir könnten endlich den gemeinsamen Ausflug nachholen. Er erwähnte auch noch, dass Sonam bereits eingeweiht sei. Für den nächsten Vormittag hätte ich allerdings schon mit dem Sekretär des Karmapa einen Termin vereinbart, erzählte ich ihm. Paljor zeigte sich davon völlig unbeeindruckt und schlug vor, den Termin einfach in die Reiseroute mit einzubeziehen. Das war eine gute Idee.

»Und jetzt suchen wir nach deinem alten Mönch!«, sagte er, und wir liefen die Treppen am Tempel nach oben. Auf der Dachterrasse war natürlich kein Mönch zu sehen. Hinter dem Wasserfass lag auch keine Blüte – nur der Stein. Seit unserer letzten Begegnung hatte nur noch ein einziges Mal eine Blüte als Gruß dagelegen. Paljor zeigte sich etwas überrascht, dass ich diesen Ort kannte, denn er lebe zwar schon einige Jahre hier im Kloster, aber er sei noch nie auf diesem Dach gewesen. Er wollte nicht glauben, dass ich mich getraut habe, hierherzugehen. Ich zeigte auf den Stein. Er nahm ihn voller Erstaunen auf und fragte, ob ich wüsste, was das für ein Stein sei. Ich wusste es natürlich nicht. Das sei ein – er überlegte kurz – ein Shiva-Lingam. Paljor erklärte mir, dass es ein Energiestein sei, der aus einem heiligen Fluss in Indien stamme. Dann hielt er ihn mir vor die Stirn. So müsse ich ihn halten, behauptete er. »Den hat dir der Mönch gegeben?«, wollte er wissen. Ich erzählte ihm, dass er seit einigen Tagen ab und zu eine Blüte damit beschwert habe. Der Stein hatte mir mit seinen fleckigen Maserungen in Rotbraun und Cremeweiß zwar gefallen, aber ich hatte ihn bisher nicht als ein besonderes Objekt empfunden.

Paljor sagte, er habe nachgefragt, wo im Kloster alte Mönche leben, die sich etwas zurückgezogen hatten. Er schlug vor, an den Türen vorbeizugehen und zu schauen, ob wir durch die Fliegengitter hindurchsehen könnten. Mit etwas Glück würden wir ihn auf diese Weise finden. Wir durchstreiften unzählige Flure. Ich wollte überhaupt nicht glauben, dass in diesem verwinkelten Bau so viele Gänge existierten. Einige Türen waren nicht verschlossen, so dass ich tatsächlich durch die Fliegen-Gaze schauen konnte, ob mein alter Mönch in einem der Räume wohnte. Wir hatten allerdings kein Glück. Jedoch hielten wir es beide für ungehörig, bei allen alten Mönchen und Lamas, deren Türen verschlossen waren, anzuklopfen, nur um sie anzuschauen und wieder zu gehen. Nach einer halben Stunde gaben wir auf. Und liefen noch einmal nach oben zum Dach.

Ich erzählte ihm von der Vermutung, dass der Mönch auch im Bereich der Residenz des Dalai Lama wohnen könnte, weil die Blumen, die er mitgebracht hatte, hier nirgends zu finden waren. An den Häusern und Wegen der Residenz gab es aber viele Stauden, Ranken und unzählige Blumentöpfe. Paljor horchte auf, überlegte und blies die Luft aus. Es würden dort auch noch einige Lamas und Mönche wohnen, bestätigte er, aber sie dort zu suchen wäre aussichtslos, weil es sich um einen Sicherheitsbereich handeln würde. Er versprach mir aber, noch einmal nach Mönchen mit dem Namen Sangay zu fragen, weil uns das vielleicht noch weiterhelfen könnte.

Ich war traurig, denn mir wurde nun klar, dass ich viel früher etwas hätte unternehmen müssen. Jedoch hatte ich ja nicht damit gerechnet, dass aus unseren anfänglichen Begegnungen eine fast mystisch anmutende Bekanntschaft oder eine erfrischende kleine Freundschaft erwachsen würde. Genauso wenig hatte ich im Blick, dass er gar nicht mehr herkommt. Er hatte immer darauf bestanden, dass ich hier zurückbleiben sollte, wenn er das Dach verließ. Deshalb war ich ihm nicht gefolgt, um nachzusehen, wo er wohnt.

Wir sprachen noch ein paar Minuten über die Dinge, die der alte Mönch mit mir hier oben auf dem schönsten Fleckchen des Namgyal-Klosters veranstaltet hatte. Ich erzählte ihm von den wunderbaren Momenten, von seinen ungeahnten mentalen Kräften und von seinem witzigen Charme. Paljor hatte mir gebannt zugehört und sagte dann: »Hast du nicht gemerkt, dass er sich beim letzten Treffen von dir verabschiedet hat?« Paljor legte seine Hände genauso auf meinen Kopf, dass seine Handflächen meine Stirn berührten, wie es der alte Mönch zuletzt getan hatte. »Das war sein Abschied!«

Die Suche nach der Wiedergeburt

Direktor Thupten hatte mich zum Abendessen ins TseChokLing-Kloster eingeladen. Also stieg ich bei einem der prächtigsten Sonnenuntergänge, den ich hier in diesen Wochen erleben durfte, die 360 Stufen in meine alte Heimat hinunter. Wie ein Ölgemälde mit sanften, farbig geränderten Wölkchen am blau-rosa-orangefarbenen Himmel aus der

Hand von van Gogh erschien es mir. Ab und zu hielt ich auf einer der Stufen inne, um dieses Naturschauspiel zu bewundern. Ansonsten musste ich mich eher auf die unregelmäßigen Stufen konzentrieren, um nicht zu stürzen.

Aus dem Kloster-Office hörte ich »Stiwin« rufen. Das war Sonam. Ich trat ein und setzte mich auf einen der kantigen, altmodischen Sessel zu ihm an den Schreibtisch. Sonam wirkte, während wir miteinander redeten, etwas zerstreut. Die ganze Zeit hatte er mit dem gelb bestrumpften rechten Fuß an der Tür des Schreibtisches herumgespielt. Nun rückte er mit der Sprache heraus. Er entschuldigte sich umständlich, dass er noch einen anderen Termin wahrnehmen müsse und wir deshalb nicht zusammen speisen könnten. Thubten müsse gleich kommen. Er selbst wartete offenbar auch ungeduldig auf ihn.

Sonams Erlösung kam im nächsten Augenblick durch die Tür. Thubten stand lächelnd und mit ausgebreiteten Armen da und rief: »Lasst uns essen, es gibt Momos.« Und dann spöttelte er, dass Sonam nun nichts von den leckeren gefüllten Teigbällchen abbekommen würde. Sonam gab einen Laut des Bedauerns von sich. Dann verabschiedete er sich zügig und verließ das Büro.

Also genoss ich mit Thubten allein die Momos seiner Schwester. Wir saßen am Tisch auf seiner Terrasse beim Schein von mehreren Kerzen mit Blick auf die letzten dunkelroten Flammen des Himmels. »Schön, dass du wieder hier bei uns bist«, sagte er ganz unvermittelt. »Du bist für uns nicht nur ein Gast.« Gänsehaut lief mir über den Rücken, denn mir gingen einige Gedanken und Erinnerungen durch den Kopf. »Ich denke auch, es war das Beste, was mir passieren konnte, als Erstes hierher in euer Kloster zu kommen. Einen besseren Start kann ich mir nicht vorstellen«, antwortete ich. Er fasste mit der Linken meine Hand, in der ich das Messer hielt, und drückte sie mehrfach, als wollte er damit antworten.

Die Momos schmeckten vorzüglich. Sie waren zwar nur rein vegetarisch gefüllt und damit die ersten fleischlosen Momos, die ich hier aß, aber seine Schwester schien in der Zubereitung perfekt zu sein. Auch Thubten genoss sie. Er tunkte sie kräftig in den Klecks von Chili-Soße auf seinem Teller. Mir fiel wieder ein, wonach ich schon die ganze Zeit fragen wollte. Also packte ich die Gelegenheit der ungestörten Zweisamkeit beim Schopfe und fragte den Chef des TseChokLing, wann eigentlich die Wiedergeburt des hiesigen Lamas in das Kloster komme. Das Lächeln in seinem Gesicht erstarb augenblicklich. Ich erschrak etwas, denn ich fürchtete, etwas Ungehöriges gefragt zu haben. Thubten sah mich lange schweigend an. Dann legte er seinen Kopf in die Hände, schaute auf seinen halb leergegessenen Teller und begann zu erzählen. Ihm als Einzigen habe der Lama vor seinem Tod gesagt, wo er ihn suchen solle, sagte er langsam und mit einem Anflug von Trauer und Verzweiflung in seiner Stimme. Er aß nicht weiter, sondern starrte nur noch auf seinen Teller. »Lama Tashi hat gesagt, wenn ich ihn gefunden habe, dann werde ich ihn erkennen und er mich. Dann soll ich ihn an die Hand nehmen und ins Exil ins TseChokLing-Kloster bringen.« Nun sah er mich an, als wollte er meinen Blick prüfen, als könnte er nicht nur meinen Blick, sondern auch meine Gedanken lesen. Ich musste gerade daran denken, welch bewegender Augenblick das sein muss, wenn einem ein sterbender Mensch mitteilt, wo man ihn nach seinem Tod als kleines Kind wiederfinden kann.

Die Wiedergeburt als solche ist schon kaum nachzuvollziehen, aber eine Nachricht wie diese ist intensiver, als sich auf ein Wiedersehen im Himmel, im ewigen Leben zu verabreden. Ein kleines Kind zu suchen ist konkreter und fassbarer, aber auch umso verrückter, denn man trifft ja dann nicht auf den alten Menschen, wie man ihn jahrelang gekannt hat, sondern auf einen äußerlich gänzlich neuen Menschen, ein Kind!

Natürlich wollte ich wissen, ob es noch irgendwelche anderen Hinweise – beispielsweise an der verbrannten Leiche – gegeben habe. Thupten sagte, es gebe keine weiteren. Ich fragte, ob der Lama erzählt hatte, wo oder bei wem er suchen solle. Thupten seufzte, gab mit der einen Hand sein Gesicht frei und stützte seinen Kopf nun schräg, dass er mich ansehen konnte. Leise und bedächtig erzählte er weiter, Lama Tashi habe ihm gesagt, er würde in Tibet wiedergeboren. »Hm, schwierig«, warf ich ein. »Ja, ganz schwierig. Er hat gesagt, er kommt in der Nähe eines bestimmten Klosters am Rand von Lhasa in die Welt zurück. In einer ganz, ganz armen Gegend. Dort, wo ganz, ganz arme Leute wohnen. Das waren seine Worte.« Das »ganz, ganz« unterstrich er noch mit einer flachen Handbewegung über der Tischfläche.

In Lhasa nach der Wiedergeburt zu suchen schien fast unmöglich, denn schließlich werden die Chinesen nicht gerade erfreut zu Hilfe springen und einen Jungen suchen, der dann anschließend ins Exil nach Dharamsala gebracht wird. Ich fragte ihn, wie er das anstellen wolle. Er grinste verschmitzt, formt seine Augen zu schmalen Schlitzen und sagt: »Du musst nach Lhasa gehen und den Jungen suchen!« »Ich?«, fragte ich etwas verwundert, »könnte ich tun, aber das wird auch für mich schwierig.« Er nickte und seufzte abermals. »Ich muss Mönche vom tibetischen TseChokLing-Kloster dorthin schicken. Aber erst, wenn sich dort wieder alles beruhigt hat. Stephan, wenn du dahin gehen würdest, die Leute vom chinesischen Geheimdienst würden dir immer auf der Spur sein.« Ja, da mochte er wohl recht haben. Wenn ich die Berichte aus China bedachte, würde es wohl für jeden schwierig und gefährlich sein. Ich sann sogar kurz darüber nach und sah mich dort zwischen den Häusern herumirren und die Leute nach einem bestimmten Jungen fragen. Natürlich wäre das ein absurdes Unterfangen, denn ich kenne weder die Gegend noch die Sprache.

Thubten schwieg, als würde er den gleichen Gedanken nachgehen, um sie auf die Möglichkeit des Erfolgs zu prüfen. Dann schaute er wieder auf und sagte nachdenklich, es müsse jemand die Geburtslisten der Kinder dort in dem bestimmten Zeitraum überprüfen – vielleicht auch in einer Schule. Er müsse jemanden finden, der unauffällig war. An dieser Stelle hielt er abrupt inne und ließ seine Hand erschlafft auf den Tisch fallen. Er könne hier nur immer wieder die Listen der Flüchtlinge durchsehen, um zu schauen, ob die Hinweise auf jemanden zutrafen. Nun fuhr er mit dem Zeigefinger eine imaginäre Liste nach unten, als würde er sie vor sich haben. Name für Name in schneller Folge. »Ich glaube, es wird bald Zeit werden, die Sache in Angriff zu nehmen«, sagte er dann, als wäre er von sich enttäuscht, dass er sich in den letzten Tagen nicht darum gekümmert hatte. »Ja, ich muss es tun!«

Natürlich kann ich an dieser Stelle nicht die vollständigen und genauen Informationen wiedergeben, wie sie mir Thubten erzählt hatte, weil das sonst jedes Kind dort gefährden könnte, auf das die Beschreibung passt. Es könnte ja auch jenes Kind dabei sein, das der neue Lama ist, aber von seinem Schicksal noch nichts weiß. Vielleicht wird es eine Ahnung haben, dass irgendetwas anders ist an ihm. Aber endgültig klar wird es erst bei der Begegnung mit seinem ehemaligen Schüler und langjährigen Vertrauten, dem Pema-Lama Thupten. Erst dann werden andere hohe Lama hinzugezogen, bis auch schließlich der Dalai Lama gefragt wird, um die Wiedergeburt zu bestätigen.

»Ich würde dabei helfen, wenn ich es könnte!«, versicherte ich ihm. Thubten lachte, fasste meine Hand und sagte: »Ich weiß, du würdest es tun. Ich werde sicher auch Hilfe brauchen, aber ich muss es erst einmal allein versuchen. Und dann zusammen mit den Mönchen dort in Tibet.«

Der Spiegel im Fenster

Nachts, wenn es draußen dunkel ist, wird das Fenster zum Spiegel. Die ganze Zeit über hatte ich an meinem Schreibtisch am Fenster gesessen. Ich hatte nach draußen gesehen, auf die Lichter und die Konturen des Namgyal-Klosters, aber dabei übersah ich mein Spiegelbild. Doch jetzt schaute ich auf mich und auf alles das, was sich in den letzten Tagen auf meinem Schreibtisch angesammelt hatte. Vor mir liegen auch meine Aufzeichnungen. Wenn ich darin zurückblättere und mir durchlese, was ich in den ersten Tagen hier geschrieben habe, dann mag ich es kaum glauben, wie viel sich seitdem ereignet hat. Da sind Begegnungen, Ausschnitte des Lebens anderer, Menschen und Augenblicke, die mich bewegt haben, Gedanken, die mich weitertragen, die mir neu waren, die mir guttun.

Es ist aber mehr als nur erleben, beobachten und aufschreiben. Vielleicht hat es mich sogar verändert. Und wenn jetzt jemand fragt, was mich verändert haben könnte, dann verweise ich auf alles das hier, was mich umgibt. Die Welt des Dalai Lama. Sie hat mich bewegt und beschäftigt, geschockt und erfreut, ernüchtert und fasziniert.

Jetzt glaube ich, ganz gut daran getan zu haben, diese Zeit von vierzig Tagen gewählt zu haben. Es ist eine heilige Zeit, vielleicht eine mystische. Das musste ich nicht selbst erfinden oder testen. Das haben andere vor mir getan. Und alle haben mir gesagt, dass sich in dieser Zeit auch etwas in mir ereignen wird. Nun habe ich darauf nicht speziell geachtet, aber wenn ich zurückschaue – wie eine Bestandsaufnahme – oder zurücklese, dann kann ich das wohl erkennen.

Werde ich nun in zwei Tagen als Buddhist zurückfliegen, so wie es manche zu Hause befürchtet hatten? Es waren einige, die mich vor dem Überlaufen ins andere religiöse Lager entweder sanft gewarnt hatten oder mich schlicht und ergreifend ein wenig damit necken wollten. Den Wunsch für eine gesunde Rückkehr hatte ich auch oft gehört. Wahrscheinlich waren manche von dramatischen Reisereportagen im Fernsehen infiltriert, in denen die Leute – mit schlimmen Krankheiten infiziert – in einem Rettungsflieger gen Heimat gebracht wurden. Es gab auch Freunde, Kollegen und Bekannte, die gefragt haben, ob hier eine sichere Gegend sei, denn in Indien passierten schon häufiger Anschläge – von Naturkatastrophen ganz zu schweigen. Doch mehr als die üblichen Versicherungen abzuschließen und eine Meldung bei der deutschen Botschaft in Delhi konnte ich ohnehin nicht machen. Ich muss feststellen, mir ist nicht Schlimmes widerfahren. Hatte ich hier einen Schutzengel?

Aber dann war da noch die Ermahnung, ich solle nicht als Buddhist zurückkommen – oder gar als Mönch im weinroten Mönchshabit. Warum in aller Welt sollte ich als Mönch zurückkommen oder gar hierbleiben? Man kann zwar nie wissen, was einem widerfährt, oder welcher Ruf einen Menschen an irgendeinem Ort dieser Welt ereilt. Welcher Ruf aber sollte das bitte sein? Dass ich mal eben alles in Deutschland aufgebe und hier meine Zelte aufschlage oder in einem Kloster Unterschlupf suche? Warum sollte ich das tun? Und vor allem: warum so plötzlich? Es mag ja Geschichten von Menschen geben, in denen sie Hals über Kopf ihr Leben umkrempeln und weitreichende Entscheidung von einer Minute auf die andere fällen. Was auch immer die Gründe sein mögen, die andere dazu bewegen, eine spontane Lebensentscheidung aus einem Bauchgefühl heraus zu treffen, ich denke, ich bin da ein wenig anders. Für so etwas bräuchte ich Zeit. Denn es ist ja keine verrückte Idee, wie wenn man mal eben nach Rom düst, um bei Giolitti ein leckeres Eis zu essen, weil der Last-Minute-Schalter noch einen Flug für 49 Euro anbietet. Zur Tagesschau um 20 Uhr sitzt man dann wieder auf der Couch im Wohnzimmer. Letzteres kann und darf man ruhig einmal gemacht haben, wenn man die Spontaneität liebt. Doch das ist nicht das Leben. Also, ich werde kein buddhistischer Mönch! Auch wenn ich die Mönche hier schätzen gelernt habe und mir ein paar von ihnen zu Freunden geworden sind, ich werde dennoch keiner von ihnen. Ich werde auch nicht als Buddhist zurückfliegen, aber sicher als Freund des Buddhismus. Ich muss ja nicht automatisch die Religion und Kultur des Ortes adaptieren, an dem ich mich aufhalte. Schließlich sind mir meine eigene Heimat mit ihrer eigenen Kultur, mein Leben und mein Glauben wichtig. Selbst wenn ich Glaubenszweifel hätte oder mich einige Äußerlichkeiten meiner Kirche nerven würden, es wäre dennoch nicht automatisch ein Beweggrund, so zu tun, als gingen mich meine Wurzeln nichts mehr an. Im Gegenteil: Ich war hierhergekommen, weil ich Christ bin. Wenn ich etwas globaler darüber nachdenke, fällt mir sogar auf, dass es die erste andere Weltreligion war, die ich mir genauer und intensiver angesehen hatte. Ich meine damit »live«, also das normale Leben im persönlichen Erleben.

Man kann sicher auch bei einem kurzen Aufenthalt in Jerusalem einen Hauch der Welt der Juden spüren oder in Dubai den Islam. Doch um eine Kultur oder auch eine Religion etwas tiefer zu ergründen, muss man sich etwas mehr Zeit nehmen, als sie einem herkömmlichen Touristen zur Verfügung steht. Aber man muss sich natürlich auch auf den Weg machen. In den Vorlesungen zur Fundamentaltheologie hatte ich einen Abriss der gesamten Weltreligionen erhalten, aber an sich war das nur wie ein Überflug über ein Gebiet mit mehreren Zonen; wie eine virtuelle Stippvisite. Besser verstehen kann man eine Kultur erst, wenn man sich aufmacht, um sie zu sehen, zu erfragen und zu hören, auch zu riechen und zu fühlen. Dafür brauchte ich mich hier nicht in dunkelrote Tücher zu hüllen oder eine tibetische Decke wie eine Stola über der Schulter zu tragen.

Ich war mit einem unscharfen Bild von dem, was mich hier erwarten könnte, hergekommen. Ich hatte mir nicht im Traum vorstellen können, was mich hier alles erwarten würde.

Und jetzt, in diesem Augenblick durchzuckt es mich fast, denn ich muss an die honigfarbenen Augen denken, an den Mönch und was er zu mir sagte. Was auch immer mit ihm ist, wer auch immer er sein mag, seine Worte und sein fixierender Blick waren hier meine ständigen Begleiter. Auf seine damalige Frage, was ich tun wolle, könnte ich jetzt antworten. Ich hätte ihm eine Menge zu erzählen.

Ich sah noch einmal in das Spiegelbild im Fenster. Leicht transparent und dunkel erkannte ich mich mit dem Kloster des Dalai Lama im Hintergrund. Ich erinnerte mich an einen weisen Menschen, der mir einst geraten hatte, ich solle mich einmal für längere Zeit im Spiegel betrachten, denn meist ist ein Spiegelblick nur von recht kurzer Dauer. Dann sollte ich mich lange ansehen und ich würde erstaunt sein, was ich in meinem Gesicht alles erblicken werde …

Ein Tag mit Freunden

Es war kaum zu glauben, aber ich hatte es tatsächlich geschafft, an meinem vorletzten Tag hier in McLlo alle diejenigen zu treffen, zu denen ich hier einen guten Kontakt aufgebaut hatte oder die mir sogar zu Freunden geworden sind. Das einzige Problem dieses Tages bestand darin, dass er enorm kalorienhaltig ausfiel, weil ich ständig essen musste. Der kurze Besuch beim Karmapa und das Treffen mit seinem Sekretär, Lama Phuntsok, war da die einzige Ausnahme. Aber jedenfalls endete der Ausflug mit Sonam und Paljor an einem sehr reichhaltig gedeckten Tisch in einem indischen Restaurant, das üblicherweise auch von hohen Regierungsbeamten des Himachal-Pradesh-Bundesstaates besucht wird. Mit den beiden Mönchen unterwegs zu sein fühlte sich für mich wie ein Familienausflug an. Sonam hatte sich während meines Aufenthaltes rührend um mein Wohlbefinden gekümmert. Seinem Neffen Paljor verdankte ich, einen neuen Zugang zum Namgyal-Kloster gefunden zu haben. Aus Sicht der beiden Mönche, war ich im Bereich ihrer Familie geblieben.

Nach unserer Rückkehr verwöhnten mich die Mönche des Tse-ChokLing-Klosters mit Sandkuchen und Schokoladenplätzchen. In großer Runde saßen wir auf den flachen Mauern beim Tempel, auf denen ich oft mit ihnen Zeit verbracht hatte. Mir tat die ausgelassene Stimmung sehr gut, denn mein Abschied nahte schließlich mit großen Schritten. Lobsang, der junge Tibeter, der in dem kleinen Häuschen auf dem Klostergelände lebte, bekam auch etwas vom Kuchen ab. Sogar die Zivilangestellten waren da. Vielleicht ja auch nur wegen der Leckereien.

Die nächste Abschiedsrunde erlebte ich bei Familie Gyamtso. Diesmal gab es Jasmintee. Ich war nicht der Einzige am Tisch, der sich an mein Gesicht nach dem Genuss von Buttertee erinnerte. Die Dame des Hauses hatte heute köstlichen Dattelkuchen gebacken. Chimi war krank. Er hatte sich bei einem Meditationsausflug in die Berge eine heftige Erkältung zugezogen. Aber er strahlte, weil er dort oben so intensiv wie noch nie hatte meditieren können.

Damit war mein kulinarischer Nachmittag noch nicht beendet, denn Tenzin und Kelsang aus dem Namgyal-Kloster warteten schon an meiner Tür. Sie hatten vom Studienleiter die letzten beiden Vorlesungen freibekommen, um noch ein wenig Zeit mit mir verbringen zu können. Im Zimmer präsentierten sie mir ein gelbes T-Shirt. Es sollte mein Abschiedsgeschenk sein. Wie passend, denn es war bestickt mit zwei kleinen Mönchen, die mit weißen Tüchern winken. Ich war gerührt. Nach unserem gemeinsamen Mahl im Hotel Tibet war ich nun endgültig satt. Doch ich war immer noch nicht durch mit dem Thema Essen, schließlich hatte ich den beiden Mönchen vom Mini-Kloster versprochen, bei ihnen zum Nachtmahl vorbeizuschauen. Nudelsuppe mit Hühnchen! Zur Feier des Tages erhielt das Mini-Kloster noch seinen Namen: »Gompa Gonchung« hieß es fortan auf Tibetisch, was schlicht »Kleines Kloster« bedeutet. Tsultrim und Jigmey hatten beschlossen, auf meine ursprüngliche Bezeichnung zurückzugreifen.

Als ich wieder in meinem Appartement angekommen war, brauchte ich einen Verdauungsschnaps. Ich sage immer zu Freunden, die gerade umgezogen sind und in den ersten Tagen und Wochen mit der neuen Umgebung noch fremdeln: »Wenn du erst einmal blindlings die Lichtschalter findest, dann bist du angekommen, dann ist alles besser. Warte auf diesen Augenblick, in dem du genau das feststellst. Dann geht es dir gut.« Und genau diesen Augenblick erlebte ich gerade. Auf dem Weg zum Bett fand ich sämtliche Schalter. Auf Anhieb! Sogar den Drehknopf am Ölradiator, der nachts nur auf halber Stufe heizen sollte. Vor dem Einschlafen ließ ich den Tag noch einmal Revue passieren und stellte fest, dass bei all den Begegnungen einer gefehlt hatte – der alte Mönch.

Abschied mit Segen

Kelsang und Tenzin kamen schon um halb neun am Morgen um die Ecke. Ich saß gerade vor meinem ersten Kaffee und war dabei, richtig wach zu werden. Tenzin erzählte, dass seine Eltern ganz überraschend zu Besuch gekommen seien. Sie wollten gemeinsam einen Ausflug unternehmen. Und weil Kelsang mitkommen durfte, mussten die beiden sich etwas beeilen. Sie kramten in den Tiefen ihres Gewandes, setzten ein feierliches Gesicht auf und kamen mit weißen Segenschals auf mich zu. Kelsang legte mir den Schal als Erster um den Hals, fasste die Enden mittig und umschloss damit meine Hände. Dann flüsterte er etwas in tibetischer Sprache und sah mich dabei an. »Mögen deine Tage behütet sein! Komm wieder und vergiss uns nicht«, wiederholte er auf Englisch. Tenzin hielt eine ganz lange Khata mit langen Fransen in den Händen. »Du bist uns in diesen Tagen zu einem Freund geworden. Das war eine schöne Zeit«, sagte er verlegen und legte die Khata um meinen Hals. Auch er umfasste mit dem Schal meine Hände und verabschiedete sich mit den Worten: »Komm wieder und besuche uns.« Ich blickte stumm an mir und den Khatas herunter und nahm beide gleichzeitig in die Arme. Mit einem Abschied, der mir so nahe ging, hatte ich nicht gerechnet. Winkend gingen sie hinüber zum Kloster.

Mit einer Khata verabschiedet zu werden, war etwas Besonderes. Es war mehr als ein Händedruck, ein paar herzliche Worte und vielleicht noch eine Umarmung. In der Überreichung des Segensschals verbarg sich ein sakraler Akt. Schade, dass man so etwas bei uns nicht kennt.

Es dauerte nicht lange, da vibrierte mein Handy. Paljor. Er hörte sich müde an. »Kann ich dich noch sehen, bevor du fährst?«, fragte er mich. »Was für eine Frage. Natürlich!« Und in diesem Augenblick sah ich den Obama-Mönch den Weg heraufschlendern – langsam und bedächtig. Als er mich im Fenster bemerkte, winkte er mit einer langsamen wischenden Handbewegung, faltete dann seine Hände und verneigte sich mit einer sanft angedeuteten Bewegung seines Oberkörpers. Ein kleiner Mönch kam zu ihm gelaufen. »Obama« lächelte noch einmal zu mir hoch und ging dann mit dem Kleinen weiter.

Ich hatte noch nicht einmal fertig gepackt, als Paljor angehetzt kam. Er wolle einfach noch ein paar Minuten in Ruhe mit mir verbringen, bat er mich und rutschte auf dem Sofa so tief, dass er bequem saß. Er mache sich Sorgen wegen seiner Prüfungen, erzählte er und wollte sich damit schon wieder dafür entschuldigen, dass er für mich zu wenig Zeit gehabt hätte. Ich erinnerte ihn an den gestrigen Ausflug. Den hatte er auch nicht vergessen, und er sagte, er würde sich freuen, wenn ich wieder hierher käme und er dann mehr Freizeit hätte.

Beim Abschied stand er einige Augenblicke lang still vor mir. Dann schloss er seine Augen und legte seine Hände auf meine Stirn. Irgendwann blickte er auf, zog ebenfalls einen Seidenschal aus der Innentasche seines Gewandes und legte ihn mir um. Er sagte noch immer nichts, sondern zog meinen Kopf etwas zu sich und lehnte seine Stirn gegen meine. Ich hatte diese Geste unter anderem beim Dalai Lama beobachtet, als er den Karmapa verabschiedet hatte. Ich wusste, dass es die stärkste Segensgeste der tibetischen Buddhisten war. Das rührte mich fast zu Tränen. Wir umarmten uns, und er ging wortlos weg. Vom Fenster aus sah ich ihm nach. Bevor er um die Ecke am Kloster bog, ließ er seinen Überwurf wie eine Fahne durch die Luft fliegen.

Ich mochte Abschiede noch nie. Aber diese Mönche hier machten es einem echt besonders schwer zu gehen.

Mein Koffer und die Tasche waren immer noch nicht fertig gepackt. Ich musste mich ein bisschen beeilen, denn etwa eine halbe Stunde später wollte ich schon im Taxi zum TseChokLing-Kloster sitzen. Und als hätte ich es geahnt, klopfte Tsultrim an der Tür. Er kam mir gerade recht, denn nun konnte ich ihm alle Dinge, die ich nicht mehr mit zurück nach Deutschland nehmen wollte, in seinen Rucksack stopfen. Schüchtern und bescheiden wie er war, versuchte er alle Geschenke abzuwehren. Doch blieb er damit erfolglos. Tsultrim half mir mit dem Gepäck und fuhr noch mit dem Taxi bis zum Hauptplatz. Dort ließen wir den Wagen anhalten und verstopften damit die Ausfahrt von der Poststraße. Aber das Hupen der nachfolgenden Autos war mir in diesem Moment egal. Ich hatte schon beim Aussteigen die Khata in seiner Hand entdeckt. Als er sie entrollte, hörte hinter uns auch das Hupen auf. Tsultrim wirkte traurig, als er mich segnete und sich von mir verabschiedete. Ich versprach auch ihm, wiederzukommen.

Nach einem Kaffee mit Thubten im TseChokLing-Kloster war die letzte Phase des Abschieds angebrochen. Ich hatte ganz bewusst meine erste Station hier in McLeodganj auch als die letzte, die ich sehen würde, ausgewählt. Thubten hantierte mit einer ganzen Rolle von Seidenschals herum und schnitt den, der für mich gedacht war, mit einer großen Schere ab. Auch er segnete mich und garantierte mir, dass mir das Zimmer mit dem Bad auch beim nächsten Besuch zur Verfügung stehen würde. Dann schickte er mich zu Sonam, denn dort sollte Sangay schon auf mich warten.

Die beiden saßen in Sonams Zimmer und hatten Milchkaffe und Kakao vorbereitet. Mein kleiner Freund Sangay begrüßte mich mit versteinerter Miene. Ich hatte ihm noch ein kleines Geschenk eingepackt. Schüchtern nahm er es in Empfang und verstaute es umständlich in seinem Gewand. Sangay war wieder einmal seltsam still. Sonam hatte ihm sogar Plätzchen mit Cremefüllung vor die Nase gestellt, doch er griff nicht zu. Ich war froh, dass der Kleine auch bei dieser Verabschiedung dabei war. So konnten wir die letzten Minuten hier in McLlo noch in einer kleinen vertrauten Runde verbringen. Deshalb nutzte ich nun die vorerst letzte Gelegenheit, um Sangay noch etwas mit auf den Weg zu geben. Ich erzählte ihm von meiner Zeit in der Schule und im Studium und führte ihm vor Augen, dass dies die Grundlagen für ein gutes Leben waren. Und da ich mit ihm bei den nächsten Besuchen mehr als nur zehn Worte sprechen wollte, würde ich mich freuen, wenn er bis dahin ein wenig mehr Englisch gelernt hätte. Sonam übersetzte ihm, und Sangay nickte. »Yes«, sagte er heiser. Dann wollte er wissen, wann ich wieder hierherkommen würde. Ich überlegte kurz und sagte: »Spätestens in einem halben Jahr.« Er lächelte nun zwar, riss aber gleichzeitig seine Augen auf. Vermutlich malte er sich den Lernstress der nächsten Wochen schon einmal in allen Farben aus. Aber er war einverstanden.

Es half alles nichts, der Moment des Aufbruchs war gekommen. Während Sonam den roten Kloster-Jeep holte, war ich mit Sangay noch ein paar Minuten auf dem Rasen hinter dem Tempel. Dort lag nun auch der große schwarze Hund. Zu meiner Freude sah ich, dass seine Wunden fachgerecht versorgt waren und gut verheilten. Mir kam eine Idee, als ich die große Gebetsmühle sah. Wir liefen in die Pagode und drehten die bunte Mühle so schnell, dass sich nicht nur das Glöckchen fast überschlug, wenn der Schlägel sie nach einer Umdrehung streifte, sondern auch Sangays Lachen. Dann machte ich ihm auf Englisch und mit Händen und Füßen klar, dass ich mir wünschen würde, dass er einmal am Tag die Gebetsmühle für mich drehte, so lange, bis ich wiederkomme. Er hatte bestens verstanden, was ich ihm sagen wollte. Die Glocke läutete noch wie wild, als ich mich vor Sangay hockte und ihn umarmte. Noch einmal sah er mich kurz an, dann drehte er sich um und rannte weg.

Am Kangra-Airport von Dharamsala hatte ich mit Sonam noch einige Zeit in der Sonne gesessen, weil wir für den Weg von dem Dorf des Dalai Lama bis hinab ins Tal weniger Zeit gebraucht hatten als gedacht. Wir waren beide seltsam ruhig. Keiner mochte so richtig etwas sagen. War Sonam etwa auch traurig?

Hier endeten also meine vierzig Tage in der Welt des Dalai Lama. Ich dachte zurück an meine Ankunft, an meine Gedanken, Vorstellungen und Gefühle. Es war alles ganz anders gekommen, als ich es gedacht hatte. Der anfängliche Schock war einem familiären Wohlgefühl gewichen. Mit jedem Tag, an dem ich mehr über das Leben hier erfahren hatte, veränderte sich etwas in mir. Mit jedem Mönch, der mit mir sprach oder auch nur gestikulierte und lächelte, fühlte ich mich wohler. Wohl mit dieser Welt, wohl mit mir. Hätten sie mir nicht ihre Türen geöffnet, wäre ich hier niemals richtig angekommen, wäre ich nur ein normaler Tourist gewesen. Aber indem sie mich aufgenommen hatten, bescherten sie mir eine der interessantesten und schönsten Zeiten meines Lebens.

Sonam, der oberste Mönch des TseChokLing-Klosters, war nun der Einzige, dem ich das noch sagen konnte, bevor ich das kleine Flughafengebäude betrat und in die Maschine nach Delhi einchecken musste.

Aus dem Flugzeug heraus konnte ich noch einen phantastischen Blick auf den Himalaya genießen, denn es schwebte keine einzige Wolke über den Gipfeln. Ich schaute noch einmal hinab auf McLeodganj, hinab zu meinen Freunden.

EPILOG

Ein paar Wochen später stand ich mit dem Monsignore auf einer Dachterrasse im Vatikan. Wir hatten große schwarze Schirme über uns aufgespannt, weil leichter Nieselregen auf die Stadt des Papstes niederging. Ich hatte ihm in den letzten Tagen immer wieder von meinen vierzig Tagen in McLeodganj erzählen müssen. Er hatte sich das alles dort ganz anders vorgestellt. Ich berichtete ihm ganz offen von meinem Schock in den ersten Tagen. Es war eben eine andere Welt. Aber sie war auch in der Weise anders, als dass sie mich anders hat denken und fühlen lassen. Mein westlicher Verstand hatte dazulernen müssen.

Die aktuelle Situation, die nach der Resignation des Dalai Lama im Bezug auf den Dialog mit China entstanden war, hatte ihn natürlich besonders interessiert. Auch hier in Rom hatte man sich bereits Gedanken gemacht, was diese Ankündigung für die Zukunft bedeuten könnte. Immer wieder wollte er aber mehr über die Mönche und die Klöster Seiner Heiligkeit erfahren. Wir stimmten beide darin überein, dass die Christen von der Milde der tibetischen Buddhisten lernen können. Doch wie sollte man es lernen, wenn man es nicht selber einmal erlebt und gefühlt hat? Vielleicht könne ich mit diesem Buch ein wenig dazu beitragen, mutmaßte er.

Ich sah in den bedeckten grauen Himmel über der Ewigen Stadt und dachte zurück an die Menschen in McLeodganj, die meine Tage dort begleitet hatten. An die Begegnungen mit den Tibetern und den Mönchen – ob sie nun heiter waren oder sogar mystisch auf mich gewirkt hatten. Der Gedanke daran ließ das Fernweh wieder in mir aufsteigen, das mich schon seit meiner Rückkehr umgetrieben hatte. Noch war ich nicht wieder richtig in Europa angekommen. Auch wenn mich der Alltag mit allem Schönen auf der einen Seite und mit allen Problemen auf der anderen Seite im Beruf wie im Privaten wieder in Beschlag genommen hatte, in vielen Momenten war ich innerlich wieder bei den Mönchen des Dalai Lama.

»Du bist nicht als Mönch zurückgekehrt«, bemerkte der Monsignore trocken und unterbrach damit meine abschweifenden Gedanken. Nun grinste er, musterte mich und meinte, er wäre sich auch nicht ganz sicher, ob mir eine rote Mönchskutte überhaupt stehen würde. Ich musste nun selbst an mir heruntersehen und über die Vorstellung lachen. Er habe natürlich nicht im Ernst damit gerechnet, dass ich in Rot zurückkäme oder zum Buddhismus konvertiert sei.

Wir hatten unsere Pause an der frischen Luft beendet und ließen uns in seinem Wohnzimmer nieder. Bei einem Tee mit Milch musste ich ihm unbedingt noch einmal mein Erlebnis mit dem Mönch, dessen Augen so auffällig honigfarben waren, erzählen. Auch bei der Erklärung, die mir Thubten, der Klosterdirektor, dazu gegeben hatte, hörte er mir ergriffen zu. Immer wieder atmete er tief durch und schüttelte leicht den Kopf. »Manchmal kommt er als ganz junger Mönch, manchmal als ganz alter«, wiederholte er mehrfach. Mein Blick richtete sich auf die Kerzenflamme vor mir auf dem Tisch.

»Du hast ihn nie wiedergesehen?«, fragte er mich nun. »Nein, habe ich nicht. Leider nicht«, antwortete ich nachdenklich. »Auch nicht als alten Mönch?«

Mein Herz schlug schneller. Ich sah ihn an und sagte: »Ich bin mir nicht sicher.« Der Monsignore schoss nun aus seinem Sessel hoch. »Wie, nicht sicher? Erzähl!«

Also berichtete ich ihm von den letzten Minuten in Dharamsala. Nach der Pass- und Sicherheitskontrolle, die in einer kleinen Kabine zwischen dem Check-In und dem Boarding-Bereich erfolgte, stand ich an den großen Fenstern mit Blick auf die Landebahn. Zwei Polizisten hatten sich mit mir unterhalten und wollten mir bis zum Schluss nicht glauben, dass ich nicht Jens Lehmann war, der ehemalige Nationaltorwart aus Deutschland. Sie tippten auf einen Künstlernamen. In dem kleinen Saal, der für die abfliegenden Gäste bestimmt war, hatten sich mittlerweile alle sechsunddreißig Passagiere des einzigen Fluges, der täglich von hier nach Delhi geht, eingefunden und auf den drei Bankreihen Platz genommen. Wer dort am einzigen Gate saß, musste durch die Passkontrolle und galt – außer er war Polizist – als Passagier. Ich sah bis auf eine junge Frau, die ihrem Pass nach aus Israel stammte, einem tibetischen Mönch in Rot und einem hinduistischen in Gelb, nur indische Familien. Der Mönch im roten Gewand hatte mit dem Rücken zu mir gesessen. Seinen Überwurf hatte er wie eine Kapuze über den Kopf gezogen. Einmal nur hatte er sich umgedreht und mich angesehen. Er war alt, sein Gesicht war faltig, und seine Augen lagen in tiefen Höhlen.

Als das kleine Flugzeug dann in der Luft war, holte ich meinen Fotoapparat aus dem Handgepäckfach über mir, weil ich Bilder von den Bergen knipsen wollte. Über dem gesamten Himalaya-Hochland war keine einzige Wolke zu sehen. Im Stehen ließ ich meinen Blick durch die Reihen schweifen. Da war aber kein tibetischer Mönch zu sehen. Ich fragte die Flugbegleiterin, wo der tibetische Mönch säße. Sie zeigte schräg vor mich. Da war aber nur der Hindu-Mönch. Nach einem in rotem Gewand suchte ich, sagte ich ihr. Sie schüttelte den Kopf und stellte fest, dass in der Maschine kein einziger Mönch saß, der ein rotes Gewand trug.

Der Monsignore sah mich nun mit aufgerissenen Augen an und rief ganz euphorisch: »Das war er. Der Mönch am Gate. Natürlich war er das!«

»Da bin ich mir nicht sicher«, gab ich zurück.

Aber wie konnte ich es wissen.

Herzlich danke ich allen
in Indien, in Deutschland
und in der Schweiz,
die mich bei der Entstehung dieses Buches
mit ihrem selbstlosen Engagement
unterstützt haben.